大学语文

Daxue Yuwen

○ 主 编　张春红　张 冉
○ 副主编　马艳艳　沈 宁　付春明

华中科技大学出版社
http://www.hustp.com
中国·武汉

图书在版编目(CIP)数据

大学语文/张春红,张冉主编. —武汉:华中科技大学出版社,2014.10(2024.7重印)
ISBN 978-7-5680-0350-6

Ⅰ.①大… Ⅱ.①张… ②张… Ⅲ.①大学语文课-高等学校-教材 Ⅳ.①H19

中国版本图书馆 CIP 数据核字(2014)第 191855 号

大学语文

张春红　张　冉　主编

策划编辑：周清涛　韩陆意
责任编辑：章　红
封面设计：刘　卉
责任校对：邹　东
责任监印：周治超
出版发行：华中科技大学出版社(中国·武汉)　　电话：(027)81321913
　　　　　武汉市东湖新技术开发区华工科技园　　邮编：430223
录　　排：华中科技大学惠友文印中心
印　　刷：武汉邮科印务有限公司
开　　本：787mm×1092mm　1/16
印　　张：19　插页:1
字　　数：451 千字
版　　次：2024 年 7 月第 1 版第 6 次印刷
定　　价：39.80 元

本书若有印装质量问题,请向出版社营销中心调换
全国免费服务热线：400-6679-118　　竭诚为您服务
版权所有　侵权必究

前言

"大学语文"是大学生文化素质教育、人文素质教育的核心课程之一,《国家"十一五"时期文化发展规划纲要》早就明确提出:"高等学校要创造条件,面向全体大学生开设中国语文课。"大学期间是一个人"精神成人"的黄金季节。处于这一时期的青年人,需要充足而优质的"精神营养",需要全方位的人文关怀。因此,培养青年学生的人文精神、审美情趣和语文素养,成为大学语文课程神圣的职责。

我们认为,大学语文教材应该围绕大学生人格的健全来展开,应该起到文理渗透、文化与科技交融的作用,重点培养大学生人文素养,营造大学浓郁的文化氛围,使大学生在自我人格的养成、社会人格的塑造与超越人格的形成方面受到教益,进而激发出潜藏在年轻学子心中的良知与关爱,接续中华民族几千年的优良传统,培植起坚实的文化心灵,以抵制现实的诱惑,对抗道德的沦丧,最终让学生成长为一名正直的现代公民。

本书的编写体例力求创新,但绝不排斥众家之长。本书按单元主题进行教学,并穿插中外文学史和应用文写作两条辅助线索,旨在为学生搭建合理的语文认知维度,同时也试图做到将知识传授与能力训练相结合,以适应现代大学培养创新人才、应用人才的培养目标。在每个主题单元中,我们均选择两组主副文本进行对照阅读,副文本与主文本之间形成弹性联系,目的在于拓展学生的阅读视野,启发学生的思维,激发他们多视角、多维度地去看待事物。在具体教学活动过程中,可以根据教与学的兴趣和需要,灵活变换文本之间的主、副关系,以扩大学习、讨论的空间。

本书的编写团队是由五位教学经验丰富、教学态度非常认真的教师组成。五位教师分工如下:张春红老师负责编写第四、八、十二、十五单元;付春明老师负责编写第一、二、三单元;张冉老师负责编写第五、六、七单元;马艳艳老师负责编写第九、十、十一单元;沈宁老师负责编写第十三、十四单元;最后,再由张春红老师完成统稿及校对工作。

由于编写时间紧迫、任务繁重,虽然我们殚精竭虑,通力合作,但本书仍然会有不尽如人意之处,敬请采用本书的广大师生不吝指教。

编　者

目录 Contents

→ **第一单元　大学理想**　　　　　　　　　　　　　　／1
　精读文本　　　　　　　　　　　　　　　　　　　／2
　　大同　《礼记》　　　　　　　　　　　　　　　／2
　拓展文本　　　　　　　　　　　　　　　　　　　／5
　　逍遥游（节选）　庄周　　　　　　　　　　　　／5
　精读文本　　　　　　　　　　　　　　　　　　　／9
　　兼爱（上）　墨子　　　　　　　　　　　　　　／9
　拓展文本　　　　　　　　　　　　　　　　　　　／12
　　子路曾皙冉有公西华侍坐章　《论语》　　　　　／12

→ **第二单元　尊重生命**　　　　　　　　　　　　　　／15
　精读文本　　　　　　　　　　　　　　　　　　　／16
　　垓下之围　司马迁　　　　　　　　　　　　　　／16
　拓展文本　　　　　　　　　　　　　　　　　　　／20
　　【般涉调·哨遍】高祖还乡　睢景臣　　　　　　／20
　精读文本　　　　　　　　　　　　　　　　　　　／23
　　关山月　李白　　　　　　　　　　　　　　　　／23
　拓展文本　　　　　　　　　　　　　　　　　　　／25
　　燕歌行　高适　　　　　　　　　　　　　　　　／25

→ **第三单元　自强不息**　　　　　　　　　　　　　　／27
　精读文本　　　　　　　　　　　　　　　　　　　／28
　　我善养吾浩然之气　孟子　　　　　　　　　　　／28

  拓展文本 /30
    贺新郎·同父见和,再用韵答之　辛弃疾 /30
  精读文本 /32
    定风波　苏轼 /32
  拓展文本 /34
    八声甘州　柳永 /34

▶ 第四单元　知识·能力(一) /37
    中国古代文学简史 /38
    事务文书写作训练 /55

▶ 第五单元　亲情爱情 /61
  精读文本 /62
    伤逝——涓生的手记　鲁迅 /62
  拓展文本 /73
    爱　张爱玲 /73
  精读文本 /75
    致橡树　舒婷 /75
  拓展文本 /77
    我愿意是急流　[匈牙利]裴多菲 /77
  拓展文本 /80
    伴侣　席慕蓉 /80

▶ 第六单元　历史记忆 /83
  精读文本 /84
    断魂枪　老舍 /84
  拓展文本 /90
    最后一个渔佬儿　李杭育 /90
  精读文本 /100
    关于票证的记忆　周晓枫 /100
  拓展文本 /105
    中国唯一的红卫兵墓　劳力 /105

▶ 第七单元　守望家园 /109
  精读文本 /110
    故乡的野菜　周作人 /110
  拓展文本 /112
    四方食事　汪曾祺 /112

精读文本 /117
    给后花园点灯　董桥 /117
拓展文本 /120
    住多久才算是家　刘亮程 /120

第八单元　知识·能力（二） /125
    中国现代文学简史 /126
    行政公文写作训练 /132

第九单元　和而不同 /139
精读文本 /140
    东西文化之分与城乡文化之别　冯友兰 /140
拓展文本 /144
    东西方思维方式之比较　张正明 /144
精读文本 /148
    红高粱（电影剧本节选）
      导演：张艺谋　编剧：陈剑雨　朱伟　莫言 /148
拓展文本 /155
    红高粱（节选）　莫言 /155

第十单元　谈艺论文 /163
精读文本 /164
    佛像和我们　熊秉明 /164
拓展文本 /173
    我们对于一颗古松的三种态度
      ——实用的、科学的、美感的　朱光潜 /173
精读文本 /177
    谈人生　季羡林 /177
拓展文本 /181
    论学问　[英]培根 /181

第十一单元　山水景致 /183
精读文本 /184
    黄山记　徐迟 /184
拓展文本 /189
    都江堰　余秋雨 /189
精读文本 /193
    朴野与儒雅　易中天 /193

　　　拓展文本　　　　　　　　　　　　　　　　　/ 199
　　　　融入野地　张炜　　　　　　　　　　　　　　/ 199
➡ 第十二单元　知识·能力（三）　　　　　　　　　　/ 209
　　　中国当代文学简史　　　　　　　　　　　　　　/ 210
　　　财经文书写作训练　　　　　　　　　　　　　　/ 215
➡ 第十三单元　天工开物　　　　　　　　　　　　　　/ 219
　　　精读文本　　　　　　　　　　　　　　　　　/ 220
　　　　应有格物致知精神　［美］丁肇中　　　　　　/ 220
　　　拓展文本　　　　　　　　　　　　　　　　　/ 223
　　　　事物的正确答案不止一个　［美］罗迦·费·因格　/ 223
　　　精读文本　　　　　　　　　　　　　　　　　/ 226
　　　　科学的责任　［德］海森堡　　　　　　　　　/ 226
　　　拓展文本　　　　　　　　　　　　　　　　　/ 231
　　　　中国对科学人道主义的贡献　［英］李约瑟　　　/ 231
➡ 第十四单元　创新超越　　　　　　　　　　　　　　/ 237
　　　精读文本　　　　　　　　　　　　　　　　　/ 238
　　　　致某科学院的报告　［奥地利］卡夫卡　　　　/ 238
　　　拓展文本　　　　　　　　　　　　　　　　　/ 244
　　　　变形记（节选）　［奥地利］卡夫卡　　　　　/ 244
　　　精读文本　　　　　　　　　　　　　　　　　/ 249
　　　　第一次的亲密接触（节选）　蔡智恒　　　　　/ 249
　　　拓展文本　　　　　　　　　　　　　　　　　/ 259
　　　　网络文体选编　　　　　　　　　　　　　　/ 259
➡ 第十五单元　知识·能力（四）　　　　　　　　　　/ 265
　　　外国文学简史　　　　　　　　　　　　　　　/ 266
　　　公关文书写作训练　　　　　　　　　　　　　/ 275
➡ 附录　　　　　　　　　　　　　　　　　　　　　/ 281
　　　古代诗词格律常识　　　　　　　　　　　　　/ 281
　　　中华人民共和国国家标准（GB 7713—87）
　　　科学技术报告、学位论文和学术论文的编写格式　/ 288
➡ 参考文献　　　　　　　　　　　　　　　　　　　/ 296

第一单元

大学理想

　　人类历史上，无数的思想家以独立的思想、自由的意志，踏出了人类通向真理的道路。大学时代是每个人发现自我、完善自我的重要阶段，我们应该寻觅到照亮自己一生的信仰，让一切的欢乐与苦难都能获得应有的意义。

精读文本

大 同
《礼记》

题 解

本文节选自《礼记·礼运》，篇名为编者所拟。《礼记》，又称《小戴礼记》或《小戴记》，共四十九篇，《礼运》是其中的第九篇。《礼记》内容基本上是孔子弟子及其再传、三传弟子所记的先秦至汉初儒家关于礼仪教化的论述。相传是西汉宣帝时戴圣所辑，今传本为东汉郑玄注本，共四十九篇。《礼记》是儒家的主要经典之一，与《周礼》、《仪礼》合称"三礼"，为后人研究古代礼制文明及早期儒家思想提供了十分重要的文献资料。其中的《大学》、《中庸》两篇，在宋代与《论语》、《孟子》合为"四书"。

这篇作品虽托名孔子与学生言偃的问答，但实际反映了春秋战国至汉初儒家的思想。春秋战国时代，天下大乱，礼崩乐坏，人民生活痛苦不堪。因此，儒家向往的"大同"理想，正是对于大动荡的混乱现实的一种强烈反拨。

昔者仲尼与于蜡宾〔1〕，事毕，出游于观之上〔2〕，喟然而叹〔3〕。仲尼之叹，盖叹鲁也。言偃在侧〔4〕，曰："君子何叹〔5〕？"孔子曰："大道之行也〔6〕，与三代之英〔7〕，

---

〔1〕 仲尼：孔子的字。蜡（zhà）：古代国君或诸侯的年终祭祀仪式。宾：陪祭的人。
〔2〕 观（guàn）：门阙，指宗庙殿宇前面的大门楼。
〔3〕 喟然：叹息声。
〔4〕 言偃：字子游，孔子弟子。
〔5〕 君子：指孔子。
〔6〕 大道：与道家哲学本体之"道"不同，此指儒家理想的大公无私的尧、舜时代。
〔7〕 三代之英：指夏禹、商汤与周之文王、武王。英，英杰。

丘未之逮也[1]，而有志焉。

"大道之行也，天下为公。选贤与能[2]，讲信修睦，故人不独亲其亲，不独子其子，使老有所终，壮有所用，幼有所长，矜寡孤独废疾者[3]，皆有所养。男有分[4]，女有归[5]。货[6]，恶其弃于地也，不必藏于己；力，恶其不出于身也[7]，不必为己。是故谋闭而不兴[8]，盗窃乱贼而不作[9]，故外户而不闭。是谓大同[10]。

"今大道既隐，天下为家，各亲其亲，各子其子，货力为己，大人世及以为礼[11]。城郭沟池以为固[12]，礼义以为纪[13]；以正君臣[14]，以笃父子，以睦兄弟，以和夫妇，以设制度，以立田里[15]，以贤勇知[16]，以功为己[17]。故谋用是作[18]，而兵由此起。禹、汤、文、武、成王、周公，由此其选也[19]。此六君子者，未有不谨于礼者也。以著其义[20]，以考其信[21]，著有过[22]，刑仁讲让[23]，示民有常。如有不由此者，在势者去[24]，众以为殃，是谓小康[25]。"

---

〔1〕 未之逮：没有赶上好时代。逮，及。
〔2〕 与：通"举"，推举。
〔3〕 矜（guān）：同"鳏"，鳏夫，无妻者。寡：寡妇，无夫者。孤：孤儿，失父母抚养者。独：孤老，无子女供养者。废疾：残疾人。
〔4〕 分：职分，职业。
〔5〕 归：出嫁有家。
〔6〕 货：财物。
〔7〕 身：自身，自己。
〔8〕 谋闭而不兴：奸邪之谋不会发生。兴，起。
〔9〕 乱贼：叛乱与贼害。
〔10〕 大同：此指"大道之行，天下为公"的平等和谐理想世界。
〔11〕 世及：世代相传。父子相传为世，兄弟相传为及。
〔12〕 沟池：此指护城河及壕沟。
〔13〕 纪：秩序纲纪。
〔14〕 以正君臣：规范端正君臣上下的关系。
〔15〕 以立田里：为乡里立规矩。立，规范。
〔16〕 以贤勇知：以勇敢和有智慧的人为贤。知，通"智"。
〔17〕 以功为己：为自己而建功立业。
〔18〕 谋：此指阴谋。用是：因此。作：起。
〔19〕 由此其选也：指被历史选中而脱颖而出。
〔20〕 以著其义：以表彰合乎礼义之事。著，显露。
〔21〕 考：考察。
〔22〕 著有过：揭露过失。
〔23〕 刑仁讲让：以仁义为典范，提倡谦逊礼让。刑，通"型"，典型。
〔24〕 在势者去：统治者被废黜。
〔25〕 小康：小安。康，安康。

思考题

1. 本文描绘的大同世界,不仅为儒家思想家所憧憬,亦为历代中国志士仁人所追求,今天我们应当如何历史地看待这种理想?你认为人类要真正实现大同社会,必须具备哪些条件?
2. 你认为大同思想在当今全球化的社会进程中还有没有价值?
3. 本文在语言表达上有哪些特色?

拓展文本

逍遥游（节选）
庄 周

题 解

庄子（约公元前369—公元前286），名周，战国时宋国蒙（今河南商丘市东北）人，大约和孟轲同时或稍后。庄子曾做过蒙漆园小吏，是继老子之后先秦道家学派的主要代表人物。庄子的思想包含着朴素辩证法因素，主张"无为"。又认为一切事物都是相对的，因此他否定知识，否定一切事物的本质区别，极力否定现实，幻想一种"天地与我并生，万物与我为一"的主观精神境界，安时处顺，逍遥自得，倒向了相对主义和宿命论。

据《汉书·艺文志》著录，《庄子》五十二篇，今存三十二篇，分《内篇》七篇、《外篇》十五篇、《杂篇》十一篇。一般认为，《内篇》为庄子自著，其余的出自门人之手。庄子的散文在先秦诸子中独具风格，大量使用寓言故事，想象力丰富，文笔变化多端，富有浪漫主义色彩，语言丰富生动，并富有幽默讽刺的意味，对后世的文学语言影响很大。

本文节选自《庄子》内篇第一篇《逍遥游》的前半篇。它主要说明庄子追求绝对自由的人生观，指出大至高飞九万里的鹏，小至蜩与学鸠，都是有所待而不自由的；只有消灭了物我界限，无所待而游于无穷，达到无己、无功、无名的境界，才是绝对的自由，这就是逍遥游。这是没落阶级不满现实时的一种自我超脱的空想，实际上这种境界是不存在的。

北冥有鱼[1]，其名为鲲。鲲之大，不知其几千里也；化而为鸟，其名为鹏。鹏之背，不

---

[1] 北冥：北海。海色深黑，故叫冥。冥，一作"溟"。

知其几千里也;怒而飞[1],其翼若垂天之云[2]。是鸟也,海运则将徙于南冥[3];南冥者,天池也[4]。《齐谐》者[5],志怪者也[6];《谐》之言曰:"鹏之徙于南冥也,水击三千里[7],抟扶摇而上者九万里[8],去以六月息者也[9]。"野马也[10],尘埃也,生物之以息相吹也[11]。天之苍苍[12],其正色邪?其远而无所至极邪?其视下也,亦若是则已矣。且夫水之积也不厚,则其负大舟也无力。覆杯水于坳堂之上[13],则芥为之舟[14];置杯焉则胶[15],水浅而舟大也。风之积也不厚,则其负大翼也无力。故九万里则风斯在下矣,而后乃今培风[16];背负青天而莫之夭阏者[17],而后乃今将图南[18]。

　　蜩与学鸠笑之曰[19]:"我决起而飞[20],抢榆枋[21],时则不至,而控于地而已矣[22],奚以之九万里而南为[23]?"适莽苍者[24],三飡而反[25],腹犹果然[26];适百里者,宿舂粮[27],适千里者,三月聚粮。之二虫又何知[28]?

　　小知不及大知[29],小年不及大年[30]。奚以知其然也?朝菌不知晦朔[31],

---

[1] 怒:振奋。这里指鼓动翅膀。
[2] 垂天:犹言天边。垂,同"陲",边际。
[3] 海运:海波动荡。旧说海动时必有大风,鹏可以乘此风飞往南海。
[4] 天池:天然形成的大海。
[5] 齐谐:书名。出于齐国,多载诙谐怪异之事,故名"齐谐"。一说人名。
[6] 志怪:记载怪异的事物。志,记载。
[7] 水击:指鹏鸟起飞时两翼拍击水面而行。击,拍打。
[8] 抟(tuán):回旋而上。扶摇,风名,又名飙,一种从地面上升的暴风。
[9] 六月息者:"六月海动"时的大风。息,气息,这里指风。
[10] 野马:指春天野外山林沼泽中的雾气。因为蒸腾如奔马,所以叫野马。
[11] 相吹:互相吹拂。
[12] 苍苍:深蓝色。
[13] 坳(ào)堂:堂上低洼处。坳,凹陷不平。
[14] 芥:小草。
[15] 置杯焉则胶:将杯子放于其中则胶着不能浮动。置,放。焉,于此。胶,黏住,指不能浮动。
[16] 培风:乘风。培,通"凭"。
[17] 夭阏(è):受阻拦。
[18] 图南:计划向南飞。
[19] 蜩(tiáo):蝉。学鸠:斑鸠之类的小鸟名。
[20] 决(xuè):迅速的样子。
[21] 抢(qiāng):突过,穿越。枋(fāng):檀树。
[22] 控:投,落下。
[23] 奚:何。以:用。为:句末语气词,表反问,相当于"呢"。
[24] 莽苍:郊野的颜色,这里指近郊。
[25] 飡:同"餐"。反,同"返"。
[26] 果然:饱的样子。
[27] 宿舂(chōng)粮:头一天晚上就要舂米做好干粮。
[28] 二虫:指蜩与学鸠。虫,有动物之意,可译为小动物。
[29] 知(zhì):同"智",智慧。
[30] 年:寿命。
[31] 朝(zhāo)菌:朝生暮死的一种菌类。

蟪蛄不知春秋[1]，此小年也。楚之南有冥灵者[2]，以五百岁为春，五百岁为秋。上古有大椿者[3]，以八千岁为春，八千岁为秋，此大年也。而彭祖乃今以久特闻[4]，众人匹之[5]，不亦悲乎！

汤之问棘也是已[6]："穷发之北有冥海者[7]，天池也。有鱼焉，其广数千里，未有知其修者[8]，其名为鲲。有鸟焉，其名为鹏。背若泰山，翼若垂天之云，抟扶摇羊角而上者九万里[9]，绝云气[10]，负青天，然后图南，且适南冥也。斥鴳笑之曰[11]：'彼且奚适也？我腾跃而上，不过数仞而下[12]，翱翔蓬蒿之间，此亦飞之至也。而彼且奚适也？'"此小大之辩也[13]。

故夫知效一官[14]，行比一乡[15]，德合一君而征一国者[16]，其自视也，亦若此矣。而宋荣子犹然笑之[17]。且举世而誉之而不加劝，举世而非之而不加沮[18]，定乎内外之分[19]，辩乎荣辱之境[20]，斯已矣。彼其于世，未数数然也[21]。虽然，犹有未树也。夫列子御风而行[22]，泠然善也[23]。旬有五日而后返[24]。彼于致福者[25]，未数数然也。此虽免乎行，犹有所待者也。若夫乘天地之正[26]，而御六气之辩[27]，以游无穷者[28]，

---

[1] 蟪蛄(huì gū)：寒蝉，春生夏死或夏生秋死。
[2] 冥灵：大树名。一说为大龟名。
[3] 大椿：传说中的大树名。一说为巨大的香椿。
[4] 彭祖：传说中长寿的人，据说活了八百岁。
[5] 匹：比。
[6] 汤：商汤。棘：商汤的大夫。
[7] 穷发：不毛之地。指上古传说中北极荒远地带。发，指草木。
[8] 广：宽，指鱼身。修：长。
[9] 羊角：旋风名，这种风回旋弯曲而上，形状像羊角。
[10] 绝：穿过。
[11] 斥鴳(yàn)：池泽中的小雀。斥，池，小泽。
[12] 仞：古代长度单位，周制为八尺，汉制为七尺；这里应从周制。
[13] 小大之辩：小和大的区别。辩，同"辨"，分辨，分别。
[14] 知：同"智"，智慧。效：胜任。一官：一项工作。
[15] 行：品行。比：合。
[16] 合：投合。征：信。
[17] 宋荣子：一名宋钘(jiān)，宋国人，战国时期的思想家，思想近于墨家。犹然：笑的样子。
[18] 举：全。非：责难，批评。沮(jǔ)：沮丧。
[19] 内：指内心的修养。外：指接人待物。
[20] 境：境界，界限。
[21] 数数(shuò shuò)然：急切追求的样子。
[22] 列子：名御寇，战国时郑国人。相传列子得风仙之道，能乘风游行。御风：驾着风。
[23] 泠(líng)然：轻妙的样子。
[24] 旬：十天。有：通"又"，用于连接整数与零数。
[25] 致福：求福。
[26] 若夫：至于。乘：顺应。天地：指天地间万象万物。正：指万物自然之性，即自然界的正常现象。
[27] 御：驾驭、把握。六气：指阴、阳、风、雨、晦、明。辩：同"变"，变化。
[28] 无穷：指时间的无始无终，空间的无边无际。

彼且恶乎待哉[1]？故曰：至人无己[2]，神人无功[3]，圣人无名[4]。

 思考题

1. 《逍遥游》体现了庄子怎样的思想？
2. 试总结文章中主要的修辞手法。

---

[1] 彼：指上面那种"游无穷"的人。且：还。恶(wū)：何，什么。
[2] 至人：修养最高的人。下文"神人"、"圣人"义相近。无己：能任顺自然，忘记自己。
[3] 无功：无意于求功。
[4] 无名：无意于求名。

精读文本

兼爱（上）
墨　子

题解

墨子（约公元前468—公元前376），名翟（dí），鲁国人，战国时思想家，墨家学派的创始人。《墨子》一书是记载墨家思想政治主张的，大部分是墨子的弟子根据墨子的言行记录编纂的，今存五十三篇。《墨子》文章的特点是语言质朴而具有逻辑性，还善于运用生动的比喻说明事理。

墨子主张简朴节俭，反对礼乐繁饰；主张勤劳刻苦，反对声色逸乐。重质而轻文，弃华而务实。他的尚同、尚贤、非攻、尊天等思想，与儒家大致相同；他的兼爱、节用、非乐、非命等思想，则与儒家相对立。

《兼爱》分上、中、下三篇，都是阐述"天下兼相爱则治"的道理。本文选录《墨子·兼爱》的上篇。"兼爱"是墨子整个学说的中心思想。他认为人人能兼爱、爱人犹爱己，攻杀篡夺就不可能发生，社会就会安定，天下就能治理好。但是在阶级社会里，阶级矛盾十分尖锐，兼爱的主张是不可能实现的。

　　圣人以治天下为事者也[1]，必知乱之所自起[2]，焉能治之[3]；不知乱之所自起，则不能治。譬之如医之攻人之疾者然[4]：必知疾之所自起，焉能攻之；不知疾之所自起，则弗能攻。治乱者何独不然[5]！必知乱之所自起，焉能治之；不知乱之所自起，则弗能治。

---

[1] 事：事业，工作。
[2] 所自起：指祸乱产生的地方或原因。
[3] 焉：于是，乃。
[4] 攻：治，医治。
[5] 治乱者：治理社会祸乱的人。

圣人以治天下为事者也，不可不察乱之所自起[1]。

当察乱何自起[2]，起不相爱。臣子之不孝君父，所谓乱也[3]。子自爱不爱父，故亏父而自利[4]；弟自爱不爱兄，故亏兄而自利；臣自爱不爱君，故亏君而自利；此所谓乱也。虽父之不慈子[5]，兄之不慈弟，君之不慈臣，此亦天下之所谓乱也。父自爱也不爱子，故亏子而自利；兄自爱也不爱弟，故亏弟而自利；君自爱也不爱臣，故亏臣而自利。是何也？皆起不相爱。

虽至天下之为盗贼亦然[6]。盗爱其室，不爱异室[7]，故窃异室以利其室；贼爱其身，不爱人，故贼人以利其身[8]。此何也？皆起不相爱。

虽至大夫之相乱家[9]、诸侯之相攻国者[10]，亦然。大夫各爱其家，不爱异家，故乱异家以利其家；诸侯各爱其国，不爱异国，故攻异国以利其国。天下之乱物[11]，具此而已矣[12]。察此何自起？皆起不相爱。

若使天下兼相爱，爱人若爱其身，犹有不孝者乎[13]？视父兄与君若其身，恶施不孝[14]？犹有不慈者乎？视弟子与臣若其身，恶施不慈？故不孝不慈亡有[15]。犹有盗贼乎？故视人之室若其室，谁窃[16]？视人身若其身，谁贼？故盗贼亡有。犹有大夫之相乱家、诸侯之相攻国者乎？视人家若其家，谁乱？视人国若其国，谁攻？故大夫之相乱家、诸侯之相攻国者亡有。若使天下兼相爱，国与国不相攻，家与家不相乱，盗贼无有，君臣父子皆能孝慈，若此则天下治。

故圣人以治天下为事者，恶得不禁恶而劝爱[17]！故天下兼相爱则治，交相恶则乱[18]。故子墨子曰[19]："不可以不劝爱人者，此也。"

---

[1] 察：考察，调查。
[2] 当：通"尝"，尝试。
[3] 这句话是说，臣不孝君，子不孝父，就是所说的祸乱。
[4] 亏：亏损，使受损失。
[5] 虽：即使，纵使。慈：慈爱。
[6] 至：至于，表示另提一事。盗：小偷。贼：强盗。
[7] 其室：指盗的家。异室：指别人的家。
[8] 贼人：残害他人。贼，残害，杀害。
[9] 家：这里指卿大夫统治的政治区域。
[10] 国：诸侯的封地。
[11] 乱物：祸乱之事。物，事。
[12] 具此：俱尽于此，全部在这里。具，具备，完备。
[13] 犹：还。
[14] 恶(wū)：何。这句意思说，怎会做出不孝的事呢？
[15] 亡(wú)：通"无"。这句是说，没有不孝不慈的人。
[16] 谁窃：谁还去偷窃。
[17] 恶：前一个是疑问代词，读wū；后一个是动词，读wù，憎恨、厌恶的意思。劝：劝勉，鼓励。
[18] 交相恶(wù)：互相仇恨。
[19] 子墨子：前一"子"字，是对老师的尊称，犹称"夫子"。后一"子"字，是对男子的尊称。

思考题

1. 《兼爱》体现了墨子怎样的思想和愿望?
2. 墨子的兼爱思想对构建我国和谐社会有何意义?

拓展文本

子路曾皙冉有公西华侍坐章

《论语》

题解

《论语》是记录孔子的言论、事迹以及一些孔子弟子的言行的语录体著作,由孔子的弟子和再传弟子辑录而成。《论语》是儒家学派的经典著作,是一部极其重要的中国传统文化典籍。全书共二十篇,篇下分章。它所含内容极其广泛,是研究孔子生活、思想的重要资料。

孔子(约公元前551—公元前479),名丘,字仲尼,春秋时鲁国人。他是我国古代一位影响深远的思想家、教育家,是儒家学派的创始人。孔子出身于没落的贵族世家,除在鲁国短期做官和周游列国外,一生致力于教育工作和整理古典文献。孔子思想的主要内容是提倡礼乐和仁义,礼乐是孔子提出的维护社会秩序的规范,仁义是他倡导的立身处世的道德标准,对后世影响很大。

本文选自《论语·先进》,记述孔子弟子子路等四人申述各人的人生理想以及孔子对他们的评价。这篇对话生动地记述了孔门四弟子的不同性格、志趣,也表现了孔子的教育目的和方法。

子路、曾皙、冉有、公西华侍坐[1]。

子曰:"以吾一日长乎尔[2],毋吾以也[3]。居则曰[4]:'不吾知也!'如或知尔[5],则

---

[1] 子路:姓仲,名由,字子路,一字季路。曾皙:名点,字皙,曾参的父亲。冉有:名求,字子有。公西华:名赤,字子华。公西是复姓。侍坐:陪侍孔子旁。

[2] 长乎尔:比你们年长。长,年长。

[3] 毋吾以:不要认为这样就不说了。

[4] 居:平时,平日在家的时候。

[5] 如或:如果有人。如,连词,如果。或,无定代词,有人。

何以哉〔1〕?"

子路率尔而对曰〔2〕:"千乘之国〔3〕,摄乎大国之间〔4〕,加之以师旅〔5〕,因之以饥馑〔6〕,由也为之〔7〕,比及三年〔8〕,可使有勇,且知方也〔9〕。"

夫子哂之〔10〕。

"求,尔何如?"

对曰:"方六七十〔11〕,如五六十〔12〕,求也为之,比及三年,可使足民〔13〕。如其礼乐,以俟君子〔14〕。"

"赤,尔何如?"

对曰:"非曰能之,愿学焉。宗庙之事〔15〕,如会同〔16〕,端章甫〔17〕,愿为小相焉〔18〕。"

"点,尔何如?"

鼓瑟希〔19〕,铿尔〔20〕,舍瑟而作〔21〕。对曰:"异乎三子者之撰〔22〕。"

子曰:"何伤乎〔23〕?亦各言其志也。"

曰:"莫春者〔24〕,春服既成,冠者五六人〔25〕,童子六七人〔26〕,浴乎沂,风乎舞雩〔27〕,咏而归。"

---

〔1〕 何以:怎么办。
〔2〕 率尔:不假思索的样子。
〔3〕 千乘之国:有一千辆兵车的国家。乘,一车四马。
〔4〕 摄:夹,逼迫。
〔5〕 师旅:古代军队编制的单位,五百人为一旅,两千五百人为一师。这里指大国来侵犯的军队。
〔6〕 因:继,接着。饥馑:饥荒。
〔7〕 为:治理。
〔8〕 比:近。
〔9〕 方:义,正道,这里指礼义。
〔10〕 哂(shěn):微笑。
〔11〕 方:见方,即每边的长度。
〔12〕 如:或者。
〔13〕 足民:使民丰衣足食。
〔14〕 俟:等待。
〔15〕 宗庙之事:指祭祀之事。宗庙,是君主祭祀祖先的地方。
〔16〕 如:或者。会同:诸侯会盟之事。
〔17〕 端:玄端,古代的一种礼服。章甫:古代的一种礼帽。这里都是名词用作动词,意思是"穿着礼服,戴着礼帽"。
〔18〕 相:在祭祀、会盟或朝见天子时主持赞礼和司仪的人。
〔19〕 鼓:弹。瑟:古乐器。希:同"稀",稀疏,这里指鼓瑟的声音近于尾声。
〔20〕 铿尔:舍瑟的声音。
〔21〕 舍:放下。作:站起身。
〔22〕 撰:述。
〔23〕 伤:妨害。
〔24〕 莫春:指农历三月。莫,音义同"暮"。
〔25〕 冠者:指成年人。古代男子二十岁举行冠礼。
〔26〕 童子:尚未成年的孩子。
〔27〕 风:迎风乘凉。

夫子喟然叹曰[1]:"吾与点也[2]。"

三子者出,曾皙后[3]。曾皙曰:"夫三子者之言何如?"

子曰:"亦各言其志也已矣!"

曰:"夫子何哂由也?"

曰:"为国以礼,其言不让[4],是故哂之。唯求则非邦也与[5]?安见方六七十如五六十而非邦也者?唯赤则非邦也与?宗庙会同,非诸侯而何?赤也为之小,孰能为之大[6]!"

思考题

1. 孔子为什么说"吾与点也"?
2. 从本文的内容,可以看出《论语》在语言运用上具有哪些特点?

---

[1] 喟然:叹息的样子。
[2] 与:赞同。
[3] 后:用作动词,留在后面。
[4] 让:谦让,谦逊。
[5] 邦:国家,这是指国家大事。
[6] 小、大:指小相、大相。

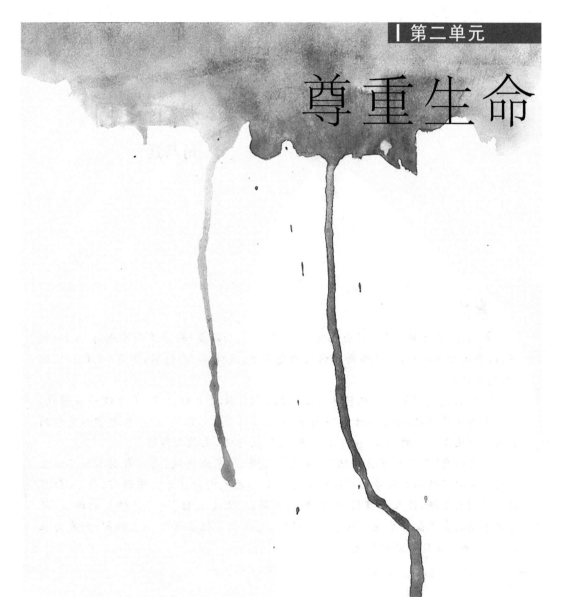

第二单元

尊重生命

乔治·桑塔亚那(George Santayana)说:"生和死是无法挽回的,唯有享受其间的一段时光。死亡的黑暗背景衬托出生命的光彩。"作为一名当代大学生,人生的旅途才刚刚开始,我们应当尊重生命,珍爱生命,让有限的生命变得更有价值。

精读文本

垓下之围
司马迁

题 解

司马迁(公元前145—约公元前88),字子长,西汉夏阳(今陕西韩城南)人,一说龙门(今山西河津)人。我国西汉伟大的史学家、文学家、思想家,著有《史记》,又称《太史公记》。

《史记》是我国第一部纪传体通史,记载上自传说中的黄帝,下至汉武帝时代,共三千多年的历史,全书五十二万余字,一百三十篇。《史记》对后世史学和文学的发展都产生了深远的影响,被鲁迅誉为"史家之绝唱,无韵之离骚"。

本文选自《史记·项羽本纪》。通过霸王别姬、东城快战、乌江自刎三段具体生动的情节描写项羽兵败身亡的经过和英雄末路的气概。作者注重语言、行动、细节描写及侧面烘托,使人物性格突出、形象丰满。"太史公曰"一段是作者的评论,既肯定了项羽在推翻暴秦统治战争中的功绩,也指出了他企图凭一己私智,用武力征服天下,终于导致失败的过失。

　　项王军壁垓下[1],兵少食尽,汉军及诸侯兵围之数重。夜闻汉军四面皆楚歌[2],项王乃大惊,曰:"汉皆已得楚乎?是何楚人之多也!"项王则夜起[3],饮帐中。有美人名虞,

---

[1] 项王:项羽,名籍,自立为西楚霸王。壁:营垒;此处用作动词,即在……扎营。垓(gāi)下:地名,在今安徽灵璧县内。
[2] 四面皆楚歌:四面八方都响起用楚方言所唱的歌曲。喻指楚人多已降汉。楚歌,用楚地声调唱的歌曲。
[3] 则:于是。

常幸从[1];骏马名骓[2],常骑之。于是项王乃悲歌慷慨[3],自为诗曰:"力拔山兮气盖世,时不利兮骓不逝[4]。骓不逝兮可奈何,虞兮虞兮奈若何[5]!"歌数阕[6],美人和之。项王泣数行下,左右皆泣,莫能仰视。

于是项王乃上马骑[7],麾下壮士骑从者八百余人[8],直夜溃围南出[9],驰走。平明[10],汉军乃觉之,令骑将灌婴以五千骑追之。项王渡淮,骑能属者[11],百余人耳。项王至阴陵[12],迷失道,问一田父[13],田父绐曰[14]:"左。"左,乃陷大泽中。以故汉追及之。项王乃复引兵而东,至东城[15],乃有二十八骑。汉骑追者数千人。项王自度不得脱[16],谓其骑曰:"吾起兵至今八岁矣,身七十余战[17],所当者破[18],所击者服,未尝败北[19],遂霸有天下。然今卒困于此[20],此天之亡我,非战之罪也。今日固决死[21],愿为诸君快战[22],必三胜之,为诸君溃围,斩将,刈旗[23]。令诸君知天亡我,非战之罪也。"乃分其骑以为四队,四向[24]。汉军围之数重。项王谓其骑曰:"吾为公取彼一将。"令四面骑驰下,期山东为三处[25]。于是项王大呼,驰下。汉军皆披靡[26],遂斩汉一将。是时,赤泉侯为骑将[27],追项王,项王瞋目而叱之[28],赤泉侯人马俱惊,辟易数里[29]。与其骑会为三处。汉军不知项王所在,乃分军为三,复围之。项王乃驰,复斩汉一都尉,杀数十百人,复聚其

---

[1] 幸从:受宠爱跟在身边。幸,宠幸、宠爱。
[2] 骓(zhuī):又称乌骓,毛色黑白相间的马。
[3] 慷慨:悲愤激昂。
[4] 逝:奔驰。
[5] 奈若何:拿你怎么办,即如何安置你。若,你。
[6] 阕(què):乐曲演唱一遍叫一阕。
[7] 骑(jì):名词,一人一马为一骑。
[8] 麾(huī)下:部下。麾,古代指挥军队的旗子。
[9] 直夜:当夜。溃围:突破重围。
[10] 平明:天刚亮。
[11] 属(zhǔ):跟随。
[12] 阴陵:古地名,在今安徽定远县西北。
[13] 田父:农夫。
[14] 绐(dài):欺骗。
[15] 东城:古地名,在今安徽定远县东南。
[16] 度(duó):揣测,估计。
[17] 身:动词,指亲自参加。
[18] 所当者:所遇到的敌方。当,敌对。
[19] 败北:战败。
[20] 卒:最终。
[21] 固:必,一定。
[22] 快战:痛快地打一仗。
[23] 刈(yì):斩断,砍倒。
[24] 四向:朝四个方向。
[25] "期山东"句:相约在山的东面三个地方会合。期,约定。山东,山的东面。
[26] 披靡:溃散的样子。
[27] 赤泉侯:汉将杨喜,因破项羽有功,后被封为赤泉侯。
[28] 瞋(chēn)目:瞪大眼睛。叱(chì):大声呵斥。
[29] 辟易:倒退。

骑，亡其两骑耳。乃谓其骑曰："何如？"骑皆伏曰[1]："如大王言。"

于是项王乃欲东渡乌江[2]，乌江亭长舣船待[3]，谓项王曰："江东虽小，地方千里，众数十万人，亦足王也，愿大王急渡。今独臣有船，汉军至，无以渡。"项王笑曰："天之亡我，我何渡为！且籍与江东子弟八千人渡江而西，今无一人还，纵江东父兄怜而王我[4]，我何面目见之？纵彼不言，籍独不愧于心乎？"乃谓亭长曰："吾知公长者[5]。吾骑此马五岁，所当无敌，尝一日行千里，不忍杀之，以赐公。"乃令骑皆下马步行，持短兵接战[6]。独籍所杀汉军数百人。项王身亦被十余创[7]，顾见汉骑司马吕马童[8]，曰："若非吾故人乎[9]？"马童面之[10]，指王翳曰："此项王也。"项王乃曰："吾闻汉购我头千金，邑万户，吾为若德[11]。"乃自刎而死。王翳取其头，余骑相蹂践争项王，相杀者数十人。最其后，郎中骑杨喜，骑司马吕马童，郎中吕胜、杨武各得其一体。五人共会其体，皆是。故分其地为五：封吕马童为中水侯，封王翳为杜衍侯，封杨喜为赤泉侯，封杨武为吴防侯，封吕胜为涅阳侯。

……

太史公曰[12]：吾闻之周生曰[13]，舜目盖重瞳子[14]。又闻项羽亦重瞳子，羽岂其苗裔邪[15]？何兴之暴也[16]！夫秦失其政，陈涉首难，豪杰蜂起，相与并争，不可胜数。然羽非有尺寸[17]，乘势起陇亩之中，三年，遂将五诸侯灭秦[18]，分裂天下，而封王侯，政由羽出，号为"霸王"；位虽不终，近古以来未尝有也。及羽背关怀楚[19]，放逐义帝而自立[20]，怨王侯叛己，难矣。自矜功伐[21]，奋其私智而不师古[22]，谓霸王之业，欲以力征，

---

[1] 伏：同"服"，心服。
[2] 乌江：位于今安徽和县东北的乌江镇。
[3] 舣(yǐ)：停船靠岸。
[4] 纵：即使。王(wàng)我：拥护我为王。
[5] 长者：行为谨慎的人。
[6] 短兵：短小轻便的武器，指刀、剑等。
[7] 被：受。创(chuāng)：创伤。
[8] 顾：回头看。骑司马：骑兵将领中的官名。
[9] 故人：熟人，旧相识。吕马童系项羽旧部，后背楚投汉。
[10] 面之：背对着项王。面，通"偭"，背着。
[11] 吾为若德：我为你做件好事吧。德，恩惠。
[12] 太史公：太史令，司马迁自称。
[13] 周生：汉时儒者，名不详。
[14] 重瞳子：旧说指一只眼睛里有两个眸子。
[15] 苗裔：后代。
[16] 暴：突然，猝然。
[17] 尺寸：这里比喻很小的凭借，指土地或权力。
[18] 将：率领。五诸侯：指齐、赵、汉、魏、燕五国的起义军。
[19] 背关怀楚：指项羽灭秦之后放弃关中，怀念楚地而定都彭城。背，背弃。
[20] 放逐义帝：指项羽灭秦后，曾以楚王后代熊心为义帝，后项羽自封为西楚霸王，将义帝迁徙到长沙郴州，又暗中令人将其劫杀。
[21] 自矜：自夸，自负。功伐：征伐之功。
[22] 私智：个人的才能。

经营天下[1],五年卒亡其国。身死东城,尚不觉寤,而不自责,过矣[2]。乃引"天亡我,非用兵之罪也"[3],岂不谬哉!

 思考题

1. 项羽是怎样一个人?作者是怎样塑造这个人物的?
2. 你觉得项羽兵败自刎乌江的做法对吗?当我们遭遇人生的重大挫折与困厄时应秉持怎样的态度呢?
3. 以《我眼中的项羽》为题,写一篇500字的读后感。

---

[1] 经营天下:指开创、控制天下。
[2] 过:错。
[3] 引:援引,以……为理由。

拓展文本

【般涉调·哨遍】高祖还乡

睢景臣

题解

睢景臣(约1275—约1320),元代散曲家。一作睢舜臣,字景贤,又作嘉贤,江苏扬州人。曾著有杂剧《屈原投江》等三种,今不传。散曲尚存三套,其中《高祖还乡》制作新奇,被人推为绝唱。

《高祖还乡》这套套曲,一向被公认为元代散曲最有价值的代表作之一。该套曲描写汉高祖刘邦衣锦还乡的历史画面。和正史中的记载及一般文人讴歌的角度相反,作者巧妙借助曲中一个熟悉刘邦的乡民的口吻,历述迎驾时的见闻和感叹,生动地勾画了那个流氓无赖发迹之后的傲慢神情,并以辛辣的语言,揭露了刘邦微贱时期的丑恶行径,从而剥下皇帝的神圣面具,还其欺压百姓的真面目。这套套曲虽是写刘邦,却把刘邦这个皇帝典型化了,作者蔑视、斥责的不止是历史上的刘邦,所表现的是人民群众敢于对强大统治者的挑战。作品形象鲜明、情节曲折生动,很像一幕讽刺喜剧。

社长排门告示[1],但有的差使无推故[2]。这差使不寻俗[3],一壁厢纳草也根,一边又要差夫,索应付[4]。又是言车驾,都说是銮舆[5],今日还乡故。王乡老执定瓦台

---

[1] 社长:犹如村长之类。社,古时地方的基层单位。元代以五十家为一社。
[2] 无推故:不要借故推辞。
[3] 不寻俗:不寻常,不一般。
[4] 索应付:须认真对待。索,须。
[5] 车驾、銮舆:都是帝王乘的车子,因以作为皇帝的代称。

盘[1],赵忙郎抱着酒胡芦[2]。新刷来的头巾,恰糨来的绸衫[3],畅好是妆么大户[4]。

【耍孩儿】瞎王留引定火乔男女[5],胡踢蹬吹笛擂鼓[6]。见一彪人马到庄门[7],匹头里几面旗舒[8]:一面旗白胡阑套住个迎霜兔[9],一面旗红曲连打着个毕月乌[10],一面旗鸡学舞[11],一面旗狗生双翅[12],一面旗蛇缠葫芦[13]。

【五煞】红漆了叉,银铮了斧[14]。甜瓜苦瓜黄金镀[15]。明晃晃马镫枪尖上挑[16],白雪雪鹅毛扇上铺[17]。这些个乔人物[18],拿着些不曾见的器仗,穿着些大作怪衣服。

【四煞】辕条上都是马,套顶上不见驴。黄罗伞柄天生曲[19]。车前八个天曹判[20],车后若干递送夫。更几个多娇女[21],一般穿着,一样妆梳。

【三煞】那大汉下的车,众人施礼数。那大汉觑得人如无物。众乡老展脚舒腰拜,那大汉挪身着手扶[22]。猛可里抬头觑[23]。觑多时认得,险气破我胸脯!

【二煞】你身须姓刘[24],你妻须姓吕。把你两家儿根脚从头数[25]:你本身做亭长耽几盏酒[26],你丈人教村学读几卷书。曾在俺庄东住。也曾与我喂牛切草,拽坝扶锄[27]。

【一煞】春采了桑,冬借了俺粟。零支了米麦无重数。换田契强秤了麻三秤[28],还酒

---

[1] 乡老:乡村中的头面人物。
[2] 忙郎:一般农民的称谓。
[3] 糨(jiàng)来:浆好,刷洗。糨,用米汤给洗净的衣服上浆。
[4] 畅好是:正好是。妆么大户:装充有身份的阔人。
[5] "瞎王留"句:爱出风头的青年率领一伙装模作样的坏家伙。瞎,犹言坏,胡来。王留,元曲中常用以指好出风头的农村青年。火,同"伙"。乔男女,坏家伙,丑东西。
[6] 胡踢蹬:胡乱,胡闹。踢蹬,语助词,起强调作用。
[7] 一彪(biāo)人马:一大队人马。
[8] 匹头里:犹"劈头"、"当头"。舒:飘展。
[9] "白胡阑"句:指月旗。胡阑,"环"的合音,即圆圈。迎霜兔,玉兔,古代神话谓月中有玉兔捣药。一面旗上画的是白环里套住只白玉兔,即月旗。
[10] "红曲连"句:指日旗。曲连,"圈"的合音,即红圈,像日的形状。毕月乌,古代传说日中有三足乌。后来的星历家又以七曜(日、月、火、水、木、金、土)及各种鸟兽配二十八宿,如"昴日鸡"、"毕月乌"等。
[11] 鸡学舞:这是指舞凤旗。
[12] 狗生双翅:这里指飞虎旗。
[13] 蛇缠葫芦:这是指蟠龙戏珠旗。以上五旗,均借乡民口吻加以讥讽,用来讥讽帝王铺张阔绰的排场。
[14] 银铮:镀了银的铮。
[15] "甜瓜"句:这是说金瓜锤,帝王的仪仗。
[16] "明晃晃"句:这是说朝天镫,帝王的仪仗。
[17] "白雪雪"句:这是写鹅朱宫扇。
[18] 乔人物:怪人物,装模作样的人。
[19] "黄罗伞"句:此指帝王仪仗中的"曲盖"。曲盖像伞,柄是曲的。
[20] 天曹判:天上的判官。此处喻威风凛凛的侍从人员。
[21] 多娇女:指美丽的宫娥。
[22] 挪身:挪动身躯。
[23] 猛可里:忽然间。觑(qù):偷看。上文"觑得人如无物"的"觑",当"斜视"讲。
[24] "你身"句:你个人本姓刘。须,本。
[25] 根脚:根基,犹今言出身。
[26] 亭长:刘邦曾经做过泗上亭长。秦制,十里为亭,十亭为乡。耽(dān):沉溺,迷恋。
[27] 拽坝(zhuài bà)扶锄:泛指平整土地之类的农活。坝,通"耙",一种多齿的农具。
[28] 麻三秤:麻三十斤。乡间以十斤为一秤。

债偷量了豆几斛[1]。有甚胡突处[2]？明标着册历[3]，见放着文书[4]。

【尾声】少我的钱，差发内旋拨还[5]；欠我的粟，税粮中私准除[6]。只道刘三，谁肯把你揪捽住[7]，白甚么改了姓、更了名、唤做汉高祖[8]！

思考题

1. 皇帝外出的车驾是非常威武壮观的，可我们在读二至四三支描写这种场面的曲子时，感觉到异常滑稽可笑，这是为什么？
2. 试分析本篇的艺术特点。

---

[1] 斛(hú)：量器名，古人以十斗为一斛。
[2] 有甚胡突处：有什么糊涂的地方，意即十分清楚。胡突，糊涂，含混不清。
[3] 明标着册历：明白地记载在账簿上。标，记载。册历，账簿。
[4] 见(xiàn)放着文书：现在还放着借据在那儿。文书，契约，借条。
[5] 差发内旋拨还：在官差内立即偿还。差发，差拨，官家派的差役和钱粮。旋，立刻，马上。
[6] 私准除：暗地里扣除。准除，抵偿，折算。
[7] 刘三：刘邦排行不详。此当因其兄字仲，故称。捽住：揪住，抓着。
[8] 白甚么：作平白无故地为什么解。用于此处，质问刘邦为什么要改名汉高祖，具有嘲讽之意。

精读文本

关山月[1]

李 白

题解

李白(701—762),字太白,号青莲居士。是屈原之后最具个性特色、最伟大的浪漫主义诗人。有"诗仙"之美誉,与杜甫并称"李杜"。其诗以抒情为主,表现出蔑视权贵的傲岸精神,对人民疾苦表示同情,又善于描绘自然景色,表达对祖国山河的热爱。诗风雄奇豪放,想象丰富,语言流转自然,音律和谐多变,善于从民间文艺和神话传说中吸取营养和素材,构成其特有的瑰玮绚烂的色彩,达到盛唐诗歌艺术的巅峰。存世诗文千余篇,有《李太白集》三十卷。

《关山月》是李白借乐府旧题创作的一首五言古诗。这首诗描绘了边塞的风光,戍卒的遭遇,更深一层转入戍卒与思妇两地相思的痛苦。此诗如同一幅由关山明月、沙场哀怨、戍客思归三部分组成的边塞图,以怨情贯穿全诗,色调统一,浑然一体,气象雄浑,风格自然。

明月出天山[2],苍茫云海间。
长风几万里,吹度玉门关。
汉下白登道[3],胡窥青海湾[4]。
由来征战地,不见有人还。

---

[1] 关山月:乐府旧题,属横吹曲辞,多抒离别哀伤之情。《乐府古题要解》:"关山月",伤离别也。
[2] 天山:祁连山。因汉时匈奴称"天"为"祁连",所以祁连山也叫做天山。
[3] 下:指出兵。白登:今山西大同东有白登山。汉高祖刘邦领兵征匈奴,曾被匈奴在白登山围困了七天。
[4] 胡:此指吐蕃。窥:有所企图。青海湾:今青海省青海湖,湖因青色而得名。

戍客望边色[1]，思归多苦颜。
高楼当此夜，叹息未应闲[2]。

 思考题

1. 为何不言"月出东山"，而言"月出天山"？有何深意？
2. 这首诗的最后两联用了什么修辞手法？能否从其他古诗词中再列举几例？

---

[1] 戍客：征人也。驻守边疆的战士。边色：一作"边邑"。
[2] 高楼：古诗中多以高楼指闺阁，这里指戍边兵士的妻子。

拓展文本

燕歌行

高　适

题解

高适（约700—765），字达夫，渤海蓨(tiáo，今河北景县)人。年轻时北上蓟门，漫游梁、宋(今河南开封、商丘)，长期不得志，年近五十岁时才当上一个县尉，以后又在哥舒翰部下掌幕府书记。安史之乱后，官至淮南、剑南节度使，最后任散骑常侍，世称"高常侍"。高适是唐代杰出的诗人。他在漫游期间的一些诗作，反映了人民生活的困苦。他描写边塞生活的诗篇，成就更为突出。他和岑参历来被认为是唐代最著名的"边塞诗人"。有《高常侍集》存世。

这是作者壮年时期的作品。诗中融会作者在蓟门游历的见闻，从多方面高度概括描写了唐代的征战生活，是他现实主义的边塞诗中一篇杰出的代表作。

这首诗意在慨叹征战之苦，谴责将领骄傲轻敌，荒淫失职，造成战争失利，使战士受到极大痛苦和牺牲，反映了士兵与将领之间苦乐不同，庄严与荒淫迥异的现实。诗虽叙写边战，但重点不在民族矛盾，而是讽刺和愤恨不恤战士的将领。同时，也写出了为国御敌之辛勤。全诗气势畅达，笔力矫健，气氛悲壮淋漓，主旨深刻含蓄。

汉家烟尘在东北[1]，汉将辞家破残贼[2]。

---

[1] 汉家：借指唐朝。烟尘：战地的烽烟和飞尘，此指战争警报。开元十八年(730)五月，契丹及奚族叛唐，此后唐与契丹、奚族之间战事不断。
[2] 汉将：指张守珪将领。

男儿本自重横行[1]，天子非常赐颜色[2]。
摐金伐鼓下榆关[3]，旌旆逶迤碣石间[4]。
校尉羽书飞瀚海[5]，单于猎火照狼山[6]。
山川萧条极边土，胡骑凭陵杂风雨[7]。
战士军前半死生，美人帐下犹歌舞。
大漠穷秋塞草腓[8]，孤城落日斗兵稀。
身当恩遇常轻敌，力尽关山未解围[9]。
铁衣远戍辛勤久[10]，玉箸应啼别离后[11]。
少妇城南欲断肠[12]，征人蓟北空回首[13]。
边风飘摇那可度[14]，绝域苍茫更何有[15]。
杀气三时作阵云[16]，寒声一夜传刁斗[17]。
相看白刃血纷纷，死节从来岂顾勋。
君不见沙场征战苦，至今犹忆李将军[18]。

> **思考题**
>
> 1. 《燕歌行》这首诗的主题是什么？表达了作者什么样的思想情感？
> 2. 这首诗运用了哪些艺术手法？

---

[1] 横行：纵横驰骋，扫荡敌寇。
[2] 非常赐颜色：破格赐予荣耀。
[3] 摐(chuāng)金伐鼓：军中鸣金击鼓。摐金，敲锣。榆关：山海关。
[4] 逶迤(wēi yí)：曲折行进貌。碣石：山名，在今河北昌黎县北。此借指东北沿海一带。
[5] 尉：武官，官阶次于将军。羽书：羽檄，插有羽毛的紧急军事文书。瀚海：大沙漠。
[6] 单于：秦汉时匈奴君主的称号，此指敌酋。猎火：狩猎时所举之火。狼山：阴山山脉西段，在今内蒙古自治区中部。此外借瀚海、狼山泛指当时战场。
[7] 凭陵：逼压。凭借威力去侵凌别人。
[8] 穷秋：深秋。腓(féi)：病，枯萎。一作"衰"。
[9] "身当"二句：一写主帅受皇恩而轻敌，一写战士拼死苦战也未能冲破敌人的包围。
[10] 铁衣：借指将士。
[11] 玉箸：借指思妇的眼泪。
[12] 城南：长安住宅区在城南，故云。
[13] 蓟北：蓟州、幽州一带，今河北省北部地区。此泛指东北战场。
[14] 边风飘摇：一作"边庭飘飖"，指形势动荡、险恶。
[15] 绝域：更遥远的边陲。更何有：更加荒凉不毛。
[16] 三时：意指历时甚久。三，不表确数。阵云：战云。
[17] 刁斗：军中夜里巡更敲击报时用的铜器。
[18] 李将军：指李广。善用兵，爱惜士卒，守右北平，匈奴畏之不敢南侵，称为飞将军。

第三单元

自强不息

"天行健,君子以自强不息。地势坤,君子以厚德载物。"新时代的青年学子应该增厚美德,容载万物,刚毅坚卓,发愤图强。

精读文本

我善养吾浩然之气
孟 子

题解

孟子(约公元前372—约公元前289),名轲,战国时邹国(今山东邹城市)人,是继孔子之后儒家学派最重要的一个代表。他曾游说诸侯,不被重视,后退居讲学。

孟子生活在一个社会大变动的时代,他主张用改良的手段进行社会改革。他着重发挥了孔子的"仁"学,极力主张"法先王,施仁政",描绘出一套以井田为模式的理想蓝图;另外,他还提出"民为贵,社稷次之,君为轻"的民本思想。

《孟子》是记录战国时期思想家孟子言行的一部书,共有七篇(各分上下),是孟子和其弟子共同完成。《孟子》是儒家的重要学术著作,由于其文章巧于辩论,善用比喻,语言流畅,富于鼓动性,对后世散文影响很大。本文节选自《孟子·公孙丑上》。

(公孙丑问曰):"敢问夫子恶乎长?"

曰:"我知言,我善养吾浩然之气[1]。"

"敢问何谓浩然之气?"

曰:"难言也。其为气也,至大至刚,以直养而无害,则塞于天地之间。其为气也,配义与道;无是,馁也。是集义所生者,非义袭而取之也。行有不慊于心[2],则馁矣。我故曰告子未尝知义[3],以其外之也。必有事焉而勿正[4],心勿忘,勿助长也。无若宋人然。

---

[1] 浩然:盛大而流动的样子。
[2] 慊:快,痛快。
[3] 告子:名不详,可能曾受教于墨子。
[4] 正:止。"而勿正"即"而勿止"。

宋人有闵其苗之不长而揠之者[1],芒芒然归[2]。谓其人曰[3]:'今日病矣[4],予助苗长矣。'其子趋而往视之,苗则槁矣。天下之不助苗长者寡矣。以为无益而舍之者,不耘苗者也[5];助之长者,揠苗者也。非徒无益,而又害之。"

思考题
1. 如何理解"浩然之气"?
2. 孟子"我善养吾浩然之气"对中国当代大学生塑造其核心价值观有何启示?

---

〔1〕 闵:担心,忧愁。揠:拔。
〔2〕 芒芒然:疲倦的样子。
〔3〕 其人:指他家里的人。
〔4〕 病:疲倦,劳累。
〔5〕 耘:除草。

拓展文本

贺新郎·同父见和，再用韵答之[1]

辛弃疾

> **题解**
>
> 辛弃疾(1140—1207)，字幼安，号稼轩，历城(今属山东济南)人，是我国南宋豪放派词人、军事家和政治家。辛弃疾生于金国，少年抗金归宋，曾任江西安抚使、福建安抚使等职。有词集《稼轩长短句》，现存词六百多首，强烈的爱国主义思想和战斗精神是辛词的基本思想内容。
>
> 辛弃疾词艺术风格多样，以豪放为主，风格沉雄豪迈又不乏细腻柔媚之处。其词题材广泛，意境深远，手法多样，善于用典。他把爱国抱负和满腔忧愤倾注到词作中，形成了雄奇豪壮、苍凉沉郁的风格，是南宋豪放词派的主要代表。
>
> 这首词作于1189年春，此时作者年近半百，落职闲居，蹉跎岁月，恢复无望，理想成空。因而借与陈亮唱和，来抒发英雄失意的一腔悲愤之情。此词的特点是"以文为词"，用典甚多，丰富了作品的情感和形象。全词既有深刻的现实思考，同时又呈现豪爽飞动的浪漫情怀，在沉郁中见出豪壮。

老大那堪说。似而今、元龙臭味[2]，孟公瓜葛[3]。我病君来高歌饮，惊散楼头飞雪。笑富贵、千钧如发。硬语盘空谁来听[4]？记当时，只有西窗月。重进酒，换鸣瑟。

---

[1] 同父：陈亮的字。
[2] 元龙：陈登字元龙，东汉末年人。臭(xiù)味：气味。此句表示词人与陈亮志气相投。
[3] 孟公：西汉著名游侠陈遵的字。据《汉书·陈遵传》："遵嗜酒，每大饮，宾客满堂，辄关门，取客车辖投井中。虽有急，终不得去。"瓜葛：指关系或共同之处。
[4] 硬语盘空：形容文章的气势雄伟，矫健有力。唐代韩愈《荐士》诗有"横空盘硬语，妥贴力排奡"之句。这里借喻不合当政者所好的言论文章之慷慨激烈。

事无两样人心别。问渠侬:神州毕竟,几番离合?汗血盐车无人顾[1],千里空收骏骨[2]。正目断、关河路绝。我最怜君中宵舞[3],道男儿、到死心如铁。看试手,补天裂[4]。

思考题

1. 分别说明词中所用典故的含义,并仔细品味稼轩词"以文为词"的艺术特色。
2. 谈谈词中"飞雪"、"西窗月"、"关河路绝"三处景物描写是如何呈现出浓厚强烈的主观色彩的。

---

[1] 汗血盐车:汗血,汗血马。《汉书·武帝纪》注引应劭曰:"大宛旧有天马种,蹋石汗血,汗从前肩,髆出如血,号一日千里。"盐车,语出《战国策·楚策四》:"夫骥之齿至矣,服盐车而上太行,蹄申膝折,尾湛胕溃,漉汁洒地,白汗交流,中阪迁延,负辕不能上。"骏马拉运盐的车子。后以之比喻人才埋没受屈。这里将两个典故合在一起。
[2] "骏骨"句:典出《战国策·燕策一》。战国时,燕昭王要招揽贤才,郭隗以重金买千里马的骨头,以示求贤若渴。
[3] "我最怜君中宵舞"句:《晋书·祖逖传》:"逖与司空刘琨俱为司州主簿,情好绸缪,共被同寝。中夜,闻荒鸡鸣,蹴琨觉曰:'此非恶声也。'因起舞。"
[4] 补天裂:古代神话有女娲炼五色石补天裂的故事。

精读文本

定风波[1]

苏 轼

题解

苏轼(1037—1101),字子瞻,号东坡居士,眉州眉山(今属四川省眉山市)人。北宋著名文学家、书画家。一生宦海沉浮、经历坎坷,思想上常有出世与入世的矛盾,失意时每能达观自解,始终保持积极进取、欲有所为的精神。

苏轼在文艺创作的各方面都有突出的成就。散文自然畅达,随物赋形,如行云流水,为"唐宋八大家"之一,与父苏洵、弟苏辙合称"三苏"。其诗题材广阔,清新豪健,善用夸张比喻,独具风格,与黄庭坚并称"苏黄"。词开豪放一派,与辛弃疾同是豪放派代表,并称"苏辛"。书法、绘画也有很高的造诣。有《苏东坡集》、《东坡乐府》。

这首词通过野外途中偶遇风雨这一生活中的小事,于简朴中见深意,于寻常处生奇景,表现出旷达超脱的胸襟,寄寓着超凡脱俗的人生理想。上片着眼于雨中,下片着眼于雨后,全词体现出一个正直文人在坎坷人生中力求解脱之道。篇幅虽短,但意境深邃,内蕴丰富,诠释着作者的人生信念,展现着作者的精神追求。

三月七日,沙湖道中遇雨[2],雨具先去,同行皆狼狈[3],余独不觉,已而[4]遂晴,故作此。

---

〔1〕 定风波:词牌名。
〔2〕 沙湖:在今湖北黄冈东南三十里。
〔3〕 狼狈:进退皆难的困顿窘迫之状。
〔4〕 已而:过了一会儿。

莫听穿林打叶声[1],何妨吟啸且徐行[2]。竹杖芒鞋轻胜马[3],谁怕?一蓑烟雨任平生[4]。

料峭春风吹酒醒[5],微冷,山头斜照却相迎[6]。回首向来萧瑟处[7],归去,也无风雨也无晴[8]。

思考题

1. 这首词表现出作者怎样的人生态度?
2. 这首词的艺术结构有何特色?

---

[1] 穿林打叶声:指大雨点透过树林打在树叶上的声音。
[2] 吟啸:放声吟咏。
[3] 芒鞋:草鞋。
[4] 一蓑(suō):蓑衣,用棕制成的雨披。
[5] 料峭:微寒的样子。
[6] 斜照:偏西的阳光。
[7] 向来:方才。萧瑟:风雨吹打树叶声。
[8] 也无风雨也无晴:意谓既不因风雨而惊慌,也不因天晴而欣喜。

拓展文本

八声甘州

柳 永

题解

柳永(约987—1053),崇安(今福建武夷山)人。北宋词人,原名三变,字景庄,后改名永,字耆卿,排行第七,又称柳七。北宋景祐元年(1034)进士,官屯田员外郎,故世称柳屯田。

柳永以毕生精力作词,其词多描绘城市风光和歌妓生活,尤长于抒写羁旅行役之情。柳永大力创作慢词,从根本上改变了唐五代以来小令独霸词坛的格局。同时,柳永改变了词的审美内涵和审美趣味,即变"雅"为"俗",着意运用通俗化的语言表现世俗化的市民生活情调。另外,在题材取向上,柳永朝着自我化的方向拓展,重在表现自我独特的人生体验和心态。所有这些创新,都对稍后的苏轼、秦观等词人产生了重大影响。柳永词在宋元时期流传很广,相传当时"凡有井水饮处,即能歌柳词"。有词集《乐章集》传世。

柳永一生仕途坎坷,郁郁不得志,漂泊失意,过着潦倒的羁旅生活。这首词主要抒写主人公怀念家乡的凄苦心情,将景物、离愁、恋情交织起来描写,水乳交融。全词采用白描手法,语言质朴流畅。

对潇潇暮雨洒江天[1],一番洗清秋。渐霜风凄紧[2],关河冷落,残照当楼。是处红衰翠减[3],苒苒物华休[4]。惟有长江水,无语东流。

---

[1] 潇潇:形容雨声急骤。
[2] 凄紧:凄凉紧迫。一作"凄惨"。
[3] 是处:到处。红衰翠减:指花叶凋零。红,代指花。翠,代指绿叶。此句为借代用法。
[4] 苒苒(rǎn):渐渐。物华:美好的景物。

不忍登高临远,望故乡渺邈[1],归思难收。叹年来踪迹,何事苦淹留[2]?想佳人妆楼颙望[3],误几回、天际识归舟[4]。争知我[5],倚阑干处,正恁凝愁[6]。

思考题

1. 《八声甘州》中的景物描写和情感抒发是怎样融合起来的?
2. 柳永善于用"领字"(主要是去声字)生发句意,使词意一气贯注。这首词中用了"对"、"渐"、"望"、"叹"、"误"等去声字,请问它们在表现力度上起了什么样的作用?
3. 这首词表达了怎样的感情?

---

[1] 渺邈(miǎo):渺茫遥远。
[2] 淹留:长期停留。
[3] 颙(yóng)望:抬头凝望。颙,一作"长"。
[4] 误几回:多少次错把远处驶来的船只当作心上人的归舟。语意出温庭筠《望江南》词:"过尽千帆皆不是,斜晖脉脉水悠悠。肠断白蘋洲。"天际:指目力所能达到的极远之处。
[5] 争:怎。
[6] 恁(nèn):如此,这般。凝愁:凝结不解的深愁。

第四单元

知识·能力（一）

中国古代文学简史

 知识库

中国古代文学具有自己独特的文学发展脉络,显示出特有的民族性、传承性、时代性的特征。同时在文学的内涵中又充分体现了中国文字的特殊魅力,这是世界上任何一个民族都无法比拟的。

中国古代文学深受中国历史文化的影响,并且与各个时代的政治、经济密切相关。就文学的历史分期来看,它可以分为先秦文学、秦两汉文学、魏晋南北朝文学、唐代文学、宋代文学、元代文学、明清文学及近代文学几个部分。

一、先秦文学

先秦文学是指秦代以前各个历史时期的文学,是我国古代文学的发生期。这一阶段产生了很多优秀作品,奠定了我国传统文学的基本样式和民族风格,具有中华民族独特的审美观点和审美意识。

上古神话和原始歌谣是我国古代文学的先导,是原始人类的口头创作,具有集体性、直观性特点。由于当时没有文字,因而这些神话大多以口头传播的形式保存下来,如女娲补天、后羿射日、鲧禹治水、精卫填海、夸父追日等,它们想象神奇、情节夸张大胆,是我国浪漫主义文学的源头。春秋战国以后,这些神话和歌谣才被陆续记录下来,散见于《山海经》、《淮南子》、《列子》、《庄子》、《楚辞》等古代文献中,其中又以《山海经》中保存的原始神话资料最为丰富。

诗歌是先秦文学的巨大成就之一。先秦诗歌的发展经历了一个从口头到书面、从民间到宫廷、从集体歌唱到诗人创作的漫长过程。而《诗经》的出现,则标志着我国最早发生、发展的文学形式——诗歌从口头到书面、从民间到宫廷发展阶段的完成。

《诗经》本名《诗》,是我国第一部诗歌总集,共收入西周初年至春秋中叶的作品305首,又称《诗三百》。西汉时被尊为儒家经典之一,始称《诗经》,并沿用至今。《诗经》题材广泛,反映了人民的劳动、爱情、战争、徭役等方面的生活,洋溢着浓厚的乡土情韵、人伦情感、人本意识,其"饥者歌其食,劳者歌其事"的现实主义精神,对后世进步文学的影响极其深远。《诗经》的句式以四言为主,多采用复叠式章法和赋、比、兴的表现手法,语言质朴优美,音节和谐明快,对形成中国诗歌兴寄遥深、含蓄蕴藉的特有风貌起着重大的作用;而"风雅比兴"一直是中国古代进步作家与诗人高举的战斗旗帜。

战国时期以屈原为代表的"楚辞"骚体诗,标志着中国诗歌从民间集体歌唱到诗人独立创作的更高发展阶段的出现。"屈宋诸骚,皆书楚语,作楚声,纪楚地,名楚物,故可谓之《楚辞》。"(黄伯思《东观余论·离骚序》)这种由诗人创作、带有鲜明的文化色彩的新诗歌,将中国诗歌向前推进了一大步。《楚辞》中收集的先秦作品,大多出自屈原和宋玉两位诗人之手。诗人之作,由于其个人的天赋才能、高度的文化素养以及对艺术遗产的继承,一般说来比起民间朴素的歌唱,在思想上更为丰富,在情感上更为细腻,在艺术上更为精致。屈原的骚体诗是浪漫主义的典范作品。对理想的热烈而执着的追求,爱憎情感火山爆发式的自我倾诉,献身祖国的赤胆忠心,都在奔放的词句、宏大的结构中表现出来。诗人大胆地驰骋想象,糅合了神话传说、历史故事、自然现象与自身遭遇,创造了一个个前无古人的神奇瑰丽的幻想世界。这种浪漫主义特色的形成,同楚国的文化传统密不可分。楚国巫风盛行,朝廷和民间祭祀都使巫觋"作歌乐鼓舞以乐诸神"。这种带有原始宗教气氛的乐歌,自然是产生浪漫主义杰作的温床。例如《九歌》,其前身就是沅湘一带民间的祭祀歌曲。

历史上"诗骚"并称,分别代表了我国古代诗歌现实主义和浪漫主义的两座高峰。《诗经》产生于北方,代表了当时的中原文化;而《楚辞》则是南方楚地乡土文学的代表。《诗经》的比兴较为单纯,而《楚辞》的比兴具有象征的性质,往往成为一个形象的系统。《离骚》中香草美人的比兴就是范例。楚地本是泽乡山国,其间颇有叠波旷宇、崇山峻岭,这些江山的光怪之气足以摇荡心灵,催发丽辞伟句。骚体诗冲破《诗经》四言诗的固定格式,句式加长而灵活,篇章放大而严密,词采绚丽而贴切,是《诗经》之后的一次诗体大解放。

散文是先秦文学的重要组成部分,可分为历史散文和诸子散文。

先秦历史散文发展的总趋势是由简到繁,由质而文,由片段的文辞到较详细生动的记言、记事、写人。具体而言,大致可分为三个阶段:第一阶段从夏代到春秋时期,以《尚书》和《春秋》为代表。《尚书》是我国最早的一部历史文献汇编,作品年代自殷盘庚始,至秦穆公止,部分是商周天子对臣下的演讲、训词、命令、誓言等,部分是大臣告上的谋议和规劝。它是研究商周时代社会政治的原始资料,在中国古代散文史上具有奠基的意义。孔子编著的《春秋》是我国第一部编年体断代史,是编年体史书之祖,也开启了私人著史的先例。记载了自鲁隐公元年(公元前722年)至鲁哀公十四年(公元前481年)间发生的大事,以鲁为本位,记载弑君三十六、亡国五十二、灾异一百二十二、大小战争二百三十一。孔子从儒家思想出发,以定名分、明等级为评论事件的标准,而又欲为尊者讳,因此往往以曲笔表明自己的爱憎,这就是"春秋笔法"、"微言大义"。此期史官各司其职,言、事不混,如《尚书》记言,《春秋》记事,文字古朴简洁,文学性不强。第二阶段从春秋末到战国初期,代表作是《左传》和《国语》。《左传》又称《春秋左氏传》或《左氏春秋》,是解释《春秋》的一部史书,也是我国第一部记事详备的编年体史书,传说为鲁国史官左丘明所撰。这部历史巨著的许多篇章都是优美的散文作品,有很高的文学价值。其中最吸引人的篇章是对战争的记叙描写,著名的如秦晋韩之战、殽之战,晋楚城濮之战、邲之战、鄢陵之战等,无不写得生动形象,各具特色,成为传世名篇。《左传》虽以记事为主,但由于注意事件的前后贯串,因此事件中的人物形象也得到了较完整的表现。其中描写了国君、霸主、政治家、军事家和士人等众多形象,通过他们的语言和行动,写出他们不同的性格面貌,如郑庄公的深沉大度、烛之武的善于辞令、弦高的随机应变、骊姬的奸诈、费无极的阴险、伯嚭的贪婪等。更加难得的是,作者还能够活生生地写出人物性格的发展历程,如描写了晋文公经过19年的流浪生活,从一个贪图享受的贵公子逐步成长为一位有雄才大略的霸主,一位有见识、能用人的贤君。《左传》的文学性还表现在语言的运用上。其词语丰富多彩,生动流畅,能自如地运用"焉"、"乎"、"者"、"也"等虚词,以表现不同的语气和感情色彩,使语句参差错落,优美感人。它还吸收了当时的民歌谚语,使作品大为生色,如"城濮之战"中的舆人之歌。至于比喻性的词语,更比比皆是,有许多至今仍为我们所运用。与《左传》同时的另一部史书《国语》是我国历史上第一部国别史,分别记载西周末年至春秋末年(公元前967年—公元前453年)周、鲁、齐、晋、郑、楚、吴、越等国的史事。所记史实与《左传》互有详略,以记言为主,间亦记事,亦有一些出色的篇章脍炙人口,如召公谏厉王弭谤、骊姬潜杀太子申生、吴王夫差与越王勾践的故事等,都是记言叙事十分生动的散文,有曲折的情节、鲜明的人物形象。其个别章节甚至比《左传》还要生动,如同时写子犯与齐姜合计送走重耳一节,《左传》写得很简单,只有15个字;而《国语·晋语》则写得异常生动,通过重耳与子犯之间的对话和动作写出他们不同的心理和思想感情,特别是他们的对话,十分风趣,引人发噱。但整体而言,《国语》的记载较零碎,长篇大论较多,不少还是抽象的说教,缺少具体描写,语言较平直,所以文学价值比不上《左传》。第三阶段是战国中后期,以《战国策》为代表。《战国策》也是一部国别体史书,主要记叙的是战国时期谋臣策士们的言行,它吸收了《左传》和《国语》的散文技巧而又加以发展,不仅是重要的历史著作,而且是一部优秀的散文集。《战国策》善于描写人物,塑造了600多个不同类型的人物,有令人景仰的英雄人物,如功成身退的鲁仲连、不辱使命的唐雎、以理服人的触龙、善于讽谏的邹忌、胡服骑射的赵武灵王、深明大义的赵威后、义无反顾的荆轲、年少志高的甘罗等;也有令人鄙视的龌龊人物,诸如死后要以姘夫殉葬的秦宣太后、笑里藏刀的郑袖等;而那些争名逐利、钩心斗角的策士谋臣们更是丑态百出,如张仪与陈轸、甘茂与公孙衍的互相争斗,张仪欺楚的狡黠无赖,吕不韦的政治投机,等等。不管是哪一类的人物,都有非常鲜明的个性。《战国策》还善于描写策士的辞令,有的针锋相对,锋芒毕露;有的慢条斯理,层层深入;有的旁敲侧击,隐约其词。凡此,作者都能根据不同人物的处境、身份、修养,通过正比、对比、反衬、铺叙等多种手法,恰如其分地表现他们的不同性格,使人物的形象生动丰满。

与历史散文同时蓬勃发展的是诸子散文,它是在先秦理性精神觉醒的背景下和百家争鸣的学术氛围中形成并繁荣起来的。所谓"诸子",是指春秋战国时期诸家学派的代表人物。诸子散文无论在文体、语言、结构各方面,都具有极高的文学价值,对后世文学产生了极其深远的影响。但是,诸子百家并非文学流派,各学派之间的区别主要是政治观点的不同,而不是文章风格、流派上的差异。

从文学发展的角度来看,诸子散文大致经历了这样几个阶段:语录体阶段,代表作是《论语》、《墨子》。《论语》是孔子的学生们记录孔子言行的书,是了解孔子的可靠材料。它以语录体写成,多问答和谈话,篇幅很短,有的甚至只有三言两语,未能构成完整的文章。《论语》也有一些篇章结构比较完整,具有一定的文学性。这些文章大多记言和叙事相结合,也勾勒人物的行动,刻画了孔子及其弟子的性格特征,如《子路、曾皙、冉有、公西华侍坐》、《季氏将伐颛臾》、《阳货欲见孔子》等篇。《墨子》是一部包括墨子及墨家各派学说的著作。《墨子》中的一些篇章也带有语录体形式,但大多具有论辩色彩。其语言质朴,缺少文采,但层次分明,特具逻辑性,有很强的说服力。如《公输》和《非攻》两篇,运用具体事例来说理,由此及彼,层层深入,明白易懂,是相当出色的驳论文章。对话体阶段,代表作是《孟子》、《庄子》。《孟子》成书于战国中期,书中主要记录孟子及其弟子万章和公孙丑等人的问答和言行。孟子把文章当作宣传自己的学说主张及与论敌辩难的工具,因此他的文章极富论辩性,大多气势磅礴,感情充沛,取譬设喻,雄辩犀利,极大地推动了我国说理文的发展。《庄子》文辞美富,汪洋恣肆,姿态万端,风格独具,在诸子散文中文学成就最高。其突出特点是想象奇特而丰富,以夸张的手法虚构了大量的寓言式人物来阐述他鄙薄富贵、逃避现实的处世态度和向往绝对自由的理想境界,具有浓郁的浪漫主义色彩。而且,该书运用寓言之丰富和比喻之多样,亦为诸子散文之冠。庄子自称其文"寓言十九",即以生动的故事、具体的形象来说明抽象的道理。尽管其表达的道理有时或许是谬悠的,然而这些寓言却往往给人以很大的启示,如庖丁解牛、望洋兴叹、东施效颦、井底之蛙等,至今仍广为传诵。《庄子》已摆脱语录问答的形式,能围绕中心论题展开阐述论证,且语言华丽,辞藻丰富,韵散相间,错落有致,声韵和谐,优美动人。专题论文阶段,代表作《荀子》、《韩非子》。这些文章篇幅普遍增长,风格也由简朴到注重文采,对论说文的进一步完善和发展都做出了贡献。它们长于说理,论证逻辑严密,托语言以论说,锋芒毕露,堪称先秦论说文的佳构。

先秦文学是我国文学史上光辉灿烂的第一页。它丰富的思想内容、与时代紧密结合的精神、富有感染力的创作技巧以及独特的艺术魅力都值得后人借鉴。它还孕育着很多其他文学题材的萌芽。其中神话传说和历史散文、诸子散文中的寓言散文是小说的源头,辞赋可以追溯到楚辞,《九歌》中已有戏曲的萌芽。中国文学的思想也孕育在先秦、秦汉时代。特别是儒家、道家的思想观念对整个中国古代知识分子及广大社会各个阶层的人物产生着深远的影响。

二、秦两汉文学

秦代实行文化专制政策,焚书坑儒,二世而亡,几乎没有文学可言,除留存下来极少数歌颂秦皇功德的刻石文字外,秦统一前吕不韦召集门客编写的《吕氏春秋》和李斯的《谏逐客书》是这一时期少有的优秀散文篇章。

两汉时期,疆土统一,国势强大,经济和文化得到了充分的发展。两汉文学的主要成就有辞赋、散文、诗歌。

汉赋是两汉时期独特的、最为流行的文学样式,也是汉代最有代表性的文体,它以散文来记叙,以韵文来描写,介于散文和韵文之间。汉初贾谊的赋还没有脱离楚辞痕迹,被称为骚体赋。枚乘的《七发》奠定了汉大赋的形式格局。至汉武帝时代,献赋诵赋风气大盛,基本上是为宫廷上层统治集团歌功颂德之作。西汉时以司马相如的《子虚赋》、《上林赋》最为著名,还有扬雄的《甘泉赋》、《羽猎赋》。东汉时有班固的《两都赋》和张衡的《二京赋》。此外,还有一些抒情小赋,用辞赋抒情写志,富有文学价值。

两汉文学最重要的文学成就是散文。在汉初,首先是政论散文得到了较大发展,代表作家有贾谊和晁错。他们的文章都能针砭时政,关心王朝的长治久安,提出一系列的政治措施;且感情充沛,富有气势,并表现出一定的骈化趋势。其次是历史散文,代表作是司马迁所撰、被鲁迅先生评为"史家之绝唱,无韵之离骚"的《史记》和班固的《汉书》。《史记》以"不虚美,不隐恶"的"实录"精神,记述了我国上自传说中的皇帝,下至汉武帝时代的三千年间的历史。《史记》直接继承了先秦历史散文的优良传统,在文学上有了更大的发展。其刻画人物的高超技巧、谋篇布局的多样化、非凡的语言表现力等,都取得了很大的成就。《汉书》是我国历史上第一部纪传体断代史,文学性逊于《史记》,但部分篇章叙事写人别具特色,明显优于后世同类史传,故历来文人学士往往将《史记》、《汉书》并称。

两汉文学中诗歌的成就也较为突出,乐府民歌和文人诗相映生辉,在中国诗歌上具有重要意义。乐府诗歌价值最高,它以"感于哀乐,缘事而发"的现实主义精神,深刻地反映了两汉社会生活的各个方面,体现了劳动人民的心态、愿望和要求。其中,有的控诉了统治者穷兵黩武的政策,有的揭露了封建礼教、封建家长制的罪恶,有的表达了对真挚爱情的向往和追求,有的对下层人民的不幸表示深切的同情。《孔雀东南飞》是汉乐府叙事诗发展的高峰,也是中国文学史上现实主义诗歌发展的重要标志。汉乐府民歌是继《诗经》、《楚辞》之后,诗歌第三个重要的发展阶段,酝酿了五言诗的产生。东汉的文人五言诗是在东汉乐府民歌的基础上产生和发展起来的。今存无名氏的《古诗十九首》是东汉文人五言诗的代表作品,主题多偏于消极感伤,长于抒情,委婉含蓄,语言质朴自然,以高度的艺术造诣,开创了我国抒情诗的新风格。

三、魏晋南北朝文学

魏晋南北朝时期,文学开始进入自觉时代。诗歌、散文、辞赋、骈文、小说等文学样式都取得了显著的成就。

汉末建安时代是这一时期文学史实一个突出的阶段,代表作家有"三曹"(曹操、曹丕、曹植)和"建安七子"(孔融、陈琳、王粲、徐干、阮瑀、应玚、刘桢)。诗人们亲身经历了汉末动乱的社会现实,经历了在动乱时代民生的苦难,因而大都既有远大的政治理想和抱负,又具有务实的精神与通脱的作风、态度,其作品大都呈现出高扬的理想、忧时伤世,充满个性,富有悲剧色彩的特征,被后人称之为"建安风骨"。刘勰曾曰:"观其时文,雅好慷慨。良由世积离乱,风衰俗怨,并志深而笔长,故梗概而多气也。"

魏晋之际,司马氏掌权后为篡魏而形成的政治上的恐怖局面,引起了文学面貌的变化,即正始文学。这一时期的文人以"竹林七贤"(阮籍、嵇康、阮咸、山涛、向秀、刘伶、王戎)为代表。阮籍、嵇康等人在文学创作上很有特色,面对政治上的高压与黑暗,他们内心极为苦闷,便以老庄的"自然"为武器对抗司马氏所提倡的名教,作品大多表现为对礼教的虚伪的揭露与对黑暗政治的抗议。就整个风貌而言,他们的文学没有了建安文学慷慨悲凉的歌唱,而代之以韬晦遗世与忧生之嗟。

西晋文学以太康时期为主,呈现出短暂繁荣的局面。文学上出现了以"三张"(张载、张协、张亢)、"二陆"(陆机、陆云)、"两潘"(潘岳、潘尼)、"一左"(左思)为代表的作家群。太康文学追求繁缛、对仗等形式美,逐渐丧失了建安文学的风骨,但在语言运用上也有一些新的探索,尤其是左思对门阀制度的抗议、抒发寒士不平之鸣的诗歌,成为这一时期文学的富有光彩的亮点。他的八首《咏史》诗,情调高昂,笔力矫健。

自魏晋以来,在哲学思想领域所兴起的玄学盛极一时,加之东晋时期佛学流行,玄佛合流,整个文坛为玄风所笼罩。这种风气影响到文体,使得玄言诗占据文坛长达百年之久,因此,东晋除了玄言诗外,无可称道者。唯晋末陶渊明(约365—427)的出现,才为东晋文坛带来了新的气息。陶渊明是魏晋南北朝时期最有成就的诗人,他以不与统治者同流合污的高尚情操和遗世独立的生活态度,傲然屹立于浑浊的时代,表现出超凡的人格和诗风。其诗可分为田园诗和咏怀诗两大类。他的田园诗以平淡、朴素而又富于情趣的笔墨,多方面地描写田园风光,抒写他在田园的真实感受,后人称他为"田园诗人"。他的一些辞赋和散文,如抒写弃官归隐时愉快心情的《归去来兮辞》、寄托作者社会理想的《桃花源记》等,都是著名的篇章。

南北朝时期,朝代更迭频繁,南北政治对峙为这一时期社会政治的主要特点。南朝文学可注意者,一是刘宋时期由玄言向山水题材的演变,所谓"庄老告退,而山水方滋"也。这一转变中,谢灵运(385—433)贡献尤大,其对山水自然美的表现以及对艺术形式上华美精工的追求,将汉魏古诗带到了一个更成熟的境地,带来了中国诗歌的又一新变,创立了山水诗派。二是鲍照(约414—466),出身寒微,以愤世嫉俗的态度,采用乐府诗的形式,高唱对门阀制度的抗议和不满,抒发怀才不遇的苦闷,成为这一时期又一有突出贡献的诗人。代表诗作有《拟行路难》、《代东武吟》、《拟古》等。南朝的齐、梁、陈三个朝代,形式主义风气日盛。这个时期诗歌的作者大多出身于上层统治阶级,作品的内容空虚贫乏。值得注意者,一是沈约、周颙、王融等在诗歌声律、用事、对偶等方面的探讨,共同创立的"永明体"成为中国古典诗歌向近体律诗发展的过渡,对唐代律诗的形成产生很大的影响;二是谢朓(464—499)等山水诗人在形式上变革谢灵运之"大谢体",为山水诗的发展作出了新的贡献。谢朓的山水诗写得比较清新自然,而且能够在刻画山水景物的同时融入自己的思想感情。

南北朝时期,南方文学与北方文学发展不平衡,北方作家多企羡南朝之文采,故北方文学多有模仿南方文学之痕迹。如"北地三才"之邢邵、魏收、温子升等。而真正给北方文学带来起色的还要数被滞留于北方的庾信与王褒等。庾信(513—581)早年出入梁朝宫廷,作品风格比较华艳,是梁朝的宫体诗人。后出使西魏,被强留在北方。后期的作品抒发了国破家亡之悲和身世漂泊之感,将南方清丽的文学传统和北方文学雄浑的格调融合起来,创造出一种既秀丽细腻又清新刚健的诗文艺术。

骈文创作方面,出现了鲍照的《芜城赋》、庾信的《哀江南赋》等优秀作品。以散为主、骈散结合的散文著作,有北魏郦道元的《水经注》、北齐颜之推的《颜氏家训》,这些著作内

容充实,表现出与南朝文学不同的鲜明特征。郦道元(约470—527)的《水经注》是一部优秀的地理著作,它生动地描绘了祖国各地雄伟秀丽的山川面貌,同时还记载了很多有关的历史事迹与神话传说,对后代游记文学的发展有很大影响。总体来说,"俪采百字之偶,争价一句之奇"(刘勰语)是这一时期的主要文学风尚。

此外,魏晋南北朝又是乐府诗歌、小说、文学批评发展的重要时期。南北朝乐府诗歌足以和汉乐府诗歌前后辉耀。由于南北地理条件和民族文化心理素质的差别,南朝的吴歌、西曲大多具有明丽委婉的风格,北朝少数民族歌曲则语言质朴,风格刚直亢爽。在这个历史时期,还出现了志怪小说和志人小说。志怪小说的代表作是东晋干宝的《搜神记》,其中除宣扬鬼神迷信的作品外,还保存了一些优秀的神话故事和民间传说,如《干将莫邪》、《韩凭夫妇》、《吴王小女》、《李寄》等篇,反映了统治者的昏庸残暴和人民不畏强暴、敢于斗争的反抗精神。志人小说的代表作是南朝刘义庆(403—444)的《世说新语》,它记载了从汉到晋不少上层士族人物的轶事言谈,写人气韵生动,记言简约精妙,往往通过只言片语勾勒出人物的肖像和他们的精神面貌,实开后世笔记小说之先声,对后代的笔记小说产生了深远的影响。

文学意识的渐趋自觉,也使这一时期出现了探讨文学观念、分析创作过程、批评作家作品的文学论著,如曹丕的《典论·论文》、陆机的《文赋》、刘勰的《文心雕龙》、钟嵘的《诗品》等。其中,后两部在我国文学理论发展史上堪称划时代的巨著。《文心雕龙》对文学的创作方法、文体的源流演变以及对作家作品的评价作了全面系统的论述。《诗品》把汉代以来的五言体诗分为上、中、下三品,追源溯流,进行了评价。尤其是《文心雕龙》一书,体大思精,自成系统,后世的文学批评著作罕有其匹。

四、唐代文学

自唐以后,国家从长期分裂复归于统一,封建经济和文化获得充分发展,国力空前强盛;朝廷对意识形态采取了较为开放的政策,确立了以诗赋取士的科举制度,中外文化也交流频繁,我国封建社会文学发展的高峰时期到来了。

唐代诗歌创作空前繁荣,堪称一代文学之标志。古体、近体、歌行体争奇斗艳,各种风格流派异彩纷呈。初、盛、中、晚各期,名家辈出,星驰云涌,《全唐诗》收录诗人2000余位,诗作近50000首,实际上还不止此数。

初唐(618—712)诗歌是唐代诗歌走向兴盛的准备阶段,代表作家是"初唐四杰"(王勃、杨炯、卢照邻、骆宾王)和首倡诗歌复古革新的陈子昂。"初唐四杰"首开新路,突破"宫体"的内容,开拓了诗歌新境界,使诗歌题材由宫廷延伸到广阔的社会生活,由艳情转向现实,由靡靡之音变为清新健康的歌唱。沈佺期、宋之问及杜审言等人使诗歌的格律定型化。陈子昂痛斥齐梁诗风,高唱建安风骨,为唐诗发展开辟了健康之路。张若虚的《春江花月夜》则在意境创造方面达到了炉火纯青的地步。

盛唐(713—765)是唐代诗歌的极度繁荣时期,涌现出了一大批风格独具的诗人,他们以蓬勃热烈的感情、激昂慷慨的诗句,反映出积极浪漫的盛唐之音。出现了以王维、孟浩然、储光羲、祖咏等为代表的山水田园诗派,以高适、岑参、王昌龄、王之涣等为代表的边塞诗派。王维兼擅绘画,其诗深合画理,意境幽美,艺术性很高,具有审美价值。高适和岑参等的七言歌行体诗,描绘雄奇的边塞风光和艰苦的军旅生活,或悲壮浑厚,或奇逸峻拔。当然,成就最卓著的两位诗人是"诗仙"李白和"诗圣"杜甫,被称为我国诗歌史上雄视古今的"双子星座"。李白诗歌多歌颂祖国的大好河山,反映个人理想与当时社会现实的矛盾,感情奔放炽烈,风格豪放飘逸。他的抒情名篇,如《将进酒》、《行路难》,无不显示诗人独特的情感色彩和艺术个性。杜甫诗歌集中反映了唐王朝由盛转衰过程中一系列重大的事件,号称"诗史",以"三吏"、"三别"最负盛名。他即使写景述怀,也不忘忧国忧民,如《登高》就是这方面的代表作品。感情内在深沉,风格沉郁顿挫,是其诗歌的特点。李白和杜甫,分别以其各自独特的风格面貌成为我国历史上最伟大的诗人而泽被后世。

中唐(766—835)诗歌流派众多,诗人冷峻地思考现实,创作形成一个新的高潮。刘长卿、韦应物的山水诗,是王维、孟浩然一派的继续;卢纶、李益的边塞诗,是高适、岑参一派的余绪。致力于用诗歌直接反映现实的诗人是元结和顾况,他们继承了杜甫"即事名篇,无复依傍"的现实主义诗歌创作传统,多作新题乐府诗,是新乐府运动的前驱。唐宪宗元和年间,以元稹、白居易为首的现实主义诗人,提倡新乐府运动。他们有明确的创作纲领,即"文章合为时而著,歌诗合为事而作","惟歌生民病,愿得天子知",并以巨大的热情投入创作实践。新乐府的中坚人物,还有张籍、王建等人。这一时期,和"元白"诗风殊趣的,有以韩愈、孟郊为代表的崇高险怪一派。韩孟诗派以才学为本,以议论见长,开后来宋诗多以议论为诗的风气,在唐诗中别开生面。此外,各具艺术个性的著名诗人还有诗风哀怨而又不乏秀丽特色的柳宗元、刘禹锡、贾岛等。在中晚唐之交出现的李贺,以其浪漫主义的诗歌风格独树一帜,并影响了晚唐的杜牧、李商隐。

晚唐(836—907)社会形势继续走下坡路,动荡不安,是唐代诗歌的衰落时期,诗歌风格一般趋于卑弱,大多染上了浓厚的衰亡感伤色彩。晚唐诗歌中影响较大的诗人是李商隐、杜牧,二人有"小李杜"之称。杜牧长于七绝诗,内容多伤春别和咏史怀古,风格俊爽高绝,少数写景小诗如《山行》等也自然清丽;李商隐的七律沉博绝丽,以爱情诗独擅胜场,他的《无题》诗,工于比兴,用典甚多,往往意蕴深永,耐人寻味,部分作品则未免有晦涩难解之病。陆龟蒙、皮日休、杜荀鹤等人继承了新乐府运动的传统,但多具有闲适淡泊的情调。温庭筠、韦应物则是词的奠基人,经五代的发展,词到宋代成为文学主流。

散文是唐代文苑的又一重大收获。《全唐文》收作者3000余人,作品(包括骈散两体)18400余篇,可以反映当时的创作盛况。六朝时期骈文的畸形繁荣,成为散文发展的严重阻碍。批判六朝以来的形式主义文风,恢复先秦两汉散文的优秀传统,是时代和文学本身发展向作家提出的要求。初唐陈子昂、萧颖士、独孤及等人,较早提倡尚简古、切实用的散文,但成就不大。到了中唐,韩愈、柳宗元以复古为理论支柱,以内容空虚的骈文作为斗争目标,致力恢复散文的主导地位,领导了一场实质是文学革新的古文运动。韩愈十分重视散文创作的艺术独创性,强调"文以明道",苏轼称赞其"文起八代之衰,而道济天下之溺"(《韩文公庙碑》)。他的说理散文,议论透辟,气势纵横,有很强的逻辑力量;记叙散文刻画人物仿效司马迁《史记》笔法,将饱满的爱憎感情倾注毫端,在善于取材和精于细节描写方面,显示出精湛的艺术造诣。柳宗元的散文也有独特的风貌。他的作品同韩愈比较起来有较少的正统色彩、较多的民主精神。柳宗元的另一重要贡献是使山水游记和寓言这两个散文品种获得了独立的生命。柳宗元贬谪永州后所写的山水游记,运用写景寓情手法,

在表现山水之美中渗透了作者的人格之美,成为后世游记文学的典范之作。晚唐时期古文创作衰微,小品文兴起,出现了以皮日休、陆龟蒙、罗隐为代表的一批作家,被鲁迅誉为"一塌糊涂的泥塘里的光彩和锋芒"。此外,令狐楚、李商隐、温庭筠、段成式等人都曾致力于骈文的创作。

诗歌散文之外,唐人传奇的成就也引人注目。它继承和突破了六朝志怪小说,吸收了野史杂传的因素,开辟了"有意为小说"(鲁迅《中国小说史略》)的新时代。元稹的《莺莺传》、蒋防的《霍小玉传》、白行简的《李娃传》、李朝威的《柳毅传》等都是著名的作品。就人物形象鲜明、故事情节曲折和语言华艳生动的特色而言,唐传奇标志着我国古代小说艺术的成熟,为后世小说的发展提供了创作经验。

词是在唐代随燕乐而兴起的新诗体。它起源于民间,敦煌曲子词是现存最早的民间词。盛唐以后,文人才士倚声填词才渐成风气,相传唐时李白作《菩萨蛮》、《忆秦娥》,张志和、韦应物、刘禹锡、白居易、温庭筠、韦庄都是较早的曲子词作者。五代时,西蜀和南唐成为词的创作中心,中国第一部文人词总集《花间集》问世。五代词人中成就最高的是南唐后主李煜,他的词突破了晚唐五代"词为艳科"的藩篱,在境界、气象和词艺上多有开拓。

五、宋代文学

宋代在政治和军事上十分软弱无力,外有辽、金等少数民族政权的长期威胁,内部又党争不断,但在经济和文化方面却相对繁荣。文学在特殊的生活环境中得到了很大的发展,以诗歌、词、散文和话本小说为主要形式,其中词的创作成就最高。

词发展到宋代,进入了鼎盛时期,成为宋代文学的标志。据《全宋词》所载,作品有20000余首,词人约1400位。就词史而言,可谓名家辈出,佳作如林,流派纷呈,风格各异。宋词在题材、手法、风格的演变上经历了一个发展的过程。

宋词和唐诗并称,堪称中国文学的双璧。北宋初期,朝廷提倡享乐,君臣宴安,词在上层士大夫文人如晏殊等人手里,成为娱宾遣兴的工具,染上了承平时代雍容闲雅的富贵气息。这时虽然已由唐而入宋,但词风一般尚未摆脱花间一派的婉约绮靡。晏殊之子晏几道,由于其个人遭遇的不幸,词风有异于晏殊,在回环曲折的笔致中透露出哀怨感伤的情调,深婉蕴藉,真挚动人。范仲淹镇守边塞,生活经历不同,词中开始出现了苍凉开阔、豪放悲壮之气,给宋初词坛注入了一股新鲜的血液。此期词坛成就最大、贡献最力者首推柳永。柳永是一位落魄文人,主要从都市中下层人民生活中汲取创作素材,以写男女离别相思和个人流落江湖的羁旅之愁见长。他一改宋初以小令为主要创作形式的局面,自创新调,以篇幅较长、结构复杂、音调更为繁复的长调慢词取代先前的小令,扩展了词的容量;以清新俚俗的市井风情取代先前精致典雅的贵族格调,开拓了词的领域;讲究铺叙,喜用白描,丰富了词的艺术表现手法。这些创造性的贡献,使柳永成为词史上一个里程碑式的人物。

北宋中期,最主要的词人是苏轼。宋词至柳永而一变,至苏轼而再变。苏轼以诗为词,"一洗绮罗香泽之态,摆脱绸缪婉转之度",打破了词体在题材内容上的局限,把艺术的笔触伸向了广阔的现实生活和个人极其丰富的内心世界,拓新了词的意境;冲决了"词为艳科"的藩篱,在婉约词家之外另立豪放一派;提高了词的品位,使词在一定程度上突破了音律的束缚,成为独立的新诗体,这就是所谓"以诗为词"。当然,主要是激烈变化的社会现实和词人复杂独特的生活、性格形成了其豪放清旷的词风,给宋词带来了新气象,促成了豪放词派的诞生。苏轼在全面改革词坛传统风尚方面,给词史的发展直指"向上一路",南宋的爱国词派与辛派词人为其嗣响。

北宋后期,主要词人有秦观、黄庭坚、贺铸、周邦彦等。秦观词一向被认为是婉约派的正宗,多写男女情爱的悲苦与失志文士的幽怨,情韵兼胜,词境凄婉,自成一家。周邦彦被推崇为北宋词的"集大成者",他的作品标志着宋词艺术的深化和成熟。周邦彦基本承袭了柳永词的余风,仍表现男女恋情和羁旅行役等传统内容,但他注重音律法度,风格醇雅浑成,章法缜密圆熟,语言典丽精工,是后来格律词派之先导。

南北宋之交,出现了我国古代最优秀的女词人李清照。她主张词"别是一家",进一步确立了词体的独立地位。其词化俗为雅,清婉疏淡,语言功力深湛,既自然清新又精美雅洁,号称"易安体",与秦观等一起被推为"当行本色"的婉约正宗。尤其是南渡以后的作品,如《声声慢》(寻寻觅觅)等,将国破家亡的悲愤与身世漂泊的伤痛融合一气,缠绵抑郁,感人心魄,其审美价值大大超过了早期主要抒写闺情的篇什。

宋室南渡以后,宋词跨入了一个新的发展时期。这一时期,感时伤乱、抒发爱国情怀成为词的一大主题。南宋初词人大多亲历靖康之变,故其词作突破北宋末年的平庸浮靡,表现了鲜明的时代特征。著名的有张元幹、张孝祥、陈与义、朱敦儒等。他们上承苏轼一脉,下启辛派词风,是两者之间的重要过渡。南宋最伟大的爱国词人当推辛弃疾。辛弃疾生当南宋衰世,有出将入相之才,满怀抗金报国的凌云壮志,但受朝廷妥协苟安政策的羁缚,壮志难酬,郁愤深积,只得将一腔爱国情怀寄之于词,使宋词的思想境界和精神面貌达到了光辉的高度。辛弃疾凭其独创的"稼轩体"在两宋词坛屹然另立一宗,他继承东坡词的豪放风格并加以发展,创造出雄奇阔大的词境,充溢着浪漫主义的奇情壮思,又深于寄托,善于用典,词风不拘一格,沉郁、明快、悲壮、妩媚,兼而有之。他驾驭语言的功力极深,能将经史子集之语熔铸入词而一如己出,前人称其为"以文为词",实际是在词的艺术表现手法方面有了新的突破和创造。

在宋金对峙、政局相对稳定的南宋后期,有一些词人继承周邦彦,走上了尚风雅、主格律的创作道路。如姜夔精通音律,能自度曲,词作以记游、咏物、怀人为主要内容,其特点是意境清空,格调高雅,音律严整,在艺术上冠绝一时,被奉为雅词之典范。吴文英的词倾向于密丽的风格,可谓一枝独秀。由宋入元的重要词家有张炎、周密、王沂孙等,随着南宋王朝的覆灭,他们哀怨衰飒的词作成了宋词的尾声余韵。

宋诗总的成就不如唐诗,但在思想艺术表现方面也有自己的特色。概而言之,唐诗主情,宋诗主理。宋初诗人杨亿、刘筠、钱惟演等,学晚唐李商隐,但多讲究声律辞藻,用典精巧,注重华丽典雅,缺乏深刻的思想内容与鲜明的时代精神,号"西昆体"。王禹偁起而与之抗衡,自觉学习白居易讽喻诗的现实主义精神,关注民生疾苦,风格平易通俗、朴素流畅,有些方面已昭示出宋诗发展的新方向。继之而起的梅尧臣、苏舜钦,虽然诗风不同,或委婉闲淡,或粗犷豪迈,但都针对西昆体流弊而有所革新,奠定了宋诗健康发展的基础。到了欧阳修手里,宋诗自身的特点,如注重气骨、长于思理的倾向愈益明显。北宋诗坛上影响最大的两位诗人是苏轼和黄庭坚。苏轼的诗说理抒情,自由奔放,更进一步发展了诗议论化、散文化倾向。他丰富的生活阅历和深厚的艺术修养,能避免许多诗人所犯的浅率无味或生硬晦涩的弊病,使他的作品代表了北宋诗歌革新运动的最高成就。黄庭坚首创"点铁成金"、"脱胎换骨"之说,其诗师从杜甫,自立门户,推重学识技法,诗风瘦硬峭劲,生新奇拗,成为江西诗派的宗主。属于江西诗派的诗人还有陈师道、陈与义、韩驹等。南宋诗人的杰出代表是陆游、杨万里、范成大,他们都出于江西诗派,最终却分别自成一家。陆游是宋代最伟大的爱国诗人,他留下的诗共9300余首,其中多数篇章表现了他处于民族矛盾空前尖锐的时代,积极主张抗击外族侵略的雄心壮志,老而不衰,恢复之心,至死不渝,唱出了那个时代的最强音。杨万里师法自然,诗风活泼,意象生新谐趣,语言通俗流畅,形成了别开生面的诚斋体。范成大面向生活,风格轻巧工致,温润流婉,其田园诗在中国诗史上独树一帜。

  散文在唐代古文运动以后渐呈颓势,这种情况到宋初仍未改观。石介、尹洙等人提倡恢复韩柳古文传统,但成绩不显。至宋仁宗庆历年间,在政治革新潮流的鼓荡下,诗文革新运动也随之兴起。在欧阳修等人的努力下,宋初浮华的文风得以革除,使宋代散文取得了足可与唐文媲美的杰出成就:内容上和现实紧密结合,多论证与论道之文,其中又带有强烈的忧患感与危机感;风格上趋于平易自然、条达疏畅;艺术表现上喜好议论并善于议论,一些政论、史论还往往借题发挥。欧阳修是诗文革新运动的领袖,宋代散文的奠基人。他积极提倡平实朴素的文风,反对险怪奇涩之文,并在自己的散文创作实践中身体力行,形成了一种富于情韵、平易畅达的艺术风格。王安石的政论散文观点鲜明,言辞犀利,充分表现了一个政治改革家坚定的立场和杰出的辩才。"三苏"中的苏轼,其散文多种体裁俱备,自由挥洒,如行云流水,姿态横生,代表了诗文革新运动的最高成就。其辞赋一类中的名篇有《前赤壁赋》、《后赤壁赋》,兼有辞赋的体格和散文的气韵,形象性与哲理性紧密结合,水乳交融,是宋代文赋的代表作。

  欧阳修、王安石、曾巩、"三苏"加上唐代的韩愈、柳宗元,被后世尊称为"唐宋八大家",他们的作品一直是后人学习古代散文的楷模。此外,由于两宋理学盛行,在重道轻文观念的指导下,理学家写了许多谈性说理的简古散文,还有多用民间口语的语录体作品,代表作家有周敦颐、程颢、程颐、朱熹等。

  宋代的通俗文学也得到了发展,在唐代讲唱文学的基础上演化而产生了话本,成为后世演义小说和白话文小说的滥觞;诸宫调和南戏也已经出现,王国维曾指出:"真正之戏剧,起于宋代。"同时的辽金文学成就虽难与两宋相比,不过也有值得重视的方面,如董解元的《西厢记诸宫调》,在结构安排、叙事手段和人物心理刻画方面达到较高的艺术水平,成为元代王实甫写作《西厢记》杂剧的基础;金代第一大作家元好问,经历坎坷,感时伤国,写了不少感慨悲歌的诗词,有苏轼雄爽峻拔之风,其成就足以与两宋优秀作家相当。

六、元明清文学

  元代的历史不长,自1271年忽必烈将蒙古王朝改国号为大元(其时南宋并未最后灭亡)算起,至1367年元亡,只有96年。自蒙古王朝灭金、统一北方到元亡,则为133年。元代思想尊崇佛道,儒理之学也有提倡,但其地位和影响大不如前。文学出现俗雅之变,戏曲、散曲等俗文学受到广大市民的喜爱。元曲代表了元代文学的主要成就,包括杂剧和散曲两部分。杂剧是以曲辞为主的，集音乐、舞蹈、表演于一体的综合艺术；散曲则是一种配乐歌唱的新诗体。它们可以说是两种独立的文体，但彼此之间又有密切的关系。

杂剧作为一种舞台艺术，是综合了唱、念、做、打，形成完整的表演体系的一种成熟的古典戏曲形式。其产生经历了一个长期酝酿发展的过程。远古时期的原始歌舞和祭祀，春秋战国时期专门供人娱乐的俳优（用滑稽幽默的表演和诙谐的语言来娱乐贵族并进行讽谏），汉代竞技为主的角抵戏（即百戏，与相扑、摔跤近似），汉魏以后在民间流行的杂舞、杂曲，以及唐代的参军戏（由秦汉时期的俳优发展而来，主要由参军、苍鹘两个角色作滑稽的对话和动作，引人发笑，以达到讽刺或讽谏的目的）等，都包含着构成中国古典戏曲的艺术因素。这些艺术因素经过长期的孕育，在北宋杂剧和金院本的基础上，和宋金时期在民间流行的说唱结合的诸宫调相融合，便产生了杂剧的形式。"杂剧"一词源于唐代，本是各种杂耍、技艺的总称，到宋代，把歌舞戏、滑稽戏和有故事内容的清唱也叫做杂剧。元杂剧与唐宋杂剧的表演形式不同，但它们之间存在渊源关系。在文学史上讲到杂剧，一般都是指在元代成熟的戏曲形式。

元杂剧在结构上一般都是一本四折加上一个楔子。少数剧本也有一本五折或六折的，个别特殊情况也有多本连演的，如《西厢记》共五本二十一折。一折大体上相当于今天话剧中所说的一幕。楔子一般在开头，相当于序幕，也有放在折与折之间的，相当于过场。在音乐上，元杂剧要求每一折必须用同一宫调（如［黄钟宫］、［仙侣宫］、［商宫］、［大石宫］等）的一套曲子。杂剧的剧本，由韵文（唱词）和散体（宾白）相结合构成。元杂剧的角色，主要有旦和末，此外还有净和丑。旦为女角，女主角称为正旦；末为男角，男主角称为正末；净扮演刚强或凶恶一类人物，大多男角扮演，偶尔也有女角；丑扮演滑稽人物。

元代杂剧作家约有200人，他们的创作活动以公元1300年为分界线，大致可以划为前后两期。前期的创作中心在大都（今北京市），作品流传下来的杂剧作家有关汉卿、王实甫、康进之、马致远、白朴、高文秀、纪君祥等约30人。其中最杰出的是大戏剧家关汉卿。关汉卿一生共创作了60多个剧本，多方面展现了广阔的社会生活。他尤其擅长描写妇女形象，同情她们在封建制度下的不幸遭遇，歌颂她们的不屈斗争。《窦娥冤》是他最优秀的剧本之一，其他如《救风尘》、《望江亭》、《调风月》、《单刀会》等剧作也塑造了鲜明的人物形象，富有现实意义。代表元杂剧最高成就的另一佳作是王实甫的《西厢记》，这部作品以反抗封建礼教的鲜明主题、生动细腻的形象刻画和华美的语言，博得人们的广泛称赞，具有历久不衰的艺术生命力。其他如康进之的《李逵负荆》，马致远的《汉宫秋》，白朴的《梧桐雨》、《墙头马上》等剧作也都很有名。

元杂剧的后期创作由北南移，以杭州为创作中心，逐渐趋于衰微。作家脱离人民和现实，过多追求音律辞藻，失去了前期质朴活泼的本色美。代表作家有郑光祖、乔吉、宫天挺、秦简夫等。郑光祖的《倩女离魂》显示了对自由婚姻的热烈追求，全剧充满浪漫气息，是后期杰出的作品。其他如乔吉的《两世姻缘》、宫天挺的《范张鸡黍》等剧也有一定的影响。

随着元杂剧的南移和衰微，南戏开始在元代复兴。南戏原是浙江温州一带的剧种，也叫永嘉杂剧。据记载，当时有160多种剧本，今存16种左右。南戏受杂剧艺术的深刻影响，而在体制上又比杂剧自由，因此，逐渐发展成为主要的戏剧形式。元末高明创作的《琵

琶记》是著名的南戏作品,被后人推崇为"南戏之祖"。元末明初还出现了《荆钗记》、《拜月亭》、《白兔记》、《杀狗记》等四部重要的南戏,称之为"四大传奇"。

南戏到了明代发展成为传奇这一戏剧形式,明中叶以后是传奇创作的黄金时期。嘉靖、隆庆年间传奇作品影响较大的首推梁辰鱼的《浣纱记》。同时期重要的作品还有李开先的《宝剑记》等。万历年间,昆曲发展到了极盛时期,以沈璟为代表的"吴江派"和以汤显祖为代表的"临川派"是当时最重要的戏曲流派。沈璟十分重视戏曲的音律,但追求过甚,束缚了思想,作品成就并不很高,《红蕖记》、《义侠记》等是他的代表作。汤显祖是明代最杰出的戏剧作家,他所作的《牡丹亭》是我国戏曲史上浪漫主义的杰作。《牡丹亭》表现了反对封建道德、歌颂爱情、追求个性解放的鲜明主题,塑造了杜丽娘等动人的艺术形象,在封建社会的青年男女中激起了强烈的反响。汤显祖还有《紫钗记》、《邯郸记》、《南柯记》等三部传奇,和《牡丹亭》合称为"临川四梦"。

杂剧、传奇发展到清代,虽然作者众多,但成就不高。比较好的有清初的戏剧作家李玉的《清忠谱》。康熙年间,洪昇的《长生殿》和孔尚任的《桃花扇》问世,使清代文坛光辉大增。戏剧创作在乾隆以后日趋衰落,虽还有人从事创作,也影响甚微了。

散曲是一支一支的单曲或成套的套曲,多数用来抒情,少数用来叙事,但不一定表现完整的故事内容。散曲在元代是韵文的主体,形式自由活泼,语言通俗明快,风格爽朗,显示出强大的艺术活力。现存元散曲作品小令3800余首,套曲400余套。元散曲的创作大略也分为前后两期。前期著名的散曲作家大多是杂剧作家,比较重要的有关汉卿、马致远、白朴、卢挚、睢景臣等,他们的作品大多通俗晓畅,具有曲的本色,其中马致远的散曲成就居元曲之首,他第一个把愤世厌世之情写入散曲,[双调·夜行船]《秋思》是他扬名于世的代表作。他的另一首写景小令[天净沙]《秋思》以28字描绘出一幅动人的天涯行旅图,堪称千古绝唱。其他散曲作家的创作也各有千秋:关汉卿多以深刻细腻的笔触写男女情爱和离愁别恨,白朴的作品以抒情写景的小令尤为出色,睢景臣的[般涉调·哨遍]《高祖还乡》在当时也有一定的影响。后期出现了较多专写散曲的作家,作品也由前期的俚俗质朴转向高雅华美。这一时期的代表作家是乔吉、张可久、张养浩、刘时中等人,他们的作品注重音调的和美、辞藻的雕琢,已经很少有曲子的特色了。明清散曲作家也很多,但总的来说,作品缺乏新鲜的内容,没有太大的成就。

元、明、清三代的诗词创作经历了一个由衰而盛的过程。

元代的诗词创作比较薄弱,作家不多,艺术上也缺少个性和感染力,稍有成就的是刘因、赵孟頫、萨都剌和王冕等人。

明代诗歌数量很多,但没有杰出的作家和作品。明初比较重要的诗人有刘基和高启。刘基、高启以后,明代诗坛上流行"台阁体"诗风:以应制颂圣、讴歌承平、题赠酬唱为主要题材,诗歌内容严重脱离现实,缺乏真情实感;艺术上则追求雅正平和、冲淡温润的风光。这时期能独树一帜、与"台阁体"形成鲜明对照的是爱国诗人于谦。于谦的诗篇大量反映人民疾苦,歌颂反抗侵略战争的英雄,表达了忧国忧民的深挚感情,作品的思想性和艺术性都比较高。明中叶以后,以李梦阳、何景明为首的"前七子"和以李攀龙、王世贞为代表的"后七子"发起拟古运动。为了反对"台阁体"诗风,他们提出"诗必盛唐"的主张,即以唐诗为唯一楷模,力图直接与唐诗接轨。与此同时,他们又认为"真诗乃在民间",崇尚唐诗和民间诗歌的浑然天成、真情显露。这种主张显然有着纠偏振敝、回归正途的积极意义，因而得到了广泛的响应。一时针砭现实、关心民瘼的题材和内容，雄浑豪放、沉郁雅健、富于情韵的格调，成为诗歌创作的主流。但是，前后七子的诗歌主张和创作实践也存在着明显的流弊，即他们过分崇尚复古，许多人并未能真正学到唐诗的精髓，而只是在字句、法度、音调等形式上用力，难以避免地堕入蹈袭甚至剽窃的末路。明末，以公安人袁宏道、袁中道、袁宗道为代表的"公安派"，其主张核心理念为"独抒性灵，不拘格套"，也就是反对在诗歌创作中受到任何既定观念的束缚，诗歌应该表现发自内心的个人情感，"情至之语，自能感人，是谓真诗"。在这一创作理念的指导下，"公安派"的诗歌具有畅抒襟怀、感情浓厚、清新洒脱、清逸自然的风貌，与前后七子末流一味以模拟剽窃为能事的呆滞诗风相比，充满了勃郁的生机和活力，给诗坛带来了清新之风，"其诗文变板重为轻巧，变粉饰为本色，致天下耳目一新"。不过，由于作者不经意的创作态度，"公安派"诗人也有过随意轻率、直白浅俗之病，以至于"戏谑嘲笑，间杂俚语"，限制了他们取得更高的艺术成就。继"公安派"之后，还出现钟惺、谭元春等为代表的"竟陵派"，但他们偏执地将"幽情单绪"、"孤行静寄"这种超世绝俗的境界当作文学的全部意蕴，将创作引上奇僻险怪、孤峭幽寒一路，缩小了文学表现的视野，也减弱了公安派那种直面人生和袒露自我的勇气，显示晚明文学已是强弩之末，成就和影响均十分有限了。

　　清初，诗歌创作进入比较活跃的时期，这个时期的诗人很多，成就超过明代。首先值得称道的是由明入清的爱国诗人，较著名的有顾炎武、黄宗羲、王夫之、吴嘉纪、屈大均、钱澄之、归庄、申涵光等，他们身处明清易代的历史大变局中，或悲思故国，或讴歌忠烈，或谴责清兵，或标榜气节，或叹息民艰，表现了坚强不屈的民族精神和崇高的爱国思想。与遗民诗人同时的还有被称为"江左三大家"的钱谦益、吴伟业、龚鼎孳等诗人。他们在入清之后被迫出仕清朝，对故国的怀念与失节的悔恨交织在一起，感慨兴亡、悲叹失节成为吟咏的主要内容，内心的感情尤为复杂，哀感顽艳，沉郁苍楚，表现出被历史巨流裹挟而下的个人命运的无奈与情感挣扎，"可备一代诗史"，具有较高的认识意义和鉴赏价值。康、雍以降，清政权渐次巩固，社会也渐趋稳定，诗歌创作则始终保持繁荣局面，王士禛、朱彝尊、施闰章、宋琬、赵执信、查慎行、沈德潜、袁枚、黄景仁等，际会风云，各领风骚。其中成就和影响较大的是王士禛和袁枚。王士禛论诗主"神韵说"，以"不着一字，尽得风流"和"羚羊挂角，无迹可求"为旨归，即在诗歌艺术表现上追求一种空灵淡雅、含蓄蕴藉的意境和韵味。他本人也大量创作七言绝句，践行其主张，同时以此为标准编选《万首唐人绝句选》等选本推行其主张，故一时风靡景从，蔚为风气。袁枚则大力倡导"性灵说"。这一主张从明代公安派的"独抒性灵"一脉相承而来，都是将人们发自自然的性情、感受、欲望作为诗歌表现的第一要素，含有个性解放的积极意义。袁枚不仅强调性灵，还将才、学、识作为创作的必要条件，"诗人无才，不能役典籍运心灵"，也较公安派的主张更加深入而具体。他的诗作大多取材于日常生活，重在表现个人志趣，清新脱俗，韵味悠长。

　　清代词的创作也颇为兴盛。清初，成就较高的词人有陈维崧（阳羡词派）、朱彝尊（浙西词派）、纳兰性德等。纳兰性德是满洲正黄旗人，太傅明珠长子，贵族出身，官至一等侍卫，深得康熙皇帝宠信。然而他厌倦官场，向往自由率真的生活。他的词风与南唐后主相近，哀感顽艳，清新自然。其悼亡词历来为人所称道，词中所展现的与亡妻的深厚感情，低徊凄戚，执着缠绵，感人至深，催人泪下。王国维谓其词"北宋以来，一人而已"。清中叶词坛则有以张惠言、周济为代表的常州词派的崛起。该词派在词学理论建构方面颇有建树，主张推尊词体，强调意内言外，倡导比兴寄托和"深美闳约"，对近代词坛影响甚巨。但在词的创作方面，却过于强调寄托和不露痕迹，以至于晦涩难懂，落入了只重技巧的泥淖，成就不彰。清末，词的创作一直保持着旺盛的活力，成就最著者有冯煦、谭献、文廷式以及被誉为"晚晴四大家"的王鹏运、郑文焯、朱祖谋、况周颐等，他们生活在风雨飘摇的封建末世，词作中对时事多有反映，也不乏忧国伤时之慨。然辛亥之后，这些词人思想落伍，多有遗老情绪，未能与时代同步，艺术上则讲究音律，重视锤炼，或委婉致密，或沉郁豪放，或体洁旨远，或自写胸臆，将清代词坛装点得五彩缤纷、异彩纷呈。

元代散文创作比较沉寂。明初的散文名家宋濂、刘基、高启等人，身处元明之交，亲身经历了社会动乱，写出了一些富有现实意义的作品，如宋濂的《秦士录》、《杜环小传》等人物传记以及刘基的《卖柑者言》之类的讽刺小品等。到了永乐年间，经济繁荣，社会安宁，但文字森严、统治残酷，于是文坛上出现了一种歌功颂德、粉饰太平的"台阁体"。杨士奇、杨荣、杨溥是位高权重的"台阁大臣"，由于他们的倡导，这种虚泛平庸的文体风行一时。

面对浮靡文风，先是茶陵人李东阳，后是前、后七子起来对"台阁体"进行抨击。但前、后七子多泥古不化，他们的文章，有价值的不多。针对前、后七子的偏弊，王慎中、唐顺之等"唐宋派"作家力图加以矫正。他们推崇唐宋散文，但同时主张"自为其言"、"直抒胸臆"，写出自己的思想与个性，学古而不泥古，与前、后七子的复古主义有着很大的区别。"唐宋派"中，茅坤、归有光二人影响较大。随后，著名思想家李贽也对前、后七子进行了尖锐抨击，他认为诗只要写出"真心"、"真人"、"真事"就是"天下之至文"。他的散文，随心所欲，出自肺腑，具有真情实感。"公安派""三袁"的散文个性鲜明，风格清新。然而，其题材的狭窄、思想的贫乏又不能不说是明显的缺陷。继"公安派"之后，又有"竟陵派"、"复社"、"几社"及"豫章社"等派层出迭起，他们各有文学主张，但创作成就都不甚可观。倒是明末不依傍门户的张岱等人，在小品文创作方面成绩斐然，为明代散文增添了光彩。

清初散文主要分为"学人之文"与"文人之文"。"学人之文"以清初三老为代表，包括顾炎武、黄宗羲和王夫之。三人都曾参加抗清活动，志在反清复明，明亡不仕。文学主张各有侧重，共同点是强调经世致用。文章以关系国家大事的论说文最为著名，如顾炎武的《郡县论》、黄宗羲的《明夷待访录》、王夫之的《读通鉴论》等。这些文章言谈大胆，识见精深，表现了强烈的民族感情，有的还表现出进步的民主思想，对文采则不够重视。他们也写了一些文学性较强的传记文，如黄宗羲的《柳敬亭传》。"文人之文"以"清初古文三大家"为代表，包括侯方域、魏禧和汪琬。三人的散文都富有时代特色和现实针对性，各人的风格则不同。侯文以才气见长，富有激情，行文纵横恣肆，人称"才子之文"。魏禧为文强调"积理炼识"，"有用于世"，长于议论，人称"策士之文"。汪文疏淡迂回，雍容尔雅，人称"儒者之文"。

清中叶理学抬头，考据成风，太平盛世出现盛世之文，其典型代表是桐城派。桐城派是清代散文影响最大的一个流派，由方苞始创于康熙朝，一直绵延至清末。创始人方苞、刘大櫆和姚鼐都是安徽桐城人，故得名。该派文学主张近宗明代的唐宋派，远接唐宋八大家，以"义法"为中心，逐渐形成一个完整的体系。所谓"义"，是指文章的思想内容；所谓

"法",是指文章的章法结构和遣词用语的法度。桐城派作家毕生研读古文,总的特点是雅洁,各人风格也有不同。方苞(1668—1749年)是桐城派的奠基者。其散文静重博厚,雅洁精严,稍逊风韵。他的文章以碑铭传记一类写得最为讲究,但最有价值的当数《狱中杂记》。作者因桐乡戴名世"南山案"牵连入狱,几乎论斩。文章记狱中的种种黑暗现象,真切而深透,虽事繁而细,但条理分明,文字准确,足见功力。刘大櫆(1698—1779年)上承方苞,下启姚鼐,是桐城派"三祖"之一。他发展了桐城派的理论,提出"神气说"。其文章抒发怀才不遇,指责时弊,才气较足,奇宕雄肆,清丽多变,但有拟古痕迹。姚鼐(1731—1815年)在桐城派中地位最高。姚鼐中年辞官后以授徒为业,弟子遍及大江南北,使桐城派影响扩大。姚鼐是桐城派理论的集大成者,既扩大了方苞的"义法"说,主张"义理、考据、辞章"三者的统一,又继承发扬了刘大櫆的"神气说",提出"神、理气、味"与"格、律、声、色"相统一的理论;同时,还总结概括历代文章的风格论,发展了"阳刚阴柔"相反相成的美学观。姚鼐著有《惜抱轩全集》等,所编《古文辞类纂》流传甚广。其散文简洁严整,纡徐明润,《登泰山记》是他的代表作。与桐城派散文从内容到形式都形成对比的是袁枚和郑燮的散文。二人散文的共同点是:不为圣道伦常说教,直抒胸臆,写真性情,语言接近口语。袁枚文不拘一格,有真情实感,《祭妹文》、《黄生借书说》是其代表作。郑燮文自出己意,奇谈卓识迭出,幽默诙谐,亲切自然,散文主要是一些家书和题画文,都有佳作。

清代另一散文流派是"阳湖派",是桐城派支流,创始人是常州阳湖人恽敬和张惠言。阳湖派的文章,取法儒家经典,又参以诸子百家,文风较为恣肆,而内容却贫乏,影响远不及桐城派深广。

桐城派以正统自居、声势日张时,骈文也很流行。骈文创作成就最为突出的是汪中。汪中(1745—1794年)一生境遇甚惨,禀性孤直,恃才傲物,被目为狂人。其文取材现实,情感上吐自肺腑,艺术上状难写之情,含不尽之意,悲愤抑郁,沉博绝丽。其名作《哀盐船文》被誉为骈文中的绝作,此文一出,轰动京师,当时主讲扬州安定书院的杭世骏认为"惊心动魄,一字千金"。

元代的小说以话本为主,现存元代话本有小说和讲史两类。小说如《简贴和尚》、《宋四公大闹禁魂张》,讲史如《三分事略》、《三国志平话》等,尽管关目曲折生动,文词却很朴拙。这些大多是讲唱艺人的底稿,艺术性较差。

元末明初,杰出的作家施耐庵、罗贯中在元末农民起义的大背景中,完成了《三国演义》、《水浒传》两部划时代的长篇章回小说。明中叶开始,特别是嘉靖、万历以后,小说创作发生了新的变化,反映市民生活和他们的思想感情,表达时代的进步思想,为市民娱乐与教育提供精神食粮,成为小说创作的主流。较有成就的有冯梦龙编纂的短篇小说集《喻世明言》、《警世通言》、《醒世恒言》(通称"三言"),凌濛初编著的拟话本集《初刻拍案惊奇》、《二刻拍案惊奇》(通称"二拍")。长篇小说成就较大的有吴承恩的神魔小说《西游记》、兰陵笑笑生的世态人情小说《金瓶梅》。

清代吴敬梓的长篇小说《儒林外史》通过对士林群丑的细致描写和深入剖析,把古代讽刺小说推向了高峰,并影响了近现代作家的创作。曹雪芹的长篇小说《红楼梦》依托作者身世,选取贾、史、王、薛四大家族为背景,以大观园为舞台,把贾宝玉、林黛玉、薛宝钗的爱情悲欢作为中心线索,多角度、立体交叉式地反映了行将就木的社会现实。无论是思想上还是艺术上都取得了前所未有的成就,成为我国古典小说的高峰。蒲松龄的短篇小说集《聊斋志异》以其卓越的思想艺术,代表了我国文言短篇小说的最高成就。李汝珍的《镜花缘》写海外传说,很有创意,其中漫画式的夸张运用得较好。此外英雄传奇小说、历史小说、才子佳人小说等在中国小说史上也有一定地位。

总之,中国古代文学的历史长河中,每一时刻都有耀眼的星光和精美的浪花,它记载着沉甸甸的历史与文化,同样也孕育滋养着我们民族的精神,锻造影响着我们民族的性格,值得我们去学习和继承。

 思考题

1. 先秦文学在中国文学史上有何重要地位?
2. 试述春秋战国时期散文勃兴的原因。
3. 为什么说唐诗和宋词是中国文学的"双子星座"?
4. 中国古典小说有哪些叙事特点?

事务文书写作训练

 知识库

　　事务文书是个总称,是国家行政机关、企事业单位及个人处理日常事务过程中经常使用的文书,一般有计划、总结、调查报告、简报、规章制度等,下面以前三种为例,来介绍事务文书的写法。

一、计划

　　计划是国家行政机关、企事业单位、社会团体或个人对预计在一定时期内所要做的工作或所要完成的任务加以书面化、条理化和具体化而形成的事务性文书。
　　计划是计划类文书的统称。因为计划涉及内容和期限不同,计划文书还有不同的叫法:规划——是具有全局性的、较长时期的长远设想;方案——是从目的、要求、工作方式方法到工作步骤——对专项工作作出全面部署与安排的计划;安排——是对短期内工作进行具体布置的计划;设想——是初步的草案性的计划;打算——是短期内工作的要点式计划;要点——是列出工作主要目标的计划。
　　计划的种类很多,从不同的角度可以进行不同的分类。按内容分有工作计划、生产计划、教学计划、科研计划、学习计划等。按范围分有单位计划、部门计划、个人计划等;按时间分有长期计划、中期计划和短期计划等;按作用分有指令性计划和指导性计划等;按性质分有综合性计划和专题性计划;按形式分有条文性计划、表格式计划、条文表格结合式计划和文件式计划。
　　计划有多种格式,组织中制订较长时限的计划多用文件式。文件式计划一般包括标题、正文、落款三部分。

1. 标题

标题是计划的名称,通常由制订执行单位、适用期限、计划内容范围和文种构成,如《××大学2013年教学工作计划》。一般说来制订执行单位要用全称或规范化简称,适用期限可用阿拉伯数字表示,季度、阶段可用汉字表示,如《××大学"十一五"规划》。有的标题略去单位名称和适用期限,如《实习考核计划》。计划制订完,如果没有经过正式讨论通过,或未经上级批准,还必须在标题下用括号加注"草案""初稿"或"供讨论用"等字样。

2. 正文

正文可分为前言、主体两大部分。

前言部分要交代清楚制订计划的指导思想、目的、依据、理由等问题。要求文字简练、简明扼要。末尾常用"特制订如下计划"之类过渡性语句,以承上启下,自然衔接。

主体部分是计划的核心部分,要回答清楚"做什么""怎么做""什么时候做"这三个问题。主体可大致分为目标和任务、措施和方法、步骤和安排。

目标和任务:制订任何计划都要有明确的目标和任务,目标和任务的提倡要切合实际、明确具体、分清主次,同时说明数量和质量上的要求。

措施和方法:措施和方法是完成任务的具体保证。这部分要写明完成任务、实现目标所采取的各种方法,要明确具体,具有可操作性。

步骤和安排:步骤和安排是任务落实的时限要求。排出的日程一定要充分考虑到工作的轻重缓急,要符合科学规律,否则不利于任务的具体分解、步步落实。

3. 落款

包括制订计划的单位(人)和成文日期,位于正文的右下方,如果是上报或下发的计划还要加盖制订单位公章。

格式示例:

二、总结

总结是国家行政机关、企事业单位、社会团体或个人对前一段时间内工作、学习或思想进行回顾、分析、评价,从中找出经验教训和规律,为以后工作、学习提供帮助和借鉴而形成的一种书面材料。

和计划一样,总结的种类也很多,从不同的角度可以进行不同的分类。按内容分有工作总结、生产总结、教学总结、科研总结、学习总结等;按范围分有单位总结、部门总结、个人总结等;按时间分有年度总结、季度总结和月份总结等;按性质分有综合性总结和专题性总结等。

总结一般包括标题、正文、落款三部分。

1. 标题

总结的标题形式不一,要根据总结的具体内容、目标和要求来拟定。综合性总结的标题一般由单位名称、实践期限、内容和文种组成,如《××学院2014年教学工作总结》;有的综合总结的标题由单位名称、时间期限和文种三项组成,如《××学院2014年工作总结》。专题总结的标题比较灵活,有的以总结的主要内容或基本规律、基本经验为题,如《使用微机辅助管理,推动商业企业管理现代化》《层层抵押承包,人人共担风险》;还有的总结有正副标题,正标题概括主要内容,提示基本规律,副标题则补充说明总结的单位、时间期限等内容,如《多渠道集资,积极改造旧城——××市东风路建设经验点滴》。

2. 正文

总结的正文由开头、主体、结尾三部分组成:

1) 开头

开头部分又称前言、导语,一般单独写。开头的写法灵活多样,一般首先要概述基本情况,如写明在什么时间、地点,什么背景下做了什么事情,介绍工作的简单过程和基本做法,取得了什么样的效果。这样开头,能给人总的印象。有的总结开头用几句简明的话概括总结主要内容,这种写法能让读者首先抓住全文的中心内容。有的总结开头则在肯定成绩、摆出存在问题的基础上说明写作的目的。也有的总结采用交代形势、议论、对比、提示和下结论的方式开头。无论用哪种方式开头,都要写得简短、明了,为下文展开做好铺垫。

2) 主体

主体是正文的主要部分,对总结的具体内容进行阐述,一般包括主要成绩、基本经验、存在问题三个方面。主要成绩一般是将成绩分几个方面来写,有的将成绩概括为几点。经验是总结中理论性、指导性最强的部分。它是在摆事实、讲道理、摆过程、讲成绩的基础上概括出来的规律性的东西。写基本经验要做到既有观点又有材料,观点和材料统一,写时可采用夹叙夹议的方法。形式上一般根据内容分成几个方面来写,也可以加小标题,一方面的经验就算一部分。存在的问题主要写工作中存在的问题和有待解决的问题。这一点要写明确、具体。存在的问题是综合总结中不可缺少的部分。专题总结,如果是介绍、推广经验的,主要是写成绩和经验,问题和教训有时可以略去不写。

3) 结尾

结尾一般是写今后的打算和努力的方向,有时也可先将工作中存在的问题写在这一部分里,再写打算。这部分文字无需过长,要简短有力,千万不要写空话、套语。

以上是正文的三个部分,但不是每一份总结都要这样写,而是要根据总结的要求和总结的中心思想去拟订其写法。有的是先写做法和成绩,再写经验教训;有的是把全过程、成绩、经验教训结合起来写,从中归纳出几个问题;有的不提存在的问题,只写努力的方面。总之,总结的正文部分的写法,由于侧重点不同,可以灵活安排。

3. 落款

如果单位的名称在标题中或标题下面已经写明,落款就不再重复;如果在标题中或标题下面没有写明,就应该在正文后的下方写明。

最后在署名下方写上日期。

格式示例:

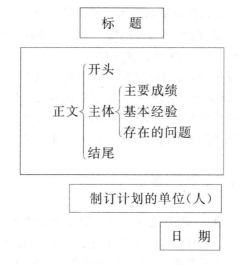

三、调查报告

调查报告是对社会生活中的某种事物、某件事情、某个问题,进行了调查,有了充足的材料,研究出规律性的东西之后,写成的一种书面报告,是社会管理和科学研究中经常使用的一种应用文。

调查报告按写作对象的性质内容来分,常用的有下面几种。

情况调查报告:指着重反映某一地区在某一阶段时间内的工作情况、社会情况或某一问题的社会状况的调查报告。这类调查报告常总结带有普遍性的情况、规律和存在问题,为制定或修改有关的政策、措施提供依据。

典型调查报告:指反映典型事例、典型经验的专门调查报告。这类调查报告以反映调查对象产生的条件、发展的规律或问题为主要内容,以供人们在贯彻执行党的方针、政策时学习、借鉴。

问题调查报告:指为了弄清某一重要事实、案件、问题的真相而进行专门调查后写成的调查报告。这类调查报告通常把事情发生的原因、经过、性质、结果、当事人的责任等调查得清清楚楚,为有关部门作出结论,进行处理,提供参考或依据。

调查报告的写法不完全一样,但它的基本格式大体相同,一般包括标题和正文、署名三部分。

1. 标题

调查报告的标题一般是所调查内容的概括。从形式上看,常见的有两种:单标题,如《实用型家电××市场调查》、《关于××制药厂挖掘人才的调查》;双标题,即标题中有正题和副题,正题揭示文章的主旨,副题标明文章所调查单位、内容及文种,例如《社区党建大有可为——××市加强社区党建工作的调查》。无论是单标题还是双标题,都要求概括精炼,能吸引读者。

2. 正文

正文的内容包括开头、主体、结尾三部分。开头部分,独自成段;主体是调查报告的主干和核心部分,它以典型的事例和确凿的数据,对全文的内容展开阐述;结尾是调查报告的结束语。写作时应根据内容而定。

3. 署名

就是把调查者的名字写在正文右下方,再标上日期。

格式示例:

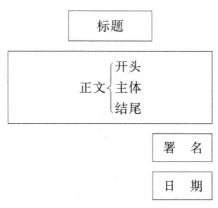

 思考题

1. 步入高校,是青年学生在人生历程中走出的关键一步。新的同学,新的课程,新的学习环境,一切都需要我们从头做起……
   结合本课程的学习体会,为自己制订一份恰当的大学学习计划。
2. 以小组为单位,自行设定调查内容和调查形式,合作撰写一篇调查报告。

第五单元

亲情爱情

　　冰心曾说："爱在左,同情在右,走在生命的两旁,随时撒种,随时开花,将这一径长途点缀得花香弥漫。"亲情与爱情是人类最原始、最基本的情感,它们是我们人生舞台上不可或缺的存在方式。

精读文本

伤 逝
——涓生的手记

鲁 迅

> **题 解**
>
> 　　鲁迅(1881—1936),原名周樟寿,后改名为周树人,字豫山,后改为豫才。浙江绍兴人。1918年发表小说《狂人日记》时开始使用"鲁迅"这一笔名。鲁迅是20世纪中国的主要作家,是中国现代小说、白话小说和近代文学的奠基人之一,是新文化运动的领导人、左翼文化运动的支持者之一。毛泽东主席评价鲁迅为伟大的文学家、思想家、革命家,是中国文化革命的主将。鲁迅一生的著作包括杂文、短篇小说、论文、散文、翻译近1000万字,其中杂文集有《且介亭杂文》、《热风》、《坟》、《华盖集》、《华盖集续编》、《而已集》、《三闲集》、《二心集》、《南腔北调集》等,小说集有《彷徨》、《呐喊》、《故事新编》,散文集有《朝花夕拾》,散文诗集有《野草》。
>
> 　　《伤逝》选自《彷徨》,是鲁迅先生唯一一部以爱情为主题的小说,是鲁迅启蒙主义小说所达到的一个新的高峰。小说讲述了两个觉醒的知识分子涓生和子君的爱情悲剧,采用"手记"的方式,用诗一样的语言抒写了涓生的心境,具有浓郁的抒情色彩与精湛的白描技法。小说大体上按照"会馆—吉兆胡同—会馆"的回顾式结构进行描述。在具体事件回顾中,作者没有按照事件的时间顺序,而是根据主人公的情感,有详有略,跳跃式讲述。

　　如果我能够,我要写下我的悔恨和悲哀,为子君,为自己。
　　会馆里的被遗忘在偏僻里的破屋是这样地寂静和空虚。时光过得真快,我爱子君,仗着她逃出这寂静和空虚,已经满一年了。事情又这么不凑巧,我重来时,偏偏空着的又只有这一间屋。依然是这样的破窗,这样的窗外的半枯的槐树和老紫藤,这样的窗前的方桌,这样的败壁,这样的靠壁的板床。深夜中独自躺在床上,就如我未曾和子君同居以前一般,过去一年中的时光全被消灭,全未有过,我并没有曾经从这破屋子搬出,在吉兆胡同创立了满怀希望的小小的家庭。

不但如此。在一年之前,这寂静和空虚是并不这样的,常常含着期待;期待子君的到来。在久待的焦躁中,一听到皮鞋的高底尖触着砖路的清响,是怎样地使我骤然生动起来呵!于是就看见带着笑涡的苍白的圆脸,苍白的瘦的臂膊,布的有条纹的衫子,玄色的裙。她又带了窗外的半枯的槐树的新叶来,使我看见,还有挂在铁似的老干上的一房一房的紫白的藤花。

然而现在呢,只有寂静和空虚依旧,子君却决不再来了,而且永远,永远地!……

子君不在我这破屋里时,我什么也看不见。在百无聊赖中,随手抓过一本书来,科学也好,文学也好,横竖什么都一样;看下去,看下去,忽而自己觉得,已经翻了十多页了,但是毫不记得书上所说的事。只是耳朵却分外地灵,仿佛听到大门外一切往来的履声,从中便有子君的,而且橐橐地逐渐临近,——但是,往往又逐渐渺茫,终于消失在别的步声的杂沓中了。我憎恶那不像子君鞋声的穿布底鞋的长班的儿子,我憎恶那太像子君鞋声的常常穿着新皮鞋的邻院的搽雪花膏的小东西!

莫非她翻了车么?莫非她被电车撞伤了么?……

我便要取了帽子去看她,然而她的胞叔就曾经当面骂过我。

蓦然,她的鞋声近来了,一步响于一步,迎出去时,却已经走过紫藤棚下,脸上带着微笑的酒涡。她在她叔子的家里大约并未受气;我的心宁帖了,默默地相视片时之后,破屋里便渐渐充满了我的语声,谈家庭专制,谈打破旧习惯,谈男女平等,谈伊孛生,谈泰戈尔,谈雪莱……。她总是微笑点头,两眼里弥漫着稚气的好奇的光泽。壁上就钉着一张铜板的雪莱半身像,是从杂志上裁下来的,是他的最美的一张像。当我指给她看时,她却只草草一看,便低了头,似乎不好意思了。这些地方,子君就大概还未脱尽旧思想的束缚,——我后来也想,倒不如换一张雪莱淹死在海里的记念像或是伊孛生的罢;但也终于没有换,现在是连这一张也不知那里去了。

"我是我自己的,他们谁也没有干涉我的权利!"

这是我们交际了半年,又谈起她在这里的胞叔和在家的父亲时,她默想了一会之后,分明地,坚决地,沉静地说了出来的话。其时是我已经说尽了我的意见,我的身世,我的缺点,很少隐瞒;她也完全了解的了。这几句话很震动了我的灵魂,此后许多天还在耳中发响,而且说不出的狂喜,知道中国女性,并不如厌世家所说那样的无法可施,在不远的将来,便要看见辉煌的曙色的。

送她出门,照例是相离十多步远;照例是那鲇鱼须的老东西的脸又紧帖在脏的窗玻璃上了,连鼻尖都挤成一个小平面;到外院,照例又是明晃晃的玻璃窗里的那小东西的脸,加厚的雪花膏。她目不邪视地骄傲地走了,没有看见;我骄傲地回来。

"我是我自己的,他们谁也没有干涉我的权利!"这彻底的思想就在她的脑里,比我还透澈,坚强得多。半瓶雪花膏和鼻尖的小平面,于她能算什么东西呢?

我已经记不清那时怎样地将我的纯真热烈的爱表示给她。岂但现在,那时的事后便已模胡,夜间回想,早只剩了一些断片了;同居以后一两月,便连这些断片也化作无可追踪的梦影。我只记得那时以前的十几天,曾经很仔细地研究过表示的态度,排列过措辞的先后,以及倘或遭了拒绝以后的情形。可是临时似乎都无用,在慌张中,身不由己地竟用了在电影上见过的方法了。后来一想到,就使我很愧恧,但在记忆上却偏只有这一点永远留遗,至今还如暗室的孤灯一般,照见我含泪握着她的手,一条腿跪了下去⋯⋯。

不但我自己的,便是子君的言语举动,我那时就没有看得分明;仅知道她已经允许我了。但也还仿佛记得她脸色变成青白,后来又渐渐转作绯红,——没有见过,也没有再见的绯红;孩子似的眼里射出悲喜,但是夹着惊疑的光,虽然力避我的视线,张皇地似乎要破窗飞去。然而我知道她已经允许我了,没有知道她怎样说或是没有说。

她却是什么都记得:我的言辞,竟至于读熟了的一般,能够滔滔背诵;我的举动,就如有一张我所看不见的影片挂在眼下,叙述得如生,很细微,自然连那使我不愿再想的浅薄的电影的一闪。夜阑人静,是相对温习的时候了,我常是被质问,被考验,并且被命复述当时的言语,然而常须由她补足,由她纠正,像一个丁等的学生。

这温习后来也渐渐稀疏起来。但我只要看见她两眼注视空中,出神似的凝想着,于是神色越加柔和,笑窝也深下去,便知道她又在自修旧课了,只是我很怕她看到我那可笑的电影的一闪。但我又知道,她一定要看见,而且也非看不可的。

然而她并不觉得可笑。即使我自己以为可笑,甚而至于可鄙的,她也毫不以为可笑。这事我知道得很清楚,因为她爱我,是这样地热烈,这样地纯真。

去年的暮春是最为幸福,也是最为忙碌的时光。我的心平静下去了,但又有别一部分和身体一同忙碌起来。我们这时才在路上同行,也到过几回公园,最多的是寻住所。我觉得在路上时时遇到探索,讥笑,猥亵和轻蔑的眼光,一不小心,便使我的全身有些瑟缩,只得即刻提起我的骄傲和反抗来支持。她却是大无畏的,对于这些全不关心,只是镇静地缓缓前行,坦然如入无人之境。

寻住所实在不是容易事,大半是被托辞拒绝,小半是我们以为不相宜。起先我们选择得很苛酷,——也非苛酷,因为看去大抵不像是我们的安身之所;后来,便只要他们能相容了。看了二十多处,这才得到可以暂且敷衍的处所,是吉兆胡同一所小屋里的两间南屋;主人是一个小官,然而倒是明白人,自住着正屋和厢房。他只有夫人和一个不到周岁的女孩子,雇一个乡下的女工,只要孩子不啼哭,是极其安闲幽静的。

我们的家具很简单,但已经用去了我的筹来的款子的大半;子君还卖掉了她唯一的金戒指和耳环。我拦阻她,还是定要卖,我也就不再坚持下去了;我知道不给她加入一点股分去,她是住不舒服的。

和她的叔子,她早经闹开,至于使他气愤到不再认她做侄女;我也陆续和几个自以为忠告,其实是替我胆怯,或者竟是嫉妒的朋友绝了交。然而这倒很清静。每日办公散后,虽然已近黄昏,车夫又一定走得这样慢,但究竟还有二人相对的时候。我们先是沉默的相视,接着是放怀而亲密的交谈,后来又是沉默。大家低头沉思着,却并未想着什么事。我也渐渐清醒地读遍了她的身体,她的灵魂,不过三星期,我似乎于她已经更加了解,揭去许多先前以为了解而现在看来却是隔膜,即所谓真的隔膜了。

子君也逐日活泼起来。但她并不爱花,我在庙会时买来的两盆小草花,四天不浇,枯死在壁角了,我又没有照顾一切的闲暇。然而她爱动物,也许是从官太太那里传染的罢,不一月,我们的眷属便骤然加得很多,四只小油鸡,在小院子里和房主人的十多只在一同走。但她们却认识鸡的相貌,各知道那一只是自家的。还有一只花白的叭儿狗,从庙会买来,记得似乎原有名字,子君却给它另起了一个,叫作阿随。我就叫它阿随,但我不喜欢这名字。

这是真的,爱情必须时时更新,生长,创造。我和子君说起这,她也领会地点点头。

唉唉,那是怎样的宁静而幸福的夜呵!

安宁和幸福是要凝固的,永久是这样的安宁和幸福。我们在会馆里时,还偶有议论的冲突和意思的误会,自从到吉兆胡同以来,连这一点也没有了;我们只在灯下对坐的怀旧谭中,回味那时冲突以后的和解的重生一般的乐趣。

子君竟胖了起来,脸色也红活了;可惜的是忙。管了家务便连谈天的工夫也没有,何况读书和散步。我们常说,我们总还得雇一个女工。

这就使我也一样地不快活,傍晚回来,常见她包藏着不快活的颜色,尤其使我不乐的是她要装作勉强的笑容。幸而探听出来了,也还是和那小官太太的暗斗,导火线便是两家的小油鸡。但又何必硬不告诉我呢?人总该有一个独立的家庭。这样的处所,是不能居住的。

我的路也铸定了,每星期中的六天,是由家到局,又由局到家。在局里便坐在办公桌前钞,钞,钞些公文和信件;在家里是和她相对或帮她生白炉子,煮饭,蒸馒头。我的学会了煮饭,就在这时候。

但我的食品却比在会馆里时好得多了。做菜虽不是子君的特长,然而她于此却倾注着全力;对于她的日夜的操心,使我也不能不一同操心,来算作分甘共苦。况且她又这样地终日汗流满面,短发都黏在脑额上;两只手又只是这样地粗糙起来。

况且还要饲阿随,饲油鸡,……都是非她不可的工作。

我曾经忠告她:我不吃,倒也罢了;却万不可这样地操劳。她只看了我一眼,不开口,神色却似乎有点凄然;我也只好不开口。然而她还是这样地操劳。

我所豫期的打击果然到来。双十节的前一晚,我呆坐着,她在洗碗。听到打门声,我去开门时,是局里的信差,交给我一张油印的纸条。我就有些料到了,到灯下去一看,果然,印着的就是——

> 奉
> 局长谕史涓生着毋庸到局办事
> 　　　　　　　　　秘书处启　十月九号

这在会馆里时,我就早已料到了;那雪花膏便是局长的儿子的赌友,一定要去添些谣言,设法报告的。到现在才发生效验,已经要算是很晚的了。其实这在我不能算是一个打击,因为我早就决定,可以给别人去钞写,或者教读,或者虽然费力,也还可以译点书,况且《自由之友》的总编辑便是见过几次的熟人,两月前还通过信。但我的心却跳跃着。那么一个无畏的子君也变了色,尤其使我痛心;她近来似乎也较为怯弱了。

"那算什么。哼,我们干新的。我们……。"她说。

她的话没有说完;不知怎地,那声音在我听去却只是浮浮的;灯光也觉得格外黯淡。人们真是可笑的动物,一点极微末的小事情,便会受着很深的影响。我们先是默默地相视,逐渐商量起来,终于决定将现有的钱竭力节省,一面登"小广告"去寻求钞写和教读,一面写信给《自由之友》的总编辑,说明我目下的遭遇,请他收用我的译本,给我帮一点艰辛时候的忙。

"说做,就做罢!来开一条新的路!"

我立刻转身向了书案,推开盛香油的瓶子和醋碟,子君便送过那黯淡的灯来。我先拟广告;其次是选定可译的书,迁移以来未曾翻阅过,每本的头上都满漫着灰尘了;最后才写信。

我很费踌蹰,不知道怎样措辞好,当停笔凝思的时候,转眼去一瞥她的脸,在昏暗的灯光下,又很见得凄然。我真不料这样微细的小事情,竟会给坚决的,无畏的子君以这么显著的变化。她近来实在变得很怯弱了,但也并不是今夜才开始的。我的心因此更缭乱,忽然有安宁的生活的影像——会馆里的破屋的寂静,在眼前一闪,刚刚想定睛凝视,却又看见了昏暗的灯光。

许久之后,信也写成了,是一封颇长的信;很觉得疲劳,仿佛近来自己也较为怯弱了。于是我们决定,广告和发信,就在明日一同实行。大家不约而同地伸直了腰肢,在无言中,似乎又都感到彼此的坚忍崛强的精神,还看见从新萌芽起来的将来的希望。

外来的打击其实倒是振作了我们的新精神。局里的生活,原如鸟贩子手里的禽鸟一般,仅有一点小米维系残生,决不会肥胖;日子一久,只落得麻痹了翅子,即使放出笼外,早已不能奋飞。现在总算脱出这牢笼了,我从此要在新的开阔的天空中翱翔,趁我还未忘却了我的翅子的扇动。

小广告是一时自然不会发生效力的;但译书也不是容易事,先前看过,以为已经懂得的,一动手,却疑难百出了,进行得很慢。然而我决计努力地做,一本半新的字典,不到半月,边上便有了一大片乌黑的指痕,这就证明着我的工作的切实。《自由之友》的总编辑曾经说过,他的刊物是决不会埋没好稿子的。

可惜的是我没有一间静室,子君又没有先前那么幽静,善于体帖了,屋子里总是散乱着碗碟,弥漫着煤烟,使人不能安心做事,但是这自然还只能怨我自己无力置一间书斋。然而又加以阿随,加以油鸡们。加以油鸡们又大起来了,更容易成为两家争吵的引线。

加以每日的"川流不息"的吃饭;子君的功业,仿佛就完全建立在这吃饭中。吃了筹钱,筹来吃饭,还要喂阿随,饲油鸡;她似乎将先前所知道的全都忘掉了,也不想到我的构思就常常为了这催促吃饭而打断。即使在坐中给看一点怒色,她总是不改变,仍然毫无感触似的大嚼起来。

使她明白了我的作工不能受规定的吃饭的束缚,就费去五星期。她明白之后,大约很不高兴罢,可是没有说。我的工作果然从此较为迅速地进行,不久就共译了五万言,只要润色一回,便可以和做好的两篇小品,一同寄给《自由之友》去。只是吃饭却依然给我苦恼。菜冷,是无妨的,然而竟不够;有时连饭也不够,虽然我因为终日坐在家里用脑,饭量已经比先前要减少得多。这是先去喂了阿随了,有时还并那近来连自己也轻易不吃的羊肉。她说,阿随实在瘦得太可怜,房东太太还因此嗤笑我们了,她受不住这样的奚落。

于是吃我残饭的便只有油鸡们。这是我积久才看出来的,但同时也如赫胥黎的论定"人类在宇宙间的位置"一般,自觉了我在这里的位置:不过是叭儿狗和油鸡之间。

后来,经多次的抗争和催逼,油鸡们也逐渐成为肴馔,我们和阿随都享用了十多日的鲜肥;可是其实都很瘦,因为它们早已每日只能得到几粒高粱了。从此便清静得多。只有子君很颓唐,似乎常觉得凄苦和无聊,至于不大愿意开口。我想,人是多么容易改变呵!

但是阿随也将留不住了。我们已经不能再希望从什么地方会有来信,子君也早没有一点食物可以引它打拱或直立起来。冬季又逼近得这么快,火炉就要成为很大的问题;它的食量,在我们其实早是一个极易觉得的很重的负担。于是连它也留不住了。

倘使插了草标到庙市去出卖,也许能得几文钱罢,然而我们都不能,也不愿这样做。终于是用包袱蒙着头,由我带到西郊去放掉了,还要追上来,便推在一个并不很深的土坑里。

我一回寓,觉得又清静得多多了;但子君的凄惨的神色,却使我很吃惊。那是没有见过的神色,自然是为阿随。但又何至于此呢?我还没有说起推在土坑里的事。

到夜间,在她的凄惨的神色中,加上冰冷的分子了。

"奇怪。——子君,你怎么今天这样儿了?"我忍不住问。

"什么?"她连看也不看我。

"你的脸色……。"

"没有什么,——什么也没有。"

我终于从她言动上看出,她大概已经认定我是一个忍心的人。其实,我一个人,是容易生活的,虽然因为骄傲,向来不与世交来往,迁居以后,也疏远了所有旧识的人,然而只要能远走高飞,生路还宽广得很。现在忍受着这生活压迫的苦痛,大半倒是为她,便是放掉阿随,也何尝不如此。但子君的识见却似乎只是浅薄起来,竟至于连这一点也想不到了。

我拣了一个机会,将这些道理暗示她;她领会似的点头。然而看她后来的情形,她是没有懂,或者是并不相信的。

天气的冷和神情的冷,逼迫我不能在家庭中安身。但是往那里去呢?大道上,公园里,虽然没有冰冷的神情,冷风究竟也刺得人皮肤欲裂。我终于在通俗图书馆里觅得了我的天堂。

那里无须买票;阅书室里又装着两个铁火炉。纵使不过是烧着不死不活的煤的火炉,但单是看见装着它,精神上也就总觉得有些温暖。书却无可看:旧的陈腐,新的是几乎没有的。

好在我到那里去也并非为看书。另外时常还有几个人,多则十余人,都是单薄衣裳,正如我,各人看各人的书,作为取暖的口实。这于我尤为合式。道路上容易遇见熟人,得到轻蔑的一瞥,但此地却决无那样的横祸,因为他们是永远围在别的铁炉旁,或者靠在自家的白炉边的。

那里虽然没有书给我看,却还有安闲容得我想。待到孤身枯坐,回忆从前,这才觉得大半年来,只为了爱,——盲目的爱,——而将别的人生的要义全盘疏忽了。第一,便是生活。人必生活着,爱才有所附丽。世界上并非没有为了奋斗者而开的活路;我也还未忘却翅子的扇动,虽然比先前已经颓唐得多……。

屋子和读者渐渐消失了,我看见怒涛中的渔夫,战壕中的兵士,摩托车中的贵人,洋场上的投机家,深山密林中的豪杰,讲台上的教授,昏夜的运动者和深夜的偷儿……。子君,——不在近旁。她的勇气都失掉了,只为着阿随悲愤,为着做饭出神;然而奇怪的是倒也并不怎样瘦损……。

冷了起来,火炉里的不死不活的几片硬煤,也终于烧尽了,已是闭馆的时候。又须回到吉兆胡同,领略冰冷的颜色去了。近来也间或遇到温暖的神情,但这却反而增加我的苦痛。记得有一夜,子君的眼里忽而又发出久已不见的稚气的光来,笑着和我谈到还在会馆时候的情形,时时又很带些恐怖的神色。我知道我近来的超过她的冷漠,已经引起她的忧疑来,只得也勉力谈笑,想给她一点慰藉。然而我的笑貌一上脸,我的话一出口,却即刻变为空虚,这空虚又即刻发生反响,回向我的耳目里,给我一个难堪的恶毒的冷嘲。

子君似乎也觉得的,从此便失掉了她往常的麻木似的镇静,虽然竭力掩饰,总还是时时露出忧疑的神色来,但对我却温和得多了。

我要明告她,但我还没有敢,当决心要说的时候,看见她孩子一般的眼色,就使我只得暂且改作勉强的欢容。但是这又即刻来冷嘲我,并使我失却那冷漠的镇静。

她从此又开始了往事的温习和新的考验,逼我做出许多虚伪的温存的答案来,将温存示给她,虚伪的草稿便写在自己的心上。我的心渐被这些草稿填满了,常觉得难于呼吸。我在苦恼中常常想,说真实自然须有极大的勇气的;假如没有这勇气,而苟安于虚伪,那也便是不能开辟新的生路的人。不独不是这个,连这人也未尝有!

子君有怨色,在早晨,极冷的早晨,这是从未见过的,但也许是从我看来的怨色。我那时冷冷地气愤和暗笑了;她所磨练的思想和豁达无畏的言论,到底也还是一个空虚,而对于这空虚却并未自觉。她早已什么书也不看,已不知道人的生活的第一着是求生,向着这求生的道路,是必须携手同行,或奋身孤往的了,倘使只知道捶着一个人的衣角,那便是虽战士也难于战斗,只得一同灭亡。

我觉得新的希望就只在我们的分离;她应该决然舍去,——我也突然想到她的死,然而立刻自责,忏悔了。幸而是早晨,时间正多,我可以说我的真实。我们的新的道路的开辟,便在这一遭。

我和她闲谈,故意地引起我们的往事,提到文艺,于是涉及外国的文人,文人的作品:《诺拉》,《海的女人》。称扬诺拉的果决……。也还是去年在会馆的破屋里讲过的那些话,但现在已经变成空虚,从我的嘴传入自己的耳中,时时疑心有一个隐形的坏孩子,在背后恶意地刻毒地学舌。

她还是点头答应着倾听,后来沉默了。我也就断续地说完了我的话,连余音都消失在虚空中了。

"是的。"她又沉默了一会,说,"但是,……涓生,我觉得你近来很两样了。可是的?你,——你老实告诉我。"

我觉得这似乎给了我当头一击,但也立即定了神,说出我的意见和主张来:新的路的开辟,新的生活的再造,为的是免得一同灭亡。

临末,我用了十分的决心,加上这几句话——

"……况且你已经可以无须顾虑,勇往直前了。你要我老实说;是的,人是不该虚伪的。我老实说罢:因为,因为我已经不爱你了!但这于你倒好得多,因为你更可以毫无挂念地做事……。"

我同时豫期着大的变故的到来,然而只有沉默。她脸色陡然变成灰黄,死了似的;瞬间便又苏生,眼里也发了稚气的闪闪的光泽。这眼光射向四处,正如孩子在饥渴中寻求着慈爱的母亲,但只在空中寻求,恐怖地回避着我的眼。

我不能看下去了,幸而是早晨,我冒着寒风径奔通俗图书馆。

在那里看见《自由之友》,我的小品文都登出了。这使我一惊,仿佛得了一点生气。我想,生活的路还很多,——但是,现在这样也还是不行的。

我开始去访问久已不相闻问的熟人,但这也不过一两次;他们的屋子自然是暖和的,我在骨髓中却觉得寒冽。夜间,便蜷伏在比冰还冷的冷屋中。

冰的针刺着我的灵魂,使我永远苦于麻木的疼痛。生活的路还很多,我也还没有忘却翅子的扇动,我想。——我突然想到她的死,然而立刻自责,忏悔了。

在通俗图书馆里往往瞥见一闪的光明,新的生路横在前面。她勇猛地觉悟了,毅然走出这冰冷的家,而且,——毫无怨恨的神色。我便轻如行云,漂浮空际,上有蔚蓝的天,下是深山大海,广厦高楼,战场,摩托车,洋场,公馆,晴明的闹市,黑暗的夜……。

而且,真的,我豫感得这新生面便要来到了。

我们总算度过了极难忍受的冬天,这北京的冬天;就如蜻蜓落在恶作剧的坏孩子的手里一般,被系着细线,尽情玩弄,虐待,虽然幸而没有送掉性命,结果也还是躺在地上,只争着一个迟早之间。

写给《自由之友》的总编辑已经有三封信,这才得到回信,信封里只有两张书券:两角的和三角的。我却单是催,就用了九分的邮票,一天的饥饿,又都白挨给于己一无所得的空虚了。

然而觉得要来的事,却终于来到了。

这是冬春之交的事,风已没有这么冷,我也更久地在外面徘徊;待到回家,大概已经昏黑。就在这样一个昏黑的晚上,我照常没精打采地回来,一看见寓所的门,也照常更加丧气,使脚步放得更缓。但终于走进自己的屋子里了,没有灯火;摸火柴点起来时,是异样的寂寞和空虚!

正在错愕中,官太太便到窗外来叫我出去。

"今天子君的父亲来到这里,将她接回去了。"她很简单地说。

这似乎又不是意料中的事,我便如脑后受了一击,无言地站着。

"她去了么?"过了些时,我只问出这样一句话。

"她去了。"

"她,——她可说什么?"

"没说什么。单是托我见你回来时告诉你,说她去了。"

我不信;但是屋子里是异样的寂寞和空虚。我遍看各处,寻觅子君;只见几件破旧而黯淡的家具,都显得极其清疏,在证明着它们毫无隐匿一人一物的能力。我转念寻信或她留下的字迹,也没有;只是盐和干辣椒,面粉,半株白菜,却聚集在一处了,旁边还有几十枚

铜元。这是我们两人生活材料的全副,现在她就郑重地将这留给我一个人,在不言中,教我借此去维持较久的生活。

我似乎被周围所排挤,奔到院子中间,有昏黑在我的周围;正屋的纸窗上映出明亮的灯光,他们正在逗着孩子玩笑。我的心也沉静下来,觉得在沉重的迫压中,渐渐隐约地现出脱走的路径:深山大泽,洋场,电灯下的盛筵,壕沟,最黑最黑的深夜,利刃的一击,毫无声响的脚步……。

心地有些轻松,舒展了,想到旅费,并且嘘一口气。

躺着,在合着的眼前经过的豫想的前途,不到半夜已经现尽;暗中忽然仿佛看见一堆食物,这之后,便浮出一个子君的灰黄的脸来,睁了孩子气的眼睛,恳托似的看着我。我一定神,什么也没有了。

但我的心却又觉得沉重。我为什么偏不忍耐几天,要这样急急地告诉她真话的呢?现在她知道,她以后所有的只是她父亲——儿女的债主——的烈日一般的严威和旁人的赛过冰霜的冷眼。此外便是虚空。负着虚空的重担,在严威和冷眼中走着所谓人生的路,这是怎么可怕的事呵!而况这路的尽头,又不过是——连墓碑也没有的坟墓。

我不应该将真实说给子君,我们相爱过,我应该永久奉献她我的说谎。如果真实可以宝贵,这在子君就不该是一个沉重的空虚。谎语当然也是一个空虚,然而临末,至多也不过这样地沉重。

我以为将真实说给子君,她便可以毫无顾虑,坚决地毅然前行,一如我们将要同居时那样。但这恐怕是我错误了。她当时的勇敢和无畏是因为爱。

我没有负着虚伪的重担的勇气,却将真实的重担卸给她了。她爱我之后,就要负了这重担,在严威和冷眼中走着所谓人生的路。

我想到她的死……。我看见我是一个卑怯者,应该被摈于强有力的人们,无论是真实者,虚伪者。然而她却自始至终,还希望我维持较久的生活……。

我要离开吉兆胡同,在这里是异样的空虚和寂寞。我想,只要离开这里,子君便如还在我的身边;至少,也如还在城中,有一天,将要出乎意表地访我,像住在会馆时候似的。

然而一切请托和书信,都是一无反响;我不得已,只好访问一个久不问候的世交去了。他是我伯父的幼年的同窗,以正经出名的拔贡,寓京很久,交游也广阔的。

大概因为衣服的破旧罢,一登门便很遭门房的白眼。好容易才相见,也还相识,但是很冷落。我们的往事,他全都知道了。

"自然,你也不能在这里了,"他听了我托他在别处觅事之后,冷冷地说,"但那里去呢?很难。——你那,什么呢,你的朋友罢,子君,你可知道,她死了。"

我惊得没有话。

"真的?"我终于不自觉地问。

"哈哈。自然真的。我家的王升的家,就和她家同村。"

"但是,——不知道是怎么死的?"

"谁知道呢。总之是死了就是了。"

我已经忘却了怎样辞别他,回到自己的寓所。我知道他是不说谎话的;子君总不会再来了的,像去年那样。她虽是想在严威和冷眼中负着虚空的重担来走所谓人生的路,也已经不能。她的命运,已经决定她在我所给与的真实——无爱的人间死灭了!

自然,我不能在这里了;但是,"那里去呢?"

四围是广大的空虚,还有死的寂静。死于无爱的人们的眼前的黑暗,我仿佛一一看见,还听得一切苦闷和绝望的挣扎的声音。

我还期待着新的东西到来,无名的,意外的。但一天一天,无非是死的寂静。

我比先前已经不大出门,只坐卧在广大的空虚里,一任这死的寂静侵蚀着我的灵魂。死的寂静有时也自己战栗,自己退藏,于是在这绝续之交,便闪出无名的,意外的,新的期待。

一天是阴沉的上午,太阳还不能从云里面挣扎出来,连空气都疲乏着。耳中听到细碎的步声和咻咻的鼻息,使我睁开眼。大致一看,屋子里还是空虚;但偶然看到地面,却盘旋着一匹小小的动物,瘦弱的,半死的,满身灰土的……。

我一细看,我的心就一停,接着便直跳起来。

那是阿随。它回来了。

我的离开吉兆胡同,也不单是为了房主人们和他家女工的冷眼,大半就为着这阿随。但是,"那里去呢?"新的生路自然还很多,我约略知道,也间或依稀看见,觉得就在我面前,然而我还没有知道跨进那里去的第一步的方法。

经过许多回的思量和比较,也还只有会馆是还能相容的地方。依然是这样的破屋,这样的板床,这样的半枯的槐树和紫藤,但那时使我希望,欢欣,爱,生活的,却全都逝去了,只有一个虚空,我用真实去换来的虚空存在。

新的生路还很多,我必须跨进去,因为我还活着。但我还不知道怎样跨出那第一步。有时,仿佛看见那生路就像一条灰白的长蛇,自己蜿蜒地向我奔来,我等着,等着,看看临近,但忽然便消失在黑暗里了。

初春的夜,还是那么长。长久的枯坐中记起上午在街头所见的葬式,前面是纸人纸马,后面是唱歌一般的哭声。我现在已经知道他们的聪明了,这是多么轻松简截的事。

然而子君的葬式却又在我的眼前,是独自负着虚空的重担,在灰白的长路上前行,而又即刻消失在周围的严威和冷眼里了。

我愿意真有所谓鬼魂,真有所谓地狱,那么,即使在孽风怒吼之中,我也将寻觅子君,当面说出我的悔恨和悲哀,祈求她的饶恕;否则,地狱的毒焰将围绕我,猛烈地烧尽我的悔恨和悲哀。

我将在孽风和毒焰中拥抱子君,乞她宽容,或者使她快意……。

但是,这却更虚空于新的生路;现在所有的只是初春的夜,竟还是那么长。我活着,我总得向着新的生路跨出去,那第一步,——却不过是写下我的悔恨和悲哀,为子君,为自己。

我仍然只有唱歌一般的哭声,给子君送葬,葬在遗忘中。

我要遗忘;我为自己,并且要不再想到这用了遗忘给子君送葬。

我要向着新的生路跨进第一步去,我要将真实深深地藏在心的创伤中,默默地前行,用遗忘和说谎做我的前导……。

思考题

1. 请概述《伤逝》的故事情节。
2. 分析造成涓生、子君爱情悲剧的原因。
3. 以"涓生该不该说出无爱"为主题,写一篇小论文,字数 800 字左右。

拓展文本

爱

张爱玲

> **题解**
>
> 张爱玲(1920—1995)，中国现代作家，原籍河北省唐山市，原名张煐。1920年9月30日出生在上海公共租界西区常德公寓。张爱玲家世显赫，祖父是清末名臣，祖母是李鸿章的长女。1944年张爱玲结识胡兰成，并与之交往。1973年，张爱玲定居洛杉矶。1995年9月8日，适逢中秋节，张爱玲的房东发现她逝世于加州韦斯特伍德市罗彻斯特大道的公寓。作品主要有小说、散文、电影剧本以及文学论著，如散文集《流言》《张看》，中短篇小说集《传奇》，长篇小说《半生缘》《赤地之恋》。晚年从事中国文学评论和《红楼梦》研究。
>
> 散文《爱》全文不过300余字，穿过悠悠的时光，遥应着当下歌曲《原来你也在这里》。一开头，张爱玲就写道："这是真的。"确实是真的，据胡兰成《今生今世》所言，故事的主人公为胡兰成发妻玉凤的庶母，她的经历与《爱》中的女孩几乎一样。春天的夜晚，月白的衫子，熟悉而陌生的邻家男孩，人面桃花，擦肩而过，"就这样就完了"，瞬间成为永恒，永恒的惆怅与忧伤。千万人之中的偶然相遇，千万年之中的巧遇，偶然的相逢，这宿命的温情定格于瞬间。

这是真的。

有个村庄的小康之家的女孩子，生得美，有许多人来做媒，但都没有说成。那年她不过十五六岁吧，是春天的晚上，她立在后门口，手扶着桃树。她记得她穿的是一件月白的衫子。对门住的年轻人同她见过面，可是从来没有打过招呼的，他走了过来，离得不远，站定了，轻轻地说了一声："噢，你也在这里吗？"她没有说什么，他也没有再说什么，站了一会，各自走开了。

就这样就完了。

后来这女子被亲眷拐了卖到他乡外县去作妾,又几次三番地被转卖,经过无数的惊险的风波,老了的时候她还记得从前那一回事,常常说起,在那春天的晚上,在后门口的桃树下,那年青人。

于千万人之中遇见你所要遇见的人,于千万年之中,时间的无涯的荒野里,没有早一步,也没有晚一步,刚巧赶上了,那也没有别的话可说,惟有轻轻地问一声:"噢,你也在这里吗?"

 思考题

1. 分析《爱》的艺术特点。
2. 阅读《金锁记》,结合《爱》,分析张爱玲的爱情观。

精读文本

致橡树

舒 婷

题解

　　舒婷(1952—),原名龚佩瑜,祖籍福建泉州。当代女诗人,朦胧诗派的代表作家之一,与北岛、顾城齐名。1964年就读于厦门一中,1969年至闽西山区插队,1972年返回厦门,当过工人、统计员、染纱工、焊锡工等等。1979年开始发表诗歌作品。1980年到福建省文联工作,专业从事写作。著有诗集《童年絮味》、《双桅船》、《会唱歌的鸢尾花》、《始祖鸟》,散文集《心烟》、《秋天的情绪》、《硬骨凌霄》、《露珠里的"诗想"》、《真水无香》等。

　　舒婷诗歌特有女性的细腻和敏感,充盈着浪漫主义和理想色彩,以及对祖国、对人生、对土地的爱,既温馨平和又潜动着激情。她的诗,有明丽隽美的意象,缜密流畅的思维逻辑,从这方面说,她的诗并不"朦胧"。多数诗的手法采用隐喻、局部或整体象征,很少用直抒告白的方式,表达的意象有一定的多义性,在朦胧的氛围中流露出理性的思考,朦胧而不晦涩,是浪漫主义和现代主义风格相结合的产物。《致橡树》是朦胧诗的代表作之一,采用整体象征的手法构造意象(全诗以橡树、木棉的整体形象对应地象征爱情双方的独立人格和真挚爱情),使得哲理性很强的思想、意念得以在亲切可感的形象中生发、诗化。

我如果爱你——
绝不像攀援的凌霄花
借你的高枝炫耀自己;
我如果爱你——
绝不学痴情的鸟儿

为绿阴重复单调的歌曲；
也不止像泉源
常年送来清凉的慰藉；
也不止像险峰
增加你的高度，衬托你的威仪。
甚至日光。
甚至春雨。
不，这些都还不够！
我必须是你近旁的一株木棉，
作为树的形象和你站在一起。
根，紧握在地下
叶，相触在云里。
每一阵风吹过
我们都互相致意，
但没有人
听懂我们的言语。
你有你的铜枝铁干
像刀、像剑，
也像戟；
我有我红硕的花朵
像沉重的叹息，
又像英勇的火炬。
我们分担寒潮、风雷、霹雳；
我们共享雾霭、流岚、虹霓。
仿佛永远分离，
却又终身相依。
这才是伟大的爱情，
坚贞就在这里：
爱——
不仅爱你伟岸的身躯，
也爱你坚持的位置，足下的土地。

思考题

1. 《致橡树》中使用了哪些意象？传达出作者怎样的爱情观？
2. 阅读《神女峰》，并结合《致橡树》，分析舒婷的创作风格。
3. 谈谈时代和环境因素对朦胧诗创作的影响。

拓展文本

我愿意是急流

[匈牙利] 裴多菲

题 解

裴多菲(1823—1849),匈牙利爱国诗人和英雄,伟大的革命诗人,也是匈牙利民族文学的奠基人、资产阶级革命民主主义者。1849年7月31日,他在瑟克什堡大血战中同沙俄军队作战时牺牲,年仅26岁。裴多菲的诗在匈牙利广为流传,并且被翻译成数十种外语,为国外读者所熟悉。裴多菲的主要作品有《民族之歌》、《反对国王》等。

《我愿意是急流》是裴多菲献给未婚妻尤莉亚的一首爱情诗。诗人借助一系列自然物象,构筑起一个庞大的抒情网络,营建了一个炽热的恋爱磁场。诗歌通过一连串鲜活生动的比喻,围绕同一主题,表达诗人纯洁而坚贞、博大而无私的爱。急流、荒林、废墟、草屋、云朵和破旗等,或荒瑟冷落,或凋敝残败,诗人以此喻自己,而笔下的小鱼、小鸟、常春藤、火焰、夕阳则显得美好热情,欢畅明丽,用它们来比喻心中的爱人。两者形成了鲜明的反差,相反相成间流露出诗人的一腔赤诚。全诗清新、自然,毫无造作之感,同时,又给了爱情一个新的诠释——朴实、自然。

我愿意是急流,
山里的小河,
在崎岖的路上,
岩石上经过……
只要我的爱人
是一条小鱼,
在我的浪花中

快乐地游来游去。

我愿意是荒林,
在河流的两岸,
对一阵阵的狂风,
勇敢地作战……
只要我的爱人
是一只小鸟,
在我的稠密的
树枝间做窠,鸣叫。

我愿意是废墟,
在峻峭的山岩上,
这静默的毁灭
并不使我懊丧……
只要我的爱人
是青青的常春藤,
沿着我的荒凉的额,
亲密地攀援上升。

我愿意是草屋,
在深深的山谷底,
草屋的顶上
饱受风雨的打击……
只要我的爱人
是可爱的火焰,
在我的炉子里,
愉快地缓缓闪现。

我愿意是云朵,
是灰色的破旗,
在广漠的空中,
懒懒地飘来荡去……
只要我的爱人
是珊瑚似的夕阳,
傍着我苍白的脸,
显出鲜艳的辉煌。

思考题

1. 《我愿意是急流》中选择了哪几种意象？可概括为几组、几类？每类意象各有什么特征？
2. 是否应该把2、3、4、5组中的"荒林"、"废墟"、"草屋"、"云朵、破旗"分别改为"茂林"、"苑囿"、"华堂"、"云霞、彩旗"，从而更能产生美的对应呢？为什么？
3. 结合《致橡树》、《我愿意是急流》，比较舒婷和裴多菲的爱情观。

拓展文本

伴 侣

席慕蓉

题 解

席慕蓉(1943—),原名穆伦·席连勃(蒙古语,即大江河)。当代著名画家、诗人、散文家。祖籍内蒙古察哈尔盟明安旗(今属内蒙古锡林郭勒盟),是蒙古族王族之后。外婆是蒙古人,后随家定居台湾。席慕蓉于1981年出版第一本新诗集《七里香》,在台湾刮起一阵旋风,其销售量也十分惊人。1982年,她出版了第一本散文集《成长的痕迹》,表现她另一种创作的形式,延续新诗平静淡雅的风格。另有笔名萧瑞、漠蓉等。

《伴侣》表达了席慕蓉对爱情的执着。她将爱情和青春紧密地结合在一起,歌唱那个最美好最神圣的时刻,那一刻,她是个幸福的新娘,懂得爱情和婚姻对于彼此整个生命的意义。她用真实的情感向不愿意轻信爱情的现代人证明着爱情的美丽。爱与青春是席慕蓉诗中篇幅最多的,也是最让人心旌摇曳的内容,它们在温柔婉约的描述中都有一种憬悟永恒的意境。席慕蓉善于以慧心体会生活哲学,并表达出单纯而又深邃的意趣。爱情只有真诚才动人,绝对忌讳粉饰和装扮,忌讳矫揉造作。所以,她深情地说:"愿/天/长/地/久/你永是我的伴侣/我是你生生世世/温柔的妻"。席慕蓉的这种爱情观,无疑可以使现代人从中得到某种温暖和慰藉,从而重建对于真挚爱情的信仰。

你是那疾驰的箭
我就是你翎旁的风声
你是那负伤的鹰
我就是抚慰你的月光

你是那昂然的松
我就是缠绵的藤萝

愿
天
长
地
久

你永是我的伴侣
我是你生生世世
温柔的妻

1. 阅读《一棵开花的树》，结合《伴侣》，分析席慕蓉的爱情观。
2. 结合《致橡树》、《伴侣》，比较舒婷和席慕蓉的爱情观，并谈谈你的爱情观。

第六单元

历史记忆

英国诗人雪莱说:"历史,是刻在时间记忆上的一首回旋诗。"人类每时每刻都存在于历史之中,并创造着历史。文学中的历史既充满了人类的经验与智慧,又饱含了人类的自我反省与批判精神,引导人类向着完美与至善前行。

精读文本

断魂枪

老 舍

题解

　　老舍(1899—1966),原名舒庆春,字舍予,满族。出身于城市贫民家庭。1918年,北京师范学校毕业后任小学校长、中学教员。1924年,赴英国任伦敦大学东方学院中文讲师,并正式开始创作生涯。1930年回国后,任济南齐鲁大学文学院副教授。1934年到山东大学任中国文学系教授。抗日战争爆发后,到武汉、重庆主持中华全国文艺界抗敌协会的工作。1946年应邀赴美讲学一年,后留美写作。1949年年底返回北京。曾任政务院文教委员会委员、政协全国委员会常务委员、中国文联副主席、中国作家协会副主席等职。主要的作品有《骆驼祥子》、《四世同堂》、《猫城记》、《离婚》等长篇小说,《月牙儿》、《我这一辈子》等中短篇小说,《龙须沟》、《茶馆》等剧本。
　　《断魂枪》写于1935年,老舍以其生于忧患、死于忧患的个性气质,及其顽强的承担命运的精神,通过沙子龙这样一个艺术形象,来反映清朝末年、辛亥革命前夕中国的社会风貌。传,还是不传?《断魂枪》里的沙子龙毅然选择了后者。在那个枪炮隆隆的时代,传统的记忆终于被历史碾碎,国人不再需要走镖,不再需要武艺。小说给读者留下的审美想象空间是巨大的,那一声似乎能划破夜空的"不传",里边铸满了多么深沉而凝重的历史沧桑。一曲"断魂"的幽歌,就这样把"过去"的"文化"埋葬了,孤独而冷寂,悲壮而苍凉!

　　"生命是闹着玩,事事显出如此;从前我这么想过,现在我懂得了。"
　　沙子龙的镖局已改成客栈。
　　东方的大梦没法子不醒了。炮声压下去马来与印度野林中的虎啸。半醒的人们,揉着眼,祷告着祖先与神灵;不大会儿,失去了国土、自由与主权。门外立着不同面色的人,枪口还热着。他们的长矛毒弩,花蛇斑彩的厚盾,都有什么用呢,连祖先与祖先所信的神明全不灵了啊!龙旗的中国也不再神秘,有了火车呀,穿坟过墓地破坏着风水。枣红色多穗的镖旗,绿鲨皮鞘的钢刀,响着串铃的口马,江湖上的智慧与黑话,义气与声名,连沙子龙,他的武艺、事业,都梦似的变成昨夜的。今天是火车、快枪,通商与恐怖。听说,有人还要杀下皇帝的头呢!

这是走镖已没有饭吃,而国术还没被革命党与教育家提倡起来的时候。

谁不晓得沙子龙是短瘦、利落、硬棒,两眼明得像霜夜的大星?可是,现在他身上放了肉。镖局改了客栈,他自己在后小院占着三间北房,大枪立在墙角,院子里有几只楼鸽。只是在夜间,他把小院的门关好,熟习熟习他的"五虎断魂枪"。这条枪与这套枪,二十年的工夫,在西北一带,给他创出来"神枪沙子龙"五个字,没遇见过敌手。现在,这条枪与这套枪不会再替他增光显胜了。只是摸摸这凉、滑、硬而发颤的杆子,使他心中少难过一些而已。只有在夜间独自拿起枪来,才能相信自己还是"神枪沙"。在白天,他不大谈武艺与往事,他的世界已被狂风吹了走。

在他手下创练起来的少年们还时常来找他。他们大多数是没落子弟,都有点武艺,可是没地方去用。有的在庙会上去卖艺,踢两趟腿,练套家伙,翻几个跟头,附带着卖点大力丸,混个三吊、两吊的。有的实在闲不起了,去弄筐果子,或挑些毛豆角,赶早儿在街上论斤吆喝出去。那时候米贱、肉贱,肯卖膀子力气本来可以混个肚儿圆,他们可是不成,肚量既大,而且得吃口管事儿的,干饽饽、辣饼子咽不下去。况且他们还时常去走会,五虎棍、开路、太狮、少狮……虽然算不了什么——比起走镖来——可是到底有个机会活动活动,露露脸。是的,走会捧场是买脸的事,他们打扮的得像个样儿,至少得有条青洋绉裤子,新漂白细市布的小褂和一双鱼鳞洒鞋——顶好是青缎子抓地虎靴子。他们是神枪沙子龙的徒弟——虽然沙子龙并不承认——得到处露脸,走会得赔上俩钱,说不定还得打场架。没钱,上沙老师那里去求。沙老师不含糊,多少不拘,不让他们空着手儿走。可是,为打架或献技去讨教一个招数,或是请给说个"对子"——什么空手夺刀,或虎头钩进枪——沙老师有时说句笑话,马虎过去:"教什么?拿开水浇吧!"有时直接把他们逐出去。他们不大明白沙老师是怎么了,心中也有点不乐意。

可是,他们到处为沙老师吹腾,一来是愿意使人知道他们的武艺有真传授,受过高人的指教;二来是为激动沙老师,万一有人不服气而找上老师来,老师难道还不露一两手真的么?所以:"沙老师一拳就砸倒了个牛!""沙老师一脚把人踢到房上去,并没使多大的劲!"他们谁也没见过这种事,但是说着说着,他们相信这是真的了,有年月,有地方,千真万确,敢起誓!

王三胜——沙子龙的大伙计——在土地庙拉开了场子,摆好了家伙。抹了一鼻子茶叶末色的鼻烟,他抢了几下竹节钢鞭,把场子打大一些。放下鞭,没向四围作揖,叉着腰念了两句:"脚踢天下好汉,拳打五路英雄!"向四围扫了一眼:"乡亲们,王三胜不是卖艺的,玩艺儿会几套,西北路上走过镖,会过绿林中的朋友。现在闲着没事,拉个场子陪诸位玩玩。有爱练的尽管下来,王三胜以武会友,有赏脸的,我陪着。神枪沙子龙是我的师傅,玩艺地道！诸位，有愿下来的没有？"他看着，准知道没人敢下来，他的话硬，可是那条钢鞭更硬，十八斤重。

王三胜，大个子，一脸横肉，努着对大黑眼珠，看着四围。大家不出声。他脱了小褂，紧了紧深月白色的"腰里硬"，把肚子杀进去。给手心一口唾沫，抄起大刀来："诸位，王三胜先练趟瞧瞧。不白练，练完了，带着的扔几个，没钱，给喊个好，助助威。这儿没生意口。好，上眼！"

大刀靠了身，眼珠努出多高，脸上绷紧，胸脯子鼓出，像两块老桦木根子。一跺脚，刀横起，大红缨子在肩前摆动。削砍劈拨，蹲越闪转，手起风生，忽忽直响。忽然刀在右手心上旋转，身弯下去，四围鸦雀无声，只有缨铃轻叫。刀顺过来，猛的一个"跺泥"，身子直挺，比众人高着一头，黑塔似的。收了势："诸位！"一手持刀，一手叉腰，看着四围。稀稀的扔了几个铜钱，他点点头。"诸位！"他等着，等着，地上依旧是那几个亮而削薄的铜钱，外层的人偷偷散去。他咽了口气："没人懂！"他低声地说，可是大家全听见了。

"有功夫！"西北角上一个黄胡子老头儿答了话。

"啊？"王三胜好似没听明白。

"我说：你——有——功——夫！"老头子的语气很不得人心。

放下大刀，王三胜随着大家的头往西北看。谁也没看重这个老人：小干巴个儿，披着件粗蓝布大衫，脸上窝窝瘪瘪，眼陷进去很深，嘴上几根细黄胡，肩上扛着条小黄草辫子，有筷子那么细，而绝对不像筷子那么直顺。王三胜可是看出这老家伙有功夫，脑门亮，眼睛亮——眼眶虽深，眼珠可黑得像两口小井，深深的闪着黑光。王三胜不怕，他看得出别人有功夫没有，可更相信自己的本事，他是沙子龙手下的大将。

"下来玩玩，大叔！"王三胜说得很得体。

点点头，老头儿往里走。这一走，四外全笑了。他的胳臂不大动，左脚往前迈，右脚随着拉上来，一步步地向前拉扯，身子整着，像是患过瘫痪病。蹭到场中，把大衫扔在地上，一点没理会四围怎样笑他。

"神枪沙子龙的徒弟，你说？好，让你使枪吧，我呢？"老头子非常的干脆，很像久想动手。

人们全回来了，邻场耍狗熊的无论怎么敲锣也不中用了。

"三截棍进枪吧？"王三胜要看老头子一手，三截棍不是随便就拿得起来的家伙。

老头子又点点头，拾起家伙来。

王三胜努着眼，抖着枪，脸上十分难看。

老头子的黑眼珠更深更小了，像两个香火头，随着面前的枪尖儿转，王三胜忽然觉得不舒服，那俩黑眼珠似乎要把枪尖吸进去！四外已围得风雨不透，大家都觉出老头子确是有威。为躲那对眼睛，王三胜耍了个枪花。老头子的黄胡子一动："请！"王三胜一扣枪，向前躬步，枪尖奔了老头子的喉头去，枪缨打了一个红旋。老人的身子忽然活展了，将身微偏，让过枪尖，前把一挂，后把撩王三胜的手。拍，拍，两响，王三胜的枪撒了手。场外叫了好。王三胜连脸带胸口全紫了，抄起枪来；一个花子，连枪带人滚了过来，枪尖奔了老人的中部。老头子的眼亮得发着黑光；腿轻轻一屈，下把掩裆，上把打着刚要抽回的枪杆；拍，枪又落在地上。

场外又是一片彩声。王三胜流了汗,不再去拾枪,努着眼,木在那里。老头子扔下家伙,拾起大衫,还是拉拉着腿,可是走得很快了。大衫搭在臂上,他过来拍了王三胜一下:

"还得练哪,伙计!"

"别走!"王三胜擦着汗:"你不离,姓王的服了!可有一样,你敢会会沙老师?"

"就是为会他才来的!"老头子的干巴脸上皱起点来,似乎是笑呢。"走;收了吧;晚饭我请!"

王三胜把兵器拢在一处,寄放在变戏法二麻子那里,陪着老头子往庙外走。后面跟着不少人,他把他们骂散。

"你老贵姓?"他问。

"姓孙哪,"老头子的话与人一样,都那么干巴。"爱练;久想会会沙子龙。"

沙子龙不把你打扁了!王三胜心里说。他脚底下加了劲,可是没把孙老头落下。他看出来,老头子的腿是老走着查拳门中的连跳步;交起手来,必定很快。但是,无论他怎么快,沙子龙是没对手的。准知道孙老头要吃亏,他心中痛快了些,放慢了些脚步。

"孙大叔贵处?"

"河间的,小地方。"孙老者也和气了些:"月棍年刀一辈子枪,不容易见功夫!说真的,你那两手就不坏!"

王三胜头上的汗又回来了,没言语。

到了客栈,他心中直跳,唯恐沙老师不在家,他急于报仇。他知道老师不爱管这种事,师弟们已碰过不少回钉子,可是他相信这回必定行,他是大伙计,不比那些毛孩子;再说,人家在庙会上点名叫阵,沙老师还能丢这个脸么?

"三胜,"沙子龙正在床上看着本《封神榜》,"有事吗?"

三胜的脸又紫了,嘴唇动着,说不出话来。

沙子龙坐起来,"怎么了,三胜?"

"栽了跟头!"

只打了个不甚长的哈欠,沙老师没别的表示。

王三胜心中不平,但是不敢发作;他得激动老师:"姓孙的一个老头儿,门外等着老师呢;把我的枪,枪,打掉了两次!"他知道"枪"字在老师心中有多大分量。没等盼咐,他慌忙跑出去。

客人进来,沙子龙在外间屋等着呢。彼此拱手坐下,他叫三胜去泡茶。三胜希望两个老人立刻交了手,可是不能不沏茶去。孙老者没话讲,用深藏着的眼睛打量沙子龙。沙很客气:"要是三胜得罪了你,不用理他,年纪还轻。"

孙老者有些失望,可也看出沙子龙的精明。他不知怎样好了,不能拿一个人的精明断定他的武艺。"我来领教领教枪法!"他不由地说出来。

沙子龙没接碴儿。王三胜提着茶壶走进来——急于看二人动手,他没管水开了没有,就沏在壶中。

"三胜,"沙子龙拿起个茶碗来,"去找小顺们去,天汇见,陪孙老者吃饭。"

"什么?"王三胜的眼珠几乎掉出来。看了看沙老师的脸,他敢怒而不敢言地说了声"是啦!"走出去,撅着大嘴。

"教徒弟不易!"孙老者说。

"我没收过徒弟。走吧,这个水不开!茶馆去喝,喝饿了就吃。"沙子龙从桌子上拿起缎子褡裢,一头装着鼻烟壶,一头装着点钱,挂在腰带上。

"不,我还不饿!"孙老者很坚决,两个"不"字把小辫从肩上抡到后边去。

"说会子话儿。"

"我来为领教领教枪法。"

"功夫早搁下了,"沙子龙指着身上,"已经放了肉!"

"这么办也行,"孙老者深深的看了沙老师一眼:"不比武,教给我那趟五虎断魂枪。"

"五虎断魂枪?"沙子龙笑了:"早忘干净了!早忘干净了!告诉你,在我这儿住几天,咱们逛逛各处,临走,多少送点盘缠。"

"我不逛,也用不着钱,我来学艺!"孙老者立起来,"我练趟给你看看,看够得上学艺不够!"一屈腰已到了院中,把楼鸽都吓飞起去。拉开架子,他打了趟查拳:腿快,手飘洒,一个飞脚起去,小辫儿飘在空中,像从天上落下来一个风筝;快之中,每个架子都摆得稳、准、利落;来回六趟,把院子满都打到,走得圆,接得紧,身子在一处,而精神贯串到四面八方。抱拳收势,身儿缩紧,好似满院乱飞的燕子忽然归了巢。

"好!好!"沙子龙在台阶上点着头喊。

"教给我那趟枪!"孙老者抱了抱拳。

沙子龙下了台阶,也抱着拳:"孙老者,说真的吧,那条枪和那套枪都跟我入棺材,一齐入棺材!"

"不传?"

"不传!"

孙老者的胡子嘴动了半天,没说出什么来。到屋里抄起蓝布大衫,拉拉着腿:"打搅了,再会!"

"吃过饭走!"沙子龙说。

孙老者没言语。

沙子龙把客人送到小门,然后回到屋中,对着墙角立着的大枪点了点头。

他独自上了天汇,怕是王三胜们在那里等着。他们都没有去。

王三胜和小顺们都不敢再到土地庙去卖艺,大家谁也不再为沙子龙吹腾;反之,他们说沙子龙栽了跟头,不敢和个老头儿动手;那个老头子一脚能踢死个牛。不要说王三胜输给他,沙子龙也不是"个儿"。不过呢,王三胜到底和老头子见了个高低,而沙子龙连句硬话也没敢说。"神枪沙子龙"慢慢似乎被人们忘了。

夜静人稀,沙子龙关好了小门,一气把六十四枪刺下来,而后,挂着枪,望着天上的群星,想起当年在野店荒林的威风。叹一口气,用手指慢慢摸着凉滑的枪身,又微微一笑:"不传!不传!"

思考题

1. 分析沙子龙的心态及性格特征。
2. 分析王三胜和孙老者各自的性格。
3. 谈谈"不传"的深层内涵。

拓展文本

最后一个渔佬儿

李杭育

题解

　　李杭育(1957—),山东省乳山市人。初中毕业后下乡插队,当过汽车修理工。1977年考入杭州大学中文系,1979年开始发表作品。国家一级作家,"寻根派"中体现越文化精神的代表作家,曾当选为杭州市作家协会主席,创办过《鸭嘴兽》刊物,现为浙江理工大学文化传播学院教授。著有小说集《白栎树沙沙响》(与李庆西合著)、《最后一个渔佬儿》、《红嘴相思鸟》,长篇小说《流浪的土地》等,其中《沙灶遗风》获1983年度全国优秀短篇小说奖。小说《最后一个渔佬儿》是"寻根文学"的代表作之一。

　　《最后一个渔佬儿》截取福奎一天的生活片段,折射出时代、文明的交替与变迁,揭示出这种变化对沿袭已久的生活方式和心理结构所产生的冲击。面对正在逝去的时代与文明,福奎充满眷恋和怀念,一厢情愿地盼望着"从前的运道"再来。面对新的环境,他以"最后一个"的孤独、悲凉的姿态固守自己的生存空间。福奎的生存状态并非完美,但却是一次充满诗情的追忆,是一种对现代文明所存缺憾的补偿。福奎未尝不想开始新的生活,但旧文明的惯性使他难以解脱。生活于现代文明中的人何尝不是如此。被文明的惯性所束缚,只能在回忆与憧憬中寻求安慰。从这个意义上说,作者、读者同作品的主人公一样,都在证明着个体生命存在的局限性。

　　太阳落山的当儿,福奎想起该去收一趟滚钓了。他猫起身子拱出船棚,站到堤坡上,野狗觅食似的有所期望地嗅着那带点咸味的江风,仿佛凭他这只闪闪发光的像是刚刷上油漆的鼻子便晓得有没有大鱼上钩。

他的船棚搭在堤岸下一条小水沟上,远远望去像座坟墓。这里的死人没有被埋到地底下的。坟地上是一座座齐腰高的青砖小屋,盖着瓦片,还开了小窗,考究得叫活人都羡慕。福奎的船棚是茅草苫的。他穷得恐怕死后也住不上那样的屋子,只配缩在草窝里升天。

　　当然这会儿他离死还远。他精壮得像一只硬梆梆的老甲鱼,五十岁了,却还有小伙子们那种荒唐劲头,还能凭这点劲头搞上个把不大规矩的婆娘。他的赭红色的宽得像一扇橱门似的背脊,暴起一棱棱筋肉,像是木匠没把门板刨平;在他的右边肩胛骨下,那块暗红色的疤痕又恰似这橱门的拉手。这块伤疤是早先跟人家抢网干起仗来,被对方用篙子上的矛头戳的。

　　福奎提了一只盛满蚯蚓的鳖子,朝沙滩尽头的江边走去。他光着上身,只穿了条又肥又大还带点碎花的土布裤衩,走起来十分凉爽,跟光屁股一样滋味。他睡觉也总喜欢赤条条的。光着睡舒坦、爽气。这条裤衩是阿七给他的。那几年他是她守寡后的头一个相好。她本来会嫁给他的,只因为他太穷了,穷得连裤衩都问她讨,才没嫁成。

　　江水退潮了,他的船搁浅在远离水边的沙岸上。他那双光着的大脚扑哧扑哧地踏着松软的沙土。沙滩整整晒了一天,这会儿还有点烫哩。不过福奎的脚底板厚得像是请鞋匠给掌了两块皮子,已经不大能觉出冷暖了。他走到船旁,背起一根拴在船板窟窿里的绳索,把船拖下江里。

　　这条平底小船比福奎的个头大不多少,躺下身去,每每叫他想到这家伙做他的棺材倒挺合身的,再加个盖儿就成。

　　他荡开船去,在船尾躺下身来,摊开两条毛茸茸的粗腿,左右开弓,蹬起双桨。葛川江上的渔佬儿都会玩这套把戏,为的是能腾出手来下网、收钓。福奎的熊掌似的大脚此刻比猫爪子还灵巧。他扯开那对蘑菇蛋似的脚拇趾,勾住桨柄,两条腿一屈一伸,桨板一起一落……

　　夕阳像在江上撒了一把簇新的金币,江面金光耀眼。

　　船到江心了。离小船不远有一个毛竹罐做的漆得红白相间的大浮筒。顺着水流往下数,一共有八个这样的浮筒,每个相隔三十多米,一溜排开。这就是福奎两个多钟头前布下的滚钓。他使劲蹬了几下船桨,靠向滚钓的第一个浮筒。

　　滚钓顺水布放,收钓也得顺头收起。在一条长几百米的只有单股电线那样粗细的尼龙绳的一端,拴着一块大石头,它沉在江底,以免滚钓漂走。凭借那些浮筒的浮力,尼龙绳从江底斜着升起,浮出水面。绳子每隔三五尺又系着一个猪尿泡做的小浮标,远看像一串水里冒起的气泡。浮标下垂着装有钓钩的尼龙鱼丝,长的有十多米,短的只有两三米,因为鱼群游来有深有浅。滚钓是专为钓大鱼的,它的钓钩比一般人在河里用钓竿钓鱼所用的钓钩要大得多,穿上蚯蚓,就像套上塑料软管的衣架钩子。鱼上钩的话,这只钓钩上的浮标就会沉入水里,渔佬儿凭这个便知道该收哪只钓钩,而别的空钓则不必牵动。假如上钩的是一条特别人的鲤鱼或者花鲢,它拼死挣扎,全部钓钩就会一齐向它滚来。它越是翻腾,钓钩便扎得越多。这就是滚钓的厉害。

　　可惜,这厉害家伙越来越没有用武之地了。葛川江的污染一年比一年严重,两岸的渔佬儿又只捕不养,眼下江里的鱼怕是还没对岸的西溪自由市场上搁着卖的鱼多,更别提什

么大鱼了。

福奎的船顺着那一溜浮标往下漂着。有几个浮标半沉半浮,上下跳动。他收起几条不到半斤重的小鲳条子,心里很不痛快。为这么几条小玩艺儿是犯不着下滚钓的。他撒一网也不止这点收获。这年头连鱼都变得鬼头鬼脑了,小鲳条子居然也潜下深水里去咬钩,并且居然还咬上了。福奎对此很不理解。他从钓钩上摘下小鱼,又在钩子上重新穿上了蚯蚓。

这时,福奎远远望见西岸船埠头走下一个穿得挺招眼的女人。她下到一条小舢板上,身子一扭一扭地朝他这边摇了过来。福奎眼力不错,老远就看清了这是阿七。他甚至能猜到她一准是到西岸找官法师傅去的。

西岸是省城滨州的南郊,是个风景很好的疗养区,也是滨州南郊最大的居民点。早些年,葛川江这段江面上少说有百把户渔佬儿,光他们小柴村就有七十来户,大都常年泊在西岸,一早一晚下江捕鱼,就近卖给西溪新村的居民;白天则补织渔网,修整滚钓。那光景日子过得真舒坦,江里有鱼,壶里有酒,船里的板铺上还有个大奶子大屁股的小媳妇,连她大声骂娘他都觉着甜溜溜的。那才叫过日子呢!而顶要紧的是,那时候,他柴福奎是个有脸面、有模样的汉子,受人敬重,自己也活得神气。西岸的居民们唯独对他不用"渔佬儿"这个带点轻蔑的称呼。他甚至还跟疗养院里养病的一位大首长交了朋友。那回官法师傅领来那位大首长到他船上挑了几条刚钓上的大鳜鱼,使得他有机会跟大首长一起喝喝老酒,拉拉家常。

官法师傅在疗养院当厨子,是小柴村人的本家。有这层关系,小柴村的渔佬儿常有用得着他的地方,都拿他当大,打了鱼总给他送几条去。官法师傅吃鱼从不花钱,对此街坊们都羡慕不已。日子一长,自然有人求上门来,求官法师傅替他们牵线买鱼。官法师傅社会责任感很强,一向助人为乐,当然愿意为大家包揽鱼虾生意。起先,江里有的是鱼,足够供应所有的西岸居民,官法师傅的作用还不很突出,只是难得有一两回因为坏天气鱼打得少而有幸露一手。直到后来,鱼一年比一年少了,少得每天街口的鱼摊子刚摆起一根烟的工夫就得收摊了,这光景,官法师傅可大有作为了。他干脆取缔了街口的鱼摊子,叫渔佬儿们每天一早把鱼筐抬到他家里来,由他做主,该卖给谁和不卖给谁,甚至鱼价也由他定,仿佛他家就是国家的物价管理机构。久而久之,街坊们背地里给这位热心肠的大师傅起了个不大好听的外号——渔霸。

福奎和官法本是堂兄弟,早先十分要好。这两年,因为江里打不到鱼,小柴村的渔佬儿全都转业了,剩下他自己一个,偏偏又手气不好,官法师傅也做不成"渔霸"了,他俩之间没啥生意上的来往;特别是阿七插了一杠子,从他的窝里爬到了官法的床上,弄得老哥俩见了面彼此都很不自在。官法像是有点歉意,他则觉着自己矮了一截。就这样,他俩渐渐疏远了。

阿七的船离他越来越近。他已经能看清她身上穿着的簇新的短袖衫的白底上那一个个深蓝色的圆点儿了。

前些日子,他听村里人说阿七常在对江官法那里过夜,总有点将信将疑。阿七今年四十岁了,十年前她男人死在江里。此后她一直打算改嫁,却总没嫁成。她名声不好,村里人又总爱对她捕风捉影,那些糟蹋她的话不大靠得住。今天,他可是亲眼看见她从西岸过来的,还打扮得这么招摇,仿佛她觉着自己还是个大姑娘似的……八成是这么回事。无风不起浪嘛。

福奎正想着,忽然觉出手上刚拎起的那根钓丝有点分量。没等他收上鱼来,靠近他船旁的阿七就对他嘲笑起来:

"哟!福奎,"她指着他船里那堆小鲳条子,"好大的鱼呀,今日你可发了!嘻嘻……"

福奎脸红起来,真后悔刚才忘了拿草帽把这堆鱼盖上。对葛川江上的渔佬儿来说,钓这种小不点儿的鸡毛鱼,就像没本事的狗偷自家窝旁的绒毛小鸡填肚皮,实在是很丢脸的。特别是在这个女人面前。他低下头,迟疑地拎起手里那根钓丝,心里赌咒着:老天爷给点面子吧,这回可别再出洋相了……

"哟!鲫鱼!"阿七抢在他头里惊叫起来,激动得眼珠子都快掉出来了,"天哪!该不是龙王显灵,你时来运转了吧……我说福奎,好多年没听说这江里还有鲫鱼了,我都差不多把鲫鱼的样子给忘了……真够瞧的!它少说有三斤重哩……这回可叫我说中了,今儿你可真是发了!"

"我脑子不糊涂。"福奎也得意起来,"你刚才是挖苦我来着。"

"话可不能这样讲。我那是给你冲冲晦气呢!"

"你倒嘴巧……"

"可不是巧么!我一来,你的手气也来了;我话还没说完,你就钓起了这家伙……福奎,别不知好歹。今日还有我一份功劳哩。"

说着嘴的当儿,福奎收拾好钓钩,掉转船头,随阿七一起往回划了。滚钓还留在原处。还有几条咬上钩的鱼来不及收起来。葛川江的渔佬儿有个迷信的说法,以为有了意外的收获就不该再往下收了,免得越收越不景气,把先前的手气全给败了。留着好手气下回用,福奎也信这话。

"这条鱼能卖十块钱呢,福奎。"

"我不卖。"

"不卖?"

"留着自家吃。"他这是真话。他至少有五年没打着过鲫鱼了。刚才钓上它的那一瞬间,他愣了一会儿,简直没敢认它。鲫鱼是葛川江里最名贵的鱼种,肉嫩、味鲜,眼下自由市场上起码能卖三块钱一斤。要是每天能打着这么一条鲫鱼,哪怕就这一条,他倒真能发了。可惜呀,如今鲫鱼稀罕得很,几乎在葛川江里绝迹了。这条家伙是从哪儿钻出来的,他怎么也弄不明白。不过有一点他是明白的:这也许就是葛川江里最后一条鲫鱼了,就像他本人是这江上的最后一个渔佬儿。最后一个渔佬儿享受最后一条鲫鱼,这倒是天经地义的。他相信自己有这个口福。这条鲫鱼他要留着自己独个儿吃……也许,应该叫阿七也尝尝……瞧她这会儿馋的,像只猫儿似的……

福奎斜过眼盯着阿七那一扭一扭的屁股。她站着摇橹,舢板紧挨在他的船旁。他躺在船尾,还像先前一样用脚蹬桨。他的脑袋斜对着她的屁股。这娘们曾跟他一起过了八年。起先当然是偷偷摸摸的,她不敢留他过夜,因为她的宝子把她看得紧。爹死那年,宝子已经懂事了。她只比宝子大十六岁,她当妈的时候真还是个小姑娘哩。她只有这么一个儿子,不愿在他眼皮子底下胡来。直到后来宝子娶了媳妇,小两口跟她分开过

了,她的名声也臭开了,她才破罐子破摔,公然养汉了。约摸有一年光景,他俩每夜都一起睡,来往毫不避人,俨然是一对正经夫妻,就差在人家面前提起"我那口子"如何如何了。那时候,村里人都认可了他俩,都等着喝他俩的喜酒。尽管是续娶、改嫁,酒总归要喝的。

"你老盯着我做啥?我没穿裤子吗?"

福奎把脸掉开了。不知怎么搞的,好像阿七对他施了什么妖术,弄得他这个半截入土的人还老想些不安分的念头。此刻,要不是隔着船,他真想把她按倒在地,拿拳头对着她说:"嫁给我,阿七,别再跟官法鬼混了!我老了,一个人在江里打鱼太孤单了,咱俩做个伴吧……"

可是话到嘴边他又改口了:"这阵子,官法……还好吧?"

"哟,你怎么晓得我今儿去找官法了?"

他支支吾吾地答不上话来。他觉出自己好像在吃醋。在他这年纪上,跟人吃醋总不大像话。你这老东西中了什么邪!他骂自己,没沾过女人吗?

"病是好些了,"阿七告诉他,"可心病难除啊!打从咱村的人都改行上岸种地,官法当不成'渔霸'了,他就没早先那么虎生生了,就跟吃不上奶的娃儿似的。早先官法在街坊们眼里不比他们的疗养院长官儿小多少,眼下可比臭狗屎还不如了……他常闹病,提早退休了。如今一个人闲在家,孤单单的,只好成天价灌黄汤,灌得脸孔越来越干巴,像块揩屁股的草纸,又黄又皱……有个娘们照顾他就好了!"她停下手里的橹把,直起身子,迟迟疑疑地说,"福奎,有件事情……该问你讨个话。"

"啥事情?"他也收住脚,任小船自己漂着。

"宝子成家后,我也挺孤单的……官法要我跟他去做伴。"

他差点没嚷嚷起来:我不孤单么!我也巴不得有个娘们做做伴呀!……不过他马上想到,他能跟官法比么?人家是国家的人,老来生活有着落,吃穿不愁,而他连个像样的窝都没有。

"这些年你待我不错,这事儿我不瞒你。"

"我不管。"福奎有点恼了,"你想嫁谁嫁谁,我管不着!"

"你不用跟我翻脸!"阿七也火了,索性扔下橹把,两条胳膊往腰上一叉,像要跟他干仗似的。"凭良心说,我待你不薄。我三十守寡,等了你十年,别的不要,只指望你能攒些钱盖幢屋,日子过得像个人样。可你偏不听,偏逞强,充好汉,像守着你参坟似的守在这江里,打那点小鸡毛鱼还不够一顿猫食。你倒撒泡尿照照你这穷模烂样的,连条裤衩都买不起,大白天穿姘头的裤衩,你也不觉着丢脸!你不听我的话,弄得越来越潦倒,还有脸孔跟我要态度……我可不能老给你当姘头!有本事,你盖幢屋,明媒正娶嘛!"

"你嫌我穷……"他有点委屈地说。

"嫌你穷又怎么的?你是自作自受!再说,眼下穷可不是桩光彩事儿,不比早些年了。我说福奎,人家能富,你怎么就富不了呢?有本事你也富富嘛!"她放下胳膊,重新操起橹把摇了起来。"说实在的,我可没受穷的瘾。我这辈子够苦的了,我得享点福了。跟着你睡草窝,喝西北风,我没这胃口。"

福奎不再还嘴了,没精打采地蹬起桨来。天色越来越暗,江面上升起灰蒙蒙的水汽,像是整个天地都被洗去了颜色。

"你啥时候过去？"他问。

"快了。不过我走以前还想帮你一个忙。"她像是舍不得跟他分手似的，亲亲热热地看了他一眼，"福奎，你帮我拉扯过宝子，我忘不了你的情分。"

"别提这些了。"他刚才被她数落得垂头丧气，此刻心里才好受起来。阿七还记着早先的情分哩。

"我走了，公社味精厂就缺一个打杂的。我跟队长说了，他答应让你顶我的缺，只要你自己再找大贵求个情，这事儿就成了。到厂里干，活儿轻快，又有固定收入，比在这连根毛儿都不见的江里打鱼牢靠多了。听我的话没错，福奎！人老了，总得有个靠头。"

大贵是社管会委员，也是福奎的表外甥。不过福奎从来没沾过他什么光。

船到岸了。顺着东溪往上，到小柴村还有三里路。阿七得摇船回家。福奎因为夜里还要再收一趟滚钓，就把船划进了他的船棚。他拴好船，把那条鲥鱼和一堆小鲴条子统统扔进鱼篓，走上了东溪的堤岸。他步行，走得比阿七的船快，不一会儿就赶上她了。

"阿七，到了家，你也来尝尝鲥鱼。"

"好，我一定来。"她在水上应着，吃吃地笑着。

福奎加快了步子。他得赶紧到家，把鱼烧好。鲥鱼最好清蒸，光搁几片葱叶就成。路过人家的菜园子，福奎顺手拔了几根小葱。他边走边理，掐成一截一截，握在手里。

小柴村紧贴在东溪的北岸，溪上有条新架的拱桥，过了桥便是公社所在地大柴村，眼下倒更像个镇子了。桥的两旁，河埠头那些木桩上拴着好多渔船，横七竖八，像是躺了一地死人。多半的船都常年不用了，有的已经霉烂，有的散了架，有的船帮上长满了青苔和寄生螺，仿佛它们几百年前就被扔在了这儿。

福奎的手上鱼腥味很重，到家的时候，那把葱叶像是已经跟他的鱼煮过了一样。

他的家只是一座小草棚子，是拿竹片夹上麦草苫的。这地方瓦房叫"屋"，草房叫"舍"，而福奎的连"舍"都算不上，村里有些富足人家的猪圈都苫得比他的草舍考究。福奎好不费力地用肩膀撞开门板，呼地一声，门框往下一坠，险些碰着他的脑袋。这扇门要关上可不容易。他扔下鱼篓，用脚使劲顶那根蛀掉了底脚的门柱子，就势把门推上。他屋里没蚊帐，敞着门的话，夜里蚊子怕是会把他吃了。

时候不早了，鱼得赶紧剖洗。福奎坐在水缸旁的一块大橡树桩上，剖开鱼腹，挖出肚肠。吃鲥鱼是不刮鳞的。蒸在锅里，那鳞会沥下一层油来，使鱼肉更嫩、更鲜。鳞片嚼在嘴里，咯吱咯吱的，也很好吃。福奎把鱼肠从窗口甩了出去。他的草屋只分两间，一间睡觉，这一间是灶间，连做带吃。除了吃饭、睡觉，他什么也不需要。灶间里堆满了杂物，破渔网挂得满墙都是，西边墙脚下长出了几簇带花点的蘑菇。一只胖得圆滚滚的大黑猫蹲在锅台上，不动声色地盯着福奎手上的大鱼。它在这儿常有鱼吃，而这份人家啥也没有，老鼠都不屑光顾，所以它清闲得很，享福得很。

只蜘蛛从梁上吊下来，正好落在福奎的鼻尖上，怪痒痒的。他抹了一把，蜘蛛溜上去了，可是没等他把洗好的鱼放进锅里，那家伙又落下来了，在他脸上爬了一圈，仿佛对他这张黑不溜秋的老脸很感兴趣。

这当儿，外边忽然响起手扶拖拉机的突突声，越来越近，最后在他家门外停住了。

来者是大贵,他的表外甥,一进门便像个大喇叭似的哇啦起来:"好哇,二舅,听阿七说您今日钓上一条鲫鱼。好多年没吃到鲫鱼了。我那塘子里养不活鲫鱼。今日借您的光,来尝尝。"

福奎很不情愿地把他让进屋来,心里一个劲地骂阿七嘴快。

"鱼蒸上了么?"大贵坐到床上,朝灶间那边使劲抽了抽鼻子。

"不忙……先做饭。"福奎咕噜了一句,走进灶间,呆呆地盯着那条搁在大盘子里的鲫鱼。他不是小气鬼,换作任何一个村里乡亲来跟他分享今日的口福,他都乐意,而偏偏对大贵,他一百个不情愿。他忘不了这个表外甥敲过他竹杠,敲得好狠啊!

那是前年春天的事。那回他倒霉透了。他的滚钓被不知哪条瞎了眼的轮船卷跑了,一个钓钩也没留下。他咒天骂地,把自己都骂糊涂了。等到脑袋清醒下来,他又得为钓钩犯愁。他跑了好多地方,却到处买不到他这号子的钓钩。在大柴村,生产资料门市部的营业员告诉他,这号背时货早就不生产了,眼下葛川江的渔佬儿都上了岸,成了庄稼佬儿。人家不会专为他一个户头生产那玩艺儿。"拉倒吧,老爹!"那营业员好心开导他,"如今的渔业生产讲究科学化、现代化。在江里下滚钓打鱼,这方法实在太原始了!何况这些年江水污染得厉害,鱼都死光了。你看人家大贵,承包个鱼塘,好生养着,塘里的鱼就跟下饺子似的,一伸手就能捞上几条。去年他赚了八千块,自家买起了拖拉机。你呢,老爹?"他不以为然地哼了一声。他也实在琢磨不了什么"科学"呀、"污染"呀、"原始"呀……这些让牛去琢磨,它们脑袋大。照他想来,江里的鱼跟果木树一样,也分大年小年。没准明年又多起来了呢。早先,他手气好的日子,一天能钓百八十斤。最大的,一条就能卖二十块钱。说不定挺过这几年,早先的好年景还会再来。就这样,他去找了大贵,因为他知道大贵手头有一副钢火很好的上等钓钩,八成新的,正经是十八里铺大老胡的手工货。"大老胡死了,三个儿子都进城当工人了,他们家的祖传手艺也就到此为止了。"大贵看了他一眼,好像在等他琢磨琢磨大老胡的死跟他有什么关系。"说真的,二舅,这兴许就是大老胡留下的最后一副钓钩了,我想留着当个纪念……您知道么,往后这玩艺儿值钱得很,没准能进博物馆呢……啥叫博物馆?啊,就是把七老八古的玩艺儿统统堆在一幢房子里……啥?啧啧,你可真是土包子!打个比方说,要是您手头有一根姜太公用过的钓鱼竿,或者哪怕是托塔天王拉下的一堆臭屎,你也能发大财了!……当然,大老胡才死不久,这副钓钩还不能算是出土文物,比不上姜太公的钓鱼竿值钱,不过报纸上说,眼下外国人都肯花大钱收买这号断子绝孙的手工制品……说到头来,这副钓钩我得留着,除非……那回五喜拿六条大鲤子来换,我都没答应呢。"大贵最后那句话他听明白了。那以后两个月里,他一共给大贵送去了十条大鲤鱼,才算把那副钓钩换到了手。跟听生产资料门市部那个营业员的开导一样,大贵这番指点他也多半琢磨不了。博物馆、出土文物、外国人如何如何,这些都离他十万八千里。他能琢磨的,就是吃饭、睡觉、下滚钓,还有到时候叫人家敲一下竹杠……

葛川江的渔佬儿八辈子碰不上一桩了不得的大事,所以,没有比被人家当作屠头敲了竹杠更叫他们觉得丢脸的了。被人骗了、耍了,还可以装傻,权当没觉出有这码事。可认了敲诈,你就没法装模作样了,因为敲诈总是明着来的。当一回傻子总比当一回屠头脸面上好受一些。

有过那样一回来往,今日再让这龟孙吃他的鱼,喝他的酒,还给他看那副不吃白不吃的无赖相,这光景,福奎那点肚量肯定包涵不了。人家打你巴掌,你却弯下腰去亲他的屁股,这倒真够得上屌头了。

不过渔家从来没有轰客人出门的道理。福奎揭开锅盖,为难地瞅着那条上面撒着些葱叶的鲫鱼。

黑猫跳上锅台,战战兢兢地凑近鱼盘。

"哈!你也想尝鲜?"他抓起老猫,想从窗口把它扔出去。可转念一想,反倒把鱼扔了给它。

今儿能帮他打发走大贵的,看来只有这畜生了。这倒也爽快!他宁肯自己也不尝。

黑猫大口大口地撕咬着鲫鱼,仿佛福奎自己在撕咬着大贵。他兴奋得浑身打颤。

他走进隔壁屋里。大贵问道:"鱼蒸上了吧,二舅?"

"屁!叫猫叼去了。"

"啥?"大贵像个爆仗似的蹦了起来,忽地冲进灶间,差点踩着饕餮而食的老猫。

"哎呀呀,该死的畜生!"他刚抬腿,那猫便倏地溜了。那鱼都被它撕烂了,"二舅,你怎么搞的!……哎呀呀,太可惜了!……这该死的猫,换成我的话,非把它宰了不可!"

无论如何,鱼是吃不成了。大贵没精打采地跟福奎闲扯了几句,败兴地走了。

福奎望着大贵的手扶拖拉机蹦蹦跳跳地开上了桥,快活得哼起小曲儿来。不过他哼得不成调儿,倒更像是哞哞的牛叫。

他把小鲳条子都洗了出来。等一会儿阿七来了,他只能拿这些来招待。小鲳条子味道也不错,只是刺多了些。他把盛了鱼的盘子放进锅里,坐到灶堂跟前,点着了柴火。

火烧得不旺。他慢腾腾地往里添柴,一边等候阿七,一边想着心事。

等到了九点多钟,还不见阿七的影儿。她说好要来的,怎么能变卦呢?

他等不及了。今晚还得去江里收一趟滚钓。他匆匆吃下凉饭,提着马灯出了家门。

村子里好多人家在乘凉,有说有笑,还有广播喇叭里缠缠绵绵的越剧,不时地被一阵阵狗叫淹没。从江那边吹来咸丝丝的夜风,吹得福奎的破褂子底下的整个身子舒爽极了,像一只娘们的小手在轻轻摩挲着他。

这娘们正在前头等他。从他家往江边去,要经过阿七的小屋。尽管夜里很黑,她还是老远便认出了他的像头公牛的身影。

"你俩怎么喝这么久?酒当药喝?"她问。

"喝个屁!"

"你俩没喝?"

"我跟谁喝?"

"大贵呀!他没去你家?"

"嘻嘻……去是去了,屁也没尝着!"

阿七疑疑惑惑地盯着福奎这副孩子气的兴奋的面孔,听他有声有色地讲完刚才怎么作弄大贵的详情细节。

"你真糊涂!"她正要开口大骂,忽又心里一软,可怜起他来。她今天是存心安排大贵去福奎那里"尝鲜"的,为的是让福奎借此机会跟大贵提提去味精厂顶她缺的事。这可是

个现成的机会。吃了他的鱼,喝了他的酒,想必大贵不会不答应。老福奎能把这事情办妥了,日后有个牢靠的着落,她就可以放心走了。常言道"一日夫妻百日恩"。她当了他八年姘头,尽管名目不正,好歹总顶得上一日夫妻了。"福奎,"她还抱着一线希望问道,"你跟大贵提过顶缺的事儿了吧?"

"提个屁!我可不想到工厂去受罪。"福奎没把她的好心当回事儿,"照着钟点上班下班,螺丝壳里做道场,哪比得上打鱼自由自在?那憋气的活儿我干得了么?"

他说的是实话。葛川江上打鱼,老大的天地,自由自在,他从十四五岁起就干这门营生了。叫一个老头改变他几十年的生活方式,他一定很不情愿。对这种活法,他习惯了,习惯得仿佛他天生就是个渔佬儿,在他娘的肚子里就学会撒网、放钓了。

阿七是个明白人,知道让一条狗去啃草地或者叫一头牛改吃荤腥,都是办不到的事。她眼巴巴地望着福奎朝江边走去,去碰他的运气……

夏夜的葛川江很像一个浑身穿戴得珠光宝气的少妇。福奎老远望见对岸新铺的江滨大道那一溜恍如火龙的街灯。这些日子,一过晚上七点,仿佛有神仙作法,眨眼工夫,这条火龙刷地亮了。这奇景常叫福奎想到城里那帮照着钟点干活的屠头还真有点能耐。

他来到江边,点起马灯,把小船划出船棚。岸上那片草虫咕咕的叫声越来越远,渐渐被扑通扑通的水声盖住了。这声音是一群小鸡毛鱼搅起来的,它们团团围着小船,跟随着他的灯光,一同往江心游去,仿佛虾兵蟹将簇拥着龙王。每天夜里,他要是照准它们撒一网的话,他如今的日子不会弄得这么寒酸。城里人嘴馋,鱼苗苗也照样买了吃。哪怕他每天只撒一网,他也能挣些钱的。可是他绝对不肯撒网捕小鱼。他想得挺美:既然他是这条江上的最后一个渔佬儿,那么,江里的鱼就全都是他的,他要等这些鱼长大了再捕。到那时候,从前的运道就会再来,从前的日子还会……从前样样都称心,他还跟大首长喝过酒呢。

不过,从前可没有对岸那条火龙。他每夜都数那一溜街灯,却从没数准过究竟是多少。他对这些街灯很感兴趣。尽管当初铺路的时候,炸药把江岸的山崖崩得惊天动地,把江里的鱼都吓跑了,但他得认了,如今西岸这富丽堂皇的气派,委实叫人着迷。

他划到了江心,顺着滚钓划了个来回。整串滚钓上一无所有。那些浮标全都懒洋洋地漂在水面上,一动不动。

福奎也懒洋洋地躺下身来,乱蓬蓬的脑袋枕着船尾的坐板,一双光着的大脚插进船头的板空里。他想,要是死的时候也能这么安安稳稳地躺着,那就好了。他情愿死在船上,死在这条像个娇媚的小荡妇似的迷住了他的大江里。死在岸上,他会很丢脸的,因为他不能像别的死鬼那样住进那种开着窗户让死鬼透气的小屋子。他会被埋到地底下去,埋他的人会用铁锹把坟堆上的土拍得很结实,叫他透不上气来。而死在江里,就跟睡在那荡妇的怀里一般,他没啥可抱屈的了。

那群小鱼依然尾随着他的小船,好像还越聚越多了。

福奎搬过那只甏子,一把把地往江里撒着蚯蚓……

从前,"喂鱼"这个词是渔佬儿的耻辱。不过,从前的好多规矩眼下都不管用了。

思考题

1. 如何理解"最后一个渔佬儿"在江上的坚守？在此基础上，分析福奎的人物形象。
2. 《最后一个渔佬儿》是"寻根小说"的代表作品。你如何理解本篇小说里的"寻根"？如何认识现代文明与传统文化的关系？

精读文本

关于票证的记忆

周晓枫

题解

周晓枫(1969—),新生代散文的代表作家。1992年毕业于山东大学中文系,做过八年儿童文学编辑,后调入北京出版社。出版有散文集《上帝的隐语》、《鸟群》、《斑纹——兽皮上的地图》和《收藏——时光的魔法书》。曾获冯牧文学奖、冰心散文奖等。周晓枫的行文以机智和优美的语言与节奏见长,近年来,她的写作风格又多了一些平静动人的力量。《鸟群》被列入1999年中国散文排行榜,《种粒》名列2000年中国散文排行榜。

《关于票证的记忆》选自周晓枫的《收藏——时光的魔法书》(一本关于旧物、锯木场、票证、铁轨等"往事"的书)。票证在我国计划经济时代与百姓生活密切相关。据不完全统计,自20世纪50年代粮票开始发行到90年代退出流通领域的40多年时间里,我国共发行全国通用粮票、地方粮票及各类粮票2000多种,有上万个版本。此外,我国还发行食油票、布票、煤炭票、肉票、糖果票、火柴票等,五花八门,涵盖了人们生活的方方面面。回忆过往,作者发现隐匿在时光深处的各种碎片里包含着丰富而复杂的象征:"虽然凭票购物的大时代已经过去,但是,票证制度依然存在,甚至是以更复杂、更内在化的形式隐身于现在。"即便时光具有魔法,它的流逝为"票证"这样简单而易逝的存留之物增添价值,也无法冲刷掉它原有的"悲剧内容",这并非怀旧!

我最初把幸福社会理解为:得到想要的东西不需要太多的条件或代价;苦难和贫穷反之,为一份果腹口粮,要付出的血汗里甚至包括命。当我在小学作文本里语气铿锵地表白为祖国2000年实现四个现代化努力学习的决心,却同时感到隐隐凄凉——太遥远了,我担心自己活不到2000年；即使有幸熬到那天，我是不是像神仙一样老，咬不动免费的硬糖？表面的高尚之下，涌动着私鄙的烦恼——作为孩子，我还体会不到信仰的感召，只想着物质的好处，想着按需所取，想着尽情吃肉。那个年代，爸爸梦想买辆永久牌的28寸男车，全家为此省吃俭用、多年积攒，爸爸已一一备齐工业券，只盼着单位分配的宝贵的购车券能早日落在自己头上；今天的商场里，可以轻易看到初中生用自己的压岁钱挑选着花花绿绿的山地车，不需要什么票证；假设有足够的钱他可以买来任何物品——购物的简化过程比所有言辞都更能让我切实体会我们正向着幸福的方向前进。这个被童年迷人幻想过的2000年终于抵达，我庆幸自己健康，尚且年轻。穿着千里靴的时间一下子就从身边迈过去了，我像魔法中瞬间长大的孩子。某天，我突然意识到一件有意思的事——当服务质量令人不满时，我不知不觉学会以义正词严的态度表达意见，这不仅因为我已享有成人身份，更重要的，我已淡忘，售货员曾是我眼中最有权力的职业。

  售货员决定五分钱的醋到底能打到半瓶还是三分之二，心情好的时候能否多给你舀上一勺黄酱，篮子里的鸡蛋是大是小，猪肉是肥是瘦。70年代末、80年代初的售货员大多态度恶劣，这在某种程度上是为了配合他们心理上的权威感。曾经的物质贫乏是件让大家丢脸的事，但这确实给售货员们长足了面子。我回忆起自己如何对卖菜的叔叔阿姨甜言蜜语，希望他们受到讨好语气的贿赂少给我点儿烂菜帮子——生活已在教导十岁的我学习屈辱的好处。一进入副食店的大门，大缸里的酱油、醋，花椒、大料和糖……它们混合在一起那种复杂又熟悉的气味让我兴奋。在攒动的人头后面，隐隐露出售货员深蓝的大褂，我立刻习惯性地乖巧起来。

  我小时候比我现在更懂得后现代，因为我曾经把天堂设想成一个敞开供应、无人管理的副食店，并且，住在那里的天使从不付账，他们从货架上任意取走喜欢的零食。而人间正形成一个普及广大的美德：节俭。主妇精确计算晚餐的用油量，她们控制着手腕的力量——熟能生巧的技术使她们确保瓶口悬挂的油滴顺利回流，不会浪费在瓶子外面。食用油每月限量供应，她们看得到标明在半透明的油瓶上那隐形的刻度。与油享有同等身份的是鸡蛋、白糖、麻酱、粉丝……它们在副食本里榜上有名。许多东西必须凭票购买，粮票、油票、布票、副食本、工业券，一些基础之物经过国家的仔细计量才发放到每个家庭。难以区分我们是在被控制，还是被照顾。仅仅有钱，并不能使你得到额外的满足——贫困年代，票证制度力图维持某种平等。其实那时候也没谁真正富有，从这点来看，票证制度也在部分掩盖着社会的贫困事实。

  磨损的纸边，油点儿，酱汁的污迹，格子里填写着售货员潦草的出了边框的蓝色圆珠笔字迹——副食本仿佛是重要的文件掌握着全家的命脉。我们的班主任姓吕，经常在班会上对我们进行思想教育，仿佛已预见若干年后什么样的美德和人物将日渐稀有。吕老师讲述的不外大公无私、舍己为人，从雷锋到张思德。当与她长期两地分居的爱人终于调回北京，他们没有把户口迁在一起。户口分开的策略使她家拥有两个副食本，可以更多点占有。从吕老师的孩子小果那里，我得知另一个副食本的存在，马上开始询问小果多长时间能吃一个鸡蛋，我的心里涌动着妒意，没有联想到吕老师的做法与她的教育方针是否存在出入。

  我们从小就明白副食本以及各种票据意义非凡。商场门口，一个等待妈妈的孩子摔倒在地上,打碎了油瓶,奔冲过来的母亲顾不得看看他的伤势,已经在气急败坏地痛打他的屁股和后背:"教你好好待着,非在这儿淘!瞧瞧,油全洒了,炒菜吃什么?!"持续的拍击使孩子的哭声一颤一颤的,像洋娃娃的背部遭到拍打发出的声音,我有趣地听着。孩子的哭泣很少赢得同情,他犯下严重错误,损坏了票证特别予以限定的东西,因此而受到合情合理的惩罚。地上漫流的金黄色豆油,正缓慢地令人心疼而无可挽回地渗进土地——对于母子,这都是灾难性的一天。紧握手里的醋瓶,我望着那个挨打的孩子幸灾乐祸。东西比人更重要,副食本上的名字珍贵过户籍簿上的我们。当晚做梦,我弄丢了家里的副食本,吓得一身冷汗。身份是由白纸黑字、公章和数字证明的,离开了它们,我们无法说清自己是谁、无法让人相信本月尚未领取副食本上的特供品。是的,我们的声音无效,只能依靠外在的物质来证明自己——郑人买履的寓言要在生活中反复演义,就此将我们的一生漫长覆盖。

　　踏板上下起落,蝴蝶牌缝纫机的针头嗒嗒作响,伴随着沈阿姨的絮叨。她埋怨着儿子的个头太大,做件衣裳这么费布——自卑的儿子一语不发,对着镜子一颗一颗愤懑地挤着脸上的青春痘。买缝纫机的时候沈阿姨管我们家借过工业券,所以对我格外热情。从她家出来的时候,我的口袋里多了两粒话梅糖。我含着,鼓起一边的腮帮,甜酸的味道让我微眯起眼睛。春天的杨絮漫天漫地飞舞,我想如果我有一张很大很大的网,把这些杨絮收集起来就可以做成冬天的棉袄,我们家就用不着棉花券了,把它们全让给别人,换回好多好多话梅糖,再有剩下的棉花券,就换果丹皮和动物饼干。这粒糖特别好吃,除了它本身的味道,还融合着盼望和等待它的味道;当这粒糖完全融化在口腔里,还会被赋予回忆的味道——回忆,那是美味在产生它的利息。为纪念那粒神奇的糖,我不惜长两颗虫牙。

　　凭票购物意味着对欲望的限制。所以得到的部分所起的作用常常是更强烈地调动欲望,而不是使之满足。不足量的食物使你的胃口始终处于期待的折磨中。后来我才明白,我们劳动,我们努力,我们奋斗不息,其实全是为了争取那票证之外尚未许诺给我们的更大的部分。但是,当只拥有极少,我们只好运用变通的方法使之放大或增多——万花筒中的零星纸屑变成重瓣花朵,委屈的孩子从父母的一声责骂中猜测自己的抱养身份并开始幻想中的流离失所,一个慌乱的初吻让告别之后产生不倦的回忆⋯⋯都是因为我们贫穷,因为我们小小的贪心,要把单调的"一"修改为庞大的复数。小心地揭开罐头瓶的盖子,我偷偷舔食瓶口的芝麻酱。酱又稠又干,麻了舌头。它需要被温水稀释后,才能拌进凉面里——稀释的美味,组成生活的营养。依靠稀释的方式使少的变成多的,这狡猾而实惠的生存技巧贯穿于我的成长。也许说狡猾已是养尊处优的态度,有时稀释是必须的,甚至悲惨,比如空了的米缸旁一碗粒米可数的冷粥。见过爸爸的一个大学同学,我管他叫杜叔叔,也许由于他鼓凸的眼睛给我留下了深刻印象。他瘦,肚皮却圆胀,不知是不是长期喝粥的缘故。后来我才听说他的故事。十多年前,由于难以忍受的饥饿他偷了大队的粮食。他的名誉受到来自肠胃的伤害。杜叔叔42岁就病故了,似乎,他已经提前享用尽全部的配给。在他死去数年后,爸爸的另一个同学到我家做客,我听到一种替杜叔叔辩护的说法。这位阿姨说,杜叔叔并不是为了自己才去偷粮食的,他在乡下有个患痴呆症的母亲,每天除了吃还是吃,而杜叔叔是个有名的孝子,自己忍饥挨饿没什么,就怕老母亲受罪,所以才做了不耻之事。他的偷窃问题复杂起来,结合着亲情与孝义。我想起杜叔叔鼓凸的眼睛,无望乃至绝望的凝视使它们改变形状。

在那本名为《苦菜花》的小说里,妈妈把种类繁多、票额不一的票证小心夹在里面。我能够区分各种票证。最喜欢北京粮票,喜欢那邮票一样精密的齿孔,颜色也漂亮,花花绿绿的,数量细分到两。我曾想把一张粮票收藏起来,妈妈断然拒绝了我,她认为这是浪费。作为一名尽职的家庭主妇,妈妈要保证每一张粮票都准确服务于嘴,绝不是眼睛。我萌芽的审美意识被现实条件所挫伤。其实,美,就是扩大在实用性之外那浪费的部分。浪费和节俭一样,首先呈现的是条件,然后才是态度。中华民族的公认美德是节俭,但我总认为这是一种环境迫使的选择,就像沙漠背景之于仙人掌对水分的珍惜。所以每当"勤俭节约"一词以充分肯定的姿态被书写,我体会的是里面暗含的凄凉而不能沾沾自喜。节俭的本质是利用最小的原材料,创造最大的功用价值。没有比那个赤脚的小女孩更懂得省俭,除夕之夜,她在柴梗上的火苗里建起天堂——省俭的起始和终点都含有悲剧内容,其间过程,充满穷人的自欺与自我安慰。

当然,票证也的确使人得到一种隐蔽的安慰,它意味着某种优越资格的享有。凭票购物,说明持有者处于被管理的范围,说明他具有城市身份。数学课我曾做过一道小学应用题,算一算农场到底有几只鸡。没有副食本的管理,农民吃鸡蛋不必受到限制,如果他们舍得的话——那是一桩多么惬意、多么令人陶醉的事。但农民们却为此自卑。一个乡下人引以为傲的成就不在于他侍弄了多少庄稼,而在于,他的儿孙奋斗成了城里人——他滴落的血汗,终于使他的后人获得力量冲破泥土的黑暗。农村孩子在陋室残灯下苦读,他们的志向是争取一个受到制约的机会,一种需要凭票获得的身份。

而今,人们众口一词,感慨生活水平的提高,追忆着孩童时代的商品匮乏——除了一点遗憾,蜂拥的食品麻木了他们的味蕾,丰盛夜宴似乎不及多年前的一张香喷喷的葱花饼。作为往昔的痕迹,各种票证大多作废,成为收藏家们的新宠。票据就像一些细小缺钙的骨骼标本,它们在寂静的密室里,搭建着昨日虚像。票证一词,包含着对等物、价值、资格、有效性等多重因素,所以,虽然凭票购物的大时代已经过去,但是,票证制度依然存在,甚至是以更复杂、更内在化的形式隐身于现在。

凭票进入公园,象征着对景观的一次性消费。随着公园管理者的检票活动,宣告取消门票的有效性。手中捏着被粗鲁撕去一角的门票,你知道,如果看到旷世美景,一旦离去也就失去了再一次的权利;如若遭遇猛兽,亦不能反悔。不知为什么,我会想起儿时买回家的大米,即使混有沙子或是被虫子蛀蚀也不能退换。一粒一粒耐着性子挑拣埋伏其中的小小暗器,或是趁着阳光晒晒,让那些肥腻的肉虫和身体坚硬的小黑虫自动爬出——只能自认倒霉,因为,你的粮票已交给了粮店售货员。

大多数人以婚姻来缔结生活上的同盟,有说它神圣的,有说它庸俗的,挤在一张床上或苦或乐地过着日子。其实婚姻就是凭票供应配偶的制度,一张结婚证换一个老婆。结婚证是短暂有效还是永久保持,要取决于双方的诚意和运气——所以,结婚证上没有期限一栏,为已婚男女留下一点儿弹性的自由,一条后退的路径,一个废除旧证、换领新证的机会。我们怎能离开票证,离开它们的统筹安排?钱包里有你的身份证,派出所有你的户口底,人事处有你的档案材料……但,岂止如此?!上帝,我们的户籍管理员,他给父母偷偷发放一张准生证,我们才得以游历这个世界。虽然由于工作繁重,我们平日从未领受他老人家的面授，可是，在工作交接时，我们会看到上帝格外的责任心——千万年，他从未疏漏任何一张！他把我们的生命票证一一转交，死神将在上面加盖黑色的印章。从此作废，一个喧哗的人，一张曾经流通的票证。只有一些幸运儿能够暂时被保留，作为教科书里的肖像——那是被历史选中的，像收藏家们喜欢的旧日粮票。

当人们无动于衷地倒掉昨晚的剩饭，我知道，凭票购物的记忆已经模糊，语词消失，然而，它的制度被继承。

思考题

1. "票证制度依然存在，甚至是以更复杂、更内在化的形式隐身于现在。"请谈谈你对这句话的理解。
2. 询问你的父辈或祖辈，了解他们关于饥饿的记忆，说说你的感想。

拓展文本

中国唯一的红卫兵墓

劳 力

题解

《中国唯一的红卫兵墓》提醒着人们永远记住伤痕累累的"文革"历史,永远记住这段历史中的狂热又迷茫、激情又黯然的红卫兵们。红卫兵这一代人,尤其是其中的"老三届",失去得太多,许多人失去了青春、爱情、健康、知识以及其他生活中应有的东西。有一样东西是已经失落而他们不愿承认并紧紧抓住不放的,这就是他们年轻时曾经拥有的理想。这理想使他们对"牛鬼蛇神"口诛笔伐,对"阶级敌人"拳打脚踢,这理想使他们在"全面内战"中冲锋陷阵,义无反顾地走向草原、丛林、边疆。他们的心情是喜憎参半、恨爱交加,因为这理想使他们吃尽苦头,但又几乎是他们唯一的自豪和安慰。运动中的受害者在鞭挞这种理想,这代人中的佼佼者和代言人以与当年同样悲壮激烈的情怀和笔触辩解和捍卫自己的理想。人,不论作为个体还是作为类,最高准则应是尊重他人的意志和选择。"文革"的政治理想却是无视个人、抹杀个性,建筑在虚构的政治神话上面。所以,"文革"的政治理想仅过十年就只能灰飞烟灭。而位于重庆的中国唯一的红卫兵墓成为伤痛的"文革"战斗记忆,成为唯一的"文化大革命"博物馆,游走在历史的皱褶里。

来重庆一游,除了在枇杷山上眺望长江与嘉陵江之水和山城的万家灯火,我只想凭吊一个中国唯一保存下来的红卫兵公墓。

六月骄阳,重庆热得透不过气来。

公墓位于重庆市区沙坪坝公园内。这里也在赶时髦地建设世界名胜微缩景:埃及金字塔、古罗马斗技场、比萨斜塔和美国的国会山,统统按比例缩小后搬到了这里。我顶着烈日穿行在"世界名胜"之中,又围着公园的人工湖转了两圈,才在西南角的一个土岗上找到了它。

　　落叶、衰草、孤零零的矢车菊和歪歪斜斜的年轻的槐树将墓地拥进了自然。这里静得有些可怕,暗得有些阴森,闷得又让人喘不过气来。我摘下眼镜在汗衫上擦了擦,随手抹把汗水,望着锯齿般的墓碑,我惊呆了,在那里足足站了五分钟。

　　红卫兵公墓不同于中越自卫反击战献身的中国士兵之墓,对于后者我想大家在电影《高山下的花环》中曾经见过。这里的红卫兵墓的风格很像西方的墓地,整体布局散乱却十分突出墓碑的个性。没想到六十年代末中国的红卫兵们竟有这样的西化设计。

　　阳光被树荫遮住并斑斑驳驳地打在黑灰色的墓碑上。一道石砌的围墙将公墓围了起来。公墓大门朝东,并建有一个仿古的牌楼,不知为什么用砖堵上了,又不知是谁在牌楼的右侧打开了一个缺口,刚好能过去一个人。

　　蝉不停地叫着,几乎淹没了我踏着厚厚的落叶发出的沙沙声。墓地像一枚橄榄,中间有一条弯弯曲曲的小径。我一边走一边数着:一座,两座,三座……

　　公墓西边毗邻一座天主教堂。透过最后几座墓碑的尖顶,可以望见教堂上"圣心"两个大字。一个巨大的十字架高悬在天空。这又为墓地增加了一丝神秘。

　　现实每一天都在变,历史却被人们沉甸甸地钉在了这里。

　　墓碑风格各异,大小不等,都是用砖石砌的,外加水泥。碑的顶端有的是尖尖的,像一把利剑直插天空;有的是一支火炬,象征着革命之火熊熊燃烧;有的很简单,没有任何装饰。碑文大都风化了,有的水泥外壳也大块地脱落了,依稀可见一些碑文和人名,有的墓志铭断断续续还能读几句。

　　现将墓碑题记抄录如下:

　　"头可断,血可流,毛泽东思想不可丢。""为有牺牲多壮志,敢教日月换新天。""忍看朋辈成新鬼,怒向刀丛觅小诗。""可挨打,可挨揍,誓死不低革命头。"

　　口号一律铿锵有力,充满豪迈的气魄,使人想起了那个"火红的年代"。

　　1992年,吴文光石破天惊般地拍摄了一部关于红卫兵运动的纪录片:《1966,我的红卫兵时代》。全片片长165分钟,近三个小时。1993年4月8日第十七届香港国际电影节上,该片受到欢迎。

　　"我的红卫兵时代"——红卫兵到底有多少?吴文光也不一定知道,我想大概谁也说不清,可这里的113座坟墓里埋着500多具红卫兵战士的尸骨或骨灰。我想那些活着的红卫兵——那些已近中年的男人和女人们是不会忘记那段历史的。

　　这里埋着的大多是1967年和1968年在重庆武斗中战死的"8·15"派红卫兵,最小的只有十四岁。今年清明节,我在重庆的一个朋友去公墓采访,遇到了一位20多岁的女子。她说,在她妈妈怀她三个月的时候,她的父亲在一次武斗中战死,她没有见过父亲。每年清明节她要来这里同父亲讲一讲心里话,陪父亲坐一会儿。在重庆,像这样的红卫兵家庭太多了。

　　在许多墓碑下可以看见脱落了的用纸花扎的花圈,这是今年清明节留下的。转过一个小弯,我发现在一个墓碑下还依旧放着一个很小的花圈。这座墓碑被人重新整修了一番,一块黑色大理石镶嵌在墓碑的中央,上面镌刻着四个人的名字。不过这块新的墓碑的碑文再也没有用一个"英雄"的字眼。

每年的清明节都有许多人来这里扫墓,有战友,有同学,有兄弟姐妹,有父母,也有儿女们。我的朋友每年都来这里采访,几年下来竟搞出了一个60分钟的录像片。据他讲,那场面凄凄惨惨,撕人心肠。

当我拍完第三张照片时,猛然感到这幅画面似曾相识。我想起了,那是《枫》的电影。《枫》就是在这里拍的,那是一个好片子,看过的人都不会忘记。遗憾的是《枫》中那武斗的场面没有表现在吴文光关于红卫兵的纪录片里。

当年重庆是武斗的重灾区,两派红卫兵动用了坦克、迫击炮、登陆艇和大小各类轻重武器,最残酷的一次武斗有600多人血溅山城。他们都是毛主席忠实的红卫兵,一律是为老人家而献身的。他们没有一个人死得畏惧,一律英雄般地豪迈,一律像革命先烈,去抛头颅,洒热血。

岁月无情。昨日的英雄,今天什么也不算了。

那个时代,人像一片叶子,一阵风就会吹起来,何况有那么多的人在不停地"煽动"。的确,人很软弱,也很愚蠢,很容易受人之骗——诟骂、拳脚、刀枪、火炮,几万人为"太阳"而殉葬。他们由"死得光荣"而变为"死得无奈",青春之泉变成了污水被埋在了地下。呜呼!青春无悔。

——一个时代的辉煌被墓地的衰草无情地吞没了。

为了证实由狂热而使得人性畸变,我特意借来了美国越战影片《现代启示录》、《野战排》、《全金属外壳》、《生逢七月四日》。这些死者都是无辜的,而是被一种狂热煽进了坟墓。

重庆原来有三处红卫兵公墓,另两处在建设中被毁掉了。在"文革"中受迫害的老人曾经强烈要求毁灭这个幽灵,它也几次险些被拆掉。红卫兵公墓的确是"文革"的耻辱柱,那些老人一看到它,眼前就一片眩晕。

该不该拆?人们众说不一。我还是要提醒大家,第二次世界大战德国法西斯迫害犹太人的奥斯威辛集中营没有被拆掉,今年美国还在华盛顿建立了"大屠杀纪念馆"。法西斯的魔窟都没有拆,为什么要拆这些在颠倒的世界中莫名其妙地战死的红卫兵的墓穴呢?这是历史,搬不走的历史。

记得巴金老人说过,建一座"文革"博物馆,要让我们的后代记住这段历史。红卫兵公墓就是一座博物馆,无论如何不能毁掉。"文化大革命"我们上上下下折腾了十年,死了那么多人,仅留下了这一处红卫兵公墓,这可是一枚"孤票"啊!

据说,中国关于"文化大革命"和红卫兵的资料(包括红卫兵组织的传单、宣言等)都在国外图书馆里。我们丢失得已经太多了,请老人们将这公墓留下来——这座"文化大革命"博物馆。

美国现代汉学之父、哈佛大学终身教授费正清在他的自传中承认,他至今解释不了现代中国史上一个简单的问题:为什么千百万受过教育的青年学生,会在一夜之间变成红卫兵。孔大了哪里去了?是谁把这些单纯浪漫的青年学生推进了坟墓?

随手录下一段碑文,请大家读读:

"你们殷红的鲜血,已浸透了'8·15'红彤彤的造反大旗。啊!我们高高举起你们的殷红的鲜血,已化入'8·15'熊熊的革命火炬。这火炬啊,我们紧握!……头可断,血可

流,毛泽东思想决不丢。我们铿锵的誓言啊,已汇成千军万马、万马千军惊天动地的呼吼!你们英雄的身躯,犹如苍松翠柏,巍然屹立在红岩岭上、歌乐山巅。"

有不少坟墓已不知死者姓名,有几处已被人挖掏,盗去了石板、砖头,只剩下空荡荡的墓穴、棺木、尸骨、牙齿。

那一代人实在是遍体鳞伤了。

 思考题

1. "文革"时期曾有豪言壮语:"东风吹,战鼓擂,这个世界谁怕谁",对此你怎么看?无所畏惧给人类带来怎样的伤害?
2. 作为青年人,你如何看待"文革"中的红卫兵现象?如何看待"文革"这段历史?

第七单元

守望家园

人生于世,无论他属于哪个国家和民族,也无论他在未来的路上会走出多远,都无法割断与他出发的那片土地的血肉联系。家园,是人类生命和精神的滥觞,是我们灵魂栖居的场所和文学想象的源泉。

精读文本

故乡的野菜

周作人

题解

周作人(1885—1967),原名櫆寿(后改为奎绶),字启明,晚年改名遐寿,号知堂、药堂、独应等,是鲁迅(周树人)之弟,周建人之兄。浙江绍兴人。现代散文家、文学理论家、评论家、诗人、翻译家、思想家,中国民俗学开拓人,新文化运动的杰出代表。新文化运动中,周作人是《新青年》的重要作者,并曾任"新潮社"主任编辑。"五四运动"之后,与郑振铎、沈雁冰、叶绍钧、许地山等人发起成立"文学研究会";并与鲁迅、林语堂、孙伏园等创办《语丝》周刊。周作人的散文风格平和冲淡、清隽优雅。主要的散文著作有《自己的园地》、《雨天的书》、《泽泻集》、《谈龙集》、《谈虎集》、《苦茶随笔》等。

《故乡的野菜》发表于1924年2月,也是周作人"平和冲淡"小品文的代表作。文章通过对家乡野菜的描写,勾勒出一幅幅浙东古朴清纯的民俗画卷,流露出品花赏草的闲适情趣,也表达了作者对故乡的深情怀念。阿英在《周作人的小品文》中评论:"有关人生与自然巨细都谈,虫鱼之微小,谣俗之琐屑,与生死大事同样看待,却又当作家常话的说给大家听。"文中对三种野菜的写法各不相同,文笔变化多姿,引人入胜。文风自然质朴,写野菜、写民俗,一切皆如行云流水,不事雕琢。

　　我的故乡不止一个,凡我住过的地方都是故乡。故乡对于我并没有什么特别的情分,只因钓于斯游于斯的关系,朝夕会面,遂成相识,正如乡村里的邻舍一样,虽然不是亲属,别后有时也要想念到他。我在浙东住过十几年,南京东京都住过六年,这都是我的故乡;现在住在北京,于是北京就成了我的家乡了。

　　日前我的妻往西单市场买菜回来,说起有荠菜在那里卖着,我便想起浙东的事来。荠菜是浙东人春天常吃的野菜,乡间不必说,就是城里只要有后园的人家都可以随时采食,妇女小儿各拿一把剪刀一只"苗篮",蹲在地上搜寻,是一种有趣味的游戏的工作。那时小孩们唱道,"荠菜马兰头,姊姊嫁在后门头。"后来马兰头有乡人拿来进城售卖了,但荠菜还是一种野菜,须得自家去采。关于荠菜向来颇有风雅的传说,不过这似乎以吴地为主。《西湖游览志》云:"三月三日男女皆戴荠菜花。谚云:三春戴荠花,桃李羞繁华。"顾禄的《清嘉录》上亦说,"荠菜花俗呼野菜花,因谚有三月三蚂蚁上灶山之语,三日人家皆以野菜花置灶陉上,以厌虫蚁。侵晨村童叫卖不绝。或妇女簪髻上以祈清目,俗号眼亮花。"但浙东人却不很理会这些事情,只是挑来做菜或炒年糕吃罢了。

黄花麦果通称鼠曲草,系菊科植物,叶小微圆互生,表面有白毛,花黄色,簇生梢头。春天采嫩叶,捣烂去汁,和粉作糕,称黄花麦果糕。小孩们有歌赞美之云:

  黄花麦果韧结结,
  关得大门自要吃,
  半块拿弗出,一块自要吃。

清明前后扫墓时,有些人家——大约是保存古风的人家——用黄花麦果作供,但不作饼状,做成小颗如指顶大,或细条如小指,以五六个作一攒,名曰茧果,不知是什么意思,或因蚕上山时设祭,也用这种食品,故有是称,亦未可知。自从十二三岁时外出不参与外祖家扫墓以后,不复见过茧果,近来住在北京,也不再见黄花麦果的影子了。日本称作"御形",与荠菜同为春天的七草之一,也采来做点心用,状如艾饺,名曰"草饼",春分前后多食之,在北京也有,但是吃去总是日本风味,不复是儿时的黄花麦果糕了。

扫墓时候所常吃的还有一种野菜,俗称草紫,通称紫云英。农人在收获后,播种田内,用作肥料,是一种很被贱视的植物,但采取嫩茎瀹食,味颇鲜美,似豌豆苗。花紫红色,数十亩接连不断,一片锦绣,如铺着华美的地毯,非常好看,而且花朵状若蝴蝶,又如鸡雏,尤为小孩所喜,间有白色的花,相传可以治痢,很是珍重,但不易得。日本《俳句大辞典》云:"此草与蒲公英同是习见的东西,从幼年时代便已熟识。在女人里边,不曾采过紫云英的人,恐未必有罢。"中国古来没有花环,但紫云英的花球却是小孩常玩的东西,这一层我还替那些小人们欣幸的。浙东扫墓用鼓吹,所以少年常随了乐音去看"上坟船里的姣姣";没有钱的人家虽没有鼓吹,但是船头上篷窗下总露出些紫云英和杜鹃的花束,这也就是上坟船的确实的证据了。

 思考题

1. 文中介绍了哪三种野菜?表现了作者怎样的生活情趣?
2. 比较阅读汪曾祺的同名散文《故乡的野菜》,分析两篇同名散文的异同。

拓展文本

四方食事

汪曾祺

题解

汪曾祺(1920—1997)，江苏高邮人。现代作家。所作小说多写童年、故乡，写记忆里的人和事，在浑朴自然、清淡委婉中表现和谐的意趣。他力求淡泊，脱离外界的喧哗和干扰，精心营构自己的艺术世界，自觉吸收传统文化，具有浓郁的乡土气息，显示出沈从文的师承。在小说散文化方面，开风气之先，被公认为当代名家中的一位风雅独殊的人文美食家。曾在海内外出版过小说集、散文集三十余部；《汪曾祺全集》于1998年出版。代表作品有小说《受戒》、《大淖记事》等。

《四方食事》介绍了不同的地方在饮食上的不同风味，并总结为"南甜北咸东辣西酸"的特点。作者借写"吃"表达了一种审美的人生态度，即人们应该学会欣赏、品尝一切生活的美好馈赠。文章包括相对独立的《口味》、《切脍》、《河豚》、《野菜》四个短篇，介绍了不同地方酸、甜、苦、辣的不同风味。《口味》海阔天空地从内蒙古的吃羊肉讲到家乡的虾，再从云贵川的辣延伸到山东吃葱，让读者在悠闲享受之中宽容地接纳饮食和文化。《切脍》介绍了古今中外"切脍，即吃生鱼肉"的饮食习俗，其中蕴涵着"存其本味"的品尝意义。《河豚》介绍了江阴特有吃河豚的饮食习俗及有趣的河豚逸事，感叹"拼死吃河豚"，不吃为憾事。《野菜》介绍了南方春天吃野菜的饮食习俗，体味其清火、新鲜的原本滋味，感悟其"吃春天"的诗情画意。

口　　味

"口之于味，有同嗜焉。"好吃的东西大家都爱吃。宴会上有烹大虾(得是极新鲜的)，大都剩不下。但是也不尽然。羊肉是很好吃的。"羊大为美"。中国吃羊肉的历史大概和这个民族的历史同样久远。中国羊肉的吃法很多,不能列举。我以为最好吃的是手把羊肉。维吾尔、哈萨克都有手把羊肉,但似以内蒙为最好。内蒙很多盟旗都说他们那里的羊肉不膻,因为羊吃了草原上的野葱,生前已经自己把膻味解了。我以为不膻固好,膻亦无妨。我曾在达茂旗吃过"羊贝子",即白煮全羊。整只羊放在锅里只煮四十五分钟(为了照顾远来的汉族客人,多煮了十五分钟,他们自己吃,只煮半小时),各人用刀割取自己中意的部位,蘸一点作料(原来只备一碗盐水,近年有了较多的作料)吃。羊肉带生,一刀切下去,会汪出一点血,但是鲜嫩无比。内蒙人说,羊肉越煮越老,半熟的,才易消化,也能多吃。我几次到内蒙,吃羊肉吃得非常过瘾。同行有一位女同志,不但不吃,连闻都不能闻。一走进食堂,闻到羊肉气味就想吐。她只好每顿用开水泡饭,吃咸菜,真是苦煞。全国不吃羊肉的人,不在少数。

"鱼羊为鲜",有一位老同志是河北获鹿县人,是回民,他倒是吃羊肉的,但是一生不解何所谓鲜。他的爱人是南京人,动辄说:"这个菜很鲜。"他说:"什么叫'鲜'? 我只知道什么东西吃着'香'。"要解释什么是"鲜",是困难的。我的家乡以为最能代表鲜味的是虾子。虾子冬笋、虾子豆腐羹,很都鲜。虾子放得太多,就会"鲜得连眉毛都掉了"的。我有个小孙女,很爱吃我配料煮的龙须挂面。有一次我放了虾子,她尝了一口,说"有股什么味!"不吃。

中国不少省份的人都爱吃辣椒。云、贵、川、黔、湘、赣。延边朝鲜族也极能吃辣。人说吃辣椒爱上火。井冈山人说:"辣子冇补(没有营养),两头受苦。"我认识一个演员,他一天不吃辣椒,就会便秘! 我认识一个干部,他每天在机关吃午饭,什么菜也不吃,只带一小饭盒油炸辣椒来,吃辣椒下饭,顿顿如此。此人真是个吃辣椒专家,全国各地的辣椒,都设法弄了来吃。据他的品评,认为土家族的最好。有一次他带了一饭盒来,让我尝尝,真是又辣又香。然而有人是不吃辣的。我曾随剧团到重庆体验生活。四川无菜不辣,有人实在受不了。有一个演员带了几个年轻的女演员去吃汤圆,一个唱老旦的演员进门就嚷嚷:"不要辣椒!"卖汤圆的白了她一眼:"汤圆没有放辣椒的!"

北方人爱吃生葱生蒜。山东人特爱吃葱,吃煎饼、锅盔,没有葱是不行的。有一个笑话:婆媳吵嘴,儿媳妇跳了井。儿子回来,婆婆说:"可了不得啦,你媳妇跳井啦!"儿子说:"不咋!"拿了一根葱在井口逛了一下,媳妇就上来了。山东大葱的确很好吃,葱白长至半尺,是甜的。江浙人不吃生葱蒜。做鱼肉时放葱,谓之"香葱",实即北方的小葱,几根小葱,挽成一个疙瘩,叫做"葱结"。他们把大葱叫做"胡葱",即做菜时也不大用。有一个著名女演员,不吃葱,她和大家一同去体验生活,菜都得给她单做。"文化大革命"斗她的时候,这成了一条罪状。北方人吃炸酱面,必须有几瓣蒜。在长影拍片时,有一天我起晚了,早饭已经开过,我到厨房里和几位炊事员一块吃。那天吃的是炸油饼,他们吃油饼就蒜。我说,"吃油饼哪有就蒜的!"一个河南籍的炊事员说:"嘿! 你试试!"果然,"另一个味儿"。我前几年回家乡,接连吃了几天鸡鸭鱼虾,吃腻了,我跟家里人说:"给我下一碗阳春面,弄一碟葱,两头蒜来。"家里人有我生吃葱蒜,大为惊骇。

有些东西,本来不吃,吃吃也就习惯了。我曾经夸口,说我什么都吃,为此挨了两次捉弄。一次在家乡。我原来不吃芫荽(香菜),以为有臭虫味。一次,我家所开的中药铺请我去吃面——那天是药王生日,铺中管事弄了一大碗凉拌芫荽,说:"你不是什么都吃吗?"我

一咬牙,吃了。从此,我就吃芫荽了。后来北地,每吃涮羊肉,调料里总要撒上大量芫荽。一次在昆明。苦瓜,我原来也是不吃的——没有吃过。我们家乡有苦瓜,叫做癞葡萄,是放在瓷盘里看着玩,不吃的。有一位诗人请我下小馆子,他要了三个菜:凉拌苦瓜、炒苦瓜、苦瓜汤。他说:"你不是什么都吃吗?"从此,我就吃苦瓜了。北京人原来是不吃苦瓜的,近年也学会吃了。不过他们用凉水连"拔"[1]三次,基本上不苦了,那还有什么意思!

有些东西,自己尽可不吃,但不要反对旁人吃。不要以为自己不吃的东西,谁吃,就是岂有此理。比如广东人吃蛇,吃龙虱;傣族人爱吃苦肠,即牛肠里没有完全消化的粪汁,蘸肉吃。这在广东人、傣族人,是没有什么奇怪的。他们爱吃,你管得着吗?不过有些东西,我也以为以不吃为宜,比如炒肉芽——腐肉所生之蛆。

总之,一个人的口味要宽一点、杂一点,"南甜北咸东辣西酸",都去尝尝。对食物如此,对文化也应该这样。

切　脍

《论语·乡党》:"食不厌精,脍不厌细",中国的切脍不知始于何时。孔子以"食"、"脍"对举,可见当时是相当普遍的。北魏贾思勰《齐民要术》提到切脍。唐人特重切脍,杜甫诗累见。宋代切脍之风亦盛。《东京梦华录·三月一日开金鱼池琼林苑》:"多垂钓之士,必于池苑所买牌子,方许捕鱼。游人得鱼,倍其价买之。临水斫脍,以荐芳樽,乃一时佳味也。"元代,关汉卿曾写过"望江楼中秋切脍"。明代切脍,也还是有的,但《金瓶梅》中未提及,很奇怪。《红楼梦》也没有提到。到了近代,很多人对切脍是怎么回事,都茫然了。

脍是什么?杜诗邵注:"鲙,即今之鱼生、肉生。"更多指鱼生,脍的繁体字是"鲙",可知。

杜甫《阌乡姜七少府设鲙戏赠长歌》对切脍有较详细的描写。脍要切得极细,"脍不厌细",杜诗亦云:"无声细下飞碎雪"。脍是切片还是切丝呢?段成式《酉阳杂俎·物革》云:"进士段硕常识南孝廉者,善斫脍,谷薄丝缕,轻可吹起。"看起来是片和丝都有的。切脍的鱼不能洗。杜诗云:"落砧何曾白纸湿"。邵注:"凡作鲙,以灰去血水,用纸以隔之",大概是隔着一层纸用灰吸去鱼的血水。《齐民要术》:"切鲙不得洗,洗则鲙湿。"加什么佐料?一般是加葱的,杜诗:"有骨已剁觜春葱"。《内则》:"鲙,春用葱,夏用芥"。葱是葱花,不会是葱段。至于下不下盐或酱油,乃至酒、酢,则无从臆测,想来总得有点咸味,不会是淡吃。

切脍今无实物可验。杭州楼外楼解放前有名菜醋鱼带靶。所谓"带靶",即将活草鱼的脊背上的肉剔下,切成极薄的片,浇好酱油,生吃。我以为这很近乎切脍。我在一九四七年春天曾吃过,极鲜美。这道菜听说现在已经没有了,不知是因为有碍卫生,还是厨师无此手艺了。

日本鱼生我未吃过。北京西四牌楼的朝鲜冷面馆卖过鱼生、肉生。鱼生乃切成一寸见方、厚约二分的鱼片,蘸极辣的作料吃。这与"谷薄丝缕"的切脍似不是一回事。

与切脍有关联的,是"生吃螃蟹活吃虾"。生螃蟹我未吃过,想来一定非常好吃。活虾我可吃得多了。前些年回乡,家乡人知道我爱吃"呛虾",于是餐餐有呛虾。我们家乡的呛

---

[1] 拔:把东西放在冰凉的水里使其变凉叫做"拔",文中的意思是用凉水过几次使其苦味变淡。

虾是用酒把白虾（青虾不宜生吃）"醉"死了的。解放前杭州楼外楼呛虾，是酒醉而不待其死，活虾盛于大盘中，上覆大碗，上桌揭碗，虾蹦得满桌，客人捉而食之。用广东话说，这才真是"生猛"。听说楼外楼现在也不卖呛虾了，惜哉！

下生蟹活虾一等的，是将虾蟹之属稍加腌制。宁波的梭子蟹是用盐腌过的，醉蟹、醉泥螺、醉蚶子、醉蛏鼻，都是用高粱酒"醉"过的。但这些都还是生的。因此，都很好吃。

我以为醉蟹是天下第一美味。家乡人贻〔1〕我醉蟹一小坛。有天津客人来，特地为他剁了几只。他吃了一小块，问："是生的？"就不敢再吃。

"生的"，为什么就不吃呢？法国人、俄罗斯人，吃牡蛎，都是生吃。我在纽约南海岸吃过鲜蚌，那是绝对是生的，刚打上来的，而且什么作料都不搁，经我要求，服务员才给了一点胡椒粉。好吃么？好吃极了！

为什么"切脍"生鱼活虾好吃？曰：存其本味。

我以为切脍之风，可以恢复。如果觉得这不卫生，可以依照纽约南海岸的办法：用"远红外"或什么东西处理一下，这样既不失本味，又无致病之虞。如果这样还觉得"硌应"〔2〕，吞不下，吞下要反出来，那完全是观念上的问题。当然，我也不主张普遍推广，可以满足少数老饕的欲望，"内部发行"。

河　豚

阅报，江阴有人食河豚中毒，经解救，幸得不死。杨花扑面，节近清明，这使我想起，正是吃河豚的时候了。苏东坡诗：

　　竹外桃花三两枝，
　　春江水暖鸭先知。
　　蒌蒿满地芦芽短，
　　正是河豚欲上时。

梅圣俞诗：

　　河豚当是时，
　　贵不数鱼虾。

宋朝人是很爱吃河豚的，没有真河豚，就用了不知什么东西做出河豚的样子和味道，谓之"假河豚"，聊以过瘾，《东京梦华录》等书都有记载。

江阴当长江入海处不远，产河豚最多，也最好。每年春天，鱼市上有很多河豚卖。河豚的脾气很大，出小木棍捅捅它，它就把肚子鼓起来，再捅，再鼓，终至成了一个圆球。江阴河豚品种极多。我所就读的南菁中学的生物实验室里搜集了各种河豚，浸在装了福尔马林的玻璃器内。有的很大，有的小如金钱龟。颜色也各异，有带青绿色的，有白的，还有紫红的。这样齐全的河豚标本，大概只有江阴的中学才能搜集得到。

河豚有剧毒。我在读高中一年级时，江阴乡下出了一件命案，"谋杀亲夫"。"奸夫"、

---

〔1〕　贻：赠给。
〔2〕　硌应：东北方言，讨厌的意思。

"淫妇"在游街示众后,同时枪决。毒死亲夫的东西,即是一条煮熟的河豚。因为是"花案",那天街的两旁有很多人鹄立伫观。但是实在没有什么好看,奸夫淫妇都蠢而且丑,奸夫还是个黑脸的麻子。这样的命案,也只能出在江阴。

但是河豚很好吃,江南谚云:"拼死吃河豚",豁出命去,也要吃,可见其味美。据说整治得法,是不会中毒的。我的几个同学都曾约定请我上家里吃一次河豚,说是"保证不会出问题"。江阴正街上有一饭馆,是卖河豚的。这家饭馆有一块祖传的木板,刷印保单,内容是如果在他家铺里吃河豚中毒致死,主人可以偿命。

河豚之毒在肝脏、生殖腺和血,这些可以小心地去掉。这种办法有例可援,即"洁本金瓶梅"是。

我在江阴读书两年,竟未吃过河豚。至今引为憾事。

野　　菜

春天了,是挖野菜的时候了。踏青挑菜,是很好的风俗。人在屋里闷了一冬天,尤其是妇女,到野地里活动活动,呼吸一点新鲜空气,看看新鲜的绿色,身心一快。

南方的野菜,有枸杞、荠菜、马兰头……北方野菜则主要的是苣荬菜。枸杞、荠菜、马兰头用开水焯过,加酱油、醋、香油凉拌。苣荬菜则是洗净,去根,蘸甜面酱生吃。或曰吃野菜可以"清火",有一定道理。野菜多半带一点苦味,凡苦味菜,皆可清火。但是更重要的是吃个新鲜。有诗人说:"这是吃春天。"这话说得有点做作,但也还说得过去。

敦煌变文、《云谣集杂曲子》、打枣杆、挂枝儿、吴歌,乃至《白雪遗音》等等,是野菜。因为它新鲜。

 思考题

1. 结合本文,分析汪曾祺散文的艺术风格。
2. 阅读散文集《寻味:汪曾祺谈吃》,写一写你家乡的特色小吃,字数800左右。

精读文本

给后花园点灯

董 桥

题解

董桥(1942—),原名董存爵,福建晋江人。1964年毕业于台湾成功大学外国语言文学系。曾在伦敦英国广播电台中文部从事新闻广播及时事评论工作。历任香港《明报月刊》总编辑、香港中文大学出版组主任、《读者文摘》中文版总编辑、《明报》总编辑、香港公开大学中国语文顾问、香港《苹果日报》副社长和社长等职。撰写文化思想评论及文学散文多年,在港台两地出版文集有《双城杂笔》、《另外一种心情》、《这一代的事》、《跟中国的梦赛跑》、《辩证法的黄昏》、《英华沉浮录》等,并翻译书籍多种。近年来在北京、浙江、广东、四川、辽宁等地出版《董桥文录》等文选多种。董桥的散文自创一格:冷静素描,感情深藏;信息丰富,中西会通;用词古雅,落笔幽默;体式多变,打通诗歌、散文和小说的界限。

《给后花园点灯》一文,笔调低沉,回忆与伤感,一刹那时空交错。作者赞成中国社会追求经济繁荣和科技发展,但是对于在此进程中被忽略甚至被轻视的民族文化,他却分外怀恋,希望在经济、科技的大堂的后面,仍能保持一块文化的"后花园"——"让台静农先生抽烟、喝酒、写字、著述、聊天的后花园"。"后花园"里有古色古香的有形之物,如荷影、蝉声、蛙鸣、风铃、幽兰、书法、陶土茶罐花瓶、文雅的女学生;更有细腻、温馨的无形之物,像林文月与儿子谈话的氛围等等。对于当今社会来说,这种"怀旧"、"乡愁"具有深远的意义。

其 一

香港阴雨,台北晴朗。飞到台北,公事包上的水渍还没有全干。心中有点感伤,也有

点文绉绉。公事包不重,记忆的背囊却越背越重,沉甸甸的:二十多年前的菠萝面包、绿豆汤、西瓜、排骨菜饭、牛肉干、长寿牌香烟、大一国文、英文散文选、三民主义、篮球、乌梅酒、《文星》杂志、《在春风里》、黑领带、咔叽裤原来都给二十多年烈阳风霜又晒又吹又烤的,全成了干巴巴的标本了,现在竟纷纷科幻起来,眨眼间复活的复活,还原的还原,再版的再版,把中年风湿的背脊压得隐隐酸痛:止痛片止不住这样舒服的酸痛。

其 二

感伤的文学。文绉绉的乡愁。薄暮中漫步敦化南路附近的长街短巷,深深庭院变成摘星的高楼,但是,琼瑶的窗外依稀辨认出琼瑶的窗里:于右任的行草舞出"为万世开太平"的线装文化;金里描红的风铃摇晃出唐诗宋词元曲;仿古红木书桌上的一盆幽兰错错落落勾出墨色太新的笺谱;墙上木架花格里摆着拙朴的陶土茶罐花瓶:"心中有道茶即有道"、"和气致祥喜神多瑞"。大厦一扇铁门一开,走出两位小说里的少女:扁扁的黑鞋,扁扁的胸部,扁扁的国语,扁扁的《爱眉小札》,扁扁的初恋,像夹在书里的一片扁扁的枯叶。台北是中国文学的后花园:商业大厦里电脑键盘的噼啪声掩不住中文系荷塘残叶丛中的蛙鸣;裕隆汽车的废气喷不死满树痴情的知了。这里是望乡人的故乡:

  松涛涌满八加拉谷
  苍苔爬上小筑黄昏
  如一袭僧衣那么披着
  醒时　一灯一卷一茶盏
  睡时　枕下芬芳的泥土

其 三

郑愁予诗中的诗人于右任死了,郑愁予却在武昌街化做童话里的老人:

  武昌街斜斜斜上夕阳的山冈
  一街胭脂的流水可得小心,莫把
  火艳的木棉灌溉成
  清粉的茉荑了

就在这样古典的气氛里,林文月的十六岁儿子问妈妈说:"这个暑假,我想读《唐诗三百首》好不好?"妈妈打着哈欠说:"当然好啊,但是千万别存心读完。""哦?""因为那样子会把兴致变成了负担。"那个深夜,儿子还问妈妈说:"你觉得进入理工的世界再兼修人文,跟从事人文研究再兼修理工,哪一种可能性较大?"妈妈说:"研究理工而兼及人文的可能性比较大。""那种心情应该是感伤的",读来"却反而觉得非常非常温暖",像林文月到温州街巷子里薄暮的书房中看台静农先生那样温馨:"那时,台先生也刚失去了一位多年知交。我没有多说话,静静听他回忆他和亡友在大陆及台北的一些琐细往事。仿佛还记得他把桌面的花生皮拨开,画出北平故居的图形给我看。冬阳吝啬,天很快就暗下来。台先生把桌灯点亮,又同我谈了一些话。后来,我说要回家,他也没有留我,却走下玄关送我到门口,并看我发动引擎开车子走。我慢速开出温州街巷口,右转弯到和平东路与新生南路的交叉处,正赶上红灯,便刹车等候信号指示,一时无所事事,泪水竟控制不住地突然沿着双颊流下来。"

其　　四

不会怀旧的社会注定沉闷、堕落。没有文化乡愁的心井注定是一口枯井。经济起飞科技发达纵然不是皇帝的新衣,到底只能御寒。"天寒翠袖薄,日暮倚修竹"的境界还是应该试试去领会的。聪明人太多,世间自然没有"信"之可言了。方瑜说:有小偷光顾台大教授宿舍,教授们灯下开会商量对策,议论半天,最后达成协议。不久,宿舍大门口挂起书法秀丽的一块告示:"闲人莫进!"多么无奈的讽刺。多么有力的抗议。经济、科技的大堂固然是中国人必须努力建造的圣殿,可是,在这座大堂的后面,还应该经营出一处后花园:让台静农先生抽烟、喝酒、写字、著述、聊天的后花园。

其　　五

鬼节那天,计程车司机说:"该到基隆去看。那儿最热闹,善男信女在水上放纸厝,有好多灯!"灯是传下来了,暖暖的,最相思,最怀旧,像红豆,点在后花园里也好看。

思考题

1. 分析文中的"后花园"的象征意蕴。
2. 文中引述的有关林文月的内容与"后花园"有什么关系?
3. 作者对现代文明的发展有着清醒的思索,请结合本文和现实谈谈你的理解。

拓展文本

住多久才算是家

刘亮程

题解

刘亮程(1962—),生在新疆古尔班通古特沙漠边缘的一个小村庄,在那里度过了童年和少年时期。长大后种过地、放过羊,当过十几年乡村农机管理员。劳动之余进行创作,大多写自己生活多年的村庄。著有诗集《晒晒黄沙梁的太阳》,散文集《风中的院门》、《一个人的村庄》、《库车行》等。20世纪90年代以风格独特的乡土散文写作引起当代文坛的关注,被誉为"20世纪中国最后一位散文家"和"乡村哲学家"。

刘亮程的语言素淡、明澈,充满欣悦感和表达事物的微妙肌理,展现了汉语独特的纯真和瑰丽。他是地地道道的乡土作家,用细微的感知堆砌起了文字的家乡。《住多久才算是家》大篇幅地用第一人称描写景物,家因"我"而改变,"我"也因家而改变,物我交融,在时空交错中只留下两个最基本的元素——家和我。乡土之思升华成了乡土之恋。这种水乳交融的感情和游子远眺故里一样来得真切。作家在不慌不忙中叙述着一种人类久违的自然生存。

我喜欢在一个地方长久地生活下去——具体点说,是在一个村庄的一间房子里。如果这间房子结实,我就不挪窝地住一辈子。一辈子进一扇门,睡一张床,在一个屋顶下御寒和纳凉。如果房子坏了,在我四十岁或五十岁的时候,房梁朽了,墙壁出现了裂缝,我会很高兴地把房子拆掉,在老地方盖一幢新房子。

我庆幸自己竟然活得比一幢房子更长久。只要在一个地方久住下去,你迟早会有这种感觉。你会发现周围的许多东西没有你耐活。树上的麻雀有一天突然掉下一只来,你不知道它是老死的还是病死的;树有一天被砍掉一棵,做了家具或当了烧柴;陪伴你多年的一头牛,在一个秋天终于老得走不动。算一算,它远没有你的年龄大,只跟你的小儿子岁数差不多,你只好动手宰掉或卖掉它。

一般情况,我都会选择前者。我舍不得也不忍心把一头使唤老的牲口再卖给别人使唤。我把牛皮钉在墙上,晾干后做成皮鞭和皮具;把骨头和肉炖在锅里,一顿一顿吃掉。这样我才会觉得舒服些,我没有完全失去一头牛,牛的某些部分还在我的生活中起着作用,我还继续使唤着它们。尽管皮具有一天也会被磨断,拧得很紧的皮鞭也会被抽散,扔到一边。这都是很正常的。

甚至有些我认为是永世不变的东西,在我活过几十年后,发现它们已几经变故,面目全非。而我,仍旧活生生的,虽有一点衰老迹象,却远不会老死。

早年我修房后面那条路的时候,曾想这是件千秋功业,我的子子孙孙都会走在这条路上。路比什么都永恒,它平躺在大地上,折不断、刮不走,再重的东西它都能经住。

有一年一辆大卡车开到村里,拉着一满车铁,可能是走错路了,想掉头回去。村中间的马路太窄,转不过弯。开车的师傅找到我,很客气地说要借我们家房后的路走一走,问我行不行。我说没事,你放心走吧。其实我是想考验一下我修的这段路到底有多结实。卡车开走后我发现,路上只留下浅浅的两道车辙辘印。这下我更放心了,暗想,以后即使有一卡车黄金,我也能通过这条路运到家里。

可是,在一年后的一场雨中,路却被冲断了一大截,其余的路面也泡得软软的,几乎连人都走不过去。雨停后我再修补这段路面时,已经不觉得道路永恒了,只感到自己会生存得更长久些。以前我总以为一生短暂无比,赶紧干几件长久的事业留传于世。现在倒觉得自己可以久留世间,其他一切皆如过眼烟云。

我在调教一头小牲口时,偶尔会脱口骂一句:畜生,你爷爷在我手里时多乖多卖力。骂完之后忽然意识到,又是多年过去。陪伴过我的牲口、农具已经消失了好几茬,而我还这样年轻有力、信心十足地干着多少年前的一件旧事。多少年前的村庄又浮现在脑海里。

如今谁还能像我一样幸福地回忆多少年前的事呢。那匹三岁的儿马,一岁半的母猪,以及路旁林带里只长了三个夏天的白杨树,它们怎么会知道几十年前发生在村里的那些事情呢。它们来得太晚了,只好遗憾地生活在村里,用那双没见过世面的稚嫩眼睛,看看眼前能够看到的,听听耳边能够听到的。对村庄的历史却一无所知,永远也不知道这堵墙是谁垒的,那条渠是谁挖的。谁最早趟过河开了那一大片荒地,谁曾经乘着夜色把一大群马赶出村子,谁总是在天亮前提着裤子翻院墙溜回自己家里……这一切,连同完整的一大段岁月,被我珍藏了。成了我一个人的。除非我说出来,谁也别想再走进去。

当然,一个人活得久了,麻烦事也会多一些。就像人们喜欢在千年老墙万年石壁上刻字留名以求共享永生,村里的许多东西也都喜欢在我身上留印迹。它们认定我是不朽之物,咋整也整不死。我的腰上至今还留着一头母牛的半只蹄印。它把我从牛背上掀下来,朝着我的光腰杆就是一蹄子。踩上了还不赶忙挪开,直到它认为这只蹄印已经深刻在我身上了,才慢腾腾移动蹄子。我的腿上深印着好几条狗的紫黑牙印,有的是公狗咬的,有的是母狗咬的。它们和那些好在文物古迹上留名的人一样,出手隐蔽敏捷,防不胜防。我的脸上身上几乎处处有蚊虫叮咬的痕迹,有的深,有的浅。有的过不了几天便消失了,更多的伤痕永远留在身上。一些隐秘处还留有女人的牙印和指甲印儿。而留在我心中的东西就更多了。

我背负着曾经与我一同生活过的众多事物的珍贵印迹,感到自己活得深远而厚实,却一点不觉得累。有时在半夜腰疼时,想起踩过我的已离世多年的那头母牛,它的毛色和花纹,硕大无比的乳房和发情季节亮汪汪的水门。有时走路腿困时,记起咬伤我的一条黑狗的皮,还展展地铺在我的炕上,当了多年的褥子。我成了记载村庄历史的活载体,随便触到哪儿,都有一段活生生的故事。

在一个村庄活得久了,就会感到时间在你身上慢了下来。而在其他事物身上飞快地流逝着。这说明,你已经跟一个地方的时光混熟了。水土、阳光和空气都熟悉了你,知道你是个老实安分的人,多活几十年也没多大害处。不像有些人,有些东西,满世界乱跑,让光阴满世界追他们。可能有时他们也偶尔躲过时间,活得年轻而滋润。光阴一旦追上他们就会狠狠报复一顿,一下从他们身上减去几十岁。事实证明,许多离开村庄去跑世界的人,最终都没有跑回来,死在外面了。他们没有赶回来的时间。

平常我也会自问:我是不是在一个地方生活得太久了,土地是不是已经烦我了?道路是否早就厌倦了我的脚印,虽然它还不至于拒绝我走路。事实上我有很多年不在路上走了,我去一个地方,照直就去了,水里草里。一个人走过一些年月后就会发现,所谓的道路不过是一种摆设,供那些在大地上瞎兜圈子的人们玩耍的游戏。它从来都偏离真正的目的。不信去问问那些永远匆匆忙忙走在路上的人,他们走到自己的归宿了吗,没有。否则他们不会没完没了地在路上转悠。

而我呢,是不是过早地找到了归宿,多少年住在一间房子里,开一个门,关一扇窗,跟一个女人睡觉。是不是还有另一种活法,另一番滋味。我是否该挪挪身,面朝一生的另一些事情活一活。就像这幢房子,面南背北多少年,前墙都让太阳晒得发白脱皮了。我是不是把它掉个个,让一向阴潮的后墙根也晒几年太阳。

这样想着就会情不自禁在村里转一圈,果真看上一块地方,地势也高,地盘也宽敞。于是动起手来,花几个月时间盖起一院新房子。至于旧房子嘛,最好拆掉,尽管拆不到一根好檩子,一块整土块。毕竟是住了多年的旧窝,有感情,再贵卖给别人也会有种被人占有的不快感。墙最好也推倒,留下一个破墙圈,别人会把它当成天然的茅厕,或者用来喂羊圈猪,甚至会有人躲在里面干坏事。这样会损害我的名誉。

当然,旧家具会一件不剩地搬进新房子,柴禾和草也一根不剩拉到新院子。大树砍掉,小树连根移过去。路无法搬走,但不能白留给别人走。在路上挖两个大坑。有些人在别人修好的路上走顺了,老想占别人的便宜,自己不愿出一点力。我不能让那些自私的人变得更加自私。

我只是把房子从村西头搬到了村南头。我想稍稍试验一下我能不能挪动。人们都说:树挪死,人挪活。树也是老树一挪就死,小树要挪到好地方会长得更旺呢。我在这块地方住了那么多年,已经是一棵老树,根根脉脉都扎在了这里,我担心挪不好把自己挪死。先试着在本村里动一下,要能行,我再往更远处挪动。

可这一挪麻烦事跟着就来了。在搬进新房子的好几年间,我收工回来经常不由自主地回到旧房子,看到一地的烂土块才恍然回过神。牲口几乎每天下午都回到已经拆掉的旧圈棚,在那里挤成一堆。我的所有的梦也都是在旧房子。有时半夜醒来,还当是门在南墙上。出去解手，还以为茅厕在西边的墙角。

不知道住多少年才能把一个新地方认成家。认定一个地方时或许人已经老了，或许到老也无法把一个新地方真正认成家。一个人心中的家，并不仅仅是一间属于自己的房子，而是你长年累月在这间房子里度过的生活。尽管这房子低矮陈旧，清贫如洗，但堆满房子角角落落的那些黄金般珍贵的生活情节，只有你和你的家人共拥共享，别人是无法看到的。走进这间房子，你就会马上意识到：到家了。即使离乡多年，再次转世回来，你也不会忘记回这个家的路。

我时常看到一些老人，在一些晴朗的天气里，背着手，在村外的田野里转悠。他们不仅仅是看庄稼的长势，也在瞅一块墓地。他们都是些幸福的人，在一个村庄的一间房子里，生活到老，知道自己快死了，在离家不远的地方，择一块墓地。虽说是离世，也离得不远。坟头和房顶日夜相望，儿女们的脚步声在周围的田地间走动，说话声、鸡鸣狗吠时时传来。这样的死没有一丝悲哀，只像是搬一次家。离开喧闹的村子，找个清静处呆呆。地方是自己选好的，棺木是早几年便吩咐儿女们做好的。从木料、样式到颜色，都是照自己的意愿去做的，没有一丝让你不顺心不满意。

唯一舍不得的便是这间老房子，你觉得还没住够，亲人们也这么说：你不该早早离去。其实你已经住得太久太久，连脚下的地都住老了，连头顶的天都活旧了。但你一点没觉得自己有多么"不自觉"。要不是命三番五次地催你，你还会装糊涂生活下去，还会住在这间房子里，还进这个门，睡这个炕。

我一直庆幸自己没有离开这个村庄，没有把时间和精力白白耗费在另一片土地上。在我年轻的时候、年壮的时候，曾有许多诱惑让我险些远走他乡，但我留住了自己。我做的最成功的一件事，是没让自己从这片天空下消失。我还住在老地方，所谓盖新房搬家，不过是一个没有付诸行动的梦想。我怎么会轻易搬家呢？我们家屋顶上面的天空，经过多少年的炊烟熏染，已经跟别处的天空大不一样。当我在远处，还看不到村庄，望不见家园的时候，便能一眼认出我们家屋顶上面的那片天空，它像一块补丁，一幅图画，不管别处的天空怎样风云变幻，它总是晴朗祥和地贴在高处，家安安稳稳坐落在下面；家园周围的这一窝子空气，多少年被我吸进呼出，也已经完全成了我自己的气息，带着我的气味和温度。我在院子里挖井时，曾潜到三米多深的地下，看见厚厚的土层下面褐黄色的沙子，水就从细沙中缓缓渗出；而在西边的一个墙角上，我的尿水年复一年已经渗透到地壳深处，那里的一块岩石已被我含碱的尿水腐蚀得变了颜色。看看，我的生命上抵高天，下达深地。这都是我在一个地方地久天长生活的结果。我怎么会离开它呢。

 思考题

1. 文章中，作者对家的认知从哪些地方体现出来？
2. 谈谈这篇文章语言运用的巧妙之处。作者多次用自嘲的方式写到了对家的认识，你认为这样的方式有什么好处？
3. 阅读更多的乡土散文，体会"精神家园"的意义。

知识・能力(二)

第八单元

中国现代文学简史

 知识库

中国现代文学是发端于1917年《新青年》杂志倡导的文学革命,止于1949年第一次全国文代会召开这一历史时期的中国文学。"中国现代文学史"将现代文学分为三个阶段:第一个十年(1919—1927年)、第二个十年(1927—1937年6月)、第三个十年(1937年7月—1949年9月)。

一、第一个十年(1919—1927年)的现代文学

"五四"文学革命是中国现代文学的正式发端,而"五四"文学革命又是以新诗即白话诗的创作为突破口的。白话诗不同于旧诗的突出特点是:在内容上集中表现了对于人的命运、人民命运和民族命运的关注,并在创作主体的个性、自我意识和描写对象社会化的广度和深度上,都得到了前所未有的加强。在形式上以改变诗歌语言为突破口,以白话为诗,有意识地摆脱古典诗词的严整格律,终于实现了"诗体的大解放",从很接近旧诗的诗变到很自由的新诗。

胡适是新诗最早的开拓者,他从1915年至1916年就着手白话诗的试验,首倡"诗体的大解放"。胡适的《尝试集》可视为新旧诗的界碑。在胡适的倡导下,白话诗很快就流行开了,出现了一个"初期白话诗派"。刘半农、李大钊、陈独秀、鲁迅、周作人,以及刘大白、冰心、朱自清等都写过白话诗。1921年以郭沫若为首的创作社的成立,进一步推进了新诗的创作。郭沫若的代表作《女神》奠定了以创造为宗旨的新诗传统的基础,而郭沫若也成为中国现代新诗真正意义上的开创者和奠基人。20年代初期,诗坛上还出现了"小诗体"的诗歌,冰心的《繁星》、《春水》和宗白华的《流云小诗》是"小诗体"的代表作。小诗是

一种即兴式的短诗，一般以三五行为一首，表现作者刹那间的感兴，寄寓一种人生哲理或美的情思。小诗的出现，一方面表现了诗人对于诗歌形式的多方面的探索和努力；另一方面，也表现了诗人捕捉自己内心世界微妙感情与感受的努力。其在新诗发展史上也有重要的过渡意义。在爱情诗的创作上，应修人、潘漠华、冯雪峰、汪静之等成立的湖畔诗社以写作爱情诗闻名，他们的爱情诗与自然景物诗都带有历史青春期特色。湖畔诗人天真开朗的自我抒情主人公形象，对《女神》中叛逆创造的自我抒情主人公形象是一个很好的补充，同样是时代精神与诗人个性的统一。

在一定程度上克服并弥补了"五四"以来白话新诗过于松散、随意等不足，使新诗走向规范化的是以闻一多、徐志摩为代表的新月派诗人。新月派诗人提出"理性节制情感"的美学原则，提出以"和谐"和"均齐"为新诗最重要的审美特征，同时还做了"新诗戏剧化、小说化"的努力。新月派虽有大体相同的追求，但更重视个人的独特艺术个性，重视诗思的造化和意象的刻绘，借助象征手法来抒发情感。其中徐志摩的《志摩的诗》、《翡冷翠的一夜》、《猛虎集》和《云游》四部诗集对新诗的现代化作出了独特的贡献。

20世纪20年代中后期，在新月诗派致力于新诗规范化的同时，涌现出了另一个重要的新诗流派，即早期的象征诗派，代表诗人是李金发，重要诗人有王独清、穆木天、冯乃超、蓬子、胡也频、林松青、石民等。早期象征派受西方现代哲学思想与艺术熏陶，对"五四"运动落潮后的中国和自我命运深感迷茫，对启蒙理性失去信心，在他们心中，人不再是强有力的历史创造者、主宰者，不再是理性的崇拜者、言说者，而是迷惘、悲观的失望者，对世界、他人及自我充满怀疑与虚无情绪。所以，他们不再热衷于向大众启蒙，而醉心于自我独语，沉溺于个人感觉世界，进行一种完全个人化、贵族化的创作。

散文方面，"五四"时期最早出现的散文作品是以议论文为主的杂感文（也称杂文）。1918年4月《新青年》第四卷第四期开始设立"随感录"栏目，先后发表了李大钊、陈独秀、鲁迅、周作人、钱玄同、刘半农等人的杂感文。与此同时，《每周评论》、《新生活》等报刊也相继推出类似栏目，形成了颇有气势的杂感散文的创作浪潮。陈独秀是"随感录"这一文体的开创者，而鲁迅则是杂感文创作中成就最高、最具有代表性的作家。

鲁迅前期的杂感文收入《坟》、《热风》、《华盖集》、《华盖集续编》与《而已集》这五本杂文集中。广泛的社会批评与文明批评是鲁迅前期杂感文的特色，民主与科学是鲁迅前期杂文创作的指导思想，彻底的反帝反封建精神是贯穿他杂感文始终的灵魂。除杂感文之外，鲁迅的散文诗集《野草》与回忆性散文集《朝花夕拾》也是中国现代散文中的精品。《野草》写于1924年至1926年，表现了鲁迅在"五四"运动退潮后于苦闷、彷徨中上下求索的心路历程，作家在深刻地反省自己的空虚、寂寞情绪与解剖自我的阴冷心理的同时，也强烈地表露出一种持续、韧性的战斗精神或永不松懈、永不退却的斗争哲学。《朝花夕拾》写于1926年，它以清新、平易、深情、舒缓的笔调，记述了自己童年、少年、青年时代的生活片段，抒发了对亲朋、师友的诚挚怀念，展现了家乡的风俗与中外的世相，寄予了对现实的思考。

周作人也是《新青年》"随感录"的重要作者，作为中国现代文学史最有影响的散文家，他的成就主要在叙事与抒情相结合的言志小品方面。其前期散文思想意义与社会作用较为积极，作品大多收入散文集《谈龙集》、《谈虎集》中；后期则转向闲适、苦涩，思想情绪较消沉、颓废。

这一时期散文方面取得突出成就的还有朱自清与冰心。朱自清是极少数能用白话写出脍炙人口名篇的散文大家之一,他擅长写漂亮精致、具有诗情画意的抒情散文,1923 年写就的《桨声灯影里的秦淮河》被誉为"白话美文的模范"。冰心这一时期最主要的散文有两组:一是《往事》,这是一组回忆性散文;一是《寄小读者》,这是一组书信体散文。两者表现的都是自然、母爱、童真这三大主题,文字较清丽,风格较哀婉。这一时期散文创作中比较活跃的作家还有林语堂、郁达夫、徐志摩、郭沫若、瞿秋白等人。

小说方面,现代白话小说的开山之作是 1918 年 5 月鲁迅发表于《新青年》第四卷第五期的《狂人日记》。鲁迅运用现代艺术手法,塑造了"狂人"这个艺术形象,揭示了中国社会的"吃人"本质。他的短篇小说集《呐喊》、《彷徨》中的《阿 Q 正传》、《祝福》、《伤逝》、《孔乙己》、《药》等 20 多篇作品,广泛而深刻地反映了辛亥革命前后中国社会的现实,体现了彻底的反封建的"五四"精神。鲁迅的小说无论是在思想上还是在艺术上都达到了现代文学的高峰。

在现代文学的第一个十年,小说得到了迅速发展。风格多样,流派众多。就题材而言,有以冰心、王统照、庐隐为代表的"问题小说",如《超人》、《沉思》、《海滨故人》等;有以王鲁彦的《柚子》、彭家煌的《怂恿》、许钦文的《鼻涕阿二》、蹇先艾的《水葬》、许杰的《惨雾》和台静农的《烛焰》等为代表的乡土小说;还有以郭沫若的《鼠灾》、《未央》,郁达夫的《沉沦》为代表的自我抒情小说等。

戏剧方面,中国现代话剧始于留日学生组织的春柳社。1907 年,春柳社在东京演出了《茶花女》第三幕,接着又公演了根据林纾的翻译小说改编的《黑奴吁天录》。从此以后,一些剧社相继成立。1919 年,胡适发表独幕剧《终身大事》,标志着中国现代话剧创作的开端和社会问题写实剧创作的起始。1921 年,沈雁冰、郑振铎、陈大悲、欧阳予倩等发起组织民众戏剧社,创办了中国第一个戏剧杂志——《戏剧》月刊。他们提倡"写实的社会剧",提倡"爱美剧",即"非职业的业余演剧",与同年成立的上海戏剧社一起将社会问题写实剧演出与创作推向了高潮。代表作品有陈大悲的《幽兰女士》、欧阳予倩的《泼妇》及洪深的《赵阎王》等。创造社的郭沫若、南国社田汉的浪漫主义剧作别具一格,郭沫若有"三个叛逆的女性"(《卓文君》、《王昭君》、《聂嫈》),田汉此时的代表作有《获虎之夜》和《名优之死》。此外,丁西林的独幕剧也大放异彩,代表作有《压迫》和《一只马蜂》。

二、第二个十年(1927—1937 年 6 月)的现代文学

20 世纪 30 年代初,随着文学月刊《现代》的创立,诗坛逐渐形成了一个"现代派",以戴望舒的诗歌成就最高,他的代表作是《雨巷》。现代派诗歌的出现,贡献在于及时地感应着世界文学思潮的发展和流变,吸取了现代主义的一些表现手法,并表达了现代人的一些独特的情绪。现代诗人中,"汉园三诗人"也是一个引人注目的一个群体。其因 1936 年 3 月何其芳、卞之琳、李广田出版《汉园集》而得名。他们的诗作都有重视感觉、注重想象、借暗示来表现情绪的特征。与此同时,由于艾青、臧克家的出现,中国诗歌会的成立,现实主义诗歌得到了长足的发展。臧克家以深沉的情感、朴素凝练的语言,描写苦难的农村,诗

集《烙印》深受读者欢迎。左联领导下的中国诗歌会的成立,是现实主义诗歌在这一时期获得的较大发展,主要作品有蒲风的《茫茫夜》、殷夫的《孩儿塔》等。

这时期的散文创作收获颇丰,各种体式的散文都取得了一定的成就,主要有:游记散文,代表作有郁达夫的《屐痕处处》《达夫游记》,朱自清的《欧游杂记》《伦敦杂记》等;抒情散文,代表作有何其芳的《画梦录》等;叙事散文,代表作有李广田的《画廊集》、《银狐集》、《雀蓑记》等;哲理散文,代表作有丰子恺的《缘缘堂随笔》,梁遇春的《春醪集》、《泪与笑》等;传记散文,代表作有郭沫若的《我的童年》、《反正前后》,庐隐的《庐隐自传》,以及沈从文的《从文自传》和他此前此后的《记胡也频》《记丁玲》等;小品文,代表作家有林语堂、周作人等,他们提倡超脱、闲适、幽默的文风,主要作品有散文集《剪拂集》、《大荒集》。其中,最突出的是议论性散文,尤其是以鲁迅为代表的杂文,其杂文主要收入以下集子:《三闲集》、《二心集》、《南腔北调集》、《伪自由书》、《准风月谈》、《且介亭杂文》等。除鲁迅外,瞿秋白、徐懋庸等的杂文也取得了一定的成就。此期散文的另一重要发展是报告文学的兴盛,其中最优秀的作品有夏衍的《包身工》和宋之的的《一九三六年春在太原》等。

小说方面,第二个十年小说创作繁盛一时,流派纷呈。茅盾、巴金、老舍的代表作分别是《子夜》、《家》、《骆驼祥子》,对中国现代小说的发展起了巨大的推动作用。左翼作家蒋光慈的《田野的风》、柔石的《二月》对当时的社会矛盾作了深刻的揭示。张天翼的《包氏父子》、叶紫的《丰收》、艾芜的《南行记》,都是"左翼文学"的重要成果。沈从文的《边城》等小说成为"京派"小说的代表。此外,以刘呐鸥、穆时英、施蛰存为代表的"新感觉派小说"是中国第一个现代主义小说流派。丁玲的《莎菲女士的日记》也是这一时期较有影响的作品。"东北作家群"中萧军的《八月的乡村》、萧红的《生死场》,还有叶圣陶的长篇小说《倪焕之》,吴组缃的《樊家铺》,王统照的《山雨》,李劼人的系列长篇小说《死水微澜》、《大波》等,都是此期重要的代表作品。

话剧方面,这一时期由于曹禺的出现,中国现代话剧走向了全面成熟。曹禺代表作除《雷雨》、《日出》外,还有《原野》、《北京人》。此外,当时有影响的还有田汉及其《梅雨》、《乱钟》、《回春之曲》,洪深及其"农村三部曲"(《五奎桥》、《香稻米》、《青龙潭》),夏衍及其《上海屋檐下》、《赛金花》、《秋瑾传》,李健吾及其《这不过是春天》,宋之的及其《武则天》,陈白尘及其《金田村》等。

三、第三个十年(1937年7月—1949年9月)的现代文学

由于抗日战争的爆发,这一时期文学呈现出地域化、多元化的特点。

诗歌方面,不同风格的诗歌都有一个共同的时代主题,即"为神圣的民族解放事业歌唱"。艾青把胡风、郭沫若等人开创的现代自由诗的开放洒脱与新月诗人特别注重格律的规范化追求融合起来,加以重新整合,开创了自己独特的散文美、散体化的诗歌。他的《我爱这土地》、《向太阳》等诗歌感情真挚,诗意浓郁,突出地表现对祖国人民的热爱。田间的《给战斗者》,采用鼓点式的诗行,简短有力,鼓动性强。在国统区,出现了"七月诗派"、"九叶诗人"。"七月诗派"的作品几乎都取材于社会现实生活,特别是战争,极少个人情趣的抒写,但又不乏个性。他们中的大多数都能将个人遭际与祖国、民族命运自发地联系在一

起。"七月诗派"的主要诗人有艾青、胡风、田间、阿垅、鲁藜、绿原、彭燕郊、曾卓、罗洛、鲁煤、朱健、牛汉、朱怀谷等。1981年出版的《九叶集》收录了辛笛、陈敬容、杜运燮、杭约赫、郑敏、唐祈、唐湜、袁可嘉、穆旦九人的作品。他们于20世纪40年代后期在国统区集结,作为流派活动不过两年,但他们给新诗带来了难以估量的影响。可惜的是,这一影响随着新政权的建立而中断,直至"朦胧诗"的兴起才重新接上。解放区也涌现大批优秀民歌,有李季的《王贵与李香香》、田间的《赶车传》、阮章竞的《漳水河》等。

散文的创作同诗歌一样,大多以反映民族矛盾与阶级矛盾为主题,人们迫切地关心着战况与民族的命运,由此导致了报告文学这一文体的再度兴盛。此时期散文体裁广泛采用文艺通讯、特写、报告文学和杂文,真实地反映了中国人民抗击日本帝国主义侵略的可歌可泣的斗争生活。其中写得比较好的有:丘东平的《第七连》、《我们在那里打了败仗》、《我认识了这样的敌人》,曹白的《这里,生命也在呼吸》,周立波的《晋察冀边区印象记》、《战地日记》,丁玲的《给孩子们》,徐迟的《大场之夜》,华山的《窑洞保卫战》、《碉堡线上》、《英雄的十月》,周而复的《晋察冀行》、《东北横断面》、《松花江上》,白朗的《八烈士》、《一面光荣的旗帜》等。相比之下,小品、散文的创作不如报告文学那样势头强劲,但仍产生了一些思想和艺术成就都很高的作品,如茅盾的《白杨礼赞》、《风景谈》,萧红的散文集《萧红散文》、《回忆鲁迅先生》,沈从文的散文集《湘西》等。

小说的创作也带上了强烈的时代特征。赵树理是毛泽东《在延安文艺座谈会上的讲话》的衷心实践者,他的小说《小二黑结婚》、《李有才板话》等在民族化、大众化方面取得了巨大的成功。丁玲的《太阳照在桑干河上》、孙犁的《荷花淀》、周立波的《暴风骤雨》、柳青的《种谷记》、欧阳山的《高干大》,以及袁静、孔厥的《新儿女英雄传》,马烽、西戎的《吕梁英雄传》等反映了当时革命现实。国统区出现了许多具有宏大历史感的史诗性作品,如老舍的《四世同堂》、张天翼的《华威先生》、茅盾的《腐蚀》、巴金的《寒夜》、沙汀的《淘金记》、艾芜的《山野》等作品从各个方面反映国统区和上海人民的生活和斗争,揭露日本侵略者和汉奸卖国贼的罪恶。黄谷柳的《虾球传》题材新颖,别开生面。钱锺书的《围城》对抗战时期一些高级知识分子精神面貌的精细刻画,赢得了读者的热烈关注。上海洋场小说的代表作家张爱玲及其小说集《传奇》(其中《金锁记》为代表作)都是现代小说的经典之作。

戏剧方面,由于特殊形式的需要,剧作以独幕剧为主,又创造了活报剧、街头剧、茶馆剧、朗诵诗等新形式,以被戏剧界称为"好一计鞭子"的三个短剧《三江好》、《最后一计》、《放下你的鞭子》为这一类剧作的代表。国统区则出现了历史剧创作的热潮。有影响的作家作品有:郭沫若的《屈原》、《虎符》、《棠棣之花》、《南冠草》、《高渐离》、《孔雀胆》,阳翰笙的《天国春秋》,欧阳予倩的《忠王李秀成》、《桃花扇》,以及上海孤岛中阿英的《碧血花》、《海国英雄》,于伶的《夜上海》、《长夜行》,陈白尘的《升官图》、《岁寒图》,夏衍的《法西斯细菌》、《芳草天涯》、《心防》,宋之的《雾重庆》,田汉的《丽人行》,吴祖光的《风雪夜归人》、《捉鬼记》等。而解放区在秧歌运动影响下出现了具有民族特色的新歌剧,著名的有贺敬之执笔的《白毛女》,阮章竞的《赤叶河》、《刘胡兰》等。

思考题

1. 阅读文学作品,评价鲁迅小说中的人物形象系列。
2. 鲁迅在30年代曾这样评说:"到五四运动的时候,才又来了一个展开,散文小品的成功,几乎在小说戏曲和诗歌之上。"试借用鲁迅的评价,并结合代表性的作家作品,说明"五四"散文格外发达的状况及其原因。
3. 《围城》为什么被比作"新儒林外史"? 又为何被称为"学人小说"?

行政公文写作训练

 知识库

按照公文的行文关系来划分,行政类公文可以划分为上行文、下行文和平行文。顾名思义,上行文指下级机关向上级机关呈送的公文,如报告、请示、意见等。上行文可分为逐级上行文、多级上行文、越级上行文,其中多级上行文指同时向几个层次的上级行文。

下行文则指上级机关向下级机关和单位发的公文,有命令、决定、通知、通报、批复、意见、纪要,还包括某些函等。和上行文类似,下行文也可分为逐级下行文、多级下行文、直达到底的下行文。

平行文指平级机关或不相隶属的机关和单位之间,为联系工作而相互往来的公文,如议案、通知、会议纪要等。

需要说明的是,隶属关系是指同一系统上下级之间的领导与被领导关系,凡是没有隶属关系的,机关不分大小,级别不论上下,一律视为平行关系,相互之间的行文都归为函的一种。

按照内容和功能来说,通用的公文文书有15种:命令、决定、公告、通告、通知、通报、议案、报告、请示、批复、意见、函、纪要、决议、公报。下面将最为常用的通知、请示、会议纪要三种公文的写作简要地介绍一下。

一、通知

通知是用来批转下级机关的公文,转发上级机关和不相隶属机关的公文,发布规章,传达上级机关要求下级机关办理、有关单位需要周知或共同执行的事项,任免和聘用干部时使用的文种。通知的种类很多,其使用频率很高,适用范围很广,据统计占日常下发公文的三分之一以上。

通知是一种使用最为广泛的"万能文种",往往是要求立即办理或者执行的事项,可以分为会议通知、工作通知和批转类通知(包括批转通知、转发通知、印发通知)。

1. 标题

(1)"发文机关"＋"事由"＋"通知"。

(2)凡不作正式文件处理的简便通知,可直接用"通知"二字作标题。如果有两个或两个以上单位发文时,可在通知前加"联合"二字。

(3)如果通知内容特别重要或者特别紧急,则可在通知前加"重要"或"紧急"二字。如果后一个通知是对前一个通知的补充,就应该用"补充通知"字样作为标题。

2. 通知对象

在通知标题下,正文前要顶格写上被通知的对象(单位或个人),如果是在一定范围内公布的普发性通知,亦可不写受文对象。有时受文对象还可以使用模糊语言如"各单位"、"各部门"等。

3. 正文

按通知的三种类型(会议通知、工作通知、批转类通知),分别叙述如下:

1)会议通知

(1)小范围、内容单一的会议,只需写清时间、地点、参会人员、会议内容即可,如:"经××会议研究,定于×月×日×午×时×分在××× 会议室召开会议,请各部门负责××工作的同志准时出席。"

(2)内容复杂、涉及面广、时间较长的会议,通知的起草就不能过于简单。要写清楚会议名称、内容与议题、主办单位、时间、地点、应准备的材料、参加人员等,甚至报到地点、时间、乘车路线、联系人姓名与电话、寄回执的地址与邮编、需要携带的物品、其他注意事项等都要写清楚。

(3)如果是大中型的代表会议,写通知时,除了上述内容外,还应该就代表的名额分配、各方面的比例、代表条件与产生办法等作专门交代。

2)工作通知

(1)一般性通知。主要是起知照作用的通知,要求下级组织或成员办理或了解某件事情,如节日庆祝活动的安排、机构的设立或变动、新印章的启用、文件内容的更正等。这类通知应交代清楚通知的是什么事、应如何办理、有什么要求等。

(2)指示性通知。要求下级机关或单位执行某种精神或办理某项工作,其内容不适宜用正式指示或命令的公文形式出现,往往用通知代替。这类通知应写明指示的内容,注意明确性。

3)批转类通知

(1)批转通知。上级机关批转下级机关的文件,有时不用批示,而以通知的形式下达。凡是关系到全局性的重大决策,上级机关在批转时,应对批转的意义作出论断,并可突出阐明对某些重大问题的态度,提出原则性的意见和要求。

(2)转发通知。根据工作需要,各机关可以再转发上级机关、同级机关和不相隶属机关的重要文件。转发在行文时不受等级和系统的限制。转发时应针对公文的内容阐明转发的意图。

（3）印发通知。主要用于本系统内部。印发时注意保持原文的完整性。

批转类通知都是以批转、转发、印发的文件为主，通知本身只起载体和按语的作用。写作时应注意着重写出目的、意义，概述被批转、转发、印发文件的基本内容，并对其作肯定性评价。复述原文件内容应高度概括、简练，不要与所转文件的内容重复，对所转文件的评价要中肯、恰当。需要注意的是，在转发上级机关、同级机关和不相隶属机关的公文时不得提出批评，如需要变通执行这些文件时，应说明原因，必要时还要征得有关方面同意。要恰当使用"认真遵照执行"、"切实遵照执行"、"参照执行"等词语。此类通知都要以发布、转发或批转的文件作为附件。

4. 署名单位或机关

在正文后空一行靠右空两格署名发文单位或机关。如果标题中已出现发文机关，则仅标明发布时间。

5. 日期

日期写在发布单位的下一行。

格式示例：

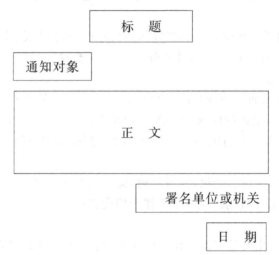

二、请示

请示适用于下级向上级机关请求指示、批准，请示的原则是"事先请示"，不能先斩后奏。请示必须严格按照"一文一事"的原则撰写，请示事项明确，语气诚恳谦恭。

请示主要由以下几部分组成。

1. 标题

（1）完全式，发文机关＋事由＋文种，如《××中学关于新建图书馆的请示》。

（2）缺省式，事由＋文种，如《关于加强酒店管理的请示》。

2. 主送机关

请示只能有一个主送机关；只能送上级机关，不能送领导个人；不得越级请示。

3. 正文

请示的正文,主要由请示的原因、内容、要求三部分组成。请示时应将理由陈述充分,提出的解决方案应具体、切实可行。结束语有一些固定的套语,如"以上请示,请予批复"、"妥(当)否,请批示"等,不能用"速答复"之类的命令口吻。

4. 发文机关

5. 日期

草拟请示时除要注意前述特点之外,还应注意请示与报告的区别,切忌用报告代请示行文;请求的内容若涉及其他部分或地区时,在正常情况下应事先进行协商,必要时还可联合行文,如果有关方面意见不一致,应如实在请示中反映出来。另外,请求拨款的应附预算表;请求批准规章制度的,应附规章制度的内容;请示处理问题的,本单位应先明确表态;正式印发请示送上级机关时,应在文头注明签发人姓名。

格式示例:

三、纪要

纪要是根据会议记录和其他会议材料整理而成的公文,内容上具有实录性。纪要的撰写者,不能更动会议议定的事项,更不能随意改动会议上达成的共识和形成的决定。除此之外,撰写者也不能对会议内容进行评论。总之,纪要要重视反映会议的基本情况。

纪要主要由版头、标题和正文三部分组成。

1. 版头

日常会议、办公会议的纪要一般都有固定的版头,如:

工程纪要
第×期

北京市城乡建设委员会办公室　　　　　　　　　　201×年×月×日

用专门版头的纪要,只标注"第×期",如果纪要用报告的形式上报或用通知的形式印发,则用公文版头,编公文文号。用专门版头的纪要,成文日期在版头的右下角。其余纪要的成文日期放在纪要的标题下方居中并加圆括号或放在正文之后,以会议通过日期或领导人签发日期为准。

2. 标题

会议的标题有单标题和双标题两种形式。

(1) 单标题。单标题由"会议名称＋文种"或"主要内容(事由)＋文种"构成。前者如《县委常委会议纪要》、《县委书记(县长)办公会议纪要》、《局长办公会议纪要》、《全国农村工作会议纪要》、《××乡教育工作会议纪要》等；后者如《关于解决粮食购销体制改革后遗留问题的会议纪要》等。

(2) 双标题。双标题由"正标题＋副标题"构成。正标题揭示会议主旨，副标题标示会议名称和文种，如《探讨新时期文学的发展——中国当代文学研究会第一次学术讨论会纪要》。

3. 正文

纪要的正文大多由导言、主体和结语构成。具体写法依会议内容和类型而定。

(1) 导言。主要用于概述会议基本情况，其内容一般包括会议名称、会期、会址、参加人员、主持人、主要议题、会议议程等。具体写法常见的有两种。

平列式：将会议的时间、地点、参加人员和主持人、会议议程等基本情况采用分条列出的写法。这种写法多见于办公会议纪要。

鱼贯式：将会议的基本情况进行概述，使人看后对会议由个大体了解，要写得简明、概括。

惯用过渡语常使用"会议纪要如下"、"会议确定了如下事项"、"这次会议着重讨论了以下×个问题"等。

(2) 主体。

这是纪要的核心部分，会议的主要精神、会议议定的事项、会议上达成的共识、会议对与会单位布置的工作和提出的要求、会议上各种主要观点及争鸣情况等，都在这一部分予以记述。常见的写法有三种。

第一种是综合概述法，即把会议研究的主要问题、与会人员的认识、议定的事项综合起来，进行整体的阐述与说明，常见的习惯语为"会议认为"、"会议指出"、"会议提出"等，体现内容的层次感。这种适用于意见集中单一的小型会议。

第二种是分析归纳法，即把会议的内容进行分类整理，归纳出几个问题，把问题分开来写。此法适用于内容多、涉及问题复杂的大型会议。

第三种是发言摘要法，即对会议上具有典型性和代表性的发言，做摘要记录。由于这部分内容复杂，多数情况下都需要分条分项撰写。不分条分项的，也多以"会议认为"、"会议指出"等进行概述。

(3) 结语。一般性会议纪要可不写结语，重要的工作会议和讨论会、座谈会纪要的结语，多数写一段对会议的评价，强调会议所讨论工作的意义，提出希望、号召、要求等。结语处还可以对会议的情况作一些补充说明。

格式示例：

```
        ┌─────────┐
        │ 版  头  │
        ├─────────┤
        │ 标  题  │
      ┌─┴─────────┴──┐
      │      ┌ 导言  │
      │ 正文 ┤ 主体  │
      │      └ 结语  │
      └──────────────┘
```

 思考题

依据学生所在专业的学科性质,任选主题内容,制发一则通知。

第九单元

和而不同

"和而不同"是人们睿智地洞察宇宙、理性地审视自我的产物,是一种文明的成果。人类文明的发展经历了复杂的过程,从落后向先进发展,从孤立向融合变化,但我们应该尊重每一种文明的独特价值,承认文明之间应有的差别,和而不同才是丰富的统一。

精读文本

东西文化之分与城乡文化之别

冯友兰

题解

冯友兰(1895—1990),字芝生,河南唐河人。著名哲学家。20世纪40年代创立了新理学思想体系,其哲学作品为中国哲学史的学科建设做出了重大贡献,被誉为"现代新儒家"。主要著作有《新理学》、《新世训》、《新事论》、《新原人》、《新原道》、《新知言》、《中国哲学史新编》、《中国哲学简史》、《中国哲学史论文集》、《四十年的回顾》、《中国哲学史史料学初稿》、《中国现代哲学史》等数十种。

本文是一篇谈中国文化的文章,侧重论述的是中国文化在当时世界(本文写于20世纪三四十年代)的处境、前景和对策,可以说,"东西文化"是文章关注的真正核心,"城乡文化"则是文章用作比较的对象。文章观点宽容开放,具有鲜明的现代意识。认为,中国古代文化发达,就像城里人一样,但现在落后于西方,处处受到西方的制约,就像从城里人变成了乡下人。要改变这一格局,唯有奋起直追,"把自己亦变为城里人"。

文章最明显的艺术特点在于比喻和比较。首先,文章从标题到正文,无一不处在比喻和比较当中,城乡文化始终如影随形,跟随在东西文化之后,既是鲜明的映衬,又形象地传达作者的思想。其次,文章语言质朴生动,幽默诙谐,形象地表达了抽象的事理。

中国自周秦以来,对于四围别底民族,向来是处于城里人的地位。自周秦以来,中国向来是城里,四围别底地方向来是乡下。虽然有几次乡下人冲进城里来,占据了衙门,抓住了政权,但是这些乡下人,终究是乡下人。他们不能把城里人降为乡下人,他们至多能把他们自己亦升为城里人。他们所见底城里人,即是中国人。所以他们于变成城里人之时，不知不觉地在许多别底方面亦变为与中国人相同。此即所谓同化。有许多人说，中国人对于异族之同化力特别强。凡异族人中国者，无论其为统治者或被统治者，历时稍久，即不知不觉地为中国人所同化。此是事实。不过中国人之所以能同化异族，并不是因为中国人是中国人，而是因为对于所同化之异族，中国人是城里人。所谓夷夏之别，有殊与共的两个方面。就殊的方面说，夷夏之别，即是中国人与别底民族之别。就共的方面说，夷夏之别，即是城里人与乡下人之别。在清末以前之历史中，我们所见之城里人即是中国人。所以在我们的心目中，中国人是惟一底城里人，城里人即是中国人，所以所谓用夏变夷，是用城里人变乡下人，亦即是用中国人变别底民族。照此方面说，用夏变夷是应当底，而且亦是可能底。用夷变夏是不应当底，而且亦是不可能底。人若能坐在重楼叠阁底建筑里，有地炉暖得满室生春，他万不愿意再去坐在旷地里底蒙古包里，烤马粪火。

中国人的城里人底资格，保持了一二千年，不意到了清末，中国人遇见了一个空前底变局。中国人本来是城里人，到此时忽然成为乡下人了。这是一个空前底变局。这是中国人所遇到底，一个空前底挫折，一个空前底耻辱。

在现在底世界中，英美及西欧等处是城里，这些地方底人是城里人。其余别底地方大部分是乡下，别底地方底人大部分是乡下人。这些乡下地方，有些已成为某人的"庄子"，如印度成为英国人的"庄子"，安南成为法国人的"庄子"。在每一个"庄子"里，他们都派一个管事底，即所谓总督也者，住在那里，征收上文所说之"八两鱼"。此即上文所说之特定底殖民地。乡下之其余底地方，虽不特别为某人所管，但在经济上是附属于，至少是靠英美及西欧等城里；此即上文所说之普通底殖民地。中国底地位，好像上文所说之土财主。此土财主亦是一"财主"，虽亦可说是一大财主，但既是一个"土财主"，所以亦于无形中受城里人的支配。不过尚不特别为某人所管，所以是普通底殖民地，亦即所谓半殖民地。

有许多人去逛纽约，伦敦，巴黎，好像刘姥姥进了大观园，觉得没有一样事物不新奇，没有一样事物不合适。返观他们的故园，他们只有赠以"愚""贫""弱"几个大字。这固然是不错底，不过他们仿佛不觉得，英美及西欧等国人之所以是"智""富""强"者，并不是因为他们是英美等国人，而是因为他们是城里人；中国人之所以是"愚""贫""弱"者，并不是因为中国人是中国人，而是因为中国人是乡下人。不弄清楚这一点，那即真是一个刘姥姥了。照刘姥姥的看法，凤姐贾母等都本来是聪明能干底，天生应该享福底。而她自己及板儿都本来是愚鲁拙笨底，天生应该受罪底。贾府的鸡蛋，天然地比刘家底鸡蛋，精致小巧。这看法完全是错误底。

英美及西欧等国所以取得现在世界中城里人的地位，是因为在经济上它们先有了一个大改革。这个大改革即所谓产业革命。这个革命使它们舍弃了以家为本位的生产方法，脱离了以家为本位的经济制度。经过这个革命以后，它们用了以社会为本位底生产方法，行了以社会为本位的经济制度。这个革命引起了政治革命，及社会革命。有一位名公说了一句最精警底话，他说：工业革命的结果使乡下靠城里，使东方靠西方。乡下本来靠城里，不过在工业革命后乡下尤靠城里。在工业革命以后，西方成了城里，东方成了乡下。乡下既靠城里，所以东方亦靠西方。

在工业革命前，一个乡下底自耕农或土财主，在他们的生活必需品方面一部分可以只靠他自己家里底出产。他们自己的田地里有自己种底粮食，自己种底菜，自己种底棉花。

他们自己能把自己的麦稻，弄成米、面；把自己的棉花，弄成线、布。所谓"凿井而饮，耕田而食。不识天功，安知帝力"。所谓"帝力"，可以说是社会之力。这些自耕农在一切生活必需品方面，一部分是他们自己的田地出产。在这一方面说，他们似乎可以"遗世独立"，不靠别人，除家之外，不知有社会，或虽知其有，而不知其必须有。此即所谓"不知帝力"。在此方面说，乡下可以不靠城里。

不过在以家为本位底经济制度里，乡下人至少有一部分生活必需品不必靠城里。但在以社会为本位底经济制度里，乡下即完全要靠城里。在经过产业革命底地方，农人有麦，但他还要上城里买面粉。因为城里已经有专制面粉底工厂；工厂所制底面粉，又好又便宜；在此情形之下，即没有人在自己家里，用自家的磨，磨面粉了。农人有棉花，但他还要上城里买布。因为城里已经有专制布底工厂；工厂所织底布，又好又便宜；在此情形之下，即没有人在自己家里，用自家的机子，织布了。在现在整个底世界上，西方成了城里，东方成了乡下；所以我们中国虽有的是原料，而制成品却须往外国买。我们有麦子，而所谓洋面渐渐压倒本地面。我们有棉花，而所谓洋布渐渐压倒土布。所谓洋面，洋布，以及一切所谓洋货者，正确地说，实即是城里底面，城里底布，城里底货而已。所谓中国人用西洋人的制成品者，实即是乡下人进城里办货而已。所谓中国人往西洋留学者，实即是乡下人进城里学乖而已。所谓中国人往西洋游历者，实即是乡下人往城里看热闹而已。

在这种情形下，如专提倡所谓"东方底精神文明"，以抵制西方势力的侵入，那是绝对不能成功底。如印度的甘地打算以印度的"精神"抵制英国。他叫印度人都不用英国布，都用旧式机子，自己织布。这好像一个乡下人，吃了城里人的亏，生了气，立下了一个决心，发了宏誓大愿，要与城里人断绝来往。但经济底铁律，要叫他的这种宏誓大愿，只能于五分钟内有效。中国以前亦有屡次底抵制日货运动，以为靠人的决心，即可抵制住日货。但其成效，若不是没有，亦是微乎其微。于是人皆说中国人只有五分钟底热心。其实任何国底人，于此都只有五分钟底热心。这种情形，不是由于人的热心的力量小，而是由于经济的力量大，甘地以一种宗教的力量所领导底运动，十年前虽亦轰动一时，而现在亦无闻了。这亦不是因为宗教力量小，而是因为经济的力量大。甘地亦是于没办法中想办法。但从没办法中想出底办法，还是不是办法。其志可哀，但其办法则不可。

乡下人如果想不吃亏，惟一底办法，即是把自己亦变为城里人。我们于上文说，英美及西欧等国，所以取得现在世界中城里人的地位，是因为在经济上他们先有了一个大改革。这个大改革即所谓产业革命。因为有了这个改革，所以才使"乡下靠城里，东方靠西方"。东方底乡下，如果想不靠西方底城里，如果想不受西方底城里的盘剥，如果想得到解放，惟一底办法，即是亦有这种底产业革命。这种产业革命底要素，即是以机器生产，代替人工生产。这种事情，初看似乎不过只是经济方面底事情；但是影响却是异常重大。

或又可问：在第一篇"别共殊"中，我们说，一般人所谓中西之分，大部分是古今之异。在此篇中，我们说及城里与乡下，似以为所谓中西之分，又是城里与乡下之异。比二说岂非不合？我们于第一篇说：文化有许多类，本篇又说及城里乡下，岂以中国所有之文化为乡下文化，或现在有一部分人所谓乡村文化，西洋所有之文化为城里文化，或现在有一部分人所谓都市文化乎？

现在有一部分人所谓乡村或都市文化者，似乎是以乡村或都市为中心底文化。这种分别,我们不以为然,因为照我们的看法,文化都是以我们所谓城市为中心。不过城里乡下是相对底。对于此为城里者,对于彼或为乡下。一个县城,对于其四乡为城里;但对于省城说,则此整个底县,连带其县城在内,都是乡下。对于中国说,上海南京是城里;但对于英美等国说,整个底中国,连带上海南京在内,都是乡下;整个底英美等国,连带其中底村落,都是城里。所以我们讲城里乡下,乃就为城里或为乡下者之相对底地位说,并不是就其所有之某类文化说。英美等国之所以能于现在世界中取得城里之地位者,乃因其先近代化或现代化,乃因其先有某种文化。中国之所以于现在世界中流为乡下的地位者,乃因中国未近代化或现代化,乃因中国未有某种文化。

 思考题

1. 本文除了用"城乡文化之别"来比较"东西文化之分",还有没有其他的比较方式?
2. 有人说,如果把西方文化视为"智性文化",那么中国文化则可以称为"德性文化";也有人说如果把西方文化视为"罪感文化",日本文化视为"耻感文化",那么中国文化则可以称为"和合文化"。你更同意哪种看法?为什么?

拓展文本

东西方思维方式之比较

张正明

题 解

张正明(1928—2006),上海人。研究员,博士生导师。1952年毕业于清华大学社会学系,长期在我国政务院、全国人大和中国科学院等有关机构从事民族事务和民族史研究工作。1980年创办了楚文化研究所。曾任中国民族史学会副会长、中国屈原学会副会长、湖北省屈原学会会长、中国国际交流协会理事、中国民族史学会理事。主要著作有《契丹史略》、《楚文化史》、《楚史》、《长江流域民族格局的变迁》等,主编了《楚学文库》、《楚文化志》、《楚美术图集》、《上古长江流域美术图集》等丛书和书,为楚文化和长江文化研究做出了开拓性贡献。

本文是作者在华中理工大学作的讲演词,收入《中国大学人文启思录》(第1卷)。虽然讲演的时间有限,东西方思维和文化的范围又极为宽广,但作者由科学与技术、美学与艺术、哲学与方术等几个方面,采用比较的手法,深入浅出,从浩瀚烟海中梳理出极为清晰的思路。作者在文中首先指出东西方思维方式"颇异其趣"。中国古代的"楚文化"是东方思维的杰出代表,"古希腊文明"则是西方文明的杰出代表;接着列举实例证明东西方思维的差异,并分析了造成这种思维差异的缘由,以及思维差异造成的思维习惯。和而不同,既是东方的大幸,也是西方的大幸,它造福全人类。

东方人和西方人的思维方式颇异其趣,既令人困惑,又耐人玩味。

东方以中国——尤其是古代的楚国为表率,西方以地中海沿岸的文明古国——尤其是古代的希腊为表率。从公元前6世纪中叶到公元前3世纪中叶,东方的楚人和西方的希腊人几乎同步达到了古代文明的顶峰。楚文化之所长即希腊文化之所短,楚文化之所短即希腊文化之所长。这个二元耦合的格局,酷肖太极的两仪。

《庄子·秋水》云:"大知观于远近。"对我们来说,"远"的就是西方,"近"的就是东方。东方思维方式和西方思维方式,只有在比较中才能显示出各自的特性和特色。

一、迹象

(一) 科学与技术

西方看重理论,东方看重经验。知识,在西方哲人看来是目的,在东方哲人看来就只是手段了。

苏格拉底说:"美德就是知识。"柏拉图认为做实验是亵渎神灵的行为,造器械是低级下流的行当。毕达哥拉斯住宅门口挂着一块牌子,上书:"未学几何者免进。"一个学生问欧几里德:"学几何有什么用处?"欧几里德勃然变色,对身旁的仆人说:"去拿三文钱来把那个年轻人打发走,因为他居然想知道学几何有什么用处。"这等话只有西方哲人才说得出来,这等事只有西方哲人才做得出来,在东方是不可思议的。

东方哲人所追求的,若非"仁"和"义",则必"道"和"德"。至于科学知识,却是无关紧要的。但是,他们看重经验,这可以举《庄子》的两则寓言为例。寓言"郢匠运斤",说楚国的郢都有一位姓石的木匠,技艺高超,让一位朋友站在街旁,在这位朋友的鼻尖上抹了一点石灰,抡起斧头,风驰电掣般砍过去,石灰被削得一干二净,这位朋友的鼻子全然无损。寓言"庖丁解牛",说宋国有一位厨师擅长杀牛,动作同最好的舞蹈一样悦目,声响同最好的音乐一样悦耳,只在肉与骨之间运刀,不用多费力气就能把牛分解成肉是肉、骨是骨,一把刀子杀了 19 年的牛没有磨过一次,却还像刚磨过的那么锋利。前一则寓言讲准确,后一则寓言讲巧妙,二者都靠经验。

熔模铸造法是西方先发明的,但最复杂、最精密的铸件出现在东方。如曾侯乙的尊和盘,至今无法复制。黄金分割律是西方的毕达哥拉斯发现的,对音乐和美术都有用,而毕达哥拉斯既不是音乐家,也不是美术家。东方在毕达哥拉斯之前就有了应用黄金分割律的经验,然而不知黄金分割律(1∶0.618)之理论为何物。

15 世纪以前,科学理论通常不能获得近期的经济效益,因而在物质生产上是看重经验的东方领先。16 世纪以后,科学理论比较容易获得近期的经济效益了,看轻理论的东方就落后了。

(二) 美学与艺术

西方讲求逼真,东方讲求传神。西方也有讲求传神的,但须以逼真为基础;东方也有讲求逼真的,但须以传神为前提。西方对艺术是愈具象愈擅长,东方对艺术是愈抽象愈擅长。因此,最具象的雕塑是希腊人戛戛[1]独造,最抽象的音乐是楚人遥遥领先。诗歌也如此,希腊人擅长叙事,楚人擅长抒情。希腊艺术是模仿性的,楚艺术是创造性的。

---

〔1〕 戛戛(jiá jiá):形容困难、费力。

（三）哲学和方术

西方倚仗论证，东方倚仗领悟（静观、默照、玄览、冥悟）。

西方的三段论（大前提——小前提——结论），东方的一指禅（遇门徒发问时，竖拇指以示之），形成尖锐的对比。

西方倾向于把神人格化，东方倾向于把人神格化。西方的神大抵与人同形同性，东方的神资格愈老愈奇。西方发展了各种体育竞技，东方发展了气功、内丹功、外丹功等等。

二、缘由

（一）生存环境

西方历史的中心舞台在地中海，东方历史的中心舞台在"海中地"。地中海在西方历史上的地位是众所公认的，兹不详述。

东方的中国人，早在《尚书》时代就以为自己生活在四海之中了。"四海"，本义是东、南、西、北四个海，转义有四方、四境、四裔等。16世纪晚期，利玛窦在广东看到一幅中国人绘制的世界全图，这图中间的大陆是明朝的15个行省，周围是大海，海上的若干小岛是其他各国，所有小岛加在一起比明朝最小的一个行省还小，这是一幅典型的"海中地"之图。

"海中地"不仅被看成是世界的主体，而且被看成是物华天宝、人杰地灵的渊薮。"天朝无所不有"的观念根深蒂固，升到哲学上去，就是"万物皆备于我"。

（二）文化传统

地中海区的文明中心和民族主体都是变动不定的，此荣则彼枯；"海中地"区的文明中心和民族主体却是稳定不移的，文明中心不出黄河中下游和长江中下游，民族主体是华夏。

地中海区的文明内虚外实，是花环式的；"海中地"区的文明内实外虚，是花团式的。

地中海区在政治和学术上都无正统可言，就连有继承关系的也常被看成是没有继承关系的，数典忘祖可以为常；"海中地"区在政治和学术上都有正统可寻，就连没有继承关系的也常被看成是有继承关系的，攀龙附凤相沿成风，因此，元朝承认宋朝为正统，儒家、道家以及后起的佛家则是学术的正统。

（三）思维习惯

基于生存环境方面和文化传统方面的反差，西方人和东方人有不同的思维习惯。

西方人觉得世界是支离破碎的，如同许多相互挤压、相互撞击的版块；东方的中国人觉得世界是完整和谐的，早在战国时代就构拟了一个理想的体系，从中心到周围，甸服、侯服、绥服、要服、荒服各五百里，要服和荒服是由所谓蛮夷戎狄居住的。

西方人容易觉得天与人是相分的，东方的中国人容易觉得天与人是相合的。

西方人总是从地中海这边望着地中海那边，习惯于外向、外求；东方的中国人总是四面望着中间，习惯于内向、内求。

先秦时期的中国，东部民族下葬时头向从东，西部民族下葬时头向从西，南方民族下葬时头向从南,北方民族(夏、殷、商)下葬时头向从北,通例如此,像一朵迎春花的四片花瓣,这是举世独有的奇观。传说的"黄帝四面",以及商代人面方鼎,就是这种文化模式和思维模式的象征。

西方人习惯于大开大阖的革故鼎新,东方的中国人习惯于自我修正、自我调适的踵事增华。

三、趋向

近代和现代的趋向是:东方是学习西方,而西方则在学习东方。西方和东方都有一座"围城",城里的人想跑到城外去,城外的人想跑到城里去。无论科学与技术,美学与艺术,哲学与方术,乃至政治与军事,莫不如此,然而程度不等。

君不见,在东方人学习西方的科学与技术的同时,西方的一些科学家运用道家的理论,发明了二进位,创立了有机建筑学派,获得了诺贝尔物理奖和化学奖,还写出了洋洋大观的《中国科学技术史》!

君不见,在东方人学习西方的美学与艺术的同时,西方的一些美术家学习了东方美术和非洲美术,创立了各种各样的现代美术流派!

君不见,在东方人学习西方哲学的同时,西方的一些学者在学习东方哲学!在华盛顿的一家不大的书店里,竟同时有十多个版本的《老子》英译本出售。在东方人学习西方的体育竞技和医道药理的同时,西方有越来越多的人醉心于东方的针灸、气功和武术!

君不见,在东方人学习西方传来的种种社会学说和政治理论的同时,美国前总统里根在一篇国情咨文中引用了《老子》的"治大国若烹小鲜",说它对美国也适用!在东方人学习西方的军事技术的同时,美国的西点军校在讲授《孙子兵法》!在海湾战争中,美国官兵人手《孙子兵法》英译本一册。

在未来的世界里,东方思维方式和西方思维方式都将因交流而得以提高,但彼此仍将有相异之处。

下个世纪东方思维方式的主流,或许是不薄理论爱经验,不薄逼真爱传神,不薄论证爱领悟。

 思考题

1. 为什么作者认为"东方人和西方人的思维方式颇异其趣",是"二元耦合的格局,酷肖太极的两仪"?请用中国传统的太极理论(或辩证法),来解释东方和西方的思维方式的对立和关联。
2. 曾经有这样一项试验:有一张照片,上面有几条大鱼和小鱼,以及水草、海螺、石子。将此照片分别给中国人和美国人,他们的反应是不同的,大半中国人说"这是一个海底世界",美国人则说"大鱼在吃小鱼"。由此,有人得出这样的结论:东西方人的思维方式确实存在差异,东方人倾向于对关系的思考,西方人倾向于解决问题。如果你看了这幅画,你会怎样想?

精读文本

红高粱（电影剧本节选）

导演：张艺谋
编剧：陈剑雨　朱伟　莫言

题解

张艺谋（1950—），陕西西安人。中国电影导演，"第五代导演"代表人物之一。1987年执导的第一部电影《红高粱》获中国首个国际电影节金熊奖。执导的电影作品主要有《红高粱》、《菊豆》、《大红灯笼高高挂》、《秋菊打官司》、《活着》、《我的父亲母亲》、《英雄》、《十面埋伏》、《金陵十三钗》等。

电影《红高粱》根据莫言的小说《红高粱》、《高粱酒》改编而成。改编过程中体现出导演张艺谋的创作意图和艺术追求。它以童稚的视点回忆"我爷爷"和"我奶奶"的故事，以崭新的艺术形式，描绘了中国二三十年代一伙农民古朴、野性的生活和他们与侵略者浴血奋战的过程。影片的剧情构成极具戏剧性，通过人物塑造赞美生命的自由，爱就真爱，恨就真恨；大爱大恨，大生大死。特别是"颠轿"那一场戏，堪称影像的"绝唱"。迎亲途中，"我奶奶"那不屈于命运与成规的个性，在隐隐中透露；而"我爷爷"与轿夫们，则可谓"野性"勃发，肆无忌惮地捉弄"我奶奶"。该影片作为张艺谋的处女作，在很多方面（例如蒙太奇、色彩、光线、声音、服装、节奏、细节等）都表现得独具风格。它不仅把诸多表现手段综合运用，而且采用了一种具象来象征暗示环境与人的关系，突出了影片的主题，使得该影片的艺术境界高人一等，具有很高的审美价值、艺术价值和文化品格。

人物表

九　儿——我奶奶

余占鳌——我爷爷
豆　官——我爹
九儿爹——我曾外公
罗　汉（烧酒作坊管事）
刘大号（吹鼓手）
哑　巴（烧酒作坊伙计）
王文义（烧酒作坊伙计）
王文义妻
花脖子（土匪头子）
胡　二（狗肉铺掌柜的）
孙　五（杀猪匠）

第　一　章

1. 高粱地

淡紫色的晨雾笼罩下的高粱地，如梦如海。在晨风追逐下，高粱的绿浪缓缓地涌向朦朦胧胧的天边。

一只土黄中星杂着白斑点的百灵在云雾蒸腾的高空尖声呼啸而过。

高粱梢头，薄气袅袅，刚刚露头的高粱穗子睡眼惺忪。密密层层的高粱拥拥挤挤，推推搡搡，四面八方响着高粱生长的噼啪声。

（画外音）

"我要讲的事儿就发生在我老家这片高粱地里……"

一声锐利的、刺耳的驴叫拔地而起。

远远望去，一处北方村落在渐渐消散的雾气中呈现出来。

从东边高粱地里，露出一弧血红血红的朝阳。炽目的、潮湿的阳光，照临大地。

2. 九儿家院里

围着黄土墙的庄户院。高高翘起檐角的破旧门楼贴着大红喜字，五间灰瓦房的门楣上贴着大红对联。除此而外院内此时并无多少喜气。

（画外音）

"民国一十八年六月初八，是我奶奶的大喜日子。以廉价高粱酿酒发了财的烧锅掌柜的单扁郎许给我曾外公一头大骡子，我曾外公答应将我奶奶嫁给他，尽管有消息说单扁郎早就染上了麻风病。"

3. 九儿闺房

九儿端坐在梳妆台前，那一头乌黑油亮的秀发如瀑布直泻而下。

喜娘正为九儿"开脸"。一股拧成麻花状的丝线在九儿光洁的脸上滑动着，为她刮去脸上的汗毛，把眉毛修成两条弯弯的细线。

喜娘手持梨木梳子，把九儿的一头秀发揽在手里，一绺绺、一节节地梳理。尔后，把梳顺的头发紧根儿扎住，挽成几个大花，塞进黑丝线编织成的密眼发网里，用四根银簪子插住。

九儿任人摆布着,梳妆镜里映出她凄美漠然的脸。

一只枯干的老妇人的手把一朵红绒花插在九儿的发髻上。九儿扬起手把红绒花取下来。在她扬手的瞬间,看得见一只沉甸甸的绞丝银镯子滑到小臂上。

喜娘为九儿精心修剪前额的刘海。

九儿端详着镯子上的蛇形花纹,麻木的心里漾起一丝伤痛。红绒花孤寂地落在她的脚边。

迎亲的唢呐声、喇叭声隐约飘来。

镜中的九儿,霎时脸色青白。她不由自主地一手按住藏着剪刀的胸口,绷紧的乳峰随着急促的呼吸剧烈地跳荡着。

4. 九儿家内外

震耳欲聋的鞭炮声噼噼啪啪炸响。

大喇叭、小唢呐引着一乘四人大轿进得院来。凑热闹的大人小孩挤得门楼摇摇欲坠。花轿已停靠妥当,喜娘搀扶盖着大红盖头、身穿大红棉袄棉裤的九儿出门、上轿。

九儿爹忙里忙外地张罗。九儿出门时,他把一个小红纸包塞到领头的轿夫粗壮的大手里,关照说:"大兄弟,一路上多照应。"领头的轿夫余占鳌,二十啷当岁,一身轿行打扮也掩藏不住他的威武和豪勇。他接过红包,道声"好说",一把揣进怀里,然后扶稳轿杆,朗声吆喝:"起轿——"

(画外音)

"我曾外公做梦也没想到,他托付的这轿夫,不久的将来会成为我爷爷。公道地说,我爷爷自己也不知道命运的安排。他是方圆百里有名的轿夫头子,抬过的新娘子成百上千。轿夫们心里明白的只有一件事,在路上要好好折腾一下新娘子,这就跟烧锅上喝酒、肉铺里吃肉一样,是天经地义的事儿,是规矩。"

5. 村街

花轿穿过村街。轿夫们双手卡腰,迈着八字步,号称"踩街",整齐划一的步调显示出一种优雅的职业风范,轿子颤动的节奏应和着吹鼓手们奏出的凄美的音乐。

看热闹的人们纷纷驻足。花轿过处,有几个老妇人颤颤巍巍步出门外,摇头叹息,不知是为轿中人的命运惋惜,还是为自己早已逝去的青春感喟。

6. 高粱夹峙的土路

一望无垠的绿色高粱,像是起伏、翻涌的绿色海洋。一条土路像涓涓细流迤逦流进海的深处。

花轿由远处悠悠而来。

土路久经践踏,乌油油的黑土沉淀到底层,路旁铺满野草杂花。紫色、粉色、白色的矢车菊开得分外茂盛。薰风吹拂着土路两侧翠绿的高粱,刚秀出来的银灰色的高粱穗子飞扬着清淡的花粉。高粱地里传来鸽子咕咕咕咕的叫声。

轿夫们一进高粱地,像投进母亲的怀抱,感到亲切舒坦。花轿在他们轻捷的颤动下颤颤悠悠;轿帘轻轻掀动着,拴轿杆的生牛皮吱吱扭扭地唱,走到狭窄处,高粱叶子擦得轿子两侧沙沙地响。

7. 花轿里

九儿坐在憋闷的轿子里,头晕目眩。罩头的红布使她觉得气闷,她一把揭下来,放在膝上。随着轿帘的掀动,一缕缕光明和一丝丝清风闪进轿来。她轻轻嘘了一口气。

8. 高粱地

一片生机盎然的鸟鸣声。

几十只白鸟从绿高粱的海中扑棱棱飞出,飞上渐渐变成湛蓝的天,飞向那金光四射的太阳。

9. 花轿里

九儿悄悄伸出脚尖,把轿帘顶出一条缝隙,偷偷地往外看。透过缝隙,她看到最靠近轿边的轿夫的黑绸裤,像老鹰的翅膀刚劲有力地扇动着,颀长健美的腿依稀可辨,那穿着双鼻梁麻鞋的阔大的脚、踏起一股股噗噗作响的尘土。

她忍不住把脚尖缓缓地上移,身子也情不自禁地往前探。于是,她看见了光滑的紫槐木轿杆和轿夫油亮的肩膀,轿夫脱下的上衣胡乱扎在轿杆上,那宽阔的、像一扇磨盘一样的后背和滚圆的、肌肉隆起的胳膊在艳阳照射下闪着油光,透露出男性的粗犷的力和美。

九儿有点痴迷地呼吸着这男人的气味,不禁怦然心动。

10. 土路——高粱地

余占鳌滚圆的、肌肉隆起的胳膊搭在上下晃动的轿杆上。他的宽阔的前胸肌肉发达,一张脸像刀砍斧劈一般,鼻沟、嘴角、下巴棱角分明,显出他的强悍和决断。他有一双贼亮贼亮的眼睛,不大,但黑是黑,白是白,有几分狡黠,流露出的真诚也带着几分咄咄逼人的光彩。

花轿在高粱夹峙的土路上颤悠悠地行进着。绿色的高粱似乎永无尽头。花轿像在海上漂泊的红色的小船。

有一株高粱把头伸到路当中,仿佛在向迎亲的队伍弯腰致敬。刘大号把喇叭夹到胳肢窝里,捋下未成熟的高粱穗在双手里揉搓,送一撮到嘴里咀嚼,高粱的苦涩的清香使他如饮醇酒,他眨巴眨巴眼睛,眯缝着把留在手上的高粱壳噗地吹上天。

绿色的高粱地上空飘着若有若无的金色的花粉。

高粱深处传来时断时续的哭丧声。

余占鳌怔愣一下,嚷道:"大号,吹起来!"

大喇叭、小唢呐呜呜咽咽地吹响。余占鳌指挥着轿夫们让花轿轻轻颠荡起来。

上下颠荡的花轿。轿夫们兴高采烈的嬉笑声,把哭声湮没了。

这时,有一个轿夫开始起哄了:"轿上的小娘子,跟哥哥们说几句体己话呀!远远的路程,闷得慌!"

11. 花轿里

九儿赶紧拿起红布蒙到头上,顶着轿帘的脚尖也悄悄收回。

轿内又是一团漆黑,只听见轿夫们七嘴八舌逗趣的话和粗野的笑。

"唱个曲儿给哥哥们听吧,哥哥抬着你哩!"

"小娘子,你可不能让单扁郎沾身呀,沾了身你也烂啦!"

"小娘子,先给咱哥儿弟兄吧,你看上谁就是谁。"

"咱占鳌兄弟还是个童男子哩!"

"旁边就是高粱地,钻吧!哈哈哈……"

九儿不由自主地往花轿角上躲,双手交叉抱在胸前,不敢吭声。

一个轿夫戏谑地嚷嚷道:"不吱声?颠!颠不出话把干的稀的都给颠出来!哈哈哈……"

12. 高粱地

红色的花轿像颠簸的小船,在高粱的绿浪中翻飞、沉浮。

男人们放肆的笑声、叫声推波助澜。

13. 花轿里

九儿死死抓住座板,五脏六腑翻江倒海。

红盖头被颠得沸沸扬扬,飘落到脚下。

九儿偷偷藏在怀中的剪刀也被颠了出来,滑落在轿板上。

九儿一惊,奋不顾身地伸出红绣鞋,把剪刀紧紧踩在脚下。

她咬紧牙关,把从肚肠里冲上来的东西憋在喉咙里,一手抓着座板,艰难地弯下腰,用另一只手捡起剪刀,揣回怀里。

就在这一瞬间,一股奔突的浊流从她嘴里窜出来,射到轿帘上。

帘外的轿夫们得意忘形地狂喊着:

"吐啦,吐啦,哈哈哈……"

"颠呀,颠呀,上面颠出来了,下面也快了……"

九儿终于绷不住了,她呃嗝着,可怜兮兮地告饶道:"好哥哥们,饶了我吧……"话一出口,就收不住了,索性放声大哭起来。

14. 高粱地

九儿痛不欲生地放声大哭,高粱深深地被震动了。

轿夫们面面相觑,脚步也变得沉重了。

刘大号的喇叭吹出一个猿啼般的长音,便无声无息。只剩下九儿的呜咽声、呃嗝声,和一支悲泣的小唢呐的声响——唢呐的哭声比女人的哭声更优美、更缠绵。

高粱地里的哭丧调清晰可闻:

> 青天哟——蓝天哟,
> 花花绿绿的天哟;
> 棒槌哟,亲哥哟,你扔下我走了,
> 可就塌了妹妹的天哟!

轿里的哭声住了,小唢呐的哭声也消失了。花轿缓缓而行。大家都在默默地、无言地聆听这天籁一般的悲歌,听着这仿佛从天国传来的音乐。

余占鳌无可奈何地摇摇头,像叹息一般说,"歇了。"

花轿落地,停靠在开满矢车菊的土路一侧。

哭得昏昏沉沉的九儿,不觉把一只穿着缎鞋的脚伸出轿帘外。

轿夫和吹鼓手们看着这只美妙绝伦的脚,一时都忘魂失魄。

余占鳌走过去,弯下腰,小心翼翼地握住这只脚,像握着一只羽毛未丰的鸟雏,轻轻地、轻轻地送进轿内。

轿帘掀起一道缝。轿帘的隙缝间,九儿水滢滢的眼睛感激地盯着这双粗大的手。余占鳌亮亮的眼光像一道闪电射向轿内。九儿抬眼迎住这目光,眼中泪光闪动。

15. 土路

一个头戴一顶高粱篾片编成、刷了几层桐油的斗笠,身着一袭黑衣衫的汉子的背影,沿着土路闲闲散散地走来,像一个悠游自在的过路人。他一边走着,一边颠弄着手中的什么物件。

那汉子走近花轿,忽然端起手中的枪,劈腿站在土路中央,枪口对着轿夫和吹鼓手。

蹲着的、站着的、抽烟的、愣神的轿夫和吹鼓手们毫无防备,望着眼前这持枪的汉子,斗笠压到眉心,嘴里咬着一穗高粱,敞着怀的密扣黑衣衫,腰扎着鼓鼓囊囊的子弹带,明白自己是碰上了"吃拤饼的"(土匪),只好认晦气,纷纷掏出兜里的银元、铜板,扔到地上。散落的铜板滚动着,三三两两滚到劫道人脚下。

劫道人用脚把银元、铜板踢拢成堆,一口把高粱穗子唾到地上,喝道:"没你们什么事儿,都滚轿子后边去!"

刘大号和轿夫们磨磨蹭蹭往轿子后边走。蹲在地上抽烟的余占鳌把烟用脚踩灭,慢慢腾腾地站起来。劫道人冲他扬扬手中的枪。他倒退几步,踩到路边长满野花杂草的地沟里。劫道人几步抢到轿前,一把撕下轿帘。

九儿端坐轿中,像一尊瓷塑的观音。她的姿色,她的尊贵,把劫道人镇在那里。她的美貌,她的从容,也把余占鳌惊呆了,仿佛钉在地上一般。轿夫和吹鼓手们又纷纷围上来。

劫道人如梦方醒,用枪堵住众人,结结巴巴地冲着轿里的九儿喊道:"下……下轿!"

九儿欠起身,大大方方地跨过轿杆,站到烂漫的矢车菊丛中。她右眼看着吃拤饼的,左眼看着轿夫和吹鼓手,款款挪动脚步。当她的目光与余占鳌相遇时,对他粲然一笑。

九儿一笑,使余占鳌浑身血液澎湃,急剧跳荡的心似乎要从嗓子眼里冲出来。他往胡乱套在身上的小褂的衣襟上擦擦手,朝着劫道人笔直走去。

劫道人的黑洞洞的枪口对着余占鳌,吼道:"找死!有话跟花脖子说去,是他要的人。"

轿夫和吹鼓手听到"花脖子"三字,如遭雷击。刘大号夹着大喇叭赶上来,扯扯余占鳌的衣角。

(画外音)

"花脖子是远近驰名、让人闻风丧胆的土匪头子。家里孩子哭闹,一提'花脖子来了',立时噤若寒蝉。"

余占鳌未予理睬,依然迎着枪口一步一步地向前逼近。他鼻翼扇动着,薄薄的嘴唇绷成一条直线,两个嘴角,一个上翘,一个下垂。

劫道人哗啦一声,扳开枪机。

就在劫道人拨劲枪机的瞬间,余占鳌突然闪身一脚踢去。枪声和手枪一齐飞出。余占鳌和劫道人翻滚在地,扭成一团。刘大号和轿夫们见状一齐扑上来。余占鳌抢过刘大号手里的大喇叭,一扬手,喇叭的圆刃劈进了劫道人的颅骨。刘大号连忙伸手去拔,费好大劲儿才把喇叭拔出来。劫道人痉挛的身子舒展开来,轻轻地躺在地上,一线红白相间的

液体,从那道深深的裂缝里慢慢地挤出来。

刘大号心疼地掰着打瘪了的喇叭,随手扯一把高粱叶子,仔细地擦拭着喇叭上的污秽。

余占鳌捡起飞到一旁的劫道人的枪。这是一把勃朗宁手枪,烧蓝已经褪尽,看来已经有些年头了。他又从劫道人身上解下子弹袋,连同手枪一起,用脱下的小褂捆成一团,提在手里。

刘大号捡起掉在地上的黄铜弹壳,撮起嘴,吹出一声嘹亮的哨音。

九儿站在路边,五颜六色的矢车菊簇拥着她,她朝余占鳌凝眸一瞥,弯弯的嘴角浮出浅浅的笑意。

16. 土路——高粱地

停在路边的花轿。

余占鳌一手扶九儿上轿。

一轿夫挂上轿帘。

余占鳌把挂好的轿帘掀到轿顶上去。

九儿端坐在轿上,脸上的笑容像凝固了一样。

花轿又在高粱夹峙的土路上悠悠地行进起来。轿夫们飞马流星,轿子出奇地平稳,像浪尖上飞快滑动的小船,渐渐淹没在绿高粱的海洋里。

17. 高粱丛中——单家庄

夜空中没有月亮,只有几颗星星像鬼火般闪烁。低垂的穹窿阴沉地窥视着银灰色的高粱的脸庞。高粱地里窸窸窣窣的声响已为暗夜增添了神秘的气氛,远处夜猫子的凄厉鸣叫,把高粱地的紧张空气震动得像透明的苇膜一样颤抖,更在这神秘的底色上渲染上一层恐怖色彩。

视力所及的前方,单家庄的灯火把暗蓝色的天幕烧出一个一个铁锈红的窟窿。

高粱丛中,一双贼亮贼亮的眼睛像狼一样注视着单家庄跳跃的灯火。

一柄利器嚓嚓划过高粱秸,寒光闪处,高粱应声倒地。

 思考题

1. "颠轿"这一情节在影片中起到何种作用?
2. 影片是如何表现"赞美生命"这一主题的?

拓展文本

红高粱(节选)

莫 言

题解

莫言(1956—),原名管谟业,山东高密人。当代著名作家。1984年考入解放军艺术学院文学系,2012年获得诺贝尔文学奖,成为第一个获得该奖项的中国籍作家。主要著作有小说集《透明的红萝卜》、《红高粱家族》和长篇小说《天堂蒜薹之歌》、《酒国》、《丰乳肥臀》、《檀香刑》、《生死疲劳》等。

本文节选自小说《红高粱》。它站在民间立场上写了一个极其简单的抗日故事:"我爷爷"余占鳌伏击日寇以及和"我奶奶"的爱情纠葛。小说以敢生敢死、敢爱敢恨的生命意识作为基调,对整个农民真实的文化心理进行原生状态的描述,一方面浓墨重彩地渲染了一种火红的高粱般的民族性格,一方面则通过战争这一特殊的环境来开掘真正属于农民意识的正负两个层面。作者写了神秘的"红高粱",写了那些充满了隐喻和象征性的人物的内心世界,写了那些主人公的灵魂面貌及思想行为,乃至情感实践的精神准则——他们的伟大与渺小,强悍与虚弱,自尊自信与自卑自贱,善良与残忍,坦率与狡猾,机智与愚昧,以及那种足以使民族强盛的气概与足以使民族停滞不前的落后的传统意识,均使读者感悟到一个以农民为主体的民族所不可避免的精神状态的伟大与卑微。艺术上,作品交织着悲剧与反讽的复合美感,在现实主义精神中容纳了大量的现代派表现技巧,造成小说创作的新格局。

五

我奶奶刚满十六岁时,就由她的父亲做主,嫁给了高密东北乡有名的财主单廷秀的独生子单扁郎。单家开着烧酒锅,以廉价高粱为原料酿造优质白酒,方圆百里都有名。东北乡地势低洼,往往秋水泛滥,高粱高秆防涝。被广泛种植,年年丰产。单家利用廉价原料酿酒牟利,富甲一方。我奶奶能嫁给单扁郎,是我曾外祖父的荣耀。当时,多少人家都渴望着和单家攀亲,尽管风传着单扁郎早就染上了麻风病。单廷秀是个干干巴巴的小老头,脑后翘着一支枯干的小辫子。他家里金钱满柜,却穿得破衣烂袄,腰里常常扎一条草绳。奶奶嫁到单家,其实也是天意。那天,我奶奶在秋千架旁与一些尖足长辫的大闺女耍笑游戏,那天是清明节,桃红柳绿,细雨霏霏,人面桃花,女儿解放。奶奶那年身高一米六零,体重六十公斤,上穿碎花洋布褂子,下穿绿色缎裤,脚脖子上扎着深红色的绸带子。由于下小雨,奶奶穿了一双用桐油浸泡过十几遍的绣花油鞋,一走克郎克郎地响。奶奶脑后垂着一条油光光的大辫子,脖子上挂着一个沉甸甸的银锁——我曾外祖父是个打造银器的小匠人。曾外祖母是个破落地主的女儿,知道小脚对于女人的重要意义。奶奶不到六岁就开始缠脚,日日加紧。一根裹脚布,长一丈余,曾外祖母用它,勒断了奶奶的脚骨,把八个脚趾,折断在脚底,真惨!我的母亲也是小脚,我每次看到她的脚,就心中难过,就恨不得高呼:打倒封建主义!人脚自由万岁!奶奶受尽苦难,终于裹就一双三寸金莲。十六岁那年,奶奶已经出落得丰满秀丽,走起路来双臂挥舞,身腰扭动,好似风中招飐的杨柳。单廷秀那天撅着粪筐子到我曾外祖父村里转圈,从众多的花朵中,一眼看中了我奶奶。三个月后,一乘花轿就把我奶奶抬走了。

奶奶坐在憋闷的花轿里,头晕眼眩。罩头的红布把她的双眼遮住,红布上散着一股强烈的霉馊味。她抬起手,掀起红布——曾外祖母曾千叮咛万嘱咐,不许她自己揭动罩头红布——一只沉甸甸的绞丝银镯子滑到小臂上,奶奶看着镯子上的蛇形花纹,心里纷乱如麻。温暖的薰风吹拂着狭窄的土路两侧翠绿的高粱。高粱地里传来鸽子咕咕咕咕的叫声。刚秀出来的银灰色的高粱穗子飞扬着清淡的花粉。迎着她的面的轿帘上,刺绣着龙凤图案,轿帘上的红布因轿子经年赁出,已经黯淡失色,正中间油渍了一大片。夏末秋初,轿外阳光茂盛,轿夫们轻捷的运动使轿子颤颤悠悠,拴轿杆的生牛皮吱吱呱呱地响,轿帘轻轻掀动,把一缕缕的光明和一缕缕比较清凉的风闪进轿里来。奶奶浑身流汗,心跳如鼓,听着轿夫们均匀的脚步声和粗重的喘息声,脑海里交替着出现卵石般的光滑寒冷和辣椒般的粗糙灼热。

自从奶奶被单廷秀看中后,不知有多少人向曾外祖父和曾外祖母道过喜。奶奶虽然也想过上马金下马银的好日子,但更盼着有一个识字解文、眉清目秀、知冷知热的好女婿。奶奶在闺中刺绣嫁衣,绣出了我未来的爷爷的一幅幅精美的图画。她曾经盼望着早日成婚,但从女伴的话语中隐隐约约听到单家公子是个麻风病患者,奶奶的心凉了。奶奶向她的父母诉说心中的忧虑。曾外祖父遮遮掩掩不回答,曾外祖母把奶奶的女伴们痛骂一顿,其意大概是说狐狸吃不到葡萄就说葡萄是酸的之类。曾外祖父后来又说单家公子饱读诗书,足不出户,白白净净,一表人才。奶奶恍恍惚惚,不知真假,心想着天下无有狠心的爹娘,也许女伴真是瞎说。奶奶又开始盼望早日完婚。奶奶丰腴的青春年华辐射着强烈的焦虑和淡淡的孤寂,她渴望着躺在一个伟岸的男子怀抱里缓解焦虑消除孤寂。婚期终于熬到了,奶奶被装进了这乘四人大轿,大喇叭小唢呐在轿前轿后吹得凄凄惨惨,奶奶止不住泪流面颊。轿子起行。忽悠悠似腾云驾雾。偷懒的吹鼓手在出村不远处就停止了吹奏,轿夫们的脚下也快起来。高粱的味道深入人心。高粱地里的奇鸟珍禽高鸣低啭。在一线一线阳光射进昏暗的轿内时,奶奶心中丈夫的形象也渐渐清晰起起来。她的心像被针锥扎着,疼痛深刻有力。

"老天爷,保佑我吧!"奶奶心中的祷语把她的芳唇冲动。奶奶的唇上有一层纤弱的茸毛。奶奶鲜嫩茂盛,水分充足。她出口的细语被厚重的轿壁和轿帘吸收得干干净净。她一把撕下那块酸溜溜的罩头布,放在膝上。奶奶按着出嫁的传统,大热的天气,也穿着三表新的棉袄棉裤。花轿里破破烂烂,肮脏污浊。它像具棺材,不知装过了多少个必定成为死尸的新娘。轿壁上衬里的黄缎子脏得流油,五只苍蝇有三只在奶奶头上方嗡嗡地飞翔,有两只伏在轿帘上,用棒状的黑腿擦着明亮的眼睛。奶奶受闷不过,悄悄地伸出笋尖状的脚,把轿帘顶开一条缝,偷偷地往外看。她看到轿夫们肥大的黑色衫绸裤里依稀可辨的、优美颀长的腿,和穿着双鼻梁麻鞋的肥大的脚。轿夫的脚踏起一股股噗噗作响的尘土。奶奶猜想着轿夫粗壮的上身,忍不住把脚尖上移,身体前倾。她看到了光滑的紫槐木轿杆和轿夫宽阔的肩膀。道路两边,板块般的高粱坚固凝滞,连成一体,拥拥挤挤,彼此打量,灰绿色的高粱穗子睡眼未开,这一穗与那一穗根本无法区别。高粱永无尽头,仿佛潺潺流动的河流。道路有时十分狭窄,沾满蚜虫分泌物的高粱叶子擦得轿子两侧沙沙地响。

轿夫身上散发出汗酸味,奶奶有点痴迷地呼吸着这男人的气味,她老人家心中肯定漾起一圈圈春情波澜。轿夫抬轿从街上走,迈的都是八字步,号称"踩街",这一方面是为讨主家欢喜,多得些赏钱;另一方面,是为了显示一种优雅的职业风度。踩街时,步履不齐的不是好汉,手扶轿杆的不是好汉,够格的轿夫都是双手卡腰,步调一致,轿子颠动的节奏要和上吹鼓手们吹出的凄美音乐,让所有的人都能体会到任何幸福后面都隐藏着等量的痛苦。轿子走到平川旷野,轿夫们便撒了野,这一是为了赶路,二是要折腾一下新娘。有的新娘,被轿子颠得大声呕吐,脏物吐满锦衣绣鞋;轿夫们在新娘的呕吐声中,获得一种发泄的快乐。这些年轻力壮的男子,为别人抬去洞房里的牺牲,心里一定不是滋味,所以他们要折腾新娘。

那天抬着我奶奶的四个轿夫中,有一个成了我的爷爷——他就是余占鳌司令。那时候他二十啷当岁,是东北乡打棺抬轿这行当里的佼佼者——我爷爷辈的好汉们,都有高密东北乡人高粱般鲜明的性格,非我们这些孱弱的后辈能比——当时的规矩,轿夫们在路上开新娘子的玩笑,如同烧酒锅上的伙计们喝烧酒,是天经地义的事,天王老子的新娘他们也敢折腾。

高粱叶子把轿子磨得嚓嚓响,高粱深处,突然传来一阵悠扬的哭声,打破了道路上的单调。哭声与吹鼓手们吹出的曲调十分相似。奶奶想到乐曲,就想到那些凄凉的乐器一定在吹鼓手们手里提着。奶奶用脚撑着轿帘能看到一个轿夫被汗水溻湿的腰,奶奶更多地是看到自己穿着大红绣花鞋的脚,它尖尖瘦瘦,带着凄艳的表情,从外边投进来的光明罩住了它们,它们像两枚莲花瓣,它们更像两条小金鱼埋伏在澄澈的水底。两滴高粱米粒般晶莹微红的细小泪珠跳出奶奶的睫毛,流过面颊,流到嘴角。奶奶心里又悲又苦,往常描绘好的、与戏台上人物同等模样、峨冠博带、儒雅风流的丈夫形象在泪眼里先模糊后湮灭。奶奶恐怖地看到单家扁郎那张开花绽彩的麻风病人脸,奶奶透心地冰冷。奶奶想这一双娇娇金莲,这一张桃腮杏脸,千般的温存,万种的风流,难道真要由一个麻风病人去消

受?如其那样,还不如一死了之。高粱地里悠长的哭声里,夹杂着疙疙瘩瘩的字眼:青天哟——蓝天哟——花花绿绿的天哟——棒槌哟亲哥哟你死了——可就塌了妹妹的天哟——。我不得不告诉您,我们高密东北乡女人哭丧跟唱歌一样优美,民国元年,曲阜县孔夫子家的"哭丧户"专程前来学习过哭腔。大喜的日子碰上女人哭亡夫,奶奶感到这是不祥之兆,已经沉重的心情更加沉重。这时,有一个轿夫开口说话:"轿上的小娘子,跟哥哥们说几句话呀!远远的路程,闷得慌。"

奶奶赶紧拿起红布,蒙到头上。顶着轿帘的脚尖也悄悄收回,轿里又是一团漆黑。

"唱个曲儿给哥哥们听,哥哥抬着你哩!"

吹鼓手如梦方醒,在轿后猛地吹响了大喇叭,大喇叭说:

"姆咚——姆咚——"

"猛捅——猛捅——"轿前有人模仿着喇叭声说,前前后后响起一阵粗野的笑声。

奶奶身上汗水淋漓。临上轿前,曾外祖母反复叮咛过她,在路上,千万不要跟轿夫们磨牙斗嘴,轿夫,吹鼓手,都是下九流,奸刁古怪,什么样的坏事都干得出来。

轿夫们用力把轿子抖起来,奶奶的屁股坐不安稳,双手抓住座板。

"不吱声?颠!颠不出她的话就颠出她的尿!"

轿子已经像风浪中的小船了,奶奶死劲抓住座板,腹中翻腾着早晨吃下的两个鸡蛋,苍蝇在她耳畔嗡嗡地飞。她的喉咙紧张,蛋腥味冲到口腔,她咬住嘴唇。不能吐,不能吐!奶奶命令着自己,不能吐啊,凤莲,人家说吐在轿里是最大的不吉利,吐了轿,一辈子没好运……

轿夫们的话更加粗野了,他们有的骂我曾外祖父是个见钱眼开的小人,有的说鲜花插到牛粪上,有的说单扁郎是个流白脓淌黄水的麻风病人,他们说站在单家院子外,就能闻到一股烂肉臭味,单家的院子里,飞舞着成群结队的绿头苍蝇……

"小娘子,你可不能让单扁郎沾身啊,沾了身你也烂啦!"

大喇叭小唢呐呜呜咽咽地吹着,那股蛋腥味更加强烈,奶奶牙齿紧咬嘴唇,咽喉里像有只拳头在打击,她忍不住了,一张嘴,一股奔突的脏物蹿出来,涂在了轿帘上,五只苍蝇像子弹一样射到呕吐物上。

"吐啦吐啦,颠呀!"轿夫们狂喊着,"颠呀,早晚颠得她开口说话。"

"大哥哥们……饶了我吧……"奶奶在呃嗝中,痛不欲生地说着,说完了,便放声大哭起来。奶奶觉得委屈,奶奶觉得前途险恶,终生难脱苦海。爹呀,娘呀,贪财的爹,狠心的娘,你们把我毁了。

奶奶放声大哭,高粱深径震动。轿夫们不再颠狂,推波助澜,兴风作浪的吹鼓手们也停嘴不吹。只剩下奶奶的呜咽,又和进了一支悲泣的小唢呐,唢呐的哭声比所有的女人哭泣都优美。奶奶在唢呐声中停住哭,像聆听天籁一般,听着这似乎从天国传来的音乐。奶奶粉面凋零,珠泪点点,从悲婉的曲调里,她听到了死的声音,嗅到了死的气息,看到了死神的高粱般深红的嘴唇和玉米般金黄的笑脸。

轿夫们沉默无言,步履沉重。轿里牺牲的哽咽和轿后唢呐的伴奏,使他们心中萍翻桨乱,雨打魂幡。走在高粱小径上的,已不像迎亲的队伍,倒像送葬的仪仗。在奶奶脚前的那个轿夫——我后来的爷爷余占鳌,他的心里,有一种不寻常的预感,像熊熊燃烧的火焰一样,把他未来的道路照亮了。奶奶的哭声,唤起他心底早就蕴藏着的怜爱之情。

轿夫们中途小憩,花轿落地。奶奶哭得昏昏沉沉,不觉得把一只小脚露到了轿外。轿夫们看着这玲珑的、美丽无比的小脚,一时都忘魂落魄。余占鳌走过去,弯腰、轻轻地、轻轻地握住奶奶那只小脚,像握着一只羽毛未丰的鸟雏,轻轻地送回轿内。奶奶在轿内,被这温柔感动,她非常想撩开轿帘。看看这个生着一只温暖的年轻大手的轿夫是个什么样的人。

我想,千里姻缘一线穿,一生的情缘,都是天凑地合,是毫无挑剔的真理。余占鳌就是因为握了一下我奶奶的脚唤醒了他心中伟大的创造新生活的灵感,从此彻底改变了他的一生,也彻底改变了我奶奶的一生。

花轿又起行。喇叭吹出一个猿啼般的长音,便无声无息。起风了,东北风,天上云朵麇集,遮住了阳光,轿子里更加昏暗。奶奶听到风吹高粱,哗哗哗啦啦啦,一浪赶着一浪,响到远方。奶奶听到东北方向有隆隆雷声响起。轿夫们加快了步伐。轿子离单家还有多远,奶奶不知道,她如同一只被绑的羔羊,愈近死期,心里愈平静。奶奶胸口里,揣着一把锋利的剪刀,它可能是为单扁郎准备的,也可能是为自己准备的。

奶奶的花轿行走到蛤蟆坑被劫的事,在我的家族的传说中占有一个显要的位置。蛤蟆坑是大洼子里的大洼子,土壤尤其肥沃,水分尤其充足,高粱尤其茂密。奶奶的花轿行到这里,东北天空抖着一个血红的闪电,一道残缺的杏黄色阳光,从浓云中,嘶叫着射向道路。轿夫们气喘吁吁,热汗涔涔。走进蛤蟆坑,空气沉重,路边的高粱乌黑发亮,深不见底,路上的野草杂花几乎长死了路。有那么多的矢车菊,在杂草中高扬着细长的茎,开着紫、蓝、粉、白四色花。高粱深处,蛤蟆的叫声忧伤,蝈蝈的唧唧凄凉,狐狸的哀鸣惆怅。奶奶在轿里,突然感到一阵寒冷袭来,皮肤上凸起一层细小的鸡皮疙瘩。奶奶还没明白过来是怎么一回事,就听到轿前有人高叫一声:

"留下买路钱!"

奶奶心里咯噔一声,不知忧喜,老天,碰上吃抔饼的了!

高密东北乡土匪如毛,他们在高粱地里鱼儿般出没无常,结帮拉伙,拉驴绑票,坏事干尽,好事做绝,如果肚子饿了,就抓两个人,扣一个,放一个,让被放的人回村报信,送来多少张卷着鸡蛋大葱、一把粗细的两拃多长的大饼。吃大饼时要用双手抔住往嘴里塞,故曰"抔饼"。

"留下买路钱!"那个吃抔饼的人大吼着。轿夫们停住,呆呆地看着劈腿横在路当中的劫路人。那人身材不高,脸上涂着黑墨,头戴一顶高粱篾片编成的斗笠,身披一件大蓑衣,蓑衣敞着,露出密扣黑衣和拦腰扎着的宽腰带。腰带里别着一件用红绸布包起的鼓鼓囊囊的东西。那人用一只手按着那布包。

奶奶在一转念间,感到什么事情也不可怕了,死都不怕,还怕什么?她掀起轿帘,看着那个吃抔饼的人。

那人又喊:"留下买路钱!要不我就崩了你们!"他拍了拍腰里那件红布包裹着的家伙。

吹鼓手们从腰里摸出曾外祖父赏给他们的一串串铜钱,扔到那人脚前。轿夫放下轿子,也把新得的铜钱掏出,扔下。

那人把钱串子用脚踢拢成堆,眼睛死死地盯着坐在轿里的我奶奶。

"你们,都给我滚到轿子后边去,要不我就开枪啦!"他用手拍拍腰里别着的家伙大声喊叫。

轿夫们慢慢吞吞地走到轿后。余占鳌走在最后,他猛回转身,双目直逼吃拤饼的人。那人瞬间动容变色,手紧紧捂住腰里的红布包,尖叫着:"不许回头,再回头我就毙了你!"

劫路人按着腰中家伙,脚不离地蹭到轿子前伸手捏捏奶奶的脚。奶奶粲然一笑,那人的手像烫了似地紧着缩回去。

"下轿,跟我走!"他说。

奶奶端坐不动,脸上的笑容像凝固了一样。

"下轿!"

奶奶欠起身,大大方方地跨过轿杆,站在烂漫的矢车菊里。奶奶右眼看着吃拤饼的人,左眼看着轿夫和吹鼓手。

"往高粱地里走!"劫路人按着腰里用红布包着的家伙说。

奶奶舒适地站着,云中的闪电带着铜音嗡嗡抖动,奶奶脸上粲然的笑容被分裂成无数断断续续的碎片。

劫路人催逼着奶奶往高粱地里走,他的手始终按着腰里的家伙。奶奶用亢奋的眼睛,看着余占鳌。

余占鳌对着劫路人笔直地走过去,他薄薄的嘴唇绷成一条刚毅的直线,两个嘴角一个上翘,一个下垂。

"站住!"劫路人有气无力地喊着,"再走一步我就开枪!"他的手按在腰里用红布包裹着的家伙上。

余占鳌平静地对着吃拤饼的人走,他前进一步,吃拤饼者就缩一点。吃拤饼的人眼里跳出绿火花,一行行雪白的清明汗珠从他脸上惊惶地流出来。当余占鳌离他三步远时,他惭愧地叫了一声,转身就跑,余占鳌飞身上前,对准他的屁股,轻捷地踢了一脚。劫路人的身体贴着杂草梢头,蹭着矢车菊花朵,平行着飞出去,他的手脚在低空中像天真的婴孩一样抓挠着,最后落到高粱棵子里。

"爷们儿,饶命吧!小人家中有八十岁的老母,不得已才吃这碗饭。"劫路人在余占鳌手下熟练地叫着。余占鳌抓着他的后颈皮,把他提到轿子前,用力摔在路上,对准他吵嚷不休的嘴巴踢了一脚。劫路人一声惨叫,半截吐出口外,半截咽到肚里,血从他鼻子里流出来。

余占鳌弯腰,把劫路人腰里那家伙拔出来,抖掉红布,露出一个弯弯曲曲的小树疙瘩,众人嗟叹不止。

那人跪在地上,连连磕头求饶。余占鳌说:"劫路的都说家里有八十岁的老母。"他退到一边,看着轿夫和吹鼓手,像狗群里的领袖看着群狗。

轿夫吹鼓手们发声喊,一拥而上,围成一个圈圈,对准劫路人,花拳绣腿齐施展。起初还能听到劫路人尖厉的哭叫声,一会儿就听不见了。奶奶站在路边,听着七零八落的打击肉体沉闷声响,对着余占鳌顿眸一瞥,然后仰面看着天边的闪电,脸上凝固着的,仍然是那种粲然的、黄金一般高贵辉煌的笑容。

一个吹鼓手挥动起大喇叭,在劫路者的当头心里猛劈了一下,喇叭的圆刃劈进颅骨里去,费了好大劲才拔出。劫路人肚子里咕噜一声响,痉挛的身体舒展开来,软软地躺在地上。一线红白相间的液体,从那道深刻的裂缝里慢慢地挤出来。

"死了?"吹鼓手提着打瘪了的喇叭说。

"打死了,这东西,这么不经打!"

轿夫吹鼓手们俱神色惨淡,显得惶惶不安。

余占鳌看看死人,又看看活人,一语不发。他从高粱上撕下一把叶子,把轿子里奶奶呕吐出的脏物擦掉,又举起那块树疙瘩看看,把红布往树疙瘩上缠几下,用力摔出,飞行中树疙瘩抢先,红包布落后,像一只赤红的大蝶,落到绿高粱上。

余占鳌把奶奶扶上轿:"上来雨了,快赶!"

奶奶撕下轿帘,塞到轿子角落里,她呼吸着自由的空气,看着余占鳌的宽肩细腰。他离着轿子那么近,奶奶只要一翘脚,就能踢到他青白色的结实头皮。

风利飕有力,高粱前推后拥,一波一波地动。路一侧的高粱把头伸到路当中,向着我奶奶弯腰致敬。轿夫们飞马流星,轿子出奇的平稳,像浪尖上飞快滑动的小船。蛙类们兴奋地鸣叫着,迎接着即将来临的盛夏的暴雨,低垂的天幕,阴沉地注视着银灰色的高粱脸庞,一道压一道的血红闪电在高粱头上裂开,雷声强大,震动耳膜,奶奶心中亢奋,无畏地注视着黑色的风掀起的绿色的浪潮,云朵像推磨一样旋转着过来,风向变幻不定,高粱四面摇摆,田野凌乱不堪。最先一批凶狠的雨点打得高粱颤抖,打得野草毂觫,打得道上的细土凝聚成团后又立即迸裂,打得轿顶啪啪响,打在奶奶的绣花鞋上,打在余占鳌的头上,斜射到奶奶的脸上。

余占鳌他们像兔子一样疾跑,还是未能躲过这场午前的雷阵雨。雨打倒了无数的高粱,雨在田野里狂欢,蛤蟆躲在高粱根下,哈达哈达地抖着颌下雪白的皮肤,狐狸蹲在幽暗的洞里,看着从高粱上飞溅而下的细小水珠。道路很快就泥泞不堪,杂草伏地,矢车菊清醒地擎着湿漉漉的头。轿夫们肥大的黑裤子紧贴在肉上,人就变得苗条流畅。余占鳌的头皮被冲刷得光洁明媚,像奶奶眼中的一颗圆月。雨水把奶奶的衣服也打湿了,她本来可以挂上轿帘遮挡雨水,她没有挂,她不想挂。奶奶通过敞亮的轿门,看到了纷乱不安的宏大世界。

 思考题

1. 阐释"红高粱"这一意象的象征意义。
2. 你如何看待"我奶奶"这一人物形象?

第十单元

谈艺论文

文学是一种能够高度体现美的艺术形式,也是审美活动最广阔的天地。美伴随着人类发展的历程,那些流芳百世的名篇,或豪放疏朗,或典雅纤秀,充满着启迪人们心灵感悟的魅力。

精读文本

佛像和我们

熊秉明

题解

熊秉明(1922—2002),生于南京。法籍华人艺术家、哲学家。1944年毕业于西南联合大学哲学系,1947年考取公费留法,入巴黎大学哲学系攻读博士,后进入巴黎高等美术学校转习雕塑。1983年获法国棕榈骑士勋章。熊秉明先生集哲学、文学、绘画、雕塑、书法之修养于一身,主要作品有《看蒙娜丽莎看》、《书法与中国文化》、《关于罗丹:熊秉明日记择抄》等。

本文选自《看蒙娜丽莎看》。这篇艺术随笔记录了一个艺术家对中国佛像之美的体验、感受和理解,是对自己美的历程的追述。艺术家以自己的经历告诉我们:教育、阅历以及心智的发育和成长,都是自己对于中国佛像之美发现所不可缺少的,而访问纪蒙工作室则为这样的发现提供了一个契机。艺术家以他的人生经历启示我们:对于艺术品、对于美,要有所发现,必须"排除成见",用"同情的眼光"去理解艺术创造时的用心,同时又要从艺术品自身显示出来的特色来评判艺术品的价值和意义。

艺术家将自己的发现称之为:回归的发现。在20世纪中国美术发展史上,有许多像熊秉明这样的海外华人艺术家,他们深谙西方艺术文化,然后返身观照本土文化、本土艺术。所谓"回归的发现"是一种理性的重新发展,如文中说,"那是对自己古传统新的正视、新的认同、新的反思"。

佛 像 盲

谈佛像艺术,对不少人来说是一个相当遥远而陌生的题目。对我自己,也曾经是如此的,所以我将追述一下个人的经验,从我的幼年说起,从我尚未与佛像结缘时说起。

我出生在"五四"运动之后,所以是在科学与民主口号弥漫的空气中成长起来的。父亲属于把现代西方科学引入中国的第一代,他曾在不同的大学里创办了数学系。我入的小学,首先是南京东南大学附设的大石桥实验小学,后来是北京清华大学附设的成志小学。可见我在童年和佛教是毫无缘分的。母亲确曾供着一座观音白瓷像,但对于孩子的我来说,那是家里的一件摆设,并不觉得有什么特殊意义,有时随大人去参观寺院,看见有人烧香磕头,便自己解释说,那是乡下老太婆的迷信,觉得可笑又可悯。我听叔叔讲述,他如何在乡间扫除迷信,跑到庙里砸泥菩萨,我也觉得有些滑稽。泥菩萨本是泥的,膜拜固是无知,认真地砸起来,也显得多事。

中学时代,每有远足去游什么古寺,对于山中的钟声,翠丛后的飞檐有着难名的喜爱。对于大殿中的金佛,觉得那是必须有的装饰,和铜香炉、蜡烛台、木鱼、挂幡……共同构成古色古香的气氛,没有了很可惜,古诗里"南朝四百八十寺,多少楼台烟雨中"的情调就无处可寻了。至于佛像本身,则从未想到当作艺术作品去欣赏。在学校里读古文,不见有一篇文章说到佛教雕塑。读古诗,记得韩愈有:

僧言古壁佛画好,以火照来所见稀。(《山石》)

似乎老僧会说壁画如何精美,却不会说塑像如何好,因为画才是欣赏的对象,有所谓好坏;而塑像是膜拜的对象,求福许愿的对象,只有灵验不灵验的问题,并无所谓好坏吧!稍长,习书法,听长辈高论《北魏造像题记》,却从未听到他们谈到造像本身的艺术价值。

当时艺术界也并非没有人谈云冈、龙门、敦煌,但是那已受西方艺术史家的影响了。按中国传统看法,造型艺术统指书画,而不包括雕刻。只有一本书对于历代雕刻史实记载颇为详尽。那是日人大村西崖写的《中国美术史》(陈彬龢译)。但作者对雕刻的艺术价值说得很空洞。例如关于龙门之武后时造像,他写道:

一变隋风,其面貌益圆满,姿态益妥帖,衣褶之雕法益流利,其风格与印度相仿,有名之犍陀罗雕刻不能专美于前也。

这样的解说实在不能使读者对佛像欣赏有什么帮助。文中又有:

碑像石像之制作,至高齐其隆盛达于绝顶。

所谓"隆盛"是指量的多呢?还是质的精呢?并未说明。接下去说:

有用太白山之玉石,蓝田之青石等者,其竞争用石之美,以齐代为盛。

难道"隆盛于绝顶"乃指"用石之美"?石质之精美与艺术价值之高低显然没有必然的关系。

中学时期,对于艺术知识的主要来源,先是丰子恺的《西方绘画史》和谈艺术的散篇,稍后是朱光潜的《谈美》、《文艺心理学》。后来读到罗曼·罗兰的艺术家传记(傅雷译),厨川白村的《出了象牙之塔》(鲁迅译)、板垣鹰穗的《近代美术史潮论》(鲁迅译)。这些书的性质各不相同,为追求着的青年人的心灵打开了不同的窗户,拓出不同的视野。达·芬

奇、拉斐尔、米叶、梵谷[1]这些名字给我们展示了生命瑰丽的远景。以痛苦为欢乐，雕凿巨石到九十岁的米格朗基罗的生平更给我们以无穷的幻想。

1939年考入西南联合大学，二年级时转入哲学系，上希腊哲学史的那一年，和一个朋友一同沉醉于苏格拉底、柏拉图、亚里士多德的哲学，一面也沉醉于希腊的神殿和神像。那许多阿波罗和维纳斯以矫健完美的体魄表现出猛毅的意志与灵敏的智慧，给我们以极大的震撼。那才是雕刻。我们以为，西山华亭寺的佛像也算雕刻吗？我们怀疑。

后来读到里尔克(Rilke)的《罗丹》(梁宗岱译)。这一本暗黄土纸印的小册子是我做随军翻译官，辗转在滇南蛮山丛林中的期间，朋友从昆明寄给我的。白天实弹操演，深夜大山幽谷悄然，在昏暗颤抖的烛光下读着，深邃的诗的文字引我们进入一个奇异的雕刻的世界，同时是一个灵魂的世界，那激动是难于形容的。人要感到他的存在，往往需要一种极其遥远的向往，不近情理的企望。

我们的土地多难，战火连天，连仅蔽风日的住屋也时时有化为瓦砾残垣的可能，如何能竖起雕刻？在什么角落能打凿石头？在什么时候能打凿石头？又为谁去打凿？然而我们做着雕刻的梦。

那时，我们也读到不少唯物史观的艺术论，也相信艺术必须和现实结合，但我们不相信艺术只是口号和宣传画。我们以为有一天苦难的年代过去了，这些苦难的经验都将会走入我们的雕刻里去。

抗战胜利了，从前线遣散，欢喜欲狂的心静下来，我们迫切的希望是：到西方去，到巴黎去，到有雕刻与绘画的地方去。1947年我考取公费留学。

回顾东方

到了欧洲，到了久所企慕的城市和美术馆，看见那些原作与实物，走进工作室，接触了正在创造当今艺术的艺术家，参加了他们的展览会和沙龙，对于西方有了与前不同的看法。"西方"是一个与时俱迁的文化活体。我们曾向往的文艺复兴早已代表不了西方，德拉夸的浪漫主义，古尔贝的写实主义，乃至莫奈的印象主义，梵谷、塞尚、罗丹也都成为历史。毕加索、柏拉克、玛谛斯……是仍活着的大师，但是第二次世界大战之后，又有新起之秀要向前跨出去了。新的造型问题正吸引着新一代的艺术家，这是我们过去所未想到的。

而另一方面，对于"东方"，对于"中国"，也有了不同的看法。我记得50年代初，去拜访当时已有名气的雕刻家艾坚·玛尔丹。他一见我，知道我是中国人，便高呼道："啊，《老子》！《老子》是我放在枕边的书。那是人类智慧的精粹！"我很吃一惊，一时无以对。后来更多次听到西方人对老子的赞美。辛亥革命以来，"五四"以来，年轻的中国人有几个读过《老子》？更有几个能欣赏并肯定老子？而在西方文化环境中，这五千言的小书发射着巨大的光芒。我于是重读《道德经》，觉得有了新的领悟。1964年在意大利都灵召开的汉学会上，我宣读了一篇《论老子》的报告，从艺术创作的角度谈"无为"。

对佛教雕刻也一样，在中国关心佛教雕刻的年轻人大概极少。我初到欧洲，看见古董商店橱窗里摆着佛像或截断的佛头，不但不想走近去看，并且很生反感，觉得那是中国恶

---

[1] 梵谷：又译作凡·高，19世纪荷兰画家。

劣奸商和西方冒险家串通盗运来的古物,为了满足西方一些富豪的好奇心和占有欲,至于这些锈铜残石的真正价值实在很可怀疑。这观念要到1949年才突然改变。这一年的1月31日我和同学随巴黎大学美学教授巴叶先生(Bayer)去访问雕刻家纪蒙(Gimond)。到了纪蒙工作室,才知道他不但是雕刻家,而且是一个大鉴赏家和热狂的收藏家。玻璃橱里、木架上陈列着大大小小的埃及、希腊、巴比伦、欧洲中世纪……的石雕头像,也有北魏、隋唐的佛头。那是我不能忘却的一次访问,因为我受到了猛烈的一记棒喝。把这些古代神像从寺庙里、石窟里窃取出来,必是一种亵渎;又把不同宗教的诸神陈列在一起,大概是又一重亵渎,但是我们把它们放入艺术的殿堂,放在马尔荷所谓"想象的美术馆"中,我们以另一种眼光去凝视、去歌颂,我们得到另一种大觉大悟,我们懂得了什么是雕刻,什么是雕刻的极峰。

在纪蒙的工作室里,我第一次用艺术的眼光接触中国佛像,第一次在那些巨制中认辨出精湛的技艺和高度的精神性。纪蒙所选藏的雕像无不是上乘的,无不庄严、凝定,又生意盎然。在那些神像的行列中,中国佛像弥散着另一种意趣的安详与智慧。我深信那些古工匠也是民间的哲人。我为自己过去的雕刻盲而羞愧。我当然知道这雕刻盲的来源。我背得出青年时代所读过的鲁迅的话:

> 我们目下的当务之急是:一要生存,二要温饱,三要发展。当有阻碍这前途者,无论是古是今,是人是鬼,是三坟五典,百宋千元,天球河图,金人玉佛,祖传丸散,秘制膏丹,全部踏倒他。(《华盖集·忽然想到之六》)

在这思想的影响下,我们确曾嘲笑过所谓"国粹",为了民族生存,我们确曾决心踏倒一切金人玉佛,但是我不再这样想了。我变成保守顽固的国粹派了么?不,我以为我走前一步了,我跨过了"当务之急",而关心较长远的事物。

后来我读到瑞典汉学家喜龙仁(Siren)的《五世纪至十四世纪的中国雕刻》(1926年出版),我于是更明白西方人在佛像中看见了什么?那是我们所未见的或不愿见的。他在这本书里写道:

> 那些佛像有时表现坚定自信;有时表现安详幸福;有时流露愉悦;有时在眸间唇角带着微笑;有时好像浸在不可测度的沉思中,无论外部的表情如何,人们都可以看出静穆与内在的谐和。

而最有意味而值得我们注意的是他把米格朗基罗的雕刻和中国佛像作比较的一段。他写道:

> 拿米格朗基罗的作品和某些中国佛像、罗汉像作比较,例如试把龙门大佛放在摩西的旁边,一边是变化复杂的坐姿,突起的肌肉,强调动态和奋力的戏剧性的衣褶;一边是全然的休憩,纯粹的正向,两腿交叉,两臂贴身下垂。这是"自我观照"的姿态,没有任何离心力的运动。衣纹恬静的节奏,和划过宽阔的前胸的长长的弧线,更增强了整体平静的和谐。请注意,外衣虽然蔽及全身,但体魄的伟岸,四肢的形象,仍然能够充分表现出来。严格地说,衣服本身并无意义,其作用乃在透露内在的心态和人物的身份。发顶有髻;两耳按传统格式有长垂;面形

方阔,散射着慈祥而平和的光辉。几乎没有个性,也不显示任何用力,任何欲求,这面容所流露的某一种情绪融注于整体的大和谐中。任何人看到这雕像,即使不知道它代表什么,也会懂得它具有宗教内容。主题的内在涵蕴显示在艺术家的作品中。它代表先知? 还是神? 这并不关紧要。这是一件完美的艺术品,一种精神性的追求在鼓动着,并且感染给观者。这样的作品使我们意识到文艺复兴的雕刻虽然把个性的刻画推得那么远,其实那只不过是生命渊泽之上一些浮面的漪沦。

显然,在喜氏这样一个西方鉴赏家的眼睛里,佛雕是比米格朗基罗的《摩西》更高一层次的作品。这是怪异的吧,却又是可理解的现象。他所轻视的躯体的威猛正是我们所歌赞的;而他所倾倒的内在的恬静恰是我们所鄙弃的。他看佛像一如我们看《摩西》,我们同样渴求另一个文化的特点来补足自己的缺陷。在这里,并没有谁对谁错的问题。我们这一代中国人倾慕米格朗基罗和罗丹,由于我们的时代处境需要一种在生存竞争中鼓舞战斗精神的阳刚的艺术。我们要像摩西那样充满活力,扭动身躯站起来,要像《行走的人》那样大阔步迈向前去,我们再不能忍受跌坐低眉的典雅与微笑。喜氏相反,从中世纪耶稣被钉在十字架上的惨烈的形象起,甚至更早,从希腊神殿上雕着的战斗的场面起,西方人已描绘了太多的世间的血污与泪水,恐惧与残暴,一旦看到佛的恬静庄严,圆融自在,仿佛在沙漠上遇到绿洲,饮到了甘泉。

我在这两种似乎对立的美学影响下开始学雕刻,那是 1949 年的下半年。

雕刻的本质

我决定进入纪蒙雕塑教室。我完全折服于他对古今雕刻评鉴的眼力,我想,在这样锐利、严格、高明的眼光下受锻炼是幸运的。

纪蒙指导学生观察模特儿的方法和一般学院派很不一样,从出发点便有了分歧了。他从不要学生模仿肌肉、骨骼,他决不谈解剖。他教学生把模特儿看作一个造型结构,一个有节奏,有均衡,组织精密,受光与影,占三度空间的造型体。这是纯粹雕刻家的要求。按这原则做去,做写实的风格也好,做理想主义的风格也好,做非洲黑人面具也好,做阿波罗也好,做佛陀也好,都可以完成坚实卓立的作品。所以他的教授法极其严格,计较于毫厘,却又有很大的包容性。他对罗丹极为推崇,而他的风格和罗丹的迥然不同。罗丹作品的表面上留着泥团指痕;他的则打磨得光洁平滑。他说看罗丹的作品,不要错认为那是即兴的捏塑,我们必须看到面与面的结构和深层的间架,这是雕刻的本质。雕刻之所以成为雕刻,在佛像中,他也同样以这标准来品评。有的佛像只是因袭陈规盲然制作,对于空间,对于实体,对于光影,对于质地毫无感觉,在他看来根本算不得雕刻。

当然罗丹的雨果、巴尔扎克和佛像反映两个大不相同的精神世界。罗丹的人像记录了尘世生活的历史,历历苦辛的痕迹;佛像相反,表现涤荡人间种种烦恼后,彻悟的澄然寂然,但是从凿打捏塑的创造的角度看,它们属于同一品类,凭借同一种表达语言,同样达到表现的极致。

我逐渐明白,我虽然不学塑佛像,但是佛像为我启示了雕刻的最高境界,同时启示了制作技艺的基本法则。我走着不同道路,但是最后必须把形体锤炼到佛像所具有的精粹、高明、凝聚、坚实。

在创作上要达到那境地,当然极不容易;而在欣赏上,要学会品鉴一尊佛像,也非容易的。

应排除的三种成见

要欣赏佛像,有好几种困难。这些困难来自一些很普遍的成见,如果不能排除,则仍属于雕刻盲。

第一步要排除宗教成见,无论是宗教信徒的成见,或者敌视宗教者的成见。对于一个笃信的佛教徒而言,他千里朝香,迈进佛堂,在香烟缭绕中感激匍匐,我们很难想象他可以从虔诚礼拜的情绪中抽身出来,欣赏佛像的艺术价值。他很难把供奉的对象转化为评鉴的对象。对于一个反宗教者说,宗教是迷惑人民的"鸦片",佛像相当于烟枪筒上银质的雕花,并不值得一顾的。同样地,一个反宗教者当然也很难把蔑视、甚至敌视的对象转化为欣赏的对象。所以要欣赏佛像我们必须忘掉与宗教牵连的许多偏见与联想,也就是我们前面说过的,要把佛像从宗教的庙堂里窃取出来,放入艺术的庙堂里去。

第二步是要排除写实主义的艺术成见。一二百年前西方油绘刚传到中国,中国人看不惯光影的效果,看见肖像画的人物半个脸黑,半个脸白,觉得怪诞,认为丑陋。后来矫枉过正,又把传统中国肖像看为平扁,指斥为不合科学,并且基于粗浅的进化论,认为凡非写实的制作都是未成熟的低阶段的产物。到了西方现代艺术思潮传来,狭隘的写实主义观念才又被打破,中国古代绘画所创造的意境重新被肯定。京剧也同样,一度被视为封建落后的艺术形式,西方现代戏剧出现,作为象征艺术的京剧价值重新被认识。佛像的遭遇还不如京剧!因为我们有一个欣赏京剧的传统,却并没有一个欣赏佛像的传统。我们竟然没有一套词汇来描述、来评价雕塑。关于讨论绘画的艺术价值,我们有大量的画论、画品、画谱,议论"气韵"、"意境"、"风神"、"氤氲"……对于雕刻,评者似乎只有"栩栩如生"、"活泼生动"、"呼之欲出"、"有血有肉"一类的描写,显然这是以像不像真人的写实观点去衡量佛像,与佛像的真精神、真价值全不相干,我们必须承认北魏的雕像带石质感,有一定的稚拙意味,如果用"栩栩如生"来描写,那么对罗丹的作品该如何描述呢?如果用"有血有肉"来描写,那么对17世纪意大利雕刻家贝尼尼的人体又该如何描述呢?

第三步,我们虽然在前面排斥宗教成见,却不能忘记这究竟是一尊佛。"佛"是它的内容,这是最广义的神的观念的具体化,所以我们还得回到宗教和形而上学去。如果我们不能了解"佛"的观念在人类心理上的意义,不能领会超越生死烦恼的一种终极的追求,那么我们仍然无法欣赏佛像。如果"生动"是指肌肤的模仿,情感的表露,那么,佛像不但不求生动,而且正是要远离这些。佛像要在人的形象中扫除其人间性,而表现不生不灭、圆满自足的佛性。这是主体的自我肯定,自我肯定的纯粹形式。无论外界如何变幻无常,此主体坚定如真金,"道通百劫而弥固"。要在佛像里寻找肉的颤栗,情的激动,那就像要在18世纪法国宫廷画家布舍(Boucher)的肉色鲜丽的浴女画里读出佛法或者基督教义来,真所谓缘木求鱼。

造型秩序

佛像的内容既然是佛性,要表现这个内容定然不是写实手法所能承担的。找一个真实的人物来做模特儿,忠实地模仿,至多可以塑出一个罗汉。佛性含摄人间性之上的大秩序,只有通过一个大的造型秩序才能体现,所以要欣赏佛像必须懂得什么是造型秩序。

寻找规律与秩序,是人类生存的基本活动。从婴儿到成人,我们一点一点认识客观世界的规律,以及主观世界的规律,学会服从规律,进而掌握规律,进而创定新秩序。因为所提的问题不同,回答的方式不同,于是有科学、艺术、哲学、宗教的分野。凡佛经所讲的五蕴、三界、四谛、十二因缘、八识、圆融三谛,等等种种,都不外是对内外宇宙所说的有秩序的构成,对此构成有贯通无碍的了识便成悟道。

佛像艺术乃是用一个具体形象托出此井然明朗的精神世界,以一个微妙的造型世界之美印证一个正觉哲思世界之真;在我们以视觉观赏此造型秩序的时候,我们的知性也似乎昭然认知到此哲思秩序的广大周遍;我们的视能与知性同时得到满足。一如灵山法会上的拈花一笑,造型秩序的一瞥,足以涤除一切语言思辨,直探形而上的究竟奥义。

这里的造型是抽象的造型,非写实的。

佛的形象虽然从人的形象转化而来,但人的面貌经过锤铸,升华,观念化,变成知性的秩序,眉额已不似眉额,鼻准已不似鼻准……眉额趋向抛物线的轨迹,鼻准趋近立方体的整净……每一个面的回转都有饱满的表面张力,每一条线的游走顿挫都含几何比例的节奏……其整体形成一座巍然完美和谐的营造,打动我们的心灵。

抽象造型能有如此巨大的效能么?有人会怀疑,那么走到佛坛之前,先驻足在大雄宝殿的适当距离下吧,仰视一番大殿的气象。建筑物并不模仿任何自然物,它只是一个几何结构的立体,然而它的线与面在三度空间中幻化出庄严与肃穆;它是抽象的,然而这些线与面组构成一个符号,蕴含一种意义,包含一个天地,给我们以惊喜,以震慑,以慰抚,引我们俯仰徘徊。懂得了这一点,然后可以步入殿内,领略含咀佛像所传达的消息。

石与青铜

"佛"的形象从"人"的形象转化而来,通过岩石与青铜为媒体,佛性弥漫于其中,于其外,而终附着于石,附着于青铜。造型秩序有待于物质材料。雕刻家珍爱他所善用的材料而给作品以雕刻感,也即岩石的感觉,青铜的感觉,也即坚固不坏的感觉。真的雕刻家使金石在造型秩序的加工后变得更坚硬、更沉着、更凝定、更不可摧毁。原始的存在意志有了必然律的制约,物质获得一个使命,作为佛像的金石在时间中暗示永恒,在空间中暗示真在。

佛禅定于物质中。岩石与青铜一旦变成哲学,粗糙的石面、光泽的铜色都变得更坚,同时变得更灵。大匠并不试着仿造肉的假相,相反,他把朝露的生命固定于钻石。他在金与石中唤醒生命,那是金与石自身的微笑。

密宗称雕刻绘画的佛菩萨为"大曼荼罗",佛像显现大智慧,"譬如明镜,光映万物"。而佛自身不迁不动,"寂而恒照,照而恒寂",永固不坏,如金刚,故称"金刚界曼荼罗"。同时又有一种内在的微妙的生命隐隐脉动,有出水芙蓉的脆弱与灵气,如母胎之藏婴儿,故又称"胎藏界曼荼罗"。最高的大曼荼罗当同时兼备金刚的硬度和胎儿的柔软。"佛"比"人"更坚硬,也更虚灵;更属于物质,也更接近精神,在巨匠的凿刀下,煅火中,"永恒"与"生命"两个不可沟通的观念遂相交融,而同时照耀。

懂得造型秩序,懂得岩石与青铜的语言,然后可以读雕刻的书,也只如此才能同时欣赏佛像和十字架上的耶稣,以及无论是史前的,埃及的,希腊的,巴比伦的,印度的,澳洲的,非洲的,中美的……一切人类的凿打与铸造。

回归的发现

中国两千年来,因文人艺术观的影响,雕塑被视为劳力的工匠技艺,被排斥于欣赏对象之外。西方艺术史家为我们提醒了佛教雕刻的价值之后,我们又把它归入封建意识的产物,仍然未能深入地去研究,去发掘,去欣赏。

今天"比较文化"被提到日程上来。过去把文化问题一概放到历史进程的框架中去观察解说,认为中国文化是封建的,中古的,该被淘汰的。经过长期片面的自我否定后,发现问题并不那么单纯,终于开始容纳不同的理论,逐渐能够从不同的角度观察中西,并认识到中国文化有其不可替代的特色,把过去带着强烈偏见加以抹杀的传统重新作估价。

西方人如喜龙仁等,在本世纪初看到佛像的时候,仿佛看到一片新天地,跳跃欢喜。我们今天带着新的眼光回头来看佛像,应会有比喜氏更复杂的心情。那是对自己古传统新的正视、新的认同、新的反思,而有久别回归的激动吧。

1987年秋我在香港,结识陈哲敬先生。他是雕刻家,移居美国后成为著名的收藏家。我看到他所收藏的佛像的照片,知道他的确有锐利的眼力和好古的热忱。他说计划出一本收藏品的集子,邀我撰文。这建议把我猛烈引回四十年前去,我初学雕刻的年代去,有太多的话涌现出来。我立刻答应道:"好的,我一定写。"我实在花了很大的气力,但写得很不称意。我想这怪我自己的思想有着矛盾:一方面我很乐观,觉得我们今天进入一个新的阶段,博物馆、美术馆在各个城市建立起来,佛像艺术可以被欣赏了,可以得到正当的评价了;另一方面又很悲观,觉得了解古代艺术并不容易,了解佛教艺术更难。

陈哲敬先生精心编印这一本《中国古佛雕》,是一种呼吁。他在抢救古雕刻的精华,像有一些人在抢救森林,抢救河湖、海洋,抢救将绝种的鸟兽……我衷心钦佩他们,因为我们确带着惊惧的心看见森林的燃烧,河水湖水的污染……我们带着更惶恐的心看见礼貌和公德的消亡,人际关系的异化,精神价值的失落……自然环境和文化环境同样受到严重威胁。我写这篇文字,似乎也在抢救什么。究竟抢救什么?能抢救什么?又很茫惑。写完了,觉得心情十分沉重,仿佛做了一件荒谬的事。说服人们爱惜绿树流泉已不易,向人们说金佛的价值更不易。百年前尼采喊出"神的死亡",今天有人喊出"人的死亡",如果我们要抢救佛像,最终还是要抢救正在死亡的人。

思考题

1. 怎样理解"回归的发现"的重要意义?
2. 作者另有一篇艺术随笔《黑人艺术和我们》,读一读,领会艺术家是如何发现我们完全陌生的艺术之美的。
3. 在全球化的环境下,如何看待中国自身的传统文化?

拓展文本

我们对于一颗古松的三种态度
——实用的、科学的、美感的

朱光潜

题解

朱光潜(1897—1986),安徽桐城人。笔名孟实,著名美学家、文艺理论家、翻译家。1925年赴欧洲留学,先后获得文学硕士、文学博士学位。1933年回国,先后在北京大学、四川大学、武汉大学任教。毕生从事美学教学和研究,是我国现代美学的开拓者和奠基人之一,也是第一个在中国广泛介绍西方美学的人。主要著作有《悲剧心理学》、《文艺心理学》、《谈美》、《谈文学》、《诗论》、《西方美学史》、《给青年的十二封信》等。

本文节选自《谈美》一书。文章的主旨在于通过比较木商、植物学家、画家对一棵古松的三种不同态度——实用的、科学的、美感的,探讨美的特质、美的永恒价值,表达人类对美的高尚企求。文章开篇即以总论方式指出,面对同一件事物,人们具有美丑、真假、善恶三种不同的看法。接着,作者通过从正面、侧面、幼年人心境、中年人心境四种角度观看同一棵古松,指出,"情境和性格的差异都能影响到所看到的古松的面目",带有主观色彩的人的"知觉"直接影响人们对同一件事物产生不同的看法。文中,作者用大量篇幅,分别阐释了木商实用的、求善的态度,植物学家科学的、求真的态度,画家美感的、求美的态度。通过多角度的反复比较,"形象直觉说"这一美学思想得到明确生动的表述。

谁都知道,一切事物都有几种看法。你说一件事物是美的或是丑的,这也只是一种看法。换一个看法,你说它是真的或是假的;再换一种看法,你说它是善的或是恶的。同是一件事物,看法有多种,所看出来的现象也就有多种。

比如园里那一棵古松,无论是你是我或是任何人一看到它,都说它是古松。但是你从正面看,我从侧面看,你以幼年人的心境去看,我以中年人的心境去看,这些情境和性格的差异都能影响到所看到的古松的面目。古松虽只是一件事物,你所看到的和我所看到的古松却是两件事。假如你和我各把所得的古松的印象画成一幅画或是写成一首诗,我们俩艺术手腕尽管不分上下,你的诗和画与我的诗和画相比较,却有许多重要的异点。这是什么缘故呢?这就由于知觉不完全是客观的,各人所见到的物的形象都带有几分主观的色彩。

假如你是一位木商,我是一位植物学家,另外一位朋友是画家,三人同时来看这棵古松。我们三人可以说同时都"知觉"到这一棵树,可是三人所"知觉"到的却是三种不同的东西。你脱离不了你的木商的心习,你所知觉到的只是一棵做某事用值几多钱的木料。我也脱离不了我的植物学家的心习,我所知觉到的只是一棵叶为针状、果为球状、四季常青的显花植物。我们的朋友——画家——什么事都不管,只管审美,他所知觉到的只是一棵苍翠劲拔的古树。我们三人的反应态度也不一致。你心里盘算它是宜于架屋或是制器,思量怎样去买它,砍它,运它。我把它归到某类某科里去,注意它和其他松树的异点,思量它何以活得这样老。我们的朋友却不这样东想西想,他只在聚精会神地观赏它的苍翠的颜色,它的盘屈如龙蛇的线纹以及它的昂然高举、不受屈挠的气概。

从此可知这棵古松并不是一件固定的东西,它的形象随观者的性格和情趣而变化。各人所见到的古松的形象都是各人自己性格和情趣的返照。古松的形象一半是天生的,一半也是人为的。极平常的知觉都带几分创造性;极客观的东西之中都有几分主观的成分。

美也是如此。有审美的眼睛才能见到美,这棵古松对于我们的画画的朋友是美的,因为他去看它时就抱了美感的态度。你和我如果也想见到它的美,你须得把你那种木商的实用的态度丢开,我须得把植物学家的科学的态度丢开,专持美感的态度去看它。

这三种态度有什么分别呢?

先说实用的态度。做人的第一件大事就是维持生活。既要生活,就要讲究如何利用环境。"环境"包含我自己以外的一切人和物在内,这些人和物有些对于我的生活有益,有些对于我的生活有害,有些对于我不关痛痒。我对于他们于是有爱恶的情感,有趋就或逃避的意志和活动。这就是实用的态度。实用的态度起于实用的知觉,实用的知觉起于经验。小孩子初出世,第一次遇见火就伸手去抓,被它烧痛了,以后他再遇见火,便认识它是什么东西,便明了它是烧痛手指的,火对于他于是有意义。事物本来都是很混乱的,人为便利实用起见,才像被火烧过的小孩子根据经验把四围事物分类立名,说天天吃的东西叫做"饭",天天穿的东西叫做"衣",某种人是朋友,某种人是仇敌,于是事物才有所谓"意义"。意义大半都起于实用。在许多人看,衣除了是穿的,饭除了是吃的,女人除了是生小孩的一类意义之外,便寻不出其他意义。所谓"知觉",就是感官接触某种人或物时心里明了他的意义。明了他的意义起初都只是明了他的实用。明了实用之后,才可以对他起反应动作,或是爱他,或是恶他,或是求他,或是拒他。木商看古松的态度便是如此。

科学的态度则不然,它纯粹是客观的、理论的。所谓客观的态度就是把自己的成见和情感完全丢开，专以"无所为而为"的精神去探求真理。理论是和实用相对的。理论本来可以见诸实用，但是科学家的直接目的却不在于实用。科学家见到一个美人，不说我要去向她求婚，她可以替我生儿子。只说我看她这人很有趣味，我要来研究她的生理构造，分析她的心理组织。科学家见到一堆粪，不说它的气味太坏，我要掩鼻走开。只说这堆粪是一个病人排泄的，我要分析它的化学成分，看看有没有病菌在里面。科学家自然也有见到美人就求婚，见到粪就掩鼻走开的时候，但是那时候他已经由科学家还到实际人的地位了。科学的态度之中很少有情感和意志，它的最重要的心理活动是抽象的思考。科学家要在这个混乱的世界中寻出事物的关系和条理，纳个物于概念，从原理演个例，分出某者为因，某者为果，某者为特征，某者为偶然性。植物学家看古松的态度便是如此。

　　木商由古松而想到架屋、制器、赚钱等等，植物学家由古松而想到根茎花叶、日光水分等等，他们的意识都不能停止在古松本身上面。不过把古松当作一块踏脚石，由它跳到和它有关系的种种事物上面去。所以在实用的态度中和科学的态度中，所得到的事物的意象都不是独立的、绝缘的，观者的注意力都不是专注在所观事物本身上面的。注意力的集中，意象的孤立绝缘，便是美感的态度的最大特点。比如我们的画画的朋友看古松，他把全副精神都注在松的本身上面，古松对于他便成了一个独立自足的世界。他忘记他的妻子在家里等柴烧饭，他忘记松树在植物教科书里叫做显花植物，总而言之，古松完全占领住他的意识，古松以外的世界他都视而不见、听而不闻了。他只把古松摆在心眼面前当作一幅画去玩味。他不计较实用，所以心中没有意志和欲念；他不推求关系、条理、因果等等，所以不用抽象的思考。这种脱净了意志和抽象思考的心理活动叫做"直觉"，直觉所见到的孤立、绝缘的意象叫做"形象"。美感经验就是形象的直觉，美就是事物呈形象于直觉时的特质。

　　实用的态度以善为最高目的，科学的态度以真为最高目的，美感的态度以美为最高目的。在实用态度中，我们的注意力偏在事物对人的利害，心理活动偏重意志；在科学的态度中，我们的注意力偏在事物间的互相关系，心理活动偏重抽象的思考；在美感的态度中，我们的注意力专在事物本身的形象，心理活动偏重直觉。真善美都是人所定的价值，不是事物所本有的特质。离开人的观点而言，事物都混然无别，善恶、真伪、美丑就漫无意义。真善美都含有若干主观的成分。

　　就"用"字的狭义说，美是最没有用处的。科学家的目的虽只在辨别真伪，他所得的结果却可效用于人类社会。美的事物如诗文、图画、雕刻、音乐等等都是寒不可以为衣，饥不可以为食的。从实用的观点看，许多艺术家都是太不切实用的人物。然则我们又何必来讲美呢？人性本来是多方的，需要也是多方的。真善美三者俱备才可以算是完全的人。人性中本有饮食欲，渴而无所饮，饥而无所食，固然是一种缺乏；人性中本有求知欲而没有科学的活动，本有美的嗜好而没有美感的活动，也未始不是一种缺乏。真和美的需要也是人生中的一种饥渴——精神上的饥渴。疾病衰老的身体才没有口腹的饥渴。同理，你遇到一个没有精神上的饥渴的人或民族，你可以断定他的心灵已到了疾病衰老的状态。

　　人所以异于其他动物的就是于饮食男女之外还有更高尚的企求，美就是其中之一。是壶就可以贮茶，何必又求它形式、花样、颜色都要好看呢？吃饱了饭就可以睡觉，何必又呕心血去做诗、画画、奏乐呢？"生命"是与"活动"同义的，活动愈自由生命也就愈有意义。

人的实用的活动全是有所为而为，是受环境需要限制的；人的美感活动全是无所为而为，是环境不需要他活动而他自己愿意去活动的。在有所为而为的活动中，人是环境需要的奴隶；在无所为而为的活动中，人是自己心灵的主宰。这是单就人说，就物说呢，在实用的和科学的世界中，事物都借着和其他事物发生关系而得到意义，到了孤立绝缘时就都没有意义；但是在美感世界中它却能孤立绝缘，却能在本身现出价值。照这样看，我们可以说，美是事物的最有价值的一面，美感的经验是人生中最有价值的一面。

许多轰轰烈烈的英雄和美人都过去了，许多轰轰烈烈的成功和失败也都过去了，只有艺术作品真正是不朽的。数千年前的《采采卷耳》和《孔雀东南飞》的作者还能在我们心里点燃很强烈的火焰，虽然在当时他们不过是大皇帝脚下的不知名的小百姓。秦始皇并吞六国，统一车书，曹孟德带八十万人马下江东，舳舻千里，旌旗蔽空，这些惊心动魄的成败对于你有什么意义？对于我有什么意义？但是长城和《短歌行》对于我们还是很亲切的，还可以使我们心领神会这些骸骨不存的精神气魄。这几段墙在，这几句诗在，他们永远对于人是亲切的。由此例推，在几千年或是几万年以后看现在纷纷扰扰的"帝国主义"、"反帝国主义"、"主席"、"代表"、"电影明星"之类对于人有什么意义？我们这个时代是否也有类似长城和《短歌行》的纪念坊留给后人，让他们觉得我们也还是很亲切的么？悠悠的过去只是一片漆黑的天空，我们所以还能认识出来这漆黑的天空者，全赖思想家和艺术家所散布的几点星光。朋友，让我们珍重这几点星光！让我们也努力散布几点星光去照耀那和过去一般漆黑的未来！

 思考题

1. 简析木商、植物学家、画家对一棵古松的三种不同态度。
2. 简析朱光潜"形象直觉说"的美学思想。

精读文本

谈人生

季羡林

题解

季羡林(1911—2009),山东聊城临清人。著名语言学家和比较文化学家、佛学家、翻译家和散文家,中科院院士,国学大师,是北京大学唯一的终身教授。学术研究领域主要有印度古代语言、中印佛教史、吐火罗文译释、中印文化交流史、比较文学、文艺理论、东方文化、敦煌学等。主持编纂《四库全书存目丛书》、《传世藏书》、《神州文化集成》、《东方文化集成》等大型丛书。其著作已汇编成24卷《季羡林文集》。

季羡林在散文创作上追求淳朴恬淡的风格。"真"和"朴"是其散文创作的两大特色。"真"主要体现在:散文创作中融入的真挚感情和散文作品体现出来的真性情。"朴"主要体现在:散文题材多选身边琐事,散文语言平易规范,以"本色天然"为美,毫无雕琢之感。本文由作者的两篇散文组成,题目为编者所拟。第一篇开篇就为文章奠定了低沉的基调,随后用平实的文笔、简约的手法,描写了终日昏昏沉沉、浑浑噩噩的芸芸大众与鲁迅等"中国的脊梁"之间的不同,进而得出"如果人生真有意义与价值的话,其意义与价值就在于对人类发展的承上启下、承前启后的责任感"的结论。第二篇,季先生毫不回避生活的苦难,不回避社会和人性的丑陋,而是用超然和达观的态度充分展示人生的不完满。

(一)人生的意义与价值

当我还是一个青年大学生的时候,报刊上曾刮起一阵讨论人生的意义与价值的微风,文章写了一些,议论也发表了一通。我看过一些文章,但自己并没有参加进去。原因是,有的文章不知所云,我看不懂。更重要的是,我认为这种讨论本身就无意义,无价值,不如实实在在地干几件事好。

时光流逝,一转眼,自己已经到了望九之年,活得远远超过了我的预算。有人认为长寿是福,我看也不尽然。人活得太久了,对人生的种种相,众生的种种相,看得透透彻彻,反而鼓舞时少,叹息时多。远不如早一点离开人世这个是非之地,落一个耳根清净。

那么,长寿就一点好处都没有吗?也不是的。这对了解人生的意义与价值,会有一些好处的。

根据我个人的观察,对世界上绝大多数人来说,人生一无意义,二无价值。他们也从来不考虑这样的哲学问题。走运时,手里攥满了钞票,白天两顿美食城,晚上一趟卡拉OK,玩一点小权术,耍一点小聪明,甚至恣睢骄横,飞扬跋扈,昏昏沉沉,浑浑噩噩,等到钻入了骨灰盒,也不明白自己为什么活过一生。

其中不走运的则穷困潦倒,终日为衣食奔波,愁眉苦脸,长吁短叹。即使日子还能过得去的,不愁衣食,能够温饱,然而也终日忙忙碌碌,被困于名缰,被缚于利锁。同样是昏昏沉沉,浑浑噩噩,不知道为什么活过一生。

对这样的芸芸众生,人生的意义与价值从何处谈起呢?

我自己也属于芸芸众生之列,也难免浑浑噩噩,并不比任何人高一丝一毫。如果想勉强找一点区别的话,那也是有的:我,当然还有一些别的人,对人生有一些想法,动过一点脑筋,而且自认这些想法是有点道理的。

我有些什么想法呢?话要说得远一点。当今世界上战火纷飞,人欲横流,"黄钟毁弃,瓦釜雷鸣",是一个十分不安定的时代。但是,对于人类的前途,我始终是一个乐观主义者。我相信,不管还要经过多少艰难曲折,不管还要经历多少时间,人类总会越变越好的,人类大同之域绝不会仅仅是一个空洞的理想。但是,想要达到这个目的,必须经过无数代人的共同努力。有如接力赛,每一代人都有自己的一段路程要跑。又如一条链子,是由许多环组成的,每一环从本身来看,只不过是微末不足道的一点东西;但是没有这一点东西,链子就组不成。在人类社会发展的长河中,我们每一代人都有自己的任务,而且是绝非可有可无的。如果说人生有意义与价值的话,其意义与价值就在这里。

但是,这个道理在人类社会中只有少数有识之士才能理解。鲁迅先生所称之"中国的脊梁",指的就是这种人。对于那些肚子里吃满了肯德基、麦当劳、比萨饼,到头来终不过是浑浑噩噩的人来说,有如夏虫不足以与语冰,这些道理是没法谈的。他们无法理解自己对人类发展所应当承担的责任。

话说到这里,我想把上面说的意思简短扼要地归纳一下:如果人生真有意义与价值的话,其意义与价值就在于对人类发展的承上启下、承前启后的责任感。

(二) 不完满才是人生

每个人都争取一个完满的人生。然而,自古及今,海内海外,一个百分之百完满的人生是没有的。所以我说,不完满才是人生。

关于这一点，古今的民间谚语，文人诗句，说到的很多很多。最常见的比如苏东坡的词："人有悲欢离合，月有阴晴圆缺，此事古难全。"南宋方岳（根据吴小如先生考证）诗句："不如意事常八九，可与人言无二三。"这都是我们时常引用的，脍炙人口的。类似的例子还能够举出成百上千来。

这种说法适用于一切人，旧社会的皇帝老爷子也包括在里面。他们君临天下，"率土之滨，莫非王土"，可以为所欲为，杀人灭族，小事一端，按理说，他们不应该有什么不如意的事。然而，实际上，王位继承，宫廷斗争，比民间残酷万倍。他们威仪俨然地坐在宝座上，如坐针毡。虽然捏造了"龙御上宾"这种神话，他们自己也并不相信。他们想方设法以求得长生不老，他们最怕"一旦魂断，宫车晚出"。连英主如汉武帝、唐太宗之辈也不能"免俗"。汉武帝造承露金盘，妄想饮仙露以长生；唐太宗服印度婆罗门的灵药，期望借此以不死。结果，事与愿违，仍然是"龙御上宾"呜呼哀哉了。

在这些皇帝手下的大臣们，"一人之下，万人之上"，权力极大，骄纵恣肆，贪赃枉法，无所不至。在这一类人中，好东西大概极少，否则包公和海瑞等决不会流芳千古，久垂宇宙了。可这些人到了皇帝跟前，只是一个奴才，常言道：伴君如伴虎，可见他们的日子并不好过。据说明朝的大臣上朝时在笏板上夹带一点鹤顶红，一旦皇恩浩荡，钦赐极刑，连忙用舌尖舔一点鹤顶红，立即涅槃，落得一个全尸。可见这一批人的日子也并不好过，谈不到什么完满的人生。

至于我辈平头老百姓，日子就更难过了。建国前后，不能说没有区别，可是一直到今天仍然是"不如意事常八九"。早晨在早市上被小贩"宰"了一刀；在公共汽车上被扒手割了包，踩了人一下，或者被人踩了一下，根本不会说"对不起"了，代之以对骂，或者甚至演出全武行；到了商店，难免买到假冒伪劣的商品，又得生一肚子气，谁能说，我们的人生多是完满的呢？

再说到我们这一批手无缚鸡之力的知识分子，在历史上一生中就难得过上几天好日子。只一个"考"字，就能让你谈"考"色变。"考"者，考试也。在旧社会科举时代，"千军万马独木桥"，要上进，只有科举一途，你只需读一读吴敬梓的《儒林外史》，就能淋漓尽致地了解到科举的情况。以周进和范进为代表的那一批举人进士，其窘态难道还不能让你胆战心惊，啼笑皆非吗？

现在我们运气好，得生于新社会中。然而那一个"考"字，宛如如来佛的手掌，你别想逃脱得了。幼儿园升小学，考；小学升初中，考；初中升高中，考；高中升大学，考；大学毕业想当硕士，考；硕士想当博士，考。考，考，考，变成烤，烤，烤；一直到知命之年，厄运仍然难免，现代知识分子落到这一张密而不漏的天网中，无所逃于天地之间，我们的人生还谈什么完满呢？

灾难并不限于知识分子，"人人有一本难念的经"。所以我说"不完满才是人生"。这是一个"平凡的真理"，但是真能了解其中的意义，对己对人都有好处。对己，可以不烦不躁；对人，可以互相谅解。这会大大地有利于整个社会的安定团结。

思考题

1. 谈谈你对"不完满才是人生"的理解。
2. 结合实例,简析季羡林散文创作的两大特色。
3. 作为新时代的大学生,你对自己的人生定位是什么?

论学问

[英] 培根

题解

弗朗西斯·培根(1561—1626),英国唯物主义哲学家、散文家。出身贵族家庭,自幼受到良好的家庭教育,20岁开始进入律师界和政界,后专门从事写作。培根曾提出"知识就是力量"的著名口号,马克思称他为"英国唯物主义和整个现代实验科学的真正始祖"。主要著作有《新工具》、《自然史和实验史概论》、《培根论说文集》、《科学推进论》等。

本文选自《培根论说文集》。文章的中心内容是论说学问的用途、治学目的和治学方法以及各种学问对人精神的影响、作用。全文只有两个部分,通过对治学目的和治学方法两大问题的论述,阐明读书治学"要以能权衡轻重、审察事理为目的",强调读书要针对不同的书采取选读、全读、精读(勤读)和代读四种不同的读法,并且要与会谈、写作和笔记结合起来,这样才能增慧明智,获得事半功倍的效果。作者强调读书为学的重要性:学问变化气质,可以弥补精神上的任何缺陷。

本文大量采用归纳法来进行论证,利用归纳法的无限穷尽的逻辑力量,让自己的论述详尽,令人信服。比如"有些书也可供一读……有些书也可以请代表去读……",作者用这样一个归纳论证,充分地证明了不同的书可以采用不同的读法。作者还使用了大量的修辞手法,如比喻、排比等,来加强自己的论证。

　　读书为学底用途是娱乐、装饰和增长才识。在娱乐上学问底主要用处是幽居养静;在装饰上学问底用处是辞令;在长才上学问底用处是对于事务的判断和处理。因为富于经验的人善于实行,也许能够对个别的事情一件一件地加以判断;但是最好的有关大体的议论和对事务的计划与布置,乃是从有学问的人来的。在学问上费时过多是偷懒;把学问过于用做装饰是虚假；完全依学问上的规则而断事是书生底怪癖。学问锻炼天性，而其本身又受经验底锻炼；盖人底天赋有如野生的花草，他们需要学问底修剪；而学问的本身，若不受经验底限制，则其所指示的未免过于笼统。多诈的人渺视学问，愚鲁的人羡慕学问，聪明的人运用学问；因为学问底本身并不教人如何用它们；这种运用之道乃是学问以外，学问以上的一种智能，是由观察体会才能得到的。不要为了辩驳而读书，也不要为了信仰与盲从；也不要为了言谈与议论；要以能权衡轻重、审察事理为目的。

  有些书可供一尝，有些书可以吞下，有不多的几部书则应当咀嚼消化；这就是说，有些书只要读读他们底一部分就够了，有些书可以全读，但是不必过于细心地读；还有不多的几部书则应当全读，勤读，而且用心地读。有些书也可以请代表去读，并且由别人替我作出节要来，但是这种办法只适于次要的议论和次要的书籍，否则录要的书就和蒸馏的水一样，都是无味的东西。阅读使人充实，会谈使人敏捷，写作与笔记使人精确。因此，如果一个人写得很少，那么他就必须有很好的记性；如果他很少与人会谈，那么他就必须有很敏捷的机智；并且假如他读书读得很少的话，那么他就必须要有很大的狡黠之才，才可以强不知以为知。史鉴使人明智；诗歌使人巧慧；数学使人精细；博物使人深沉；伦理之学使人庄重；逻辑与修辞使人善辩。"学问变化气质"。不特如此，精神上的缺陷没有一种是不能由相当的学问来补救的；就如同肉体上各种的病患都有适当的运动来治疗似的。"地球"[1]有益于结石和肾脏；射箭有益于胸肺；缓步有益于胃；骑马有益于头脑；诸如此类。同此，如果一个人心志不专，他顶好研究数学，因为在数学底证理之中，如果他底精神稍有不专，他就非从头再做不可。如果他底精神不善于辨别异同，那么他最好研究经院学派底著作，因为这一派的学者是条分缕析的人；如果他不善于推此知彼，旁征博引，他顶好研究律师们底案卷。如此看来，精神上各种的缺陷都可以有一种专门的补救之方了。

 思考题

1. 结合本文，谈谈你对"学问"对人的修养的重要性的理解。
2. "知识就是力量"是培根的一句名言，对此，你有哪些领悟？

---

［1］ 地球：即保龄球，一种运动项目。

第十一单元

山水景致

　　中国人钟情山水是一种文化现象。山水之景不单单是物象的自然组叠,它更是一种境界的复合,是山水之景与人之情感的相交相融,是人类对世界所作的延伸和丰富。

精读文本

黄山记

徐 迟

题解

徐迟(1914—1996),原名商寿,浙江吴兴人。现当代著名诗人、散文家及报告文学家、翻译家。1933年开始写诗。抗战爆发后,曾与戴望舒、叶君健合编《中国作家》(英文版),协助郭沫若编辑《中原》(月刊)。新中国成立后,曾任《人民中国》编辑、《诗刊》副主编、《外国文学研究》主编。主要作品有《徐迟散文选集》、《法国,一个春天的旅行》、《愉快的和不愉快的散文集》、《徐迟文集》,报告文学《哥德巴赫猜想》、《地质之光》,译著《瓦尔登湖》等。

本文是一篇别出心裁的游记散文。徐霞客曾有云:"五岳归来不看山,黄山归来不看岳",可见黄山的独特美。《黄山记》的表现对象即是黄山,但与一般游记散文不同,文章开篇即从大自然如何安排这处胜境的角度介绍了黄山的概貌,写出了黄山的奇特,气势磅礴;随后作者宕开一笔,以数千年来人们攀登黄山的历史,衬托出黄山的奇险;最后则以自己的身临其境,突出了黄山的秀美,云蒸霞蔚,气象万千,美不胜收。全文风格精巧,构思新奇,铺开大局,细处点染,言简意赅,脉络清晰。作者以优美奔放的文字,错落有序的叙述,笔随心转,舒卷自如,显示了作者豪放的个性和过人的创作能力。

一

大自然是崇高,卓越而美的。它煞费心机,创造世界。它创造了人间,还安排了一处胜境。它选中皖南山区。它是大手笔,用火山喷发的手法,迅速地,在周围一百二十公里,面积千余平方公里的一个浑圆的区域里,分布了这么多花岗岩的山峰。它巧妙地搭配了其中三十六大峰和三十六小峰。高峰下临深谷;幽潭傍依天柱。这些朱砂的,丹红的,紫霭色的群峰,前拥后簇,高矮参差。三个主峰,高风峻骨,鼎足而立,撑起青天。

这样布置后,它打开了它的云库,拨给这区域的,有倏来倏去的云,扑朔迷离的雾,绮丽多彩的霞光,雪浪滚滚的云海。云海五座,如五大洋,汹涌澎湃。被雪浪拍击的山峰,或被吞没,或露顶巅,沉浮其中。然后,大自然又毫不悭吝地赐予几千种植物。它处处散下了天女花和高山杜鹃。它还特意委托风神带来名贵的松树树种,播在险要处。黄山松铁骨冰肌;异萝松天下罕见。这样,大自然把紫红的峰,雪浪云的海,虚无缥缈的雾,苍翠的松,拿过来组成了无穷尽的幻异的景。云海上下,有三十六源,二十四溪,十六泉,还有八潭,四瀑。一道温泉,能治百病。各种走兽之外,又有各种飞禽。神奇的音乐鸟能唱出八个乐音。稀世的灵芝草,有珊瑚似的肉芝。作为最高的效果,它格外赏赐了只属于幸福的少数人的,极罕见的摄身光。这种光最神奇不过。它有彩色光晕如镜框,中间一明镜可显见人形。三个人并立峰上,各自从峰前摄身光中看见自己的面容身影。

这样,大自然布置完毕,显然满意了,因此它在自己的这件艺术品上,最后三下两下,将那些可以让人从人间通入胜境去的通道全部切断,处处悬崖绝壁,无可托足。它不肯随便把胜境给予人类。它封了山。

二

鸿蒙以后多少年,只有善于攀援的金丝猴来游。以后又多少年,才来到了人。第一个来者黄帝,一来到,黄山命了名。他和浮丘公、容成子上山采药。传说他在三大主峰之一,海拔一千八百四十公尺的光明顶之傍,炼丹峰上,飞升了。

又几千年,无人攀登这不可攀登的黄山。直到盛唐,开元天宝年间,才有个诗人来到。即使在猿猴愁攀登的地方,这位诗人也不愁。在他足下,险阻山道挡不住他。他是李白。他逸兴横飞,登上了海拔一千八百六十公尺的莲花峰,黄山最高峰的绝顶。有诗为证:丹崖夹石柱,菡萏金芙蓉,伊昔升绝顶,下窥天目松。李白在想像中看见,浮丘公引来了王子乔,"吹笙舞凤松"。他还想"乘桥蹑彩虹",又想"遗形入无穷",可见他游兴之浓。

又数百年,宋代有一位吴龙翰,"上丹崖万仞之巅,夜宿莲花峰顶。霜月洗空,一碧万里。"看来那时候只能这样,白天登山,当天回不去。得在山顶露宿,也是一种享乐。

可是这以后,元明清数百年内,极大多数旅行家都没有能登上莲花峰顶。汪瓘以"从者七人,二僧与俱",组成一支浩浩荡荡的登山队,"一仆前持斧斤,剪伐丛莽,一仆鸣金继之,二三人肩糇执剑戟以随。"他们只到了半山寺,狼狈不堪,临峰翘望,败兴而归。只有少数人到达了光明顶。登莲花峰顶的更少了。而三大主峰之中的天都峰,海拔只有一千八百一十公尺,却最险峻,从来没有人上去过。那时有一批诗人,结盟于天都峰下,称天都社。诗倒是写了不少,可登了上去的,没有一个。

登天都,有记载的,仅后来的普门法师、云水僧、李匡台、方夜和徐霞客。

三

白露之晨,我们从温泉宾馆出发。经人字瀑,看到了从前的人登山之途,五百级罗汉级。这是在两大瀑布奔泻而下的光滑的峭壁上琢凿出来的石级,没有扶手,仅可托足,果然惊险。但我们现在并不需要从这儿登山。另外有比较平缓的,相当宽阔的石级从瀑布旁侧的山林间,一路往上铺砌。我们甚至还经过了一段公路,只是它还没有修成。一路总有石级。装在险峻地方的铁栏杆很结实;红漆了,更美观。林业学校在名贵树木上悬挂小牌子,写着树名和它们的拉丁学名,像公园里那样的。

过了立马亭,龙蟠坡,到半山寺,便见天都峰挺立在前,雄峻难以攀登。这时山路渐渐的陡峭,我们快到达那人间与胜境的最后边界线了。

然而,现在这边界线的道路全是石级铺砌的了,相当宽阔,直到天都峰趾。仰头看吧!天都峰,果然像过去的旅行家所描写的"卓绝云际"。他们来到这里时,莫不"心甚欲往"。可是"客怨,仆泣",他们都被劝阻了。"不可上,乃止",他们没上去。方夜在他的《小游记》中写道:"天都险莫能上。自普门师蹑其顶,继之者惟云水僧一十八人集月夜登之,归而几堕崖者已四。又次为李匡台,登而其仆亦堕险几毙。自后遂无至者。近踵其险而至者,惟余侣耳。"

那时上天都确实险。但现今我们面前,已有了上天的云梯。一条鸟道,像绳梯从上空落下来。它似乎是无穷尽的石级,等我们去攀登。它陡则陡矣,累亦累人,却并不可怕。石级是不为不宽阔的,两旁还有石栏,中间挂铁索,保护你。我们直上,直上,直上,不久后便已到了最险处的鲫鱼背。

那是一条石梁,两旁削壁千仞。石梁狭仄,中间断却。方夜到此,"稍栗"。我们却无可战栗,因为鲫鱼背上也有石栏和铁索在卫护我们。这也化险为夷了。

如是,古人不可能去的,以为最险的地方,鲫鱼背,阎王坡,小心壁等等,今天已不再是艰险的,不再是不可能去的地方了。我们一行人全到了天都峰顶。千里江山,俱收眼底;黄山奇景,尽踏足下。

我们这江山,这时代,正是这样,属于少数人的幸福已属于多数人。虽然这里历代有人开山筑道,却只有这时代才开成了山,筑成了道。感谢那些黄山石工,峭壁见他们就退让了,险处见他们就回避了。他们征服了黄山。断崖之间架上桥梁,正可以观泉赏瀑。险绝处的红漆栏杆,本身便是可羡的风景。

胜境已成为公园,绝处已经逢生。看呵,天都峰,莲花峰,玉屏峰,莲蕊峰,光明顶,狮子林,这许多许多佳丽处,都在公园中。看呵,这是何等的公园!

四

只见云气氤氲来,飞升于文殊院,清凉台,飘拂过东海门,西海门,弥漫于北海宾馆,白鹅岭。如此之漂泊无定;若许之变化多端。毫秒之间,景物不同;同一地点,瞬息万变。一忽儿阳光泛滥;一忽儿雨脚奔驰。却永有云雾,飘去浮来;整个的公园,藏在其中。几枝松,几个观松人,溶出溶入;一幅幅,有似古山水,笔意简洁。而大风呼啸,摇撼松树,如龙如凤。显出它们矫健多姿。它们的根盘入岩缝,和花岗石一般颜色,一般坚贞。它们有风修剪的波浪形的华盖;它们因风展开了似飞翔之翼翅。从峰顶俯视,它们如苔藓,披覆住岩石;从山腰仰视,它们如天女,亭亭而玉立。沿着岩壁折缝,一个个的走将出来,薄纱轻绸,露出的身段翩然起舞。而这舞松之风更把云雾吹得千姿万态,令人眼花缭乱。这云雾或散或聚;群峰则忽隐忽现。刚才还是倾盆雨,迷天雾,而千分之一秒还不到,它们全部散去了。庄严的天都峰上,收起了哈达;俏丽的莲蕊峰顶,揭下了蝉翼似的面纱。阳光一照,丹崖贴金。这时,云海滚滚,如海宁潮来,直拍文殊院宾馆前面的崖岸。朱砂峰被吞没;桃花峰到了波涛底。耕云峰成了一座小岛;鳌鱼峰游泳在雪浪花间。波涛平静了,月色耀银。这时文殊院正南前方,天蝎星座的全身,如飞龙一条,伏在面前,一动不动。等人骑乘,便可起飞。而当我在静静的群峰间,暗蓝的宾馆里,突然睡醒,轻轻起来,看到峰峦还只有明暗阴阳之分时,黎明的霞光却渐渐显出了紫蓝青绿诸色。初升的太阳透露出第一颗微粒。从未见过这鲜红如此之红;也未见过这鲜红如此之鲜。一刹间火球腾空;凝眸处彩霞掩映。光影有了千变万化;空间射下百道光柱。万松林无比绚丽;云谷寺豪光四射。忽见琉璃宝灯一盏,高悬始信峰顶。奇光异彩,散花坞如大放焰火。焰火正飞舞。那暗鸣变色,叱咤的风云又汇聚起来。笙管齐鸣,山呼谷应。风急了。西海门前,雪浪滔滔。而排云亭前,好比一座繁忙的海港,码头上装卸着一包包柔软的货物。我多么想从这儿扬帆出海去。可是暗礁多,浪这样险恶,准可以撞碎我的帆橹,打翻我的船。我穿过密林小径,奔上左数峰。上有平台,可以观海。但见浩瀚一片,了无边际,海上蓬莱,尤为诡奇。我又穿过更密的林子,翻过更奇的山峰,蛇行经过更险的悬崖,踏进更深的波浪。一苇可航,我到了海心的飞来峰上。游兴更浓了,我又踏上云层,到那黄山图上没有标志,在任何一篇游记之中无人提及,根本没有石级,没有小径,没有航线,没有方向的云中。仅在岩缝间,松根中,雪浪褶皱里,载沉载浮,我到海外去了。浓云四集,八方茫茫。忽见一位药农,告诉我,这里名叫海外五峰。他给我看黄山的最高荣誉,一枝灵芝草,头尾花茎俱全,色泽鲜红如像珊瑚。他给我指点了道路,自己缘着绳子下到数十丈深谷去了。他在飞腾,在荡秋千。黄山是属于他的,属于这样的药农的。我又不知穿过了几层云,盘过几重岭,发现我在炼丹峰上,光明顶前。大雨将至,我刚好躲进气象站里。黄山也属于他们,这几个年轻的科学工作者。他们邀我进入他们的研究室。倾盆大雨倒下来了。这时气象工作者祝贺我,因为将看到最好的景色了。那时我喘息甫定,他们却催促我上观察台去。果然,雨过天又晴。天都突兀而立,如古代将军。绯红的莲花峰迎着阳光,舒展了一瓣瓣的含水的花瓣。轻盈的云海隙处,看得见山下晶晶的水珠。休宁的白岳山,青阳的九华山,临安的天目山,九江的匡庐山。远处如白练一条浮着的,正是长江。这时彩虹一道,挂上了天空。七彩鲜艳,银海衬底。妙极!妙极了!彩虹并不远,它近在目前,就在观察台边。不过十步之外,虹脚升起,跨天都,直上青空,至极远处。仿佛可以从这长虹之脚,拾级而登,临虹款步,俯览江山。而云海之间,忽生宝光。松影之荫,琉璃一片,闪闪在垂虹下,离我只二十步,探手可得。它光彩异常。它中间晶莹。它比彩虹尤其富丽的镜圈内有面镜子。摄身光!摄身光!

　　这是何等的公园!这是何等的人间!

思考题

1. 本文与其他游记散文写法上有何不同？
2. 《黄山记》中强调人与自然的和谐相处,但现今社会,为个人利益而破坏自然的例子,比比皆是。对此,你如何理解？
3. 如果让你做导游,请你根据课文内容,并加上自己的想象选择黄山的某一景点加以介绍。

拓展文本

都江堰

余秋雨

题解

余秋雨(1946—），浙江余姚人。我国当代著名散文家、文化学者、艺术理论家、文化史学家。毕业于上海戏剧学院戏剧文学系，曾任该院院长、教授，上海写作学会会长。现任中国艺术研究院秋雨书院院长、澳门科技大学人文艺术学院院长。主要论著有《戏剧审美心理学》、《中国戏剧文化史述》、《戏剧理论史稿》等，散文集有《文化苦旅》、《千年一叹》、《山居笔记》、《行者无疆》等。

本文选自散文集《文化苦旅》，是余秋雨"文化散文"的代表作之一。全文由四个部分组成：第一部分将都江堰与长城对比，从历史和现实两个角度肯定和评价了都江堰的价值；第二部分描绘都江堰的壮观图景；第三部分表现为人民造福的李冰父子的形象，展现了李冰精通水利，造福于民的精神；第四部分描写横江索桥和二王庙，写李冰精神的影响。四个部分有机融合，表现了作者对都江堰的深情赞美以及由此引发的对民族文化的独特思考。写作上，记叙、抒情、描写、议论融为一体，寓议于物，以议为主。文章环环相扣，层层深入，由物及人，由此及彼；对比手法运用得当，增强了文章的感染力，加深了文章的主旨；语言富于个性化，富含哲理，给人启发。

一

我以为，中国历史上最激动人心的工程不是长城，而是都江堰。

长城当然也非常伟大，不管孟姜女们如何痛哭流涕，站远了看，这个苦难的民族竟用人力在野山荒漠间修了一条万里屏障，为我们生存的星球留下了一种人类意志力的骄傲。

长城到了八达岭一带已经没有什么味道,而在甘肃、陕西、山西、内蒙一带,劲厉的寒风在时断时续的颓壁残垣间呼啸,淡淡的夕照、荒凉的旷野溶成一气,让人全身心地投入对历史、对岁月、对民族的巨大惊悸,感觉就深厚得多了。

但是,就在秦始皇下令修长城的数十年前,四川平原上已经完成了一个了不起的工程。它的规模从表面上看远不如长城宏大,却注定要稳稳当当地造福千年。如果说,长城占据了辽阔的空间,那么,它却实实在在地占据了邈远的时间。长城的社会功用早已废弛,而它至今还在为无数民众输送汨汨清流。有了它,旱涝无常的四川平原成了天府之国,每当我们民族有了重大灾难,天府之国总是沉着地提供庇护和濡养。因此,可以毫不夸张地说,它永久性地灌溉了中华民族。

有了它,才有诸葛亮、刘备的雄才大略,才有李白、杜甫、陆游的川行华章。说得近一点,有了它,抗日战争中的中国才有一个比较安定的后方。

它的水流不像万里长城那样突兀在外,而是细细浸润、节节延伸,延伸的距离并不比长城短。长城的文明是一种僵硬的雕塑,它的文明是一种灵动的生活。长城摆出一副老资格等待人们的修缮,它却卑处一隅,像一位绝不炫耀、毫无所求的乡间母亲,只知贡献。一查履历,长城还只是它的后辈。

它,就是都江堰。

二

我去都江堰之前,以为它只是一个水利工程罢了,不会有太大的游观价值。连葛洲坝都看过了,它还能怎么样?只是要去青城山玩,得路过灌县县城,它就在近旁,就乘便看一眼吧。因此,在灌县下车,心绪懒懒的,脚步散散的,在街上胡逛,一心只想看青城山。

七转八弯,从简朴的街市走进了一个草木茂盛的所在。脸面渐觉滋润,眼前愈显清朗,也没有谁指路,只向更滋润、更清朗的去处走。忽然,天地间开始有些异常,一种隐隐然的骚动,一种还不太响却一定是非常响的声音,充斥周际。如地震前兆,如海啸将临,如山崩即至,浑身起一种莫名的紧张,又紧张得急于趋附。不知是自己走去的还是被它吸去的,终于陡然一惊,我已站在伏龙观前,眼前,急流浩荡,大地震颤。

即便是站在海边礁石上,也没有像这里强烈地领受到水的魅力。海水是雍容大度的聚会,聚会得太多太深,茫茫一片,让人忘记它是切切实实的水,可掬可捧的水。这里的水却不同,要说多也不算太多,但股股叠叠都精神焕发,合在一起比赛着飞奔的力量,踊跃着喧嚣的生命。这种比赛又极有规矩,奔着奔着,遇到江心的分水堤,刷地一下裁割为二,直窜出去,两股水分别撞到了一道坚坝,立即乖乖地转身改向,再在另一道坚坝上撞一下,于是又根据筑坝者的指令来一番调整……也许水流对自己的驯顺有点恼怒了,突然撒起野来,猛地翻卷咆哮,但越是这样越是显现出一种更壮丽的驯顺。已经咆哮到让人心魄俱夺,也没有一滴水溅错了方位。阴气森森间,延续着一场千年的收伏战。水在这里,吃够了苦头也出足了风头,就像一大拨翻越各种障碍的马拉松健儿,把最强悍的生命付之于规整,付之于企盼,付之于众目睽睽。看云看雾看日出各有胜地,要看水,万不可忘了都江堰。

三

  这一切，首先要归功于遥远得看不出面影的李冰。

  四川有幸，中国有幸，公元前251年出现过一项毫不惹人注目的任命：李冰任蜀郡守。

  此后中国千年官场的惯例，是把一批批有所执持的学者遴选为无所专攻的官僚，而李冰，却因官位而成了一名实践科学家。这里明显地出现了两种判然不同的政治走向，在李冰看来，政治的含义是浚理，是消灾，是滋润，是濡养，它要实施的事儿，既具体又质朴。他领受了一个连孩童都能领悟的简单道理：既然四川最大的困扰是旱涝，那么四川的统治者必须成为水利学家。

  前不久我曾接到一位极有作为的市长的名片，上面的头衔只印了"土木工程师"，我立即追想到了李冰。

  没有证据可以说明李冰的政治才能，但因有过他，中国也就有过了一种冰清玉洁的政治纲领。

  他是郡守，手握一把长锸，站在滔滔的江边，完成了一个"守"字的原始造型。那把长锸，千年来始终与金杖玉玺、铁戟钢锤反复辩论。他失败了，终究又胜利了。

  他开始叫人绘制水系图谱。这图谱，可与今天的裁军数据、登月线路遥相呼应。

  他当然没有在哪里学过水利。但是，以使命为学校，死钻几载，他总结出治水三字经"深淘滩，低作堰"、八字真言"遇湾截角，逢正抽心"，直到20世纪仍是水利工程的圭臬。他的这点学问，永远水气淋漓，而后于他不知多少年的厚厚典籍，却早已风干，松脆得无法翻阅。

  他没有料到，他治水的韬略很快被替代成治人的计谋；他没有料到，他想灌溉的沃土将会时时成为战场，沃土上的稻谷将有大半充作军粮。他只知道，这个人种要想不灭绝，就必须要有清泉和米粮。

  他大愚，又大智。他大拙，又大巧。他以田间老农的思维，进入了最澄彻的人类学的思考。

  他未曾留下什么生平资料，只留下硬扎扎的水坝一座，让人们去猜详。人们到这儿一次次纳闷：这是谁呢？死于两千年前，却明明还在指挥水流。站在江心的岗亭前，"你走这边，他走那边"的吆喝声、劝诫声、慰抚声，声声入耳。没有一个人能活得这样长寿。

  秦始皇筑长城的指令，雄壮、蛮吓、残忍；他筑堰的指令，智慧、仁慈、透明。

  有什么样的起点就会有什么样的延续。长城半是壮胆半是排场，世世代代，大体是这样。直到今天，长城还常常成为排场。

  都江堰一开始就清朗可鉴，结果，它的历史也总显出超乎寻常的格调。李冰在世时已考虑事业的承续，命令自己的儿子作3个石人，镇于江间，测量水位。李冰逝世400年后，也许3个石人已经损缺，汉代水官重造高及3米的"三神石人"测量水位。这"三神石人"其中一尊即是李冰雕像。这位汉代水官一定是承接了李冰的伟大精魂，竟敢于把自己尊敬的祖师，放在江中镇水测量。他懂得李冰的心意，唯有那里才是他最合适的岗位。这个设计竟然没有遭到反对而顺利实施，只能说都江堰为自己流泻出了一个独特的精神世界。

  石像终于被岁月的淤泥掩埋，本世纪70年代出土时，有一尊石像头部已经残缺，手上

还紧握着长锸。有人说,这是李冰的儿子。即使不是,我仍然把他看成是李冰的儿子。一位现代作家见到这尊塑像怦然心动,"没淤泥而蔼然含笑,断颈项而长锸在握",作家由此而向现代官场衮衮诸公诘问:活着或死了应该站在哪里?

出土的石像现正在伏龙观里展览。人们在轰鸣如雷的水声中向他们默默祭奠。在这里,我突然产生了对中国历史的某种乐观。只要都江堰不坍,李冰的精魂就不会消散,李冰的儿子会代代繁衍。轰鸣的江水便是至圣至善的遗言。

四

继续往前走,看到了一条横江索桥。桥很高,桥索由麻绳、竹篾编成。跨上去,桥身就猛烈摆动,越犹豫进退,摆动就越大。在这样高的地方偷看桥下会神志慌乱,但这是索桥,到处漏空,由不得你不看。一看之下,先是惊吓,后是惊叹。脚下的江流,从那么遥远的地方奔来,一派义无反顾的决绝势头,挟着寒风,吐着白沫,凌厉锐进。我站得这么高还感觉到了它的砭肤冷气,估计它是从雪山赶来的罢。但是,再看桥的另一边,它硬是化作许多亮闪闪的河渠,改恶从善。人对自然力的驯服,干得多么爽利。如果人类干什么事都这么爽利,地球早已是另一副模样。

但是,人类总是缺乏自信,进进退退,走走停停,不断地自我耗损,又不断地为耗损而再耗损。结果,仅仅多了一点自信的李冰,倒成了人们心中的神。离索桥东端不远的玉垒山麓,建有一座二王庙,祭祀李冰父子。人们在虔诚膜拜,膜拜自己同类中更像一点人的人。钟鼓钹磬,朝朝暮暮,重一声,轻一声,伴和着江涛轰鸣。

李冰这样的人,是应该找个安静的地方好好纪念一下的,造个二王庙,也合民众心意。实实在在为民造福的人升格为神,神的世界也就会变得通情达理、平适可亲。中国宗教颇多世俗气息,因此,世俗人情也会染上宗教式的光斑。一来二去,都江堰倒成了连接两界的桥墩。

我到边远地区看傩戏,对许多内容不感兴趣,特别使我愉快的是,傩戏中的水神河伯,换成了灌县李冰。傩戏中的水神李冰比二王庙中的李冰活跃得多,民众围着他狂舞呐喊,祈求有无数个都江堰带来全国的风调雨顺,水土滋润。傩戏本来都以神话开头的,有了一个李冰,神话走向实际,幽深的精神天国,一下子贴近了大地,贴近了苍生。

 思考题

1. 本文将都江堰和长城比较,提出了哪些独特看法?
2. 文章除了对都江堰和李冰进行评价和思考外,还对现实进行了怎样的思考?
3. 谈谈本文的写作特色。

精读文本

朴野与儒雅

易中天

题 解

易中天(1947—),湖南长沙人。1981年毕业于武汉大学,获文学硕士学位并留校任教。现任厦门大学人文学院教授,长期从事文学、艺术、美学、心理学、人类学、历史学等多学科和跨学科研究。2005年起开始在央视《百家讲坛》节目里讲解历史,因其白话式的幽默分析,受到好评,《易中天品三国》更是引发收视热潮。主要作品有《〈文心雕龙〉美学思想论稿》、《艺术人类学》,"易中天随笔体学术著作·中国文化系列",包括《闲话中国人》、《中国的男人和女人》、《读城记》和《品人录》等。

本文选自易中天的《读城记·成都府》。城市和人一样,也是有个性的。有的秀美,有的粗犷,有的温情,有的豪雄,各有各的特色,各有各的魅力。城市是一个地域空间,更是人的空间。作为人的聚集地的城市,严格地说,城市外在特色只是城市魅力的表征,而城市中的人,才是城市之魂。一个城市的精神生活,关键在于这座城市的文化氛围、文化品位。城市文化的凸显源于二:一是城市人的生存方式,二是城市特色、方言俚语、心理积淀和别样的建筑,二者构成了文化氛围和品位。所以有广州的"生猛鲜活"和成都的"悠闲洒脱"之说。此虽属一家之言,恐怕连这些城市的居民也难以苟同,但这种破译城市的方式值得我们借鉴。

对于成都的花会,《成都人》一书的作者林文询有相当精到的分析。他认为成都之所以有花会,就因为"成都人喜欢都市的热闹,也留恋乡野的清新,花会恰恰将这相悖的两方面融成了一片,自然能恒久地讨人喜欢"。说起来,成都人的这种性格,其实也正是成都的城市性格。成都是一个"田园都市"和"文化古城",因此成都的民风,诚如万历九年的《四川总志》所言,是"俗乃朴野,士则倜傥"。也就是说,既朴野,又儒雅,既平民化,又不乏才子气。

我们不妨再比较一下成都与广州。

成都与广州,大概是中国最讲究吃的两个城市,因此有"食在广州"和"吃在成都"两种说法。不过两地的吃法并不相同,甚至大相径庭,各有千秋却又都登峰造极。大体上说,广州菜重主料而成都菜重佐料。广州菜对主料的选择是极为讲究的:一是贵,鹧鸪、乳鸽、鹌鹑、豹狸、石斑、鲈鱼、龙虾、对虾,什么稀贵来什么;二是广,禾花雀、果子狸、过树榕、金环蛇,什么古怪来什么;三是鲜,讲究"吃鱼吃跳,吃鸡吃叫",各大酒楼、宾馆、饭店、摊档,都在铺面当眼处养着各种活物,即点即宰即烹。因此,广州的名菜,不少既名亦贵,如胶笋皇、满坛香、一品天香、鼎湖上素、龙虎凤大烩、菊花三蛇羹,光听菜名就觉好生了得。有的用料也许并不一定很贵,但一定很新鲜。厨师的功夫,也主要体现在保持优质原料本色原味上,要求做到清而不淡,鲜而不俗。另一点也很重要,那就是哪怕很普通的菜,菜名也多半很堂皇。比如所谓"大地艳阳春",就不过是生菜胆烧鹌鹑蛋而已。

成都的名菜就朴实得多,通常不过东坡肉、咸烧白,甚或回锅肉、盐煎肉,普通极了,也好吃极了,贵重一点,亦不过红烧熊掌、干烧鱼翅、虫草鸭子、家常海参之类。可以说,大多数成都菜,主料都不稀贵。然而,配料、做工,却毫不含糊。比如盐要井盐,糖要川糖,豆瓣要郫县的,榨菜要涪陵的。而且,用法也颇为多样,光是辣椒,便有青辣椒、干辣椒、泡辣椒、渣辣椒、辣椒油、辣椒面等多种。因此,成都菜的滋味,极为丰富多彩,据说竟有咸甜、麻辣、椒盐、怪味、酸辣、糖醋、鱼香、家常、姜汁、蒜泥、芥末、红油、香糟、荔枝、豆瓣、麻酱等二十多种,真是极尽调和五味之能事。有人甚至不无夸张地说,你就是给他一块干木头,成都的厨师也能做出一道有滋有味的好菜来。

显然,广州菜多清淡,成都菜多浓郁;广州菜较华贵,成都菜较朴实;广州菜更排场,成都菜更实惠;广州菜主要"为大款服务",成都菜主要"为大众服务"。在广州,无论你开多大的价,厨师都能给你开出席来;而在成都,则无论你的钱多么少,小吃也能管饱。当然,广州也有面向大众的大排档,但只有成都,才把小吃做成了套餐,当做宴席来摆。也只有在成都,你能大快朵颐却又花费不多。因为成都菜的特色,主要不在选料而在烹调。比如人人爱吃的"夫妻肺片",主料不过是牛心、牛肺、牛肠、牛肚、牛蹄、牛舌、牛头皮等"下脚料";而赫赫有名的"麻婆豆腐",则用的是最便宜又颇有营养的豆腐,却又是席上珍馐。所以,外地人一般都有一个共识:讲排场请吃粤菜,讲实惠请吃川菜。

这其实也是两地城市性质所使然。广州是"市",是"市场"。广州的吃食菜肴,不可能不商业化,也不可能不奢侈豪华。成都是"府",是"天府"。成都的市民,大多是没有多少钱也懒得去赚钱却又穷讲究的"天府闲汉",当然就只好在配料做工上多做文章。的确,成都人的生活是相当平民化的。比如他们最爱吃的"回锅肉",便是典型的平民菜肴。回锅肉味重,好下饭;油腻,易饱肚;煮肉的汤加上萝卜白菜又是一吃,实惠之极,然而平民百姓爱吃,达官贵人也爱吃。当年四川总督岑春煊在接风宴上品尝回锅肉,就曾引出一段故事,成都不少人都会摆这段龙门阵。即便是一些名贵菜肴,成都人也不给它起什么吓死人的菜名。比如成都最有名的餐馆"荣乐园"有一道做工极其讲究的名汤,菜名竟然就叫"开水白菜"。试想,天底下还有比开水白菜更普通的,可又偏偏是名肴。

不过,最能体现成都人生活平民性的,还是火锅。

中国人都爱吃火锅,而成都火锅品种之多,实在令人瞠目。什么羊肉火锅、海鲜火锅、鸡肉火锅、药膳火锅、黄辣丁火锅、酸菜鱼火锅、啤酒鸭火锅、花江狗肉火锅等等,不一而足。当然,和四川各地火锅一样,也少不了"麻辣烫"。你不可小看这麻辣烫。有此特别刺激味觉的麻辣烫,便一俊遮百丑,什么死猫烂耗子都可以烫来吃。有钱的,不妨烫山珍海味,黄喉鳝鱼;没钱的,则可以烫萝卜白菜,猪血豆腐,反正都一样麻辣烫,都一样好吃。这样一来,贵贱贤愚、贫富雅俗,在麻辣烫面前,也就"人人平等";而生活中的喜怒哀乐、苦闷烦恼,也就在唇麻舌辣中统统消解。

认真说来,麻辣烫火锅并非成都特产,它是从重庆传过来的。其实,重庆也未必就是火锅的发源地。据我猜想,它多半是川东一带山民的爱物,只不过当初比较简陋,是重庆人让它登上了大雅之堂。山地寒冷潮湿,须用滚烫来祛湿御寒;山民生活贫困,要靠麻辣来刺激味觉;而麻辣烫又有去除野物腥味的功能;杂七杂八一锅煮,也较为简单易行。事实上川黔一带的山地边民都吃火锅,只不过四川多麻辣,贵州多酸汤而已。总之,嗜吃火锅,实不妨看做朴野民风的一种体现。李劼人谓吃火锅"须具大勇",便正是道出了麻辣烫火锅的"野性"。

不过,成都菜虽然朴素、实惠,却并不简陋、粗俗,而颇为讲究,甚至还有几分儒雅。成都的菜馆,就更是儒雅得好生了得,比如"小雅"、"朵颐"、"味之腴"[1]、"不醉无归"等。这些店名不少都有来历。比如"盘飧市",取自杜诗"盘飧市远无兼味"[2];"锦江春"取自杜诗"锦江春色来天地";"寿而康"取自韩愈文"饮其食兮寿而康"。坐在这样的饭店菜馆里,你无疑会有一种"吃文化"的感觉。但如果你认为这都是高档饭店,那就错了。其实,"盘飧市"不过是华兴街上一家卖腌卤熟食的馆子,而"不醉无归"则是"小酒家"。

这其实也是成都店名的特色。成都不少店铺,店名都颇为儒雅。比如有浴室名"沂春",显然典出《论语》:"暮春者,春服既成,冠者五六人,童子六七人,浴乎沂,风乎舞雩,咏而归。"[3]又有茶馆名"漱泉",名"枕流",则典出《世说新语》。据《世说新语·排调》载:晋代名士孙楚(子荆)年少时想隐居,便对王济(武子)说"当枕石漱流",结果不小心说成了"漱石枕流"。王济便反问他:"流可枕,石可漱乎?"孙楚将错就错,借题发挥,说:"所以枕流,欲洗其耳;所以漱石,欲砺其齿。"一句错话,竟反倒成了名言。成都人以此作为茶馆之名,自然儒雅得很,也符合成都人闲散洒脱的性格。

成都有的店名,表面上看似颇俗,其实俗极反而大雅,比如"姑姑筵"即是。所谓"姑姑筵",也就是"摆家家"。成都俗云:"小孩子请客,办姑姑筵。"然而这"姑姑筵"却是首屈一指的大酒家。后来,"姑姑筵"老板的弟弟得乃兄真传,也开了一间酒店,竟然干脆取名"哥哥传",同样俗极反雅,颇受好评。更为难得的是,有这样雅号的,不少是小店。比如"稷雪"是做点心的,"麦馨"是买面点的,"惜时"是一家小钟表修理店,"世味"则是专卖胡椒花椒的调味品店。调味品店可以叫"世味",则照相馆便真可以叫"世态"。最绝的是一家专

---

[1] 腴:腹下的肥肉、油脂,美好的意思。

[2] 盘飧市远无兼味:出自杜甫诗句"盘飧市远无兼味,樽酒家贫只旧醅"(《客至》)。"盘飧"、"樽酒":指简陋。

[3] 全句意思为:暮春三月,已经穿上了春天的衣服,我和五六位成年人,六七个少年,去沂河里洗洗澡,在舞雩台上吹吹风,一路唱着歌走回来。冠者:成年人。古代男子到20岁时行冠礼,表示已经成年。沂:水名,发源于山东南部,流经江苏北部入海。雩(yú):祭天求雨的地方。

卖牛羊肉泡馍的回民清真馆，竟名"回回来"，既有"回民来吃"之义，又有"每回都来"之意，一语双关，妙不可言。还有一家小吃店，店名竟是三个同音字："视试嗜"，意谓"看见了，尝一尝，一定喜欢"，亦可谓用心良苦。

更可人的是，这些市招，又多为名家墨宝。比如东大街的"老胡开文笔墨庄"是谭延闿的字，三倒拐的"静安别墅"则为岳宝琪所书。即便普普通通的小店，那市招也多半是一笔好字，甚至帖意盎然。一些并不起眼的夫妻店，也每每弄些字画来挂在店里，虽不多好，也不太低，多少有些品位，里里外外地透出成都人的儒雅来。

这便是成都：能雅能低，又都不乏巧智。

如果说"麻辣烫"表现了成都人朴野的一面，那么，"㧯耳朵"则无妨看做是儒雅的一种变异或延伸。"㧯"这个字，是成都方言，音 pā，原本用于烹调，指食物煮至烂熟软和但外形完整之状。比如汤圆煮熟了就叫"煮㧯了"，红薯烤熟了就叫"㧯红苕"。引而申之，则软和就叫"㧯和"，软饭就叫"㧯饭"，柔软就叫"㧯漉漉"。用到人身上，则有"㧯子"、"㧯疲"、"㧯蛋"、"㧯㧯儿"等说法。"㧯子"系指得了软骨病的人，"㧯蛋"则指软壳蛋，而以强凌弱，也就叫"半夜吃桃子，按倒㧯的捏"。

不过，"㧯耳朵"，却是一个专用名词，特指怕老婆的人。有道是："成都女人一枝花，成都男人耳朵㧯。"成都男人的怕老婆，也和成都的茶馆一样有名。成都男人怕老婆的故事之多，在中国大约数一数二，而且是成都人摆龙门阵的重要内容之一。更重要的是，别的地方虽然也爱讲这类故事，但多半是讲别人如何怕老婆，而成都人摆起龙门阵来，则多半讲自己如何怕老婆。不但讲的人争先恐后，而且往往还会为争当"㧯协主席"而吵得面红耳赤，比西方人竞选议员还来劲。因为在他们看来，"怕老婆"在本质上其实是"爱老婆"、"疼老婆"。这是一件光荣的事，当然非炫耀不可。

其实，"㧯耳朵"这个词，和"气管炎"（妻管严）、"床头柜"（床头跪）之类，意思是不尽相同的。"气管炎"等重在"怕"，"㧯耳朵"则重在"㧯"，即成都男人在老婆面前心酥骨软、稀松和的那种德性。这种德性，骨子里正是对女人的心疼怜爱，是那种恨不得含在嘴里捧在手心百般呵护的心疼劲儿。这种心疼劲儿，实在只能名之曰"㧯"。

成都男人的㧯（或曰爱老婆、疼老婆），并非只是嘴上功夫，其实还有实际行动。其中，最能集中体现成都模范丈夫爱心的，就是满街跑的一种车子。车很简单，不过自行车旁边再加一个车斗罢了，本应该叫"偏斗车"的。但因为这车的发明，原本是为了太太舒服省力，那舒适风光的偏斗，也只归太太享用，于是成都人便一致公认，应美其名曰"㧯耳朵车"。这种车极为灵巧方便，一马平川的大街可走，曲里拐弯的小巷也能串。所以有人便用它来当出租车用。这样一种平民化的出租车，就理所当然地叫做"㧯的"。据说，"㧯的"现在已被取缔了，但专供太太们使用的"㧯耳朵车"，则仍在通行之列。

看来，成都男人的怕老婆或疼老婆，是颇有些水平的。这也不奇怪。因为成都人原本就有几分儒雅，或者说，有些才子气。才子么，多半怜香惜玉，心疼女人。不信你看戏曲舞台上那些才子，哪一个在女人面前不是"㧯漉漉的"？不过，成都的这些"才子"们是平民，大多不会吟风弄月，却也不乏创造性。"㧯耳朵车"，便是他们怜香惜玉的智慧体现。

成都男人如此之㧯，自然因为成都女人在他们的眼里可爱之极。天生丽质的女娇娃，原本就是成都这个城市的"盖面菜"（成都人把席间最端得上桌的菜和家庭群体中最能光耀门庭的人称做"盖面菜"）；白净水灵，婀娜秀丽。做了少妇之后，有男人的爱滋润呵护，便更是出落得风情万种，妩媚百般。不过，成都娇娃是"娇而不嗲"，反倒有些"麻辣"。尤其一张嘴，伶牙俐齿，巧舌如簧，得理不让人，不得理也不让人，常常是不费吹灰之力，嘻嘻哈哈轻松潇洒地就能把人"涮了火锅"，真是好生了得。这种嘴上功夫，是要有练兵场所和用武之地的。其最佳选择，自然是她们的男人。她们的男人，也乐意做她们的"枪靶子"。在成都男人看来，自己的女人既然"不爱红装爱武装"，那就随她们去好了。娇小玲珑柔美秀丽的女人有点"麻辣"，不但无损于她们的可爱，反倒能增添几分妩媚。

成都女人既然已经选择了"麻辣"，成都男人就不好再"麻辣"，如果老公老婆都"麻辣"，岂不真成了"夫妻肺片"？于是成都男人便只好去做"赖汤圆"：又甜又圆又耙。再说，成都妹娃虽然嘴巴厉害，心里面其实是很耙和的，怎么舍得对她们大喊大叫？家庭毕竟不是战场，实在也用不着叱咤风云。所以，耙耳朵先生们的耙，便不是窝囊，而毋宁说是儒雅。

成都这个城市，确实是很儒雅的。成都人呢，尽管开口"龟儿"闭口"狗日"，颇有些不那么文明礼貌，也不乏儒雅的一面。成都人爱玩风雅。琴棋书画，弹唱吹拉，养鸟种花，都是成都人爱做的事情。在成都，凡有人家的地方就有花草，就像凡有人群的地方就有火锅一样。庭院里，阳台上，到处是幽兰芳竹、金桂红梅，使人觉得成都到底不愧为"蓉城"。成都人就是这样，用自己爱美的心灵和勤劳的双手，把这个城市打扮得花团锦簇。

成都的街道和建筑也洁净可人。漫步成都街头，在绿树婆娑、飞翠流花之中，常常会闪出一间间优美精致的小屋，那就是成都的公共厕所。不少外地人都误以为那是街头的园林建筑小品。我就曾把其中的一个误认做人民公园的侧门。后来，每到一间厕所，我女儿都要笑着说"我爸的人民公园到了"。公共厕所修得这么雅致，真让人对成都人的爱美之心肃然起敬。

厕所尚且如此，则真正的公园便可想而知。成都的公园，不但园林清幽，风景别致，而且有着独特的历史渊源和文化蕴涵，如文殊院、昭觉寺、青羊宫。尤其是武侯祠、草堂寺和薛涛井所在之望江公园，更是里里外外都透着儒雅。杜甫草堂有联云："诗有千秋，南来寻丞相祠堂，一样大名垂宇宙；桥通万里，东去问襄阳耆旧，几人相忆在江楼。"望江公园内虚拟之"薛涛故居"也有联云："古井冷斜阳，问几树枇杷，何处是校书门巷；大江横曲槛，占一楼烟月，要平分工部草堂。"诗圣与武侯"一样大名垂宇宙"，薛涛与杜甫"平分秋色在成都"。成都人的风流、儒雅，由此也可见一斑。成都，实在也应该叫做"文化之都"的。

成都拥有这样一份儒雅，是一点也不奇怪的。巴人尚武，蜀人重文，何况成都历来就是一个出大诗人和小皇帝的地方。诗人大而皇帝小，自然豪雄霸气不足，风流儒雅有余。这也是成都这个城市的特性。成都在历史上确实很出过几个自封的皇帝，却几乎从来没有成过气候。他们的后代，包括只会种花的孟昶和什么都不会的刘禅，就更是成不了器。孟昶投降后，赵匡胤问他的爱妃花蕊夫人何以被俘，花蕊夫人当场口占一绝云："君王城上竖降旗，妾在深宫哪得知。十万人齐解甲，更无一个是男儿。"成都这地方，似乎从来就阴盛阳衰。

的确，成都这个城市，是没有什么帝王气象的。我们总是很难把它和王气霸业之类的东西联系起来。有人说这是因为成都这地方实在太安逸，不管是谁，只要得到了成都和成

都平原,就会安于乐蜀,不思进取。此说似可聊备一格。反正,当我们漫步在成都街头,看着成都人不紧不慢的步履和悠闲安详的神情,就会觉得这里不大可能是什么翻天覆地革命造反的策源地。

　　成都没有王者气象,却不乏画意诗情和野趣村风。成都这个城市的最可人之处,从来就不是过去的殿堂庙宇,今天的大厦高楼,而是和城外千里沃野纵横田畴相映成趣的小桥流水、市井里巷、寻常人家。成都最诱人的吃食也不是酒楼饭店里的高档宴席,而是民间小吃和家常菜肴,如干煸豆角回锅肉、夫妻肺片叶儿粑,还有那遍布成都大街小巷的火锅和"串串香"。所谓"串串香",就是用一根根竹签将各类荤素食品串起来,像烫火锅一样放进红红的辣椒锅里烫着吃。一串食物,不论荤素,一律一角,爱吃多少吃多少,爱吃多久吃多久。成都人三五成群坐于街头,七嘴八舌围定火锅,不必正襟危坐,无需相敬如宾,饮者豪饮,吃者猛吃,不知不觉百十串下肚,酒足兴尽快意而归,把这个城市的朴野风格挥洒得淋漓尽致。

　　成都就是这样一个城市。如果说,北京是帝王贵胄、文人学者、市井小民共生共处的地面,那么,成都则更多的是平民的乐土。在成都,往往能比在别的地方更接近平民贴近自然。成都人民是那样地热爱生活和善于生活。他们总是能把自己普普通通的生活变得意趣盎然。听听成都的竹枝词吧:"桃符半旧半新鲜,阴历今朝是过年。邻女不知春来到,寒梅来探依窗前。"(贴春联)"把户尊神气象豪,虽然是纸也勤劳。临年东主酬恩德,尽与将军换新袍。"(换门神)"梅花风里来春阴,尽向公园品碧沉。人日好寻香艳在,环肥燕瘦总留心。"(游草堂)"青羊宫里似星罗,乘兴家家载酒过。小妹戏呼阿姊语,今年人比去年多。"(逛花会)"龙舟锦水说端阳,艾叶菖蒲烧酒香。杂佩丛簪小儿女,都教耳鼻抹雄黄。"(过端午)"九日登高载酒游,莫辞沉醉菊花秋。闹寻药市穿芳径,多买茱萸插满头。"(度重阳)无疑,这里面难免有文人的加工和想象,但那浓郁的生活气息仍扑面而来。这些既有几分朴野又有几分儒雅的竹枝词,难道不正是成都和成都人生活的真实写照?

 思考题

1. 城市文化体现在哪些方面?
2. 请你概括你的家乡或你所在城市的特点,做一次演讲。

拓展文本

融入野地

张　炜

题解

　　张炜(1956—)，山东龙口人，原籍栖霞。当代著名作家。1980年开始创作，现为山东作协专业作家。主要作品有长篇小说《古船》、《九月寓言》、《柏慧》、《家族》等，中篇小说《秋天的愤怒》、《蘑菇七种》等，散文《融入野地》、《夜思》等。

　　本文是长篇小说《九月寓言》的后记，开篇作者就表达了对知识分子精神理想和民间立场的坚持："城市是一片被肆意修饰过的野地，我最终将告别它。""野地"是张炜对城市之外的土地的称呼，是相对于城市文明而言的自然世界。作者在这片鲜活的土地上悉心寻找着能够自由生存的民间世界。它为作者提供了心灵的安慰，它立足于现实之外，成为人类理想的栖息地。

　　《融入野地》共分为9节，每一节都是作者发自内心的真诚而热烈的呼喊，读者从中看到的作者，似一位忧郁而热烈的现代骑士站在时代的路口，真挚地召唤人性的回归，呼吁人性最原始的纯真。从对客观世界的认识走向对人生世界的价值追问，《融入野地》为我们了解作者的关怀与立场提供了文本。这里有一个"自然的歌者"的深情"痴唱"，也有一个知识分子对自然的冥想与叩问。全文语言平实，不事雕琢，质朴粗犷。信笔拈来，看似支离散漫，烦琐细碎，细细读来，字里行间皆洋溢着作者满怀的真诚与热烈。

一

　　城市是一片被肆意修饰过的野地，我最终将告别它。我想寻找一个原来，一个真实。这纯稚的想念如同一首热烈的歌谣，在那儿引诱我。市声如潮，淹没了一切，我想浮出来看一眼原野、山峦，看一眼丛林、青纱帐。我寻找了，看到了，挽回的只是没完没了的默想。辽阔的大地，大地边缘是海洋。无数的生命在腾跃、繁衍生长，升起的太阳一次次把它们照亮……当我在某一瞬间睁大了双目时，突然看到了眼前的一切都变得簇新。它令人惊悸、感动、诧异，好像生来第一遭发现了我们的四周遍布奇迹。

我极想抓住那个"瞬间感受"，心头充溢着阵阵狂喜。我在其中领悟：万物都在急剧循环，生生灭灭，长久与暂时都是相对的；但在这纷纭无绪中的确有什么永恒的东西。我在捕捉和追逐，而它又绝不可能属于我。这是一个悲剧，又是一个喜剧。暂且抑制了一个城市人的伤感，面向旷野追问一句：为什么会是这样？这些又到底来自何方？已经存在的一切是如此完美，完美得让人不可思议；它又是如此地残缺，残缺得令人痛心疾首。我们面对的不仅是一个熟知的世界，还有一个完全陌生的世界；原来那种悲剧感或是喜剧感都来自一种无可奈何。

心弦紧绷，强抑下无尽的感慨。生活的浪涌照例扑面而来，让人一拍三摇。做梦都想像一棵树那样抓牢一小片泥土。我拒绝这种无根无定的生活，我想追求的不过是一个简单、真实和落定。这永远只能停留在愿望里。寻找一个去处成了大问题，安慰自己这颗成年人的心也成了大问题。默默捱蹭，一个人总是先学会承受，再设法拒绝。承受，一直承受，承受你的自尊所无法容许的混浊一团。也就在这无边的踟蹰中，真正的拒绝开始了。

这条长路犹如长夜。在漫漫夜色里，谁在长思不绝？谁在悲天悯人？谁在知心认命？心界之内，喧嚣也难以渗入，它们只在耳畔化为了夜色。无光无色的域内，只需伸手触摸，而不以目视。在这儿，传统的知与见已经失去了原有的意义。神游的脚步磨得夜气发烫，心甘情愿一意追踪。承受、接受、忍受……一个人真的能够忍受吗？有时回答能，有时回答不，最终还是不能。我于是只剩下了最后的拒绝。

二

当我还一时无法表述"野地"这个概念时，我就想到了融入。因为我单凭直觉就知道，只有在真正的野地里，人可以漠视平凡，发现舞蹈的仙鹤。泥土滋生一切；在那儿，人将得到所需的全部，特别是百求不得的那个安慰。野地是万物的生母，她子孙满堂却不会衰老。她的乳汁汇流成河，涌入海洋，滋润了万千生灵。

我沿了一条小路走去。小路上脚印稀罕，不闻人语，它直通故地。谁没有故地？故地连接了人的血脉，人在故地上长出第一绺根须。可是谁又会一直心系故地？直到今天我才发现，一个人长大了，走向远方，投入闹市，足迹印上大洋彼岸，他还会固执地指认：故地处于大地的中央。他的整个世界都是那一小片土地生长延伸出来的。

我又看到了山峦、平原，一望无边的大海。泥沼的气息如此浓烈，土地的呼吸分明可辨。稼禾、草、丛林；人、小蚁、骏马；主人、同类、寄生者……搅缠共生于一体。我渐渐靠近了一个巨大的身影……

故地指向野地的边缘，这儿有一把钥匙。这里是一个入口，一个门。满地藤蔓缠住了手足，丛丛灌木挡住了去路，它们挽留的是一个过客，还是一个归来的生命？我伏下来，倾听，贴紧，感知脉动和体温。此刻我才放松下来，因为我获得了真正的宽容。

一个人这时会被深深地感动。他像一棵树一样，在一方泥土上萌生。他的一切最初都来自这里,这里是他一生探究不尽的一个源路。人实际上不过是一棵会移动的树。他的激动、欲望,都是这片泥土给予的。他曾经与四周的丛绿一起成长。多少年过去了,回头再看旧时景物,会发现时间改变了这么多,又似乎一点也没变。绿色与裸土并存,枯树与长藤纠扯。那只熟悉的红点颏与巨大的石碾一块儿找到了;还有荒野芜草中百灵的精制小窝……故地在我看来真是妙迹处处。

一个人只要归来就会寻找,只要寻找就会如愿。多么奇怪又多么素朴的一条原理,我一弯腰将它拣了起来。匍匐在泥土上,像一棵欲要扎根的树——这种欲求多次被鹦鹉学舌者给弄脏。我要将其还原来。我心灵里那个需求正像童年一样热切纯洁。

我像个熟练的取景人,眯起双目遥视前方。这样我就眯朦了画面,闪去了很多具体的事物。我看到的不是一棵或一株,而是一派绿色;不是一个老人一个少女,而是密挤的人的世界。所有的声息都撒落在泥土上,混和一起涌过,如蜂鸣如山崩。

我蹲在一棵壮硕的玉米下,长久地看它大刀一样的叶片上面的银色丝络;我特别注意了它如爪如须、紧攥泥土的根。它长得何等旺盛,完美无损,英气逼人。与之相似的无语生命比比皆是,它们一块儿忽略了必将来临的死亡。它们有个精神,秘而不宣。我就这样仰望着一棵近在咫尺的玉米。

时至今天,似乎更没有人愿意重视知觉的奥秘。人仿佛除了接受再没有选择。语言和图画携来的讯息堆积如山,现代传递技术可以让人蹲在一隅遥视世界。谬误与真理掺拌一起抛洒,人类像挨了一场陨石雨。它损伤的是人的感知器官。

失去了辨析的基本权力,剩下的只是一种苦熬。一个现代人即便大睁双目,还是拨不开无形的眼障。错觉总是缠住你,最终使你臣服。传统的"知"与"见"给予了我们,也蒙蔽了我们。于是我们要寻找新的知觉方式,警惕自己的视听。

我站在大地中央,发现它正在生长躯体,它负载了江河和城市,让各色人种和动植物在腹背生息。令人无限感激的是,它把正中的一块留给了我的故地。我身背行囊,朝行夜宿,有时翻山越岭,有时顺河而行;走不尽的一方土,寸土寸金。有个异国师长说它像邮票一般大。我走近了你、挨上了你吗?一种模模糊糊的幸运飘过心头。

三

大概不仅仅是职业习惯,我总是急于寻觅一种语言。语言对于我从来就有一种神秘的感觉。人生之路上遭逢的万事万物之所以缄口沉默,主要是失去了语言。语言是凭证,是根据,是继续前行的资本。我所追求的语言是能够通行四方、源发于山脉和土壤的某种东西,它活泼如生命,坚硬如顽石,有形无形,有声无声。它就撒落在野地上,潜隐在万物间。河水汩汩流淌,大海日夜喧嚷,鸟鸣人呼——这都是相互隔离的语言;那么通行四方的语言藏在了哪里?

它犹如土中的金子,等待人们历尽辛苦之后才跃出。我的力气耗失了那天,即便如愿以偿了又有什么意义?我像所有人一样犹豫、沮丧、叹息,不知何方才是目的,既空空荡荡又心气高远。总之无语的痛苦难以忍受,它是真实的痛苦。我的希冀不大,无非就想讨一句话。很可惜也很残酷,它不发一言。

让人亲近、心头灼热的故地,我扑入你的怀抱就痴话连篇,说了半响才发觉你仍是一个默默。真让人尴尬。我知道无论是秋虫的鸣响或人的欢语，往往都隐下了什么。它们的无声之声才道出真谛，我收拾的是声音底层的回响。

在一个废弃的村落旧址上，我发现了遗落在荒草间的碾盘。它上面满是磨钝了的齿沟。它曾经被忙生计的人团团围住，它当刻下滔滔话语。还有，茅草也遮不住的破碎瓦砾，该留下被击碎那一刻的尖利吧？我对此坚信无疑，只是我仍然不能将其破译。脚下是一道道地裂，是在草叶间偷窥的小小生灵。太阳欲落，金红的火焰从天边一直烧到脚下；在这引人怀念和追忆的时刻，我感到了凄凉，更感到了蕴含于天地自然中的强大的激情。可是我们仍然相对无语。

刚刚接近故地的那种熟悉和亲切逐渐消失，代之而来的是深深的陌生感，我认识到它们的表层之下，有着我以往完全不曾接近过的东西。多少次站在夕阳西下的郊野，默想观想，像等候一个机会。也就在这时，偶尔回想起流逝的岁月，会勾起一丝酸疼。好在这会儿我已没有了书生那样的忏悔，而是充满了爱心和感激，心甘情愿地等待、等待。我回想了童年，不是那时的故事，而是那时的愉快心情。令人惊讶的是那种愉悦后来再也没有出现。我多少领悟了：那时还来不及掌握太多的俗词儿，因而反倒能够与大自然对话；那愉悦是来自交流和沟通，那时的我还未完全从自然的母体上剥离开来。世俗的词儿看上去有斤有两，在自然万物听来却是一门拙劣的外语。使用这种词儿操作的人就不会有太大希望。解开了这个谜我一阵欣慰，长舒一口。

田野上有很多劳作的人，他们趴在地上，沾满土末。禾绿遮着铜色躯体，掩成一片。土地与人之间用劳动沟通起来，人在劳动中就忘记了世俗的词儿。那时人与土地以及周围的生命结为一体，看上去，人也化进了朦胧。要倾听他们的语言吗？这会儿真的掺入泥中，长成了绿色的茎叶。这是劳动和交流的一场盛会，我怀着赶赴盛宴的心情投入了劳动。我想将自己融入其间。

人若丢弃了劳动就会陷于蒙昧。我有个细致难忘的观察：那些劳动者一旦离开了劳动，立刻操起了世俗的词儿。这就没有了交流的工具，与周遭的事物失去了联系，因而毫无力量。语言，不仅仅是表，而是里；它有自己的生命、质地和色彩，它是幻化了的精气。仅以声音为标志的语言已经是徒有其表，魂魄飞走了。我崇拜语言，并将其奉为神圣和神秘之物。

四

生活中无数次证明：忍受是困难的。一个人无论多么达观，最终都难以忍受。逃避、投诚、撞碎自己，都不是忍受。拒绝也不是忍受。不能忍受是人性中刚毅纯洁的一面，是人之所以可爱的一个原因。偶有忍受也为了最终的拒绝。拒绝的精神和态度应该得到赞许。但是，任何一种选择都是通过一个形式去完成的，而形式可以是多种多样。

一个人如果因爱而痴，形似懵懂，也恰恰是找到了自己的门径。别人都忙于拒绝时，他却进入了忘我的状态。忘我也是不能忍受的结果。他穿越激烈之路，烧掉了愤懑，这才有了痴情。爱一种职业、一朵花、一个人，爱的是具体的东西；爱一份感觉、一个意愿、一片土地、一种状态，爱的是抽象的东西。只要从头走过来，只要爱得真挚，就会痴迷。迷了心窍，就有了境界。

当我投入一片茫茫原野时,就明白自己背向了某种令我心颤的、滚烫烫的东西。我从具体走向了抽象。站在荒芜间举目四望,一个质问无法回避。我回答仍旧爱着。尽管头发已经蓬乱,衣衫有了破洞,可我自知这会儿已将内心修葺得工整洁美。我在迎送四季的田头壑底徘徊,身上只负了背囊,没有矛戟。我甘愿心疏志废、自我放逐。冷热悲欢一次次织成了网,我更加明白我"不能忍受",扔掉小欣喜,走入故地,在秋野禾下满面欢笑。

但愿截断归途,让我永远呆在这里。美与善有时需要独守,需要眼睁睁地看着它生长。我处于沉静无声的一个世界,享受安谧;我听到挚友在赞颂坚韧,同志在歌唱牺牲,而我却仅仅是不能忍受。故地上的一棵红果树、一株缬草,都让我再三吟味。我不能从它的身边走开,它们深深地吸引了我。我在它们的淡淡清香中感动不已。它们也许只是简单明了、极其平凡的一树一花,荒野里的生物,可它们活得是何等真实。

我消磨了时光,时光也恩惠了我。风霜洗去了轻薄的热情,只留住了结结实实的冷漠。站在这辽远开阔的平畴上,再也嗅不到远城炊烟。四处都是去路,既没人挽留,也没人催促。时空在这儿变得旷敞了,人性也自然松弛。我知道所有的热闹都挺耗人,一直到把人耗贫。我爱野地,爱遥远的那一条线。我痴迷得不可救药,像入了玄门;我在忘情时已是口不能语,手不能书;心远手粗,有时提笔忘字。我顺着故地小径走入野地,在荒村陋室里勉强记下野歌。这些歪歪扭扭的墨迹没有装进昨天的人造革皮夹,而是用一块土纺花布包了,背在肩上。

土纺花布小包裹了我的痴唱,携上它继续前行。一路上我不断地识字:如果说象形文字源于实物,它们之间要一一对应;那么现在是更多地指认实物的时候了。这是一种可以保持长久的兴趣,也只有在广大的土地上才做得到。琐细迷人的辨识中,时光流逝不停,就这样过起了自己的日子。我满足于这种状态和感觉、这其间难以言传的欢愉。这欢愉真像是窃来的一样。

我知道不能忍受的东西终会消失;但我也明白一个人有多么执拗。因此,历史上的智者一旦放逐了自己就乐不思蜀。一切都平平淡淡地过下来,像太阳一样重复自己。这重复中包含了无尽的内容。

五

在一些质地相当纯正的著作里,我注意到它一再地提请我们注意如下的意思:孤独有多么美。在这儿,孤独这个概念多少有些含混。大概在精神的驻地、在人的内心,它已经无法给弄得更准确了。它大约在指独自一人——当然无论是肉体方面还是精神方面的状态。一个动物,一株树,都可以孤独。孤独是难以归类的结果。它是美的吗?果真如此,人们也就无须慌悚逃离了。它起码不像幻想那么美;如果有一点点,也只是一种苍凉的美。

一个人处于那样的情状只会是被迫的。现代人之所以形单影只,还因为有一个不断生长的"精神"。要截断那种恐惧,就要截断根须。然而这是徒劳的,因为只要活着,它总要生长。伪装平庸也许有趣,但要真的将一个人扔还平庸,必然遭到他的剧烈抵抗。

独自低徊富于诗意,但极少有人注意其中的痛苦。孤独往往是心与心的通道被堵塞。人一生下来就要面对无数隐秘,可是对于每个人而言,这隐秘后来不是减少而是成倍地增

加了。它来自各个方面,也来自人本身。于是被嘲弄被困扰的尴尬就始终相伴,于是每个人都在自觉不自觉地挣脱——说不出的恐慌使他们丢失了优雅。

在我眼里,孤独是可怕的,但更可怕的是放弃自尊。怎样既不失去后者又能保住心灵上的润泽?也许真的"鱼与熊掌不可得兼",也许它又是一个等待破解的隐秘。在漫漫的等待中,有什么能替代冥想和自语?我发现心灵可以分解,它的不同的部分甚至能够对话。可是不言而喻,这样做需要一份不同寻常的宁静,使你能够倾听。

正像一籽抛落就要寻下裸土,我凭直感奔向了土地。它产生了一切,也就能回答一切,圆满一切。因为被饥困折磨久了,我远投野地的时间选在了九月,一个五谷丰登的季节。这时候的田野上满是结果。由于丰收和富足,万千生灵都流露出压抑不住的欢喜,个个与人为善。浓绿的植物、没有衰败的花、黑土黄沙,无一不是新鲜真切。呆在它们中间,被侵犯和伤害的忧虑空前减弱,心头泛起的只是依赖和宠幸……

这是一个喃喃自语的世界,一个我所能找到的最为慷慨的世界。这儿对灵魂的打扰最少。在此我终于明白:孤独不仅是失去了沟通的机缘,更为可怕的是频频侵扰下失去了自语的权利。这是最后的权利。

就为了这一点点,我不惜千里跋涉,甚至一度变得"能够忍受"。我安定下来,驻足入驿,这才面对自己的幸运。我简直是大喜过望了。在这里我弄懂一个切近的事实,对于我们而言,山脉土地是千万年不曾更移的背景;我们正被一种永恒所衬托。与之相依,尽可以沉入梦呓,黎明时总会被久长悠远的呼鸣给唤醒。

世上究竟哪里可以与此地比拟?这里处于大地的中央。这里与母亲心理上的距离最近。在这里,你尽可述说昨日的流浪。凄冷的岁月已经过去,一个男子终于迎来了双亲。你没有哭泣,只是因为你学会了掩泪入心。在怀抱中的感知竟如此敏锐,你只需轻轻一瞥就看透了世俗。长久和短暂、虚无与真实,罗列分明。你发现寻求同类也并非想象那么艰苦,所有朴实的、安静的、纯真的,都是同类。它们或他们大可不必操着同一种语言,也不一定要以声传情。同类只是大地母亲平等照料的孩子,饮用同样的乳汁,散发着相似的奶腥。

在安怡温和的长夜,野香熏人。追思和畅想赶走了孤单,一腔柔情也有了着落。我变得谦让和理解,试着原谅过去不曾原谅的东西,也追究着根性里的东西。夜的声息繁复无边,我在其间想象;在它的启示之下,我甚至又一次探寻起词语的奥秘。我试过将音节和发声模拟野地上的事物、并同时传递出它的内在神采。如小鸟的"啾啾",不仅拟声极准,"啾"字竟是让我神往的秋、秋天秋野;口、嘴巴歌喉——它们组成的。还有田野的气声、回响,深夜里游动的光。这些又该如何模拟出一个语词并汇入现代人的通解?这不仅是饶有兴趣的实验,它同时也接近了某种意义和目的。我在默默夜色里找准了声义及它们的切口,等于是按住万物突突的脉搏。

一种相依相伴的情感驱逐了心理上的不安。我与野地上的一切共存共生,共同经历和承受。长夜尽头,我不止一次听到了万物在诞生那一刻的痛苦嘶叫。我就这样领受了凄楚和兴奋交织的情感,让它磨砺。

好在这些不仅仅停留于感觉之中。臆想的极限超越之后,就是实实在在的触摸了。

六

因为我在很大程度上摆脱了生命的寂寥,所以我能够走出消极。我的歌声从此不仅为了自慰,而且还用以呼唤。我越来越清楚这是一种记录,不是消遣,不是自娱,甚至也来不及伤感。如若那样,我做的一切都会像朝露一样蒸掉。我所提醒人们注意的只是一些最普通的东西,因为它们之中蕴含的因素使人惊讶,最终将被牢记。我关注的不仅仅是人,而是与人不可分剥的所有事物。我不曾专注于苦难,却无法失去那份敏感。我所提供的,仅仅是关于某种状态的证词。

这大概已经够了。这是必要的。我这儿仅仅遵循了质朴的原则,自然而然地藐视乖巧。真实伴我左右,此刻无须请求指认。我的声音混同于草响虫鸣,与原野的喧声整齐划一。这儿不需一位独立于世的歌手;事实上也做不到。我竭尽全力只能仿个真,以获取在它们身侧同唱的资格。

来时两手空空,野地认我为贫穷的兄弟。我们肌肤相摩,日夜相依。我隐于这浑然一片,俗眼无法将我辨认。我们的呼吸汇成了风,气流从禾叶和河谷吹过,又回到我们中间。这风洗去了我的疲惫和倦怠,裹携了我们的合声。谁能从中分析我的嗓音?我化为了自然之声。我生来第一次感受这样的骄傲。

我所投入的世界生机勃勃,这儿有永不停息的蜕变、消亡以及诞生。关于它们的信息都覆于落叶之下,渗进了泥土。新生之物让第一束阳光照个通亮。这儿瞬息万变,光影交错,我只把心口收紧,让神思一点点融解。喧哗四起,没有终结的躁动——这就是我的故地。我跟紧了故地的精灵,随它游遍每一道沟坎。我的歌唱时而荡在心底,时而随风飘动。精灵隐隐左右了合唱,或是合声催生了精灵。我充任了故地的劣等秘书,耳听口念手书,痴迷恍惚,不敢稍离半步。

眼看着四肢被青藤绕裹,地衣长上额角。这不是死,而是生。我可以做一棵树了,扎下根须,化为了故地上的一个器官。从此我的吟哦不是一己之事,也非我能左右。一个人消逝了,一株树诞生了。生命仍在,性质却得到了转换。

这样,自我而生的音响韵节就留在了另一个世界。我寻找同类因为我爱他们、爱纯美的一切,寻求的结果却使我化为一棵树。风雨将不断梳洗我,霜雪就是膏脂。但我却没有了孤独。孤独是另一边的概念,洋溢着另一种气味。从此尽是树的阅历,也是它的经验和感受。有人或许听懂了树的歌吟,注目枝叶在风中相摩的声响,但树本身却没有如此的期待。一棵棵树就是这样生长的,它的最大愿望大概就是一生抓紧泥土。

七

随着年龄的增长,我越来越注意到艺术的神秘的力量。只有艺术中凝结了大自然那么多的隐秘。所以我认为光荣从来属于那些最激动人心的诗人。人类总是通过艺术的隧道去触摸时间之谜,去印证生命的奥秘。自然中的全部都可通过艺术之手的拨动而进入人的视野。它与人的关系至为独特,人迷于艺术,是因为他迷于人本身、迷于这个世界昭示他的一切。一个健康成长着的人对于艺术无法选择。

但实际上选择是存在的。我认为自己即有过选择。对于艺术可以有多种解释,这是

必然的。但我始终认为将艺术置于选择的位置,是一次堕落。

我曾选择过,所以我也有过堕落。补救的方法也许就是紧紧抱定这个选择结果,以求得灵魂的升华。这个世界的物欲愈盛,我愈从容。对于艺术,哪怕给我一个独守的机会才好。我交织着重重心事:一方面希望所有人的投入,另一方面又怕玷污了圣洁。在我看来它只该继续走向清冷,走到一个极端。留下我来默祷,为了我的守护,和我认准了的那份神圣。当然这是不可能的。

我梦见过在烛光下操劳的银匠,特别记住了他头顶闪烁的那一团白发。深不见底的墨夜,夜的中间是掬得起的一汪烛晖……什么是艺术?什么是劳动?它们共生共长吗?我在那个清晨叮咛自己:永远不要离开劳动——虽然我从未想过、也从未有过离去的念头。

艺术与宗教的品质不尽相同,但二者都需要心怀笃诚。当贪婪和攫取的狂浪拍碎了陆地,你不得不划一叶独舟时,怀中还剩下了什么?无非是一份热烈和忠诚。饥饿和死亡都不能剥夺的东西才是真正珍贵的。多少人歌颂物欲,说它创造了世界。是的,它创造了一个邪恶的世界;它也毁灭了一个世界,那是一个宁静的世界。我渐渐明白:要始终保有富足,积累的速度并不重要,重要的是能够积累。诚实的劳动者和艺术家一块儿发现了历史的哀伤,即:不能够。

人的岁月也极像循环不止的四季,时而斑斓,时而被洗得光光。一切还得从头开始。为了寻觅永久的依托,人们还是找到站立的这片土地。千万年的秘史糅在泥中,生出鲜花和毒菇。这些无法言喻的事物靠什么去洞悉和揭示?哪怕是仅仅获取一个接近的权力,靠什么?仍然是艺术,是它的神秘的力量。

滋生万物的野地接纳了艺术家。野地也能够拒绝,并且做得毅然彻底。强加于它的东西最终就不能立足。泥土像好的艺术家,看上去沉静,实际上怀了满腔热情。艺术家可以像绿色火焰,像青藤,在土地上燃烧。

最后也只能剩下一片灰烬。多么短暂,连这点也像青藤。不过他总算用这种方式挨紧了热土。

八

我曾询问:一个知识分子的精神源自何方?它的本源?很久以来,一层层纸页将这个本来浅显的问题给覆盖了。当然,我不会否认渍透了心汁的书林也孕育了某种精神。可我还是发现了那种悲天的情怀来自大自然,来自一个广漠的世界。也许在任何一个时世里都有这样的哀叹——我们缺少知识分子。它的标志不仅是学历和行当上的造就,因为最重要的依据是一个灵魂的性质。真正的"知"应该达于"灵"。那些弄科技艺术以期成功者,同时要使自己成长为一个知识分子。

将"知识分子"这个概念俗化有伤人心。于是你看到了逍遥的骗子、昏聩的学人、卖了良心的艺术家。这些人有时并非厌恶劳动,却无一例外地极度害怕贫困。他们注重自己的仪表,却没有内在的严整性,最善于尾随时风。谁看到一个意外?谁找到一个稀罕?在势与利面前一个比一个更乖,像临近了末日。我宁可一生泡在汗尘中,也要远离它们。

我曾经是一个职业写作者,但我一生的最高期望是:成为一个作家。

人需要一个遥远的光点,像渺渺的星斗。我走向它,节衣缩食,收心敛性。愿冥冥中的手为我开启智门。比起我的目标,我追赶的修行,我显得多么卑微。苍白无力,琐屑慵懒,经不住内省。就为了精神上的成长,让诚实和朴素、让那份好德行,永远也不要离我,让勇敢和正义变得愈加具体和清晰。那么,漫长的消磨和无声的侵蚀,我也能够陪伴。

　　在我投入的原野上,在万千生灵之间,劳作使我沉静。我获得了这样的状态:对工作和发现的意义坚信不疑。我亲手书下的只是一片稚拙,可这份作业却与俗眼无缘。我的这些文字是为你、为他和她写成的,我爱你们。我恭呈了。

九

　　就因为那个瞬间的吸引,我出发了。我的希求简明而又模糊:寻找野地。我首先踏上故地,并在那里迈出了一步。我试图抚摸它的边缘,望穿雾幔;我舍弃所有奔向它,为了融入其间。跋涉、追赶、寻问——野地到底是什么?它在何方?野地是否也包括了我浑然苍茫的感觉世界?

　　我无法停止寻求……

 思考题

1. "野地"的寓意是什么?
2. 作者在《融入野地》中是如何追问人的生命意义和价值的?

知识·能力(三)

第十二单元

中国当代文学简史

知识库

    中国当代文学是指1949年7月在北平召开的中华全国文学艺术工作者代表大会之后的文学。它以1976年为界,分为前后两个阶段。

一、第一阶段(1949—1976年)

包括十七年文学和"文革"文学两个时期。

受政治"左"倾思潮的影响,十七年文学(1949—1966年)的工具意识很强。十七年文学的总主题是"英雄主义"和"理想主义",以"革命现实主义"为主潮。这一时期虽然一度也出现过长篇小说和散文的高潮,但总体停留在阶段叙事和集体叙事上,审美单一,人物类型模式化。

本阶段的小说创作大多以革命斗争历史为题材,包括了20世纪20、30年代的革命斗争,30、40年代的抗日战争,40年代的解放战争,以及伸延到50年代的抗美援朝。50年代后期和60年代初期,被称为长篇小说的"丰收"时期,有反映解放战争的,如杜鹏程的《保卫延安》描写西北战场沙家店等战役;吴强的《红日》描写莱芜、孟良崮战役;曲波的《林海雪原》描写东北的一支抗敌小分队的传奇性抗匪斗争;罗广斌、杨益言的《红岩》描写解放前夕重庆渣滓洞、白公馆我党坚苦卓绝的地下斗争。有反映敌后斗争的,例如知侠的《铁道游击队》、冯志的《敌后武工队》、冯德英的《苦菜花》、李英儒的《野火春风斗古城》等。有反映20世纪20、30年代革命斗争的,如主要记述20世纪30年代厦门大劫狱事件的高云览的《小城春秋》,探索展现一代知识分子成长道路的杨沫的《青春之歌》,反映20世纪20年代香港罢工、广州起义等历史现实的欧阳山的《三家巷》,被誉为中国农民革命运动史诗的梁斌的《红旗谱》等。有反映抗美援朝的,如陆柱国的《上甘岭》,杨朔的《三千里江山》等。反映革命斗争题材的短篇小说方面,王愿坚的《七根火柴》《党费》等,通过速写及典型细节描写等形式,以小见大,鲜活地刻画出悲壮高大的英雄形象;峻青的《黎明的河边》,茹志鹃细腻地叙述一位通讯员和一个农村小媳妇感人故事的《百合花》,刘真的《长长的流水》,路翎描写志愿军情感世界、后来受到批判的《洼地上的"战役"》等,都是其中的佼佼者。

十七年小说中,反映现实社会主义建设的多以农村合作化为题材。长篇方面,有赵树理的《三里湾》,周立波的《山乡巨变》和柳青的《创业史》。

1956年,文艺要"百花齐放,百家争鸣"这一方针的提出,加上受到苏联"干预生活"文学思潮的影响,中国文坛出现了一股"积极干预生活"的创作潮流。一批年轻作家开始大胆地揭露现实生活中的矛盾和"阴暗面",试图引起人们的警惕,出现了王蒙的《组织部来了个年轻人》、邓友梅的《在悬崖上》、陆文夫的《小巷深处》、李国文的《改选》、李准的《灰色的帆篷》、白危的《被围困的农庄主席》等一批短篇小说,这些小说及其作者在随后到来的"反右"斗争中,受到了严厉的批判和不公正的对待。

在十七年文学里,有两个从20世纪40年代即已萌芽的比较重要的作家群体值得特别关注,即以孙犁为代表的所谓"荷花淀派"河北作家群和以赵树理为代表的所谓"山药蛋派"山西作家群。"荷花淀派"的主要作家有刘绍棠、从维熙等,代表作有刘绍棠的《青枝绿叶》《大青骡子》,孙犁的《山地回忆》,其创作特点是通过日常生活琐事透视时代风云,揭示农村生活的自然美和人情美,清新隽永,富于诗情画意。"山药蛋派"的主要作家有马烽、西戎、李束为、孙谦、胡正等,代表作有赵树理的《登记》《锻炼锻炼》《实干家潘永福》,马烽的《我的第一个上级》《三年早知道》《饲养员赵大叔》,西戎的《赖大嫂》等,特点是采取传统话本手法,强调通俗易懂,为老百姓所喜闻乐见,靠个性化语言和细节来刻画人物。

诗歌方面,政治抒情诗("颂歌"、"战歌")、长篇叙事诗以及具有民歌意识的爱情诗成为诗歌的主要形式。闻捷的《吐鲁番情歌》、李季的《致北京》、贺敬之的《回延安》、郭小川的《甘蔗林——青纱帐》等都唱出了对祖国、对人民的美好歌颂,在当时较有影响。

散文方面,本时期名篇较多,有刘白羽的《长江三日》、杨朔的《茶花赋》、秦牧的《花城》、吴伯箫的《记一辆纺车》、冰心的《樱花赞》、丰子恺的《上天都》等。特别值得注意的是,杨朔、秦牧、刘白羽被称为"当代散文三大家",他们的作品分别构成了五六十年代散文写作的三种主要模式,并产生了广泛的影响。

戏剧方面,本时期创作较为繁荣,作品主要分两类:一是反映现实生活的,主要有老舍的《龙须沟》、安波的《春风吹到诺敏河》、杨履方的《布谷鸟又叫了》、胡可的《槐树庄》和沈西蒙的《霓虹灯下的哨兵》等;另一类是写历史的,主要有老舍的《茶馆》、郭沫若的《蔡文姬》、田汉的《关汉卿》、朱祖怡的《甲午海战》。

"文革"十年,文学进入冬眠期,绝大多数作家遭到批斗,被划为右派,关进牛棚,作品被判为"毒草",受到清洗。全国八亿人民,除了八个"样板戏"(《红灯记》《智取威虎山》《红色娘子军》《沙家浜》《奇袭白虎团》《杜鹃山》《龙江颂》《海港》)之外,几乎没有任何文学作品可供阅读、欣赏。但1976年蒋子龙发表《机电局长的一天》,张扬的《第二次握手》以"手抄本"的形式在"地下"流行,开始显露出新的文学转机的萌芽。

二、第二阶段(1976—2000年)

1976年"文革"结束,新的政治格局形成,文学又重新焕发出前所未有的热情和活力,取得长足的发展。

最早走出"文革"阴影的是小说。1977年,刘心武发表短篇小说《班主任》,被认为是新时期文学的开山之作。随后,卢新华的《伤痕》、张洁的《从森林里来的孩子》、王蒙的《最宝贵的》、冯骥才的《高女人和她的矮丈夫》和《铺花的歧路》、王亚平的《神圣的使命》、从维熙的《大墙下的红玉兰》、周克芹的《许茂和他的女儿们》、竹林的《生活的路》、何立伟的《白色鸟》等一大批反映十年动乱给人民带来的灾难,尤其是使人们的精神受到摧残的作品问世,形成"伤痕文学"写作大潮。其后,随着"实践是检验真理的唯一标准"全民大讨论的展开,全国出现了一场空前的思想解放运动。有些作家在揭示"文革"创伤的同时,开始透过生活表象,深入历史、现实、人的灵魂,进行挖掘、探寻与省思,在"现实主义回归"的口号之后又提出了"现实主义深化"的主张,从而在创作上涌现出"反思小说"的浪潮。代表作有茹志鹃的《剪辑错了故事》,王蒙的《蝴蝶》、《布礼》,高晓声的《李顺大造屋》,古华的《芙蓉镇》,鲁彦周的《天云山传奇》,张一弓的《犯人李铜钟的故事》,李国文的《月食》、《冬天里的春天》,谌容的《人到中年》,张贤亮的《绿化树》、《灵与肉》,李存葆的《高山下的花环》等。

在"伤痕小说"、"反思小说"对小说表现主题不断开掘的同时,部分作家转向关注"当下"现实,从而创作了以蒋子龙的《乔厂长上任记》为代表的一批"改革小说"。包括张锲的长篇《改革者》,柯云路的《新星》,张洁的《沉重的翅膀》,张贤亮的《男人的风格》,李国文的《花园街五号》,张炜的《古船》,贾平凹的长篇《浮躁》、中篇《鸡窝洼人家》、《腊月·正月》,路遥的《平凡的世界》等。高晓声的"陈奂生系列小说",特别是《陈奂生上城》,对农民劣根性进行深刻开掘,从而揭示出改革的发展将触及农民的整个精神,要求农民在精神上获得真正的解放和新的飞跃的主题。

随着历史反思思潮的不断推进,一些作家受拉美魔幻现实主义影响,开始了对传统文化的反思和对本民族灵魂、精神之根的探寻,在对现实与历史的关注之中注入现代意识,同时运用象征、暗示等现代派技巧,创作出了一大批富有文化意蕴的"寻根小说"。代表作有阿城的《棋王》、《遍地风流》,王安忆的《小鲍庄》,韩少功的《爸爸爸》,汪曾祺的《受戒》、《大淖纪事》,陈忠实的长篇《白鹿原》,张承志的《黑骏马》、《北方的河》、《金牧场》等。邓友梅、陈建功、刘心武、王朔等,则更是从他们生活的北京这块地域出发,运用北京方言,描述北京的历史、现实风物、人情世故,具有鲜明的"京味"特征,被称为"京味小说",如邓友梅的《那五》、陈建功的《辘轳把儿胡同9号》、刘心武的《班主任》等。

反思文学对意识流、蒙太奇手法写作技巧的运用,从20世纪80年代中期起,逐渐发展出另一支脉,即在内容、主题方面强调具备"现代意识",在小说形式方面注意吸收、应用现代主义的因素,在叙事方面采用多元、复调叙述。这就出现了所谓的"先锋小说",或称"实验小说"、"新潮小说"。这些小说大多受到西方现代派文学的深刻影响,对意识形态采取回避、消解态度,强调叙述的游戏性、平面化,结构支离破碎,人物趋于符号化。包括刘索拉的《你别无选择》,徐星的《无主题变奏》,莫言的《透明的红萝卜》、《红高粱》,马原的《冈底斯的诱惑》、《西海无帆船》,余华的《十八岁出门远行》、《鲜血梅花》,以及苏童、残雪、格非、孙甘露的一些作品。韩少功的长篇《马桥词典》运用辞条方式结构小说,形式新颖,开辟了实验小说的新空间。

"反思小说"现实主义写作传统在20世纪80年代中期表现为纪实文学,如张辛欣、桑晔的《北京人 100个普通人的自述》,这一文学支脉在20世纪80年代后期发展成一股较大的潮流,出现了新写实小说。包括刘震云的《一地鸡毛》《单位》《官场》,池莉的《烦恼人生》《太阳出世》《你是一条河》《热也好冷也好活着就好》,方方的《落日》《祖父在父亲心中》《风景》,刘恒的《苍河白日梦》《贫嘴张大民的幸福生活》,叶兆言的《关于厕所》《挽歌》等。王朔创作的"玩主"系列,如《千万别把我当人》《我是你爸爸》《动物凶猛》《一半是海水,一半是火焰》等,运用调侃戏谑手法,消解意义、神圣与崇高,成为通俗文学之一支。贾平凹创作的《废都》,展示某些知识分子的都市生活状态,但因其对性描写的直露而受到批评和查禁。

女作家的创作在新时期成就非凡。铁凝、张洁、张抗抗、谌容、残雪、竹林、宗璞、茹志鹃等都对新时期文学作出了重要贡献。20世纪90年代随着女性作家群体性别意识的自觉,以及女性主义话语和私人空间的建构,出现了一批被认为是典型的女性文学。铁凝开始突破早期小说《哦,香雪》《没有纽扣的红衬衫》追求艺术的纯净、完美的风格,开始重视揭示女性自身生存状态,写出了短篇《孕妇和牛》、长篇《玫瑰门》,以及《蝴蝶发笑》《永远有多远》等一批作品。迟子建、陈染、林白、徐坤、毕淑敏等,都注意女性意识的凸现,或关注女性隐秘的个人化体验,如陈染的《私人生活》、林白的《一个人的战争》;或对男权中心的传统与社会提出质疑,发起挑战,如徐坤的《厨房》《狗日的足球》;或对女性遭遇进行透视,如毕淑敏的《女人之约》《红处方》;或以优美的抒情对母亲、土地、人之间的关系进行省思,如迟子建的《日落碗窑》等。其中陈染、林白等人的创作或被称为"私人化写作",这一支脉的写作进入20世纪90年代末形成了一群所谓的"美女作家",她们注重叙述个人的性、吸毒生活体验,或被称为是以身体写作的作家。棉棉的《糖》、卫慧的《上海宝贝》即因其对个人性体验及颓废生活的过分渲染而受到查禁。这是女性小说创作中的一个消极倾向。

20世纪90年代中后期,一批60年代出生的作家陆续在文坛上崭露头角,这些作品被认为是站在社会边缘处写作,被称为"新生代",代表人物有毕飞宇、鲁羊、何顿等。20世纪70年代乃至80年代出生的作家也开始次第登上文坛,并有佳作问世,如丁天的《幼儿园》,郁秀的《花季·雨季》等。

综观新时期三十几年的小说,新人辈出,佳作频仍,各种流派、现象潮起浪涌,各领风骚二三年。由此可见,处于改革风云变幻时代中的当代小说,正在酝酿着纪念碑式的伟大作品的诞生。

诗坛方面,伴随着思想解放运动的洪流,以艾青等为代表的一大批压抑已久的诗人纷纷复出。他们唱着"归来的歌",预告着诗坛春天的到来。而1976年"朦胧诗"的公开亮相,昭示着20世纪40年代末期由"九叶诗人"开辟的传统终于在新时期找到了传人。"朦胧诗"的出现以1979年3月号的《诗刊》发表北岛的《回答》为标志。这首诗以强烈的怀疑主义和叛逆精神,以浓厚的象征主义认知方式和创作手法而引发了"诗坛大地震",北岛因此而成为"朦胧诗"的代表诗人。此后,顾城、舒婷、杨炼、梁小斌、江河等一批风格各异而

内在气质颇为一致的"朦胧诗人"相继登场,而理论界对"朦胧诗"的认识也越来越趋向于深入和理性,"朦胧诗"终于获得了主流的认可。与此同时,独立于各流派之外,主要生活在学院里的一批诗人,则默默地在进行他们的诗歌实验,这批人以海子为代表。

1985年春,酝酿了一年的诗刊《他们》出版,在诗坛引起巨大反响。《他们》的创刊成为第三代诗人崛起的重要标志,其领军人物于坚、韩东也成为"第三代"的代表诗人。韩东提出的"诗到语言为止"的重要命题,是对"朦胧诗群"所扮演的"历史真理代言人"的有力否定。他的诗歌作品如《山民》、《有关大雁塔》和《你见过大海》等代表了"第三代"诗歌创作成就的最高水平。

本时期的散文创作从萧条中迅速复兴,也呈现出百花齐放、异彩纷呈的局面。一批老作家又纷纷拿起了笔,其中以巴金为代表。他在垂暮之年写下的《随想录》、《再思录》表现了一个有良心的中国作家回望过去、勇于自剖的决心。此外,贾平凹、张洁、刘心武、周涛、周国平、张承志、张炜等一直都在进行卓有成效的创作。

进入20世纪90年代,散文创作出现了流派化的倾向。一批学者开始创作散文,如季羡林、陈平原等,出现了"学者散文",加深了散文的知识内涵;余秋雨从个人经验出发,引入关于文化和人生哲理的思考,他的《文化苦旅》导引出一股"文化散文"或"大散文"的创作潮流。此外,史铁生以《我与地坛》为代表的一系列相关散文,对生命的意义进行不懈追问,在冥思默想中抵达生命的边界。

戏剧方面,京剧的复苏、地方戏的活跃、小剧场的演出都是戏剧走向兴旺的表现,代表作有丁一三的《陈毅出山》、沙叶新的《陈毅市长》、苏叔阳的《丹心谱》等歌颂老一辈革命家的优秀之作;也有崔德志的《报春花》、宗福先的《于无声处》等反映现实的作品;还有曾经引起争议的社会讽刺剧《假如我是真的》等。20世纪80年代兴起的现代主义探索剧,以高行健的《绝对信号》和刘树纲的《一个死者对生者的访问》为代表。此外,魏明伦的荒诞川剧《潘金莲》也格外引人注目。

由于影视艺术的广泛普及和现代高科技的冲击,话剧创作在20世纪80年代后期和90年代已渐入低谷,很难见到有震撼人心和引起轰动的作品了。

 思考题

1. 20世纪50到70年代,文学批评的性质与功能是什么?
2. 20世纪80年代主要的文学潮流有哪些?
3. 20世纪90年代的"散文热"有何表现?

财经文书写作训练

知识库

财经文书是指在财政、经济领域中,用来处理财政、经济业务,反映财政、经济内容的应用文体。下面重点介绍广告文案和合同的写法。

一、广告文案

现代广告的表现形式多种多样,但任何形式的广告都离不开语言文字这个最重要的载体。目前在运用最广泛的报纸、杂志、广播、电视、互联网等主要的广告媒介上,传递广告信息的主要工具是文字、声音和图像,其中文字的表现力最为重要。

从广义上看,广告文案是指与广告作品有关的一切语言文字,不管篇幅长短、文字多少、结构如何,只要使用的是语言文字这个工具,就都可以称为广告文案。从狭义上看,广告文案是指有标题、正文、广告语、随文等完整结构的文字广告。

广告文案的类型按广告内容可分为商品广告文案、劳务广告文案、文娱广告文案、社会广告文案、工艺广告文案等。但广告文案通常按照广告媒介的形式特征进行分类,主要有印刷广告文案、广播广告文案、影视广告文案、互联网广告文案、户外广告文案等。

广告文案是广告的核心,是一切广告作品的基础。广告文案的创作不仅要考虑到不同媒介的特征与要求,还要考虑到广告的目标、对象、功能和作用,做到有的放矢、量体裁衣。完整的广告文案一般由标题、广告语、正文、随文四个基本要素构成。但在不同类型的广告中,广告文案的构成要素也会有所变化,如广播、影视广告中一般不含广告的标题,在招贴广告中往往不含广告的正文。

1. 标题

标题是表现广告的主题,在广告文案中占据着主导地位,它是一则广告的导入部分。

标题的主要作用在于吸引受众,它通常位于广告作品中最醒目的位置,引起受众注意,诱导受众阅读正文。广告标题的成功与否,会直接影响到广告内容的传播。新颖、独创、简洁明了、易识易记、便于传播的广告标题,能够使广告产生良好的宣传效果。

2. 广告语

广告语又称"广告口号",是在广告阶段性战略中反复使用的一种精炼的口号式语句。广告语与广告标题在表现形式和写作要求上有许多相同之处,都是仅用一两句话来表达一个广告主题,因此,有许多广告作品的广告语就是广告标题。然而,广告语又与广告标题有着明显的差别,广告语在语言文字上要求朗朗上口,易读易记,通俗有趣,个性鲜明。另外,广告语一经确定,不仅要在很长一段时间内反复使用,同时还要在不同形式和不同种类的广告中反复使用,因而广告语在广告作品中有其相对的独立性和灵活性,在广告的宣传中则有一定的稳定性和持久性。

3. 正文

正文是广告文案中的主题,是对广告标题的解释和广告主题的详细阐述。当广告标题引起受众的注意后,广告正文就要承担起对受众实现心理说服的作用。

广告正文的内容与受众的利益直接相关,它既要考虑到受众当前所迫切关心和了解的问题,还要设身处地地考虑受众可能会引起兴趣的问题,提供翔实的事实材料和客观理由,从而使受众能更加深入地了解广告的主题,对广告增加信任度,促使受众付诸具体行动。

4. 随文

随文又称附文,是对广告正文的补充。广告随文通常位于广告文案的尾部,用来传达广告主身份以及相关的附加信息等内容。

广告随文的内容根据不同的需要和广告的形式而定,不宜罗列过多。广告随文在广告文案中虽然处于从属地位,但它的写作同样不可疏忽,除了常规的广告主名称、地址、电话、电传等联系内容外,还可以通过创意增设附加内容来激励受众积极参与广告活动,为实现与受众的反馈与互动起到积极作用。

格式示例:

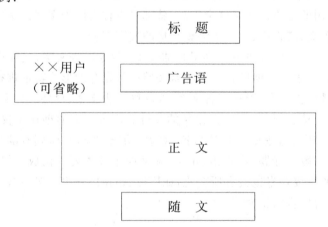

二、合同

合同又称为契约、协议，是单位之间、个人之间或单位和个人之间，为了共同完成某项人物或办理某事，经过讨论协商，双方同意，制定出双方保证遵守和执行的条款，用书面形式固定下来作为凭据的文书。《中华人民共和国合同法》第二条规定："合同是平等主体的自然人、法人、其他组织之间设立、变更、终止民事权利义务关系的协议。"

按照不同的标准，合同可以分为不同的种类：按合同的有效期限分，可以分为长期合同和短期合同；按合同的成立形式分，可以分为承诺合同和实践合同；按合同的写作格式分，可以分为章条式合同、条款式合同和条款表格综合式合同；按合同的内同和性质分，依据《中华人民共和国合同法》规定，可以分为买卖合同，供用电、水、气、热力合同，赠与合同，借款合同，租赁合同，融资租赁合同，承揽合同，建设工程合同，运输合同，及时合同，报关合同，仓储合同，委托合同，行纪合同，居间合同。另外常见常用的还有保险合同、劳动合同、房地产合同等。

1. 标题

合同的标题应标明合同的性质及文种，如《买卖合同》。

2. 当事人名称

应写明合同当事人各方名称的全称，一般有两种写法。一种是在标题下空两格标明"订立合同单位"或"订立合同双方"字样，再在其下面分行并列当事人各方全称，并在各方全称后用括号注明"以下简称甲（或乙）方"字样，以使正文表述方便。

3. 正文

这是合同的主体部分。主要包括三个方面的内容。

（1）引言，说明签订合同的目的、依据和原则。

（2）主体，应写明合同的具体内容，即主要条款。一般应按合同法规定的主要条款及其主次顺序表述。此外，还可视合同的性质写上各方协商的有关条款。

（3）附则，应注明合同的份数和保存单位、合同中未尽事宜的补充说明以及合同附件等。

4. 落款

在正文的下方分别写明签订合同各方名称的全称、地址和法定代表人姓名，并加盖公、私章。有委托代理人的，有主管部门见证或公证机关公证的，也应分别签名盖章。另外，还要写上签订地点、签订时间。有的合同还要标明开户银行及账号、电话号码、电挂、邮编等。

格式示例：

```
                    ┌─────────┐
                    │  标  题  │
                    └─────────┘
        ┌──────────┐
        │ 当事人名称 │
        └──────────┘
        ┌──────────────────────┐
        │         ┌ 引言         │
        │    正文 ┤ 主体         │
        │         └ 附则         │
        └──────────────────────┘
                              ┌─────────┐
                              │  落  款  │
                              └─────────┘
```

 思考题

选择自己熟悉的文体用品，为其撰写一则广告文案。

第十三单元

天工开物

科技给人类带来丰富多样的现代物质生活,但也将人类置于环境污染、生态破坏、资源枯竭等严重威胁之中。于是,把"科学文化"与"人文文化"结合起来,使科技具有人文精神,使人文具有科学精神,成为今天处于科学技术价值时代的人们经久不息的反思话题。

精读文本

应有格物致知精神

[美] 丁肇中

题解

丁肇中(1936—),美籍华裔物理学家。生于美国密歇根州,祖籍山东日照。父母都是大学教授;丁肇中先后在重庆、南京和青岛上小学,1948年随父母去台湾,1956年9月赴美国密歇根大学物理系和数学系学习,1960年获数学和物理学硕士学位,之后在密歇根大学物理研究所攻读两年,1962年获物理学博士学位。1969年后任麻省理工学院教授,主要从事高能物理学研究。1974年领导的研究小组在实验中发现新粒子(J粒子),并导致了一系列与之相关的新粒子的发现,使粒子物理学进入了一个新的发展阶段。1976年获诺贝尔物理学奖。这是他在被《瞭望》周刊授予"情系中华"征文特别荣誉奖时所做的讲演。

"格物致知"是中国古代儒家思想中的一个重要概念,出自《礼记·大学》:"欲诚其意者,先致其知;致知在格物。物格而后知至,知至而后意诚。"但《大学》文中只有此段提及"格物致知",却未在其后作出任何解释。现在一般认为:"格物致知"是指推究事物的原理法则而总结为理性知识。丁肇中倡导的"格物致知"精神,即科学实验精神——不管研究自然科学还是人文科学,还是在个人行动上,都要保持怀疑求真的态度,靠实践来发现事物的真相。这篇讲演融合了现代学术的发展趋势、中国传统的文化背景和教育现状,精辟地阐明了中国学生怎样学习自然科学的问题,无论对学生还是已经走出校门的人,都有一定的启发意义。

我父亲是受中国传统教育长大的,我受的教育的一部分是传统教育;一部分是西方教育。缅怀我的父亲,我写了《怀念》这篇文章。多年来,我在学校里接触到不少中国学生,因此,我想向大家谈谈学习自然科学的中国学生应该怎样了解自然科学。

在中国传统教育里,最重要的书是《四书》。《四书》之一的《大学》里这样说:一个人教育的出发点是"格物"和"致知"。就是说,从探察物体而得到知识。用这个名词描写现代学术发展是再恰当也没有了。现代学术的基础就是实地探察,就是我们所谓的实验。

但是传统的中国教育并不重视真正的格物和致知。这可能是因为传统教育的目的并不是寻求新知识,而是适应一个固定的社会制度。《大学》本身就说,格物致知的目的,是使人达到诚意、正心、修身、齐家、治国的田地,从而追求儒家的最高理想——平天下。因为这样,格物致知的真正意义便被埋没了。

大家知道明朝的大理论家王阳明,他的思想可以代表传统儒家对实验的态度。有一天王阳明要依照《大学》的指示,先从"格物"做起。他决定要"格"院子里的竹子。于是他搬了一条凳子坐在院子里,面对着竹子硬想了七天,结果因为头痛而宣告失败。这位先生明明是把探察外界误认为探讨自己。

王阳明的观点,在当时的社会环境里是可以理解的。因为儒家的传统看法认为天下有不变的真理,而真理是"圣人"从内心领悟的。圣人知道真理以后,就传给一般人。所以经书上的道理是可"推之于四海,传之于万世"的。这种观点,经验告诉我们,是不能适用于现在的世界的。

我是研究科学的人,所以先让我谈谈实验精神在科学上的重要性。

科学进展的历史告诉我们,新的知识只能通过实地实验而得到,不是由自我检讨或哲理的清谈就可寻求到的。

实验的过程不是消极的观察,而是积极的、有计划的探测。比如,我们要知道竹子的性质,就要特别栽种竹树,以研究它生长的过程,要把叶子切下来拿到显微镜下去观察,绝对不是袖手旁观就可以得到知识的。

实验的过程不是毫无选择的测量,它需要有小心具体的计划。特别重要的,是要有一个适当的目标,以作为整个探索过程的向导。至于这目标怎样选定,就要靠实验者的判断力和灵感。一个成功的实验需要的是眼光、勇气和毅力。

由此我们可以了解,为什么基本知识上的突破是不常有的事情。我们也可以了解,为什么历史上学术的进展只靠少数的人关键性的发现。

在今天,王阳明的思想还在继续地支配着一些中国读书人的头脑。因为这个文化背景,中国学生大都偏向于理论而轻视实验,偏向于抽象的思维而不愿动手。中国学生往往念功课成绩很好,考试都得近一百分,但是面临着需要主意的研究工作时,就常常不知所措了。

在这方面,我有个人的经验为证。我是受传统教育长大的。到美国大学念物理的时候,起先以为只要很"用功",什么都遵照老师的指导,就可以一帆风顺了,但是事实并不是这样。一开始做研究便马上发现不能光靠教师,需要自己做主张、出主意。当时因为事先没有准备,不知吃了多少苦。最使我彷徨的恐惧的,是当时唯一的办法——以埋头读书应付一切,对于实际的需要毫无帮助。

我觉得真正的格物致知精神,不但是在研究学术中不可缺少,而且在应付今天的世界环境中也是不可少的。在今天一般的教育里,我们需要培养实验的精神。就是说,不管研究科学,研究人文学,或者在个人行动上,我们都要保留一个怀疑求真的态度,要靠实践来发现事物的真相。现在世界和社会的环境变化得很快。世界上不同文化的交流也越来越密切。我们不能盲目地接受过去认为的真理,也不能等待"学术权威"的指示。我们要自己有判断力。在环境激变的今天,我们应该重新体会到几千年前经书里说的格物致知的真正意义。这意义有两方面:第一,寻求真理的唯一途径是对事物客观的探索;第二,探索的过程不是消极的袖手旁观,而是有想象力的有计划的探索。希望我们这一代对于格物和致知有新的认识和思考,使得实验精神真正地变成中国文化的一部分。

思考题

1. 这篇文章论述的问题有什么现实意义?
2. 在自己的学习生活中,怎样培养"格物致知精神"?

拓展文本

事物的正确答案不止一个

[美] 罗迦·费·因格

> **题解**
>
> 罗迦·费·因格（Roger von Oech，也译作罗杰·冯·欧克），1948年生，当代美国实业家、学者、创造学家。著作有《当头棒喝》《创造性纸牌》《踢醒沉睡之心》等。"唯一真正快乐的人们是儿童和富有创造性的那一部分人"是他的名言。
>
> 有很多人在生活、学习的过程中因受到传统思想的束缚，容易形成思维定式，知识学得比较死，不善于活用。另外，生活中还有一些人认为搞发明创造的都是天才人物的事，与自己无缘，不相信自己能有所发明创造，导致创造性被自我压制，最终丧失。本文正是针对这种情况而写的。
>
> 文章首先用一道有趣的数学题引出事物的答案不止一个的观点，告诉我们不满足于一个答案、不放弃探求的重要性，接着用道理论证法和举例论证法论证了创造性思维的必要因素，然后再用道理论证法论证了任何人都具备创造力，关键在于是否关注普通的想法或是一闪念，并推敲和充实，最后总结全文，得出我们要成为富有创造力的人的结论。

问题：
从下列四种图形中，找出一个性质与其他三个不同的来。

A. 　　B. 　　C. 　　D.

对于上面这个问题，你是怎么回答的呢？要是你选择的是B，那就恭喜你答对了。因为图形 B 是唯一一个仅由直线构成的图形。

不过,也许有人会选择图形 C。因为非对称性图形只有 C 一个,所以会被认为与其他图形不同。确实如此,这也是正确答案。答 A 也是可以的。因为 A 是唯一没有角的图形,所以 A 也是正确答案。那么,D 又怎样呢?这是唯一一个由直线与曲线构成的图形,因此 D 也是正确答案。换句话说,由于看图形的角度不同,四种答案全都正确。

"正确答案只有一个"这种思维模式,在我们头脑中已不知不觉地根深蒂固。事实上,若是某种数学问题的话,说正确答案只有一个是对的。麻烦的是,生活中大部分事物并不像某种数学问题那样。生活中解决问题的方法并非只有一个,而是多种多样。由于情况的变化,原来行之有效的方法,到了现在往往不灵了。正因为如此,如果你认为正确答案只有一个的话,当你找到某个答案以后,就会止步不前。因此,不满足于一个答案,不放弃探求,这一点非常重要。

然而,寻求第二种答案,或是解决问题的其他路径和新的方法,有赖于创造性的思维。那么,创造性的思维又有哪些必需的要素呢?

有人是这样回答的:"富有创造性的人总是孜孜不倦地汲取知识,使自己学识渊博。从古代史到现代技术,从数学到插花,不精通各种知识就一事无成。因为这些知识随时都可能进行组合,形成新的创意。这种情况可能出现在 6 分钟之后,也可能在 6 个月之后,6 年之后。但当事人坚信它一定会出现。"

我对此完全赞同。知识是形成新创意的素材。但这并不是说,光凭知识就能拥有创造性。发挥创造力的真正关键,在于如何运用知识。创造性的思维,必须有探求新事物,并为此而活用知识的态度和意识,在此基础上,持之以恒地进行各种尝试。

这方面的典型代表,首推约翰·古登贝尔克。他将原来毫不相关的两种机械——葡萄压榨机和硬币打制器组合起来,开发了一种新形式。因为葡萄压榨机用来从葡萄中榨出汁,所以它在大面积上均等加力。而硬币打制器的功能则是在金币之类的小平面上打出印花来。有一天,古登贝尔克半开玩笑地自言自语道:"是不是可以在几个硬币打制器上加上葡萄压榨机的压力,使之在纸上打印出印花来呢?"由此组合就是印刷机和排版术。

另一个例子是罗兰·布歇内尔。1971 年的一天,布歇内尔边看电视边这么想:"光看太没意思了。把电视接收器作为试验对象,看它产生什么反应。"此后不久,他就发明了对战型的乒乓球游戏,从此开始了游戏机的革命。

不过,这种创造性的思维是否任何人都具备呢?是否存在富有创造力和缺乏创造力的区别呢?

某心理学专家小组以实际从事创造性工作的人与不从事此类工作的人为对象进行了调查研究,并得出如下结论:"富于创造力的人,认为自己具有创造力;缺乏创造力的人,不认为自己具有创造力。"

认为"我不具备创造力"的人当中,有的觉得创造力仅仅是贝多芬、爱因斯坦以及莎士比亚他们的,从而进行自我压制。不言而喻,在创造的宇宙里,贝多芬、爱因斯坦、莎士比亚是光辉灿烂的明星,然而在大多数情况下,即便是他们,也并非轻而易举就能获得如此非凡的灵感。相反,这种非凡的灵感,往往产生于这样的过程:关注极其普通、甚至一闪念的想法,并对它反复推敲,逐渐充实。

由此看来，区分一个人是否拥有创造力，主要根据之一是，拥有创造力的人留意自己细小的想法。即使他们不知道将来会产生怎样的结果，但他们很清楚，小的创意会打开大的突破口，并坚信自己一定能使之变为现实。

任何人都拥有创造力，首先要坚信这一点。关键是要经常保持好奇心，不断积累知识；不满足于一个答案，而去探求新思路，去运用所获得的知识；一旦产生小的灵感，相信它的价值，并锲而不舍地把它发展下去。如果能做到这些，你一定会成为一个富有创造性的人。

 思考题

1. 学了本文后，你觉得如何才能做一个富有创造性的人？
2. 创造力对于国家社会的发展具有什么作用？

精读文本

科学的责任

[德] 海森堡

题解

维尔纳·海森堡(Werner Heisenberg,1901—1976),德国物理学家,量子力学的创始人之一,"哥本哈根学派"代表性人物,1932年获得诺贝尔物理学奖,被公认为20世纪创新的思想家之一。

海森堡从事教学与科研的一生中,在各种不同的期刊杂志上发表了许多关于原子物理学、量子理论等方面的科学论文,为后人留下了光辉的篇章。

1940年,德国军方调集了德国当时世界著名的科学家制订了一份核研究的详细计划。量子力学创始人海森堡、著名物理学家布格雷博士和在分离同位素领域有极深造诣的哈塔克教授和格罗斯教授等人都参与了这个计划的制订。有人认为,海森堡是"忍辱负重的爱国者",是"二战时期的英雄";也有人认为海森堡是纳粹的帮凶,是一个"丑陋的德国人"。对于海森堡的价值,美国"曼哈顿工程"的组织者格罗夫斯曾这样说道:"对我们来说,在德国崩溃的时候得到他,比俘获10个师的德国军队要有价值得多。如果他落到俄国人手里,对俄国人来说,他会是一个无价之宝。"

在1945年8月6日的下午,威尔兹突然冲进来告诉我一个特别的新闻:美国在广岛投下了一枚原子弹。最初我不愿意去相信它,因为我一直确信建造原子弹需要相当庞杂的技术尝试和大约几十亿美元的经费。同时我还觉得我所熟悉的科学家们在这样一个科研项目背景下,完全能很好地摆脱他们的全部责任,这从心理学角度来看是难以置信的。在这种情况下,我还是倾向于相信那些审问我们的美国物理学家,而不大相信那些被别人指派去做各种宣传报道的电台广播员。此外,威尔兹告诉我在新闻报道中没有提到"铀",

这好像暗示着即使有炸弹投下来,它们还称不上我们所说的原子弹。但在后来的一个晚上,当新闻广播者叙述已经取得的巨大技术成就时,我才勉强地接受了那一种我参加长达25年之久而现在又导致十万人以上死亡的原子物理学进展的事实。

我们之中受打击最大的是哈恩,他的非常重要的科学发现——铀裂变,早已成为通往原子能道路的决定性步骤。正是这一发现,现在导致了一个巨大城市及其居民——许多手无寸铁和无辜的人民的可怕的毁灭。这怎么不使他痛心呢!他怀着深受责备和战栗的心情回到他的房间去。我们都替他担心,惟恐他会做出伤害自己的事来。那天晚上,我们谈了许多缺乏全面考虑的事情,直到第二天早晨,我们才能使自己从混乱的思想中平静下来。

在法姆大厅这一古老的红砖建筑物的后面,有一片多少被人遗忘的草地,当时我们常常在那里玩手球。在草地和作为我们活动的边界的有顶围墙中间,是一个细长的玫瑰花园,这个花园主要是由盖纳赫管理着。花园为我们所使用的小路所环绕,宛如中世纪僧侣必须使用的回廊一样。那里正是私下密谈的好地方。在那个可怕的新闻播送后的第一个早晨,弗里德利希和我在这条路上来回走了几个小时,边想边谈。我们开始表露出对哈恩的担心,弗里德利希那时表达了我们大家都感到难以忍受的心情:

"哈恩为什么这样沮丧,这是容易理解的。他的最伟大的科学发现现在带来了想象不到的恐怖。但是他真正意识到有罪吗?难道说他比我们这些在原子物理方面工作的其他人更有罪吗?难道我们之中没有人应为他承担部分责任,与他分担一部分罪过吗?"

我告诉他说,我并不这样认为,虽然我们大家都同构成这一重大悲剧的因果链条联系着,但是也不能使用"罪恶"这个词。哈恩和我们大家只不过是在现代科学的发展中发挥了应有的作用。这个发展是必不可少的过程,人类或者至少是欧洲人,在若干世纪以前就已开始了这一过程。或者,你宁愿提出一种他能接受的刺激性较小的说法。我们凭经验知道,这种过程能导致好的结果,也可能导致坏的结果。但是我们大家,特别是十九世纪理性主义前辈们都确信,随着知识的增长,将是抑恶扬善。在哈恩的发现之前,谁也不会严肃地想到有建造原子弹的可能性;当时的物理学家中根本没有人暗示过这种倾向。在这么极其重要的科学探索中起作用,无论如何也不会被认为是一种罪过。

弗里德利希评论说:"当然,有少数人要坚持科学早已走得很远。他们企图证明,未来有更重要的社会、经济和政治的任务需要去完成。当然,也许他们是对的,但是所有那些像他们一样考虑问题的人未能认识到,在现代社会中,人们的生活已开始依赖于科学的发展。如果我们把日益扩大的知识置诸脑后,那么在不久的将来,生活在地球上的人口势必发生根本的削减。而这意味着只能通过像原子弹一样恐怖或者甚至比这更可怕的手段来实现。"

"那时,知识就是一种力量,它像地球上的权力斗争一样长远,只要当这种斗争的终局尚未呈现在眼前时,我们还必须为获得知识而斗争。也许有一天我们会有一个世界政府,我们期望着在这个政府统治之下,将能够充分自由地对科学知识进行探索,而不会像今天这么狂乱。但这不是我们今天的问题。目前,科学的发展对于全人类来说是不可缺少的,因而任何个人对它的发展所做出的贡献决不能被认为是犯罪。我们现在的任务,同过去一样,是促使科学朝着正确的目标发展,扩大对于全人类谋利益的知识范围,而不是去阻止科学本身的发展。因此,正确的问题是:每一个科学家为实现这一任务能够做些什么?科学研究人员确切的职责是什么?"

"如果我们把科学的发展作为一个世界规模的历史过程来看待的话,"我回答说,"那么你的问题使我想起个人在历史上的作用的老问题。任何一个领域,个人总是可以更替的,这看来是毫无疑义的。如果爱因斯坦没有发现相对论的话,它将迟早被另外什么人发现,也许是彭加勒,或是罗仑兹。如果哈恩没有发现铀裂变,也许在几年之后费米或居里会发现它。我不认为,如果我们这样来认识问题,就是贬低了个别人的伟大成就。正是由于这一原因,我们不能说,那些做出决定性发现的科学家对于科学发现的后果所承担的责任,要比以往曾为科学的发展做出贡献的其他科学家更大些。历史是会把先驱者摆在恰当的位置上的,而且他迄今所做的一切也仅仅是历史赋予他应该履行的职责。作为一种结果,他或许有能力对他的科学发现及其后来的进展产生一点重大影响,但也不过如此而已!事实上,哈恩总是强调指出铀裂变的全部应用应该有利于和平的目的;在德国,他也一直坚持反对把原子能应用到战争中去的任何企图。当然,他的这一切努力并没有影响美国的发展。"

此外,弗里德利希继续说:"我们大概有必要明确区分一下发现者和发明者的概念。一般说来,发现者在他的贡献应用于实际之前,是不能够预测出它的实践后果的,以致有的要经过很多年,才能应用到实际中去。例如伽伐尼和伏打对电机工程后来的进展就完全不知道,因此对后来成果的滥用,丝毫也不能要他们负责任。而发明者似乎是处于与此完全不同的位置上,他们在心目中有一个明确的实际目标,并能评价这个目标的利弊。因此我们可以明显地掌握发明者对他们的成果应负的责任。然而,确切地说,正是发明者才能够充分地为社会造福,而很少顾及自己的利益。例如,电话的发明者了解到社会迫切需要加速通讯联络。同样,火器的发明者,可以说是按照社会军事力量迫切要求增长的命令而付诸行动的。至少只要发明者和社会都不能预见到他的发明的全部后果时,那么仅仅把责任加于他们哪一个都是不公平的。例如,发明了一种农用杀虫剂的一个化学家,他所能告诉你的由于应用他的农药而引起的关于害虫总体变化的最终结果,远不及一个农民所说的多。总之,我们对科学家个人提出的要求仅仅是,他应该力求把自己的目标放在更加广泛的基础之上,以及他不能轻率地为着少数人而去危害多数人。我们所能真正地要求每一个科学家的全部事情是,他应当审慎地注意到科学技术进步所必须遵循的体制,即使这样做似乎与他眼前的爱好不相符。"

"如果你想在发明和发现之间划一道界线,那么像原子弹这一最近的和最恐怖的技术进步的产物,你应该把它列入哪一类呢?"

"哈恩的裂变实验是一个发现,而原子弹的制造是一个发明。在美国制造原子弹的物理学家们是发明者。他们并不按照他们自己的利益,而是按照一个急于使其军队获得最大打击力量的战争集团的公开的或不公开的命令而行事的。你曾经说过,单就心理学上的原因,你不能想象美国物理学家能这么专心致志地去生产原子弹,只是在昨天你才勉强地相信了广岛事实的真相。现在,你怎么看待我们在美国的同事呢?"

"也许美国物理学家们害怕德国首先制造出原子弹,而这种担心是可以理解的。因为铀裂变是哈恩发现的,而且在希特勒驱赶一大批最有能力的物理学家之前,德国的原子物理学已经达到了一个很高的水平。拥有原子弹的纳粹获胜,必将被看成是一个如此十分可怕的威胁,以致一切旨在制止原子弹(包括我们自己在内)的行动看来不无道理。如果我们能考虑到发生在集中营中的一切,我认为我们谁都不会真的去反对它。毫不怀疑,在欧洲战争结束之后,许多美国的物理学家曾经劝告人们不要去使用这种可怕的武器。但是那时,他们拥有决定性的发言权的时间并不长。在这方面,我们也不必认真地去批评他们,因为我们中有哪一位能为了上述原因阻止我们的政府去犯罪呢?我们不知道这些罪行的详尽程度这一事实,并不构成求得谅解的理由,因为我们本来就应该尽最大的努力去揭发它。"

"最有害的看法在于把犯罪看做是不可避免的。纵观历史,人们曾经按照'强权就是真理'的原则行动。或者,以更露骨而又荒唐的方式宣扬,只要理由正当,可以不择手段。这样,我们能做出什么抉择以抵制这种偏见呢?"

弗里德利希回答说:"我们已经说过,我们可以期待发明者的目标能符合人类技术进步的广阔方面。让我们考虑这个观点的含义吧!在经历一场巨大灾难之后,人们倾向于对此尽早做出评论。这时他们可能会说原子弹已促使战争很快地结束,那里也许已经有更多的受害者允许屠杀以较缓慢的方式进行,我认为,你自己昨晚就曾提到过那个争端的问题,但是所有的估计仍是很不令人满意的,因为我们中的任何人都不能预见原子弹的政治影响。难道说由于原子弹而引起的灾难不该为今后需要付出更大代价的战争铺平道路吗?新的武器不会带来各国之间力量对比的变化,也就是说,一旦所有的大国都拥有原子弹,那么要改变军事力量的对比,能不以无数生命的牺牲为代价吗?我们没有一个人能够预见这些发展,因此所有这些关于均势的议论只不过是空谈。可是我们为什么不从与此完全不同的、我们经常讨论的原则,即手段选择是确定一种事业还是否合乎正义的原则出发去考虑问题呢?"

我回答说:"科学与技术的进步将不可避免地导致数量越来越少的超级大国的不断扩张。这一结果将是空前规模的权力集中,这样,我们仅能期望给予个人和个别民族的行动自由。这方面的发展在我看来似乎是不可避免的;现在的问题在于,世界最终进入更加稳定的秩序之前是否不会发生许多新的灾难。总之,我们可以认为,在这次战争之后,少数超级大国将尽可能地扩大他们的势力范围。而要实现这一点,他们只能在彼此间的共同利益以及社会制度或他们赞同的社会准则的相似性基础之上建立联盟,否则就得通过经济上的控制以及政治压力的手段。每当一个处于某霸权国家势力范围之外的弱国受到某一强国的威胁或压迫时,该霸权国就可能给予支持,以便增强自己的影响。这就告诉我们应当怎样去看待美国在两次世界大战中的干涉,并且现在还没有理由认为这种倾向即将结束,我也不能理解为什么我们还要去反对这种倾向。"

"当然,有些人会给所有这些从事于这类扩张主义政策的大国打上帝国主义者的标记,但是在这里,比起其他地方更多的手段的选择,在我看来是更明确的标准。一个大国在同外国的交往中,不动用大棒,而宁愿选择正常的经济和文化手段,并尽量避免干预邻国的事务,往往比起公开使用武力的国家更少受到公开的指责。而且大国实行的那种避免所有非法的强制形式的政治制度,很可能成为未来世界的模式。现在很多人已逐渐把美国看做是一个自由的堡垒,认为在这种社会制度下,个人能够最充分地发展他的个性。人民享有完全的言论自由。重视人的首创精神,尊重个人的见解,对待战俘比大多数国家要好些。所有这些,以及很多其他事实已引起人们强烈的反应,希望美国的政治制度能为世界其他国家提供需要的模式。美国政府在其决定是否下命令在日本投下原子弹的时候,本应记住这一希望。我担心由于使用原子弹,这些希望已遭受沉重打击。现在美国的所有的竞争者将发出对'帝国主义'的声讨声,而且他们的呼声必然产生重大的影响。恰恰因为取得胜利不再需要原子弹了,因而它的使用会被看作是一种赤裸裸的武力炫耀,所以要理解我们怎样才能从这里走向真正自由的世界制度确实是困难的。"

弗里德利希重复说:"换句话说,你确实认为原子弹的技术前景,本应从更为广泛的方面进行评价,也就是说,作为不可避免地导致统一的世界制度的确立的科学技术发展总进程的一部分来估价。因此,在这种情况下,任何人都很清楚,当胜利已经有了把握的时候,无论如何,使用原子弹是一个错误的决策,它削弱了人们对美国的美好诺言的信任,引起了他们对美国世界使命的怀疑。虽然原子弹的存在并不构成灾难,但这却有助于政治上取得完全独立仅局限于少数经济实力很强的大国,而一些弱小国家则会丧失它们的某些独立。但这并不意味着对个人自由的限制,可以看作是为了普遍改善生活条件,我们不得不付出的代价。"

"然而,我们正偏离了现实的问题。当我们生活在一个观念、感情和错觉充满冲突的世界里的时候,个别科学家仍然关心着技术进步的行为真叫人感到迷惑不解。我们在这个问题上的观念看来是相当模糊的。"

我反驳说:"我们不过是赞成个人解决一个科学任务或技术任务罢了,不管该任务如何重要,都必须尽力去考虑它的较主要的结果。而且事实上,他要是不这样做的话,那么第一,他为什么这样努力呢?其次,如果他考虑的因素越是全面,他就将越发容易得到正确的答案。"

"既然那样,假如他想成为最好的人,而又不只是停留在美好的愿望中,那么他就可能在社会生活中不得不扮演一个更审慎的角色,并设法在社会事务中取得更多的发言权。也许,我们应当欢迎这种倾向,因为由于科学和技术的进展符合于社会利益,因而对此负有责任的人将会被赋予比他们通常享有的更大的权力。显然,这并不意味着物理学家和技术专家们能比政治家做出更好的政治决策。但是科学工作本身就教育他们客观地、真实地,而且更重要的是全面联系地考虑问题。因此他们可能会把符合逻辑的、更客观的以及更尊重事实的方法引用到政治方面。如果我们相信这一点,那么我们就不得不谴责美国物理学家,因为自从他们听任别人做出使用原子能的决定以来,他们一直未能坚决地公开地发表谴责意见。因此我根本不怀疑,对于他们来说,从一开始,使用原子弹的罪恶结果想必是相当清楚的。"

"我不知道'谴责'这个词用在这一意义上是否适当。我仅仅感到在这一特殊方面我们碰巧比大西洋那边的我们的朋友更幸运些。"

 思考题

1. 海森堡认为科学与技术的进步将对世界局势与科学家个人带来怎样的影响?
2. 试以"科学的责任"为题,结合本文的有关讨论,谈谈你的观点。

拓展文本

中国对科学人道主义的贡献

[英] 李约瑟

题 解

李约瑟(1900—1995),英国近代生物化学家,汉学家,是英国王室御前顾问、英国皇家学会会员、英国学术院院士、美国艺术和科学院外籍院士、丹麦皇家科学院外籍院士、中国科学院外籍院士,中国国家自然科学奖一等奖获得者、著名生物化学家、中国科学史大师。主编《中国科学技术史》(七卷本英文版),被认为是20世纪的重大学术成果之一。

在本文中,李约瑟以钦敬的笔调,论述了中国古代文化对科学人道主义的贡献。他认为,远在西方之前,中国古代的思想很早就已达到了科学人道主义的水平。就此,李约瑟进行了三个方面的阐释。在这些论述的基础上,李约瑟提出了东方文化和西方文化具有一致性,促进"欧美文化和中国文化之汇合",是当前最重要任务的论断。本文有史有论,史论结合,而以论为主统率全篇。以分总式和层进式相结合的结构方式架构全篇。多用比较法,善于在中西文化的"异"中,寻绎出人意料的"同",并以"同"为基础,寻求中西文化的结合点,试图找到实现科技人性化的最佳道路,这正是本文最深远的用心。

虽然中国的文明受到阻抑而不能独立地发展现代科学,可是中国人的思想却很早就达到了科学人道主义的水平,远在我们西方人之前。这一点恐怕绝大多数西方人是不了解的。在中古世纪中国人在科学和技术方面已经取得不少成就,而上古时代中国的哲学可以和希腊哲学并驾齐驱。在三四百年以前,中国的文化和生活水平也许远远地超过西欧;只是由于现代科学的兴起以及随之而来的一切影响,才改变了这种局面。

中国一向是儒、释、道三教并立的,而其中只有佛教是真正的出世的宗教。其他两教,儒教和道教,在本质上是一种哲学思想体系。儒教逐渐蜕化而成为一种社会习俗的规范,在某些时代中它具有高度的神圣色彩,所以各省各县的行政长官都要到孔子庙,即文庙,去对圣人举行祭献。道教和古代中亚的黄教僧相结合而蜕化成为神秘主义,流为占卜星相之术;它人为地创造了许多神仙,和佛教相对抗。但是道教的哲学观点对于了解中国人的思想是极为重要的。

从儒教的经典著作《论语》以及伟大的儒学家孟子的著作中,我们可以认识到,儒家的学说是最富于社会意识和人道主义精神的;这是世界上任何地域的哲学思想所不能比拟的。儒家所关心的主要是社会的道义准则(当然,不能脱离当时的封建社会背景的局限性),以及社会和统治者与被统治者,家庭与国家,等等之间的关系。孔夫子说,"天下有道,丘不与易也。"关于天道和神鬼的事,孔子是不愿意谈的。有人问他对神鬼的看法,孔子说,"务民之义,敬鬼神而远之,可谓知矣","未能事人,焉能事鬼。"在人类所认识的具有神圣色彩的各种体系中,可能儒教含有超自然主义的成分最少;所以孔庙比世界上任何宗教建筑具有更大的感人力量。

儒家学说终于对中国,而且也对西方,产生了最深刻的影响。在纪元前三四世纪儒家学说形成的初期,对于人的本性问题曾经发生过不少争论。有一些学派,如法家,认为人性是恶的,必须要有严厉的君主用严酷的法典才能约束起来。但是儒家坚定地认为人性在本质上是善的。所以,自从儒学在中国占统治地位之后,皮拉基亚斯和圣奥古斯丁的关系恰恰就倒转过来了。最后,哲学家庄子采取了一种比较合理的看法,认为人性是半善半恶的;用现代的语言来说,就是人性中既有落后的、自私自利的倾向,也有进步的、利他和互助的倾向。但是,就启发性而言,孟子和皮拉基亚斯的论点要比商鞅和奥古斯丁的高明得多,因为,归根到底,一切进步的社会政策都建立在对人类前途乐观的信念之上。

现在的西方人恐怕多半不知道,大约在公元1680年左右,儒家的经典著作译成拉丁文之后,所有伟大的法国革命的先驱者,如伏尔泰,卢骚,达朗巴,狄德罗等,是如何如饥似渴地阅读这些著作。从他们所写的评论中,我们可以认识到他们当时是如何地深受感动。

但是,从某种意义上说,儒家学说似乎太人道主义化了;因为,他们虽然讲人道主义,却是反对科学的。他们对于人类社会以外的世界丝毫不感兴趣。他们抑制这方面的兴趣。于是,就产生了道教哲学家的伟大革命,以隐晦的老子和聪明风趣的庄子为代表。道家的思想和中古世纪地中海古典的伊壁鸠鲁学派(享乐主义)有很多相似之处;卢克莱修和道家有共同的语言。为了要保持心境平静,免除一切恐惧烦恼(类似伊壁鸠鲁派的不动心的论点),道家远离尘世,退隐山林,潜思冥想,以求悟彻自然的真理。为了要求得物体的永存,或者,至少要尽可能地延长生命,他们采用了许多古怪的丹方,进行饮食和药物的实验——由此产生了炼丹术,这是一切现代化学的起源。为了实现人类最终的福利,他们对于眼前的一切措施漠不关心,因为他们坚信,尽管儒教徒孜孜矻矻,终朝奔忙,如果人们对于周围的广阔世界没有真正的认识,那是<u>丝毫无济于事</u>的。

对道家来说,世界就是自然,它是自然而然地形成的。"人法地,地法天,天法道,道法自然。"道的自发性和自然性是不受任何上帝或神灵的制约的,正如伊壁鸠鲁派所说,

"自然摆脱一切傲慢君主的约束,

立即获得了自由；按照自己的规律，
　　自觉地完成一切工作。
　　扫除所有的神灵。"

　　这一论断具有启发性的意义，一直被认为是创造科学的一个先决条件。所谓"道"就是自然界一切事物的运转之道，并非如儒家所说，只是人类社会中人与人的相处之道。例如，我们在《庄子》中看到，庖丁为文惠君解牛的故事。庖丁奏刀骎然，只三五下就把牛解开了。文惠君问他何以能达到这样高超的技术。庖丁说，他一生研究的就是牛的筋骨和肌肉之"道"。庄子说"孔子游方（人类社会）之内者也，予游方之外者也。"

　　道家不遗余力地攻击"知识"，但是他们攻击的只是儒家的学院派的知识，这种知识"巧妙地作出了君王与圉夫之间的区别"。道家宣扬的一种消极思想受到后世极大的误解。道家赞扬他们所说的"谷神"和"玄牝"；他宣扬这种消极思想实际上是在探索一种虚怀若谷的求知精神，科学家在大自然面前必须具备这样的精神。道家强调必须抛弃一切先入之见；所有自然界的一切现象，无论如何琐细，无论如何卑微，都属于自然哲学家的观察范围之内。管子说，"圣人犹天也，覆万物而无私；圣人犹地也，载万物而养之。"从所有道家的著作中，我们也可以看出他们是在探索如何控制自然的道理——所以管子说，"圣人循万物之道以制约万物。"有时道家往往会陷入魔术性思考的迷网，而自以为已经找到了控制自然的捷径。这种情况，在他们那个时代，也是不可避免的。

　　确实，道家除了施行炼丹术这种经验主义的实验之外，从来没有能够提出任何探索自然的有效的方法。所以，到后来就产生了像《淮南子》那样玩弄数学魔术的无聊书籍，把一切事物都排列为固定的数字组合，例如，四方，五谷，人体的六窍，九音等等，用各种排列和组合的方式进行奇幻的算术游戏。所以，再到后来，就出现了关于王阳明的那种嘲讽性的故事。王阳明说，他对一枝竹子沉思了好几天，始终没有能够进一步领悟植物内在的道理。他感到这种格物的方法一无所得，于是转而从事唯心主义的玄学思考。

　　综上所述，我们有充分理由认为中国是科学人道主义的最早发源地之一。在古代，儒家提供了人道主义，而道家提供了科学。

　　但是，以上所述还远远不能说明中国古代哲学思想派系的全貌。在本文中，由于篇幅所限，我们还不能谈到惠子和其他逻辑学家的学派，他们和原始的科学也有重大的关系。我们也不能谈到墨子，他的学说和现代有些学者强调社会义务和科学重要性的论点是完全一致的。这两个学派都未能取得永久性的成功；但是墨家却把儒家维护社会秩序、道义的热情和道家探索、控制自然的意愿两者结合起来了。

　　我们最好还要谈谈比较近期思想的各个方面。西方人有一种普遍的想法，认为二千年来中国的文明是停滞不前的。如果我们对于中国历史真正有所了解，那么，这种停滞不前的论点就不攻自破了，虽然中国历史上由于官僚封建主义的发展有过一系列周期性朝代更迭的现象。在汉朝后期（约公元100年），中国出现了一位卓越的科学思想家王充。在他的《论衡》一书中，他对同时代的种种迷信思想进行了孤独的，但是坚决的斗争。他抨击那些非正统的儒家著作，或称伪经，所散布的荒谬思想，认为风暴和自然灾害都是上天降示的灾象，由于人间出现了罪恶行为，甚或由于皇帝的座位不正，所穿的衣服颜色不合

时令规定,以及其他日常生活的细节所引起的。王充确实是一个伟大的怀疑论者,也是一个反对神秘主义的伟大战士。

五个世纪以后到了唐朝,中国的文学艺术达到了历史上的一个最高峰;但是直到下一朝代,宋朝(约公元11世纪),才出现了一个伟大的自然哲学家的学派。沈括,在他的不朽著作《梦溪笔谈》中,第一次客观地描述了许多自然现象,如,磁铁的指向性和偏差度,等等。同时,火药也已经普遍使用;那时,成吉思汗还没有在西方出现。

但是,在这一时期,在哲学方面,却是以朱熹为首的一派学者作出了重要的探讨。有人把朱熹描述为维多利亚时代前八个世纪的中国的赫伯脱·斯宾塞,这种说法似乎也不无见地。宋代的儒学家在很大程度上似乎受到佛教的影响,因为佛教的思想中有一种虽然玄妙但是很明确的世界观,这就使儒学家们意识到他们的哲学体系中正缺少一种世界观。朱熹哲学中的关键名词是"理"而不是"道"。"道"字现在往往译为"原则",但它的原来的意思是指"玉石的纹理"。因此,"理"暗含着"模式"的意思,使我们联想到怀脱海特所说的有机体模式的概念。朱熹,很有点像亚里士多德,自己创制了一套精心设计的宇宙论,包括诸如离心力等等的程序,它非常接近于一种能量的理论。朱熹的思想水平之高可以以下列例证说明。他在西方的里昂纳多·达·芬奇之前400年就作出了关于化石的正确解释。

这种思想发展的进程一直延续不断,直到现代。在公元17世纪满族征服了明朝之后,有一位学者王船山,他不愿在新朝为官,隐居山林,潜心著述。现代的学者发现他的哲学思想中有近似辩证唯物主义的因素和先兆。

概括起来,我们可以说,中国的科学人道主义,虽然它的形成远在现代科学引入中国之前,但是它的理论主要建立在两个基础之上:它从来不把人和自然分离开来,从来不把人看作是脱离社会的人。

关于这方面,一个非常突出的范例就是道家对于"变"的精粹论点。道家超越希腊哲学家赫拉克利特而作出了"变"和"化"的区别。他们说,"圣人变而不化"。这是对形式逻辑的叛变,预示着二千年后自然科学将经历的一场革命,阐发了辩证逻辑的精义。确实,在《庄子》中,我们发现有生物进化论的阐述;在伟大的《易经》补编和《礼记》中,有完整的关于社会进化的论述。

事实上,科学人道主义在现代科学中最主要的基础就是进化的世界观。虽然,一般说来,这种进化观点主要联系到生物科学,但是它并不限于生物科学而适应于一切无机科学,因为地球上在生物出现之前已经经历了不可胜数的变化。在某种意义上说,中古世纪认为"人是世界的缩影"这种玄想在今天仍然可以运用。我们人本身是社会整体的一个组成部分;但是在我们人的身体这一层次之下还有许多不同的层次:人体的器官,器官中的细胞,细胞中的核心和细胞器,细胞器中的胶质细胞束,再往下推,还有细胞束中的有机分子,最后推到组成分子的原子和物理粒子,质子,电子,中子,正电子等等。它们永远不停地在那些微细而相当浩瀚的太阳系中运转,那就是化学元素的原子。这是我们的论据的一个方面。论据的另一方面是,我们知道这许多不同的层次在时间上形成连续性。在化学原子之前有物理粒子,而在大的、不稳定的粒子之前还有小的、稳定的粒子。在分子之前有化学原子;要经过许多世纪才出现那种相当复杂的、可以构成生物体的原子。从那一转变发生之后就开始一个极其漫长的进化过程,从最简单的微生物和原始动物逐步进化而成为人。

在这个无比庞大的进化系统中,我们看到只有一条原则贯穿其中,我们可以称之为组织层次上升的原则,即,不断向更高级的综合整体发展的进化现象。这样的一幅图像,在哲学思想上,和现代的许多哲学家(如马克思和恩格斯,怀脱海特和亚历山大和斯马茨)的论点是一致的;它不容许在对人的评价方面包含任何超自然主义的成分。究竟在这样的进化过程后面的"力量"是什么样的性质?当"千万亿单位的能量投入无限的空间和时间之中时",最初是什么样的景象?为什么要产生这样的进化过程?这个过程会不会停止?什么时候停止?对于这些问题,我们不可能指望有多少了解,或者,可以说完全无法了解。但是,在这样的哲学体系中人的位置是很高的,这和人在旧式机械唯物主义哲学体系中的位置不同。人确实是一切生物中最最高级的;人决不能降低到较低级的层次,也不能用较低级层次的标准来理解人;人在人类社会中还要向更高级的层次发展,这种层次确实是现代的人还没有达到的。

我们现在认识到,我们整个世界的形成只能建立在两个概念之上,即,能量(现在大家都认为物质只是一种特殊形式的能量)和组织(在各个不同层次中表现为理)两个概念。在广大的宇宙中其他部分所发生的情况我们现在还知道得很少。但是,就现在看来,在所有的星群系中,像我们这样的世界——由于特别有利的气候条件而能够无限期地展开进化过程的世界——还是很少很少的,并不如某一时期人们所想象的那样多。所以,生命和人,在整个宇宙体系中,即使不是独一无二的,至少也是非常特殊的。

既然在整个进化过程中贯穿着这一条"组织层次上升"的主导线索,那么,在人类社会发展的历史中我们也要寻找这一条线索。只有根据这一条线索我们才能对历史学家们关于人类历史进展问题的争论作出评判。因此,社会组织发展的道路就很明显了;而在我们这个时代,我们的责任就是要把自己和这种现实世界发展的一切力量结合起来;因为,虽然最终的解答是没有疑问的,但是解答时间的迟早却取决于我们的努力。

毫无疑问,现代科学对于人类文明所起的最大作用就是使整个世界在地面上统一起来。人类在向更高级的组织和联合形式进展的过程中,在当前我们所面临的许多统一的任务之中,我想最重要的任务就莫过于欧美文化和中国文化之汇合了。我们愈深入地研究这两种文化,就愈深刻地感到它们就像两个不同的作曲家所谱写的两部交响曲,而其基本旋律却是完全一致的。

如果说,现代科学完全是在西方产生和发展起来的,那主要是因为西方具有社会的和经济的有利条件,而中国则缺少这种条件。确实,过去中国的情况对现代科学与有关技术的发展起着阻抑的作用。但是,许多年来,自从中国从东海岸受到西方文明的影响之后,中国人已经不断努力要赶上西方的科学发展,而且,在各个科学领域中已经出现了许许多多第一流的中国科学家和技术人才。

如果说,在我们这个时代里,我们个人的责任就是要把自己和一切推动世界向更高的社会综合层次发展的力量结合起来,这就意味着我们必须在这方面采取这样或那样的政治行动。今天这种政治行动的方式之一就是要运用一切可能的手段促进国际合作。

科学人道主义的起源至少和希腊先苏格拉底时代以及中国战国时代的哲学家一样悠

久。但是，直到最近几个世纪，科学人道主义才取得世界性的胜利，而它的最伟大的胜利还有待于将来。

 思考题

1. 中国的科学人道主义是一种什么样的世界观？
2. 结合本文，谈谈你对东西方文化的看法。

第十四单元

创新超越

　　创新是人类社会发展的灵魂。创新是一种不满现状的追求,是一种勇气、一种锐气、一种激情、一种胆识,是不断的扬弃和超越。

精读文本

致某科学院的报告

[奥地利] 卡夫卡

题解

弗兰兹·卡夫卡(1883—1924),奥地利小说家。出生于犹太商人家庭,18岁入布拉格大学学习文学和法律,1904年开始写作,主要作品为4部短篇小说集和3部长篇小说。可惜生前大多未发表,3部长篇也均未写完。他生活在奥匈帝国行将崩溃的时代,又深受尼采、柏格森哲学影响,对政治事件也一直抱旁观态度,故其作品大多用变形荒诞的形象和象征直觉的手法,表现被充满敌意的社会环境所包围的孤立、绝望的个人。其作品主题曲折晦涩,情节支离破碎,思路不连贯,跳跃性很大,语言的象征意义很强,文笔明净而想象奇诡。卡夫卡被认为是现代派文学的鼻祖,是表现主义文学的先驱。代表作品有《审判》、《变形记》、《城堡》。

卡夫卡习惯于在作品中描述"变形",人变为虫,兽变为人,用变形来表现世界的荒诞与精神的异化。由此可以看出,卡夫卡创作的一个重要主题就是表现了现代社会普遍存在的异化现象。《变形记》里的人变成大甲虫的故事就是这方面的代表作品。而《致某科学院的报告》则是《变形记》的姊妹篇,是一篇以动物为主人公的小说,写一只猿猴抛弃自己的本性变成人的独特过程。小说写的是猿猴,但表现的却是现代社会千千万万小人物的生存处境,表达了现代人找不到出路的尴尬、孤独、陌生和恐惧。小说具有浓厚的象征意味,暗示了丰富的内涵,引人深思。

尊贵的科学院的先生们:

承蒙诸位盛情厚爱,邀请我向贵院写一份我所经历过的猿猴生活的报告,我深感荣幸。

然而,遗憾的是我恐怕难于满足先生们的要求。我告别猿猴生涯已近五个年头。这一段经历在时间的长河中仿佛只是短暂的一瞬,但是我仍感到,时光真的流逝起来却是极其漫长。诚然,我生活中不乏好人、忠告、喝彩和音乐的伴随,但是总的说来我还是孤独的,因为所有的伴随者们为了保持自己的形象都远远地停留在铁栅前。倘若我当初死死抱住我的本族不放,执拗于少年时期的回忆,那么我如今绝不会成绩辉煌。"力克固执"正是我始终不渝的最高信条,虽然我是只自由猿猴,却心甘情愿受此羁绊,如此一来,对旧时的记忆也日渐模糊。只要人类许可,我原本可以跨过苍天造就于大地之间的门槛,重新返归本族之旅,然而这扇大门却随着我受到鞭策而产生的进步和发展变得日益狭窄低矮,而我倒觉得生活在人类的世界里更加惬意舒畅。跟随我身后的那股昔日岁月的狂风愈来愈弱,如今它只是轻拂我脚踵的微风了。远处的"洞穴"——那是狂风和造就我的地方——已变得如此狭小,即使我有足够的力量和意志回去,在重新穿越它时也非得掉一层皮不可。老实说——尽管我也喜欢选用委婉的表达方式——老实说,尊贵的先生们,你们过去的猿类生涯(如果诸位有此经历的话)和你们现在之间的距离不见得就比我与我的本族之间的距离大多少。要说在脚跟上搔痒的癖好,那么地球上的生物莫不如此,不论是小小的黑猩猩还是伟大的阿契里斯。然而从最狭义上讲,我似乎可以给诸位一个答复,我甚至乐而为之。我所学的第一件事就是握手。握手意味着坦率、诚恳。今天,正值我生涯发展高峰之际,我乐意坦然地谈谈那第一次握手的情形。其实,我要讲的事情对贵院来说并不是什么新奇的东西,自然会远离诸位的要求。我纵然有意也实难表达。虽然如此我还是能大致说明,一只昔日的猿猴需要经过什么途径才能步入人类世界并取得安身立命之道。倘若我今天仍不自信,我的地位在文明世界的大舞台上尚未得以巩固,那么我是绝然不会陈述以下细节烦劳诸位倾听的。

  我的祖籍在黄金海岸。至于捕捉到我的全部过程我都是后来听人说的。那是一天傍晚,我们一群猿猴到河边饮水,当时哈根贝克公司的一个狩猎队恰好埋伏在岸边的丛林里——顺便说一句,后来我和公司的头儿一起喝过许多瓶红葡萄酒——他们开枪了,我是唯一被击中的猿猴,身中两弹。

  第一枪打在我的面颊上,伤虽不重,但留下了一大块不生毛发的红疤。从此我得到了一个令我恶心、与我毫不相称而且也只有猿猴才想得出的"红彼得"的外号,好像我与那只被驯服了的猿猴彼得唯一的区别就仅在这块红疤上似的。捎带提一下,猿猴彼得在远近还有点小名气,他不久前才死去。

  第二枪打在臀部下方,这伤可不轻,时至今日,我走路仍有点瘸。不久前我在报上读到一篇文章,它出自某位轻率地对我横加挑剔者的手笔,这样的人何止成千上万。文章说我还没有完全克服猿的本性,证据是我有客人时,总喜欢脱下裤子让人看子弹是怎样穿进去的,真该打断写这种文章的家伙的手指头。至于我,只要乐意,我当然可以在任何人面前脱下裤子。人们除了能看到整齐干净的皮毛外就是——在这儿我们为了某种目的而选用一个不会被误解的词——那颗罪恶的子弹留下的伤疤。一切坦然磊落,一切无需隐瞒。当真实是说明一切的万能时,任何一位明智之士定会摒弃所有文雅的举止。反之,假如那位作者先生胆敢在客人面前脱下裤子,那可就大失体统了。他不这么做我以为是理智之举。既然如此,我请这位先生不必"体贴入微"地干涉我自己的事!

  我中弹醒来后,才发现自己被关在哈根贝克公司轮船中舱的一只笼子里。我就是从

这时开始才逐渐有了自己的回忆。那只笼子固定在一只箱子上,三面是铁栅,第四面就是箱子。笼子又低又窄,我既难站立又难坐卧,只有弯着不住颤抖的双膝半蹲在那里。大概是我当时不愿见任何人,只想呆在黑暗处的缘故,我总是面对着箱子,这样一来,笼子的铁栅都戳进了我后背的皮肉里。人们认为在捉到野兽的初期用这种方法因禁它们是可取的。我通过体会也无法否认,这一囚禁方法以人类之见确实卓有成效。

可当时我不这么想。我生平第一次没有了出路,至少往前走行不通。直对着我的是那只箱子,一根根木条连在一起,虽然木条之间有缝隙,我发现它的时候还狂喜地叫了一声,可那缝子细得连尾巴都塞不进去,就是用尽猿猴的气力也无法将缝隙扩大弄宽。

据说我当时安静极了,人们因此断定,要么我会马上死去,要么日后训练起来很顺手,而问题是我能否成功地度过最初的危险期。我活了过来,闷声闷气地啜泣,痛苦不堪地找捉跳蚤,无力地在一只椰子上舐来舐去,用脑袋撞击木箱,见到有人靠近我就朝他吐吐舌头,这就是我新生活开始的全部内容。然而,随之而来的只有一种感觉:没有出路。当然,我今天只能用正常人的语言描绘我当时作为猿猴的感受,因此难免出现差错,但是即使我如今再也达不到昔日猿猴的"境界",那么我刚才追述的事情至少不是瞎编乱造,这一点敬请诸位深信不疑。

这以前,我是多么的神通广大,可现在却是穷途末路,寸步难行。假如就是把我钉死在某个地方,我行动的自由或许比现在还要大些。为什么会是这样呢?你扯开脚趾间的肉找不到答案,就是背顶铁栅几乎被勒成两半仍寻不到原因。我走投无路,但一定要为自己开辟一条生路,否则就没有活下去的希望,老是贴着笼壁我非送命不可。可是哈根贝克公司认为,笼壁本来就是猿猴呆的地方。那么,我只得向猿猴生涯告别了。一个清晰而又美妙的念头就这样在我的肚子里油然升起,因为猿猴是用肚皮思想的。

我担心人们不理解我所说的出路是什么意思,其实我用的是它最基本最完整的含义。我有意不用"自由"这个词,我指的并非是无拘无束的自由自在的感觉,作为猿猴我领略过此种感觉。我也结识了一群渴望获得这种感觉的人。但是就我本身而言,不论过去还是现在从不对自由有任何奢望。顺便提一下:人类用自由招摇撞骗似乎太多了一点。正如自由被视为最崇高的情感之一,其相应的失望也变得最崇高。我在马戏班子虽登台演出之前经常看到两个艺人在屋顶下的秋千上作空中飞人表演,他们摆动着身体飘来荡去,时而跃向空中,时而扑向对方的怀里,一个用牙咬住另一个的头发,我直纳闷:"如此炫耀自己而不顾他人的运动居然也称得上是人类的自由?"这真是对神圣大自然莫大的嘲讽!猿猴若是看到这种表演肯定会哄堂大笑,戏园子不被笑塌才怪哩。

不,我需要的不是自由,而是出路,左边或右边,随便什么方向都成。我别无他求,哪怕这出路只是自我蒙骗,我的要求极低,蒙骗不至于太惨。向前,继续向前!决不能抬着胳膊贴在一块木箱板前一动不动!

今天我算明白了,若不是内心极度镇静我是无论如何逃脱不了的。我能有今天确实要归功于我船上头几天的镇静,而我得以镇静的功劳应当属于船上的人们。

无论如何,他们都是些好人。时至今日我仍乐意回想起他们那曾经在我半梦幻状态中萦回的沉重的脚步声。他们习惯慢腾腾地做事,有人想揉眼睛,他的手抬得很慢,好像那手是一副沉甸甸的担子。他们的玩笑很粗鲁,但很开心,他们的笑声里混杂着让人听着害怕实际上却并无恶意的咳嗽。他们习惯吐唾沫,至于吐到什么地方是无所谓的。他们总是抱怨,说我把跳蚤传给了他们,但是从不因此真生我的气,因为他们知道我的皮毛里很容易生跳蚤,而跳蚤总是要跳的,他们大度地宽容了我的"不是"。空闲时有些人围成半圆坐在我的面前,他们话很少,彼此间咕噜几声,伸展四肢躺在大柜子上抽烟斗。只要我有纹丝小动,他们就拍打膝盖。时而还有人拿根小棍给我搔痒。假如今天有人邀请我再乘此船游弋一番,我一定会拒绝,但是我也可以肯定地说,那条船的中舱留给我的回忆并非完全可憎可厌。

我在这些人当中获得的平静打消了我逃跑的念头。现在回想起来,当时我似乎也预感到,要活下去就一定要找到一条出路,但出路绝不是靠逃跑能够获得。现在我仍说不上来,当时逃跑是否真的可能,但我想是可能的,逃跑对于一个猿猴来说总是办得到的。今天我用牙咬一般硬果都得小心翼翼,可那会儿我稍用时间准能把门锁咬开。可我没么么做,就算成功了,结果又能怎样呢?可能还不待我探出脑袋就又会被人捉住,关进一个情况更加恶劣的笼子里;我或许能悄悄地跑向其他动物,比如说我对面的巨蟒,然后在它的"拥抱中"死去;或者我会成功地溜上甲板,蹦出船舷,跳进水里,那么我只能在茫茫大海中晃动片刻即葬身海底。这纯粹是绝望的愚蠢举动。当时,我可不会像人类那样精细算计,但在环境影响下,我的一举一动仿佛都是深思熟虑所驱使。

我虽然没有精打细算,但却把一切都观察得清清楚楚。我眼看着这些人走来走去,老是那些面孔,动作千篇一律,我经常感到,他们不是一个群体,而是同一个人。这个人,或者说是这群人不受约束,不受干扰地来回走动。一个宏伟的目标朦朦胧胧地在我脑海里升起,没有人向我许诺过,只要我变得和他们一样,笼子的栅栏就能拆掉。显然,这类不着边的许愿不会出现。如果梦想果然得以成真,那么事后人们会发现,曾经梦寐以求的结果竟和早先的许愿不谋而合。现在,这些人本身对我已失去了吸引力,假如我真的是前面提及的自由的信徒,那么我的出路就是遵循这些人阴郁目光的暗示而投身浩瀚的海洋。不管怎么说,我想到这些事情之前就已把他们观察得很细,正是大量观察的结果才使我踏上特定之路。

我不费吹灰之力就把这些人模仿得惟妙惟肖,没几天我就学会了吐唾沫,然后我们就互相往脸上吐,所不同的是我事后把自己的脸舔得一干二净,而他们却不这样做。很快我就成了抽烟袋锅的老手,每当我用大拇指压压烟袋锅时,整个中舱就响起一片欢呼声。不过,空烟袋锅和装满烟丝的烟袋锅的区别我迟迟弄不明白。

最恼火的当属学喝烧酒,那玩意儿的气味真叫我难受,我强迫自己使出浑身解数,用了好几个星期才总算过了这一关。说来也怪,人们对我内心的斗争格外重视,甚至超过了其他方面。我凭自己的记忆很难把他们的模样辨别清楚,但有一位不分白天晚上老是到我这儿来,有时独自一人,有时和同伴一起。他总是带着一瓶烧酒在我面前摆好架势开导我,他对我大感不解,要解开我身上的谜。他慢慢地打开瓶塞,然后瞧着我,看我是否明白他的意思。我总是狂热而又聚精会神地望着他,我敢说,地球上没有一个老师有过像我这样的学生。打开瓶塞后,他把酒瓶举到嘴边,我紧盯着他直到喉咙,他点点头,表示对我满意,把瓶口放到唇边。我为自己逐渐开窍而欣喜若狂,一边狂呼乱叫,一边浑身上下乱挠一通。他高兴了,举起酒瓶喝了一口。我急不可待,甚至近似疯狂地想竭力效仿,忙乱中

在笼子里弄了自己一身尿臊,这一举动又使他快活地开怀大笑。随后他伸直拿着酒瓶的胳膊,又猛一下举了起来,用一种夸张的教训人的姿势向后一仰,一口气把酒喝了个精光。我被不可抑制的激情折腾得疲惫不堪,有气无力地斜靠在铁栅上再也无法学下去了。而他呢,摸摸肚皮笑了笑,从而结束了全套理论课程。

随后,实践开始了。我不是已经被理论调弄得精疲力竭了吗?是的,确实太累了,这也是命中注定的事。尽管如此,我还是尽我所能抓起了递到我眼前的酒瓶子,颤颤悠悠打开瓶塞,成功的喜悦又给我注入了新的力量。我举起酒瓶,和老师的动作几乎没有什么两样,把它放到嘴边,然后厌恶地、极其厌恶地把它扔到地上,尽管酒瓶是空的,只有一股酒气往上翻。这使我老师伤心,更使我自己难过之极,虽然我在扔掉酒瓶后还没有忘记用最优美的姿势笑着摸摸肚皮,但这也未能给师徒俩带来好心绪。

我的训练课往往就是这样宣告结束。我尊敬老师,他并不生我的气,只是有时他把点着了的烟斗塞进我够不着的皮毛某处,以至于那儿都起了烟火,随后他又用慈爱的大手把火压灭。他的确没有生气,因为他晓得,我们共同在为根除我的猿猴本性而不懈斗争,特别对我,更是任重道远。

有一天晚上,大概是什么节庆日,留声机里传来阵阵歌声,一个当官的在人群中来回踱着步子,我趁人没注意,抄起一只人们无意中放在铁笼子跟前的烧酒瓶子。这当儿,人们的目光已颇有兴趣地集中到我身上,我在众目之下老练地打开瓶塞,毫不犹豫地把酒瓶举到唇边,眉不皱、嘴不歪、瞪大眼珠、放开喉咙,活像一个喝酒老手,一股脑儿把一瓶酒喝了个底朝天。这一举动对于老师和我来说是一个多么了不起的胜利啊!紧接着,我就像个艺术家,而不再是绝望者把酒瓶一扔。这回我虽说忘了摸肚子,却干了件更漂亮的事情,由于力量的推动,意志的轰鸣,我竟用人的声音清脆而又准确地喊了一声"哈罗!"就是这声呼喊使我跃进了人类的行列,随之也招来了人类的回复,"听啊,他说话了!"我顿时感到,这回声像一个亲吻雾时传遍我大汗淋漓的身体。

我再重复一遍,模仿人类对我来说并无吸引力,我模仿他们的目的只是寻找一条出路而已。就说刚刚取得的胜利也并无太大进展,紧接着我人的嗓音又失灵了,几个月之后才恢复。我从此对烧酒的厌恶感越发强烈,然而,我的方向却从此确定。

当我在汉堡被送到第一个驯兽人手里的时候,我很快就意识到,有两种可能摆在我的面前:要么进动物园,要么进马戏团。我毫不迟疑地告诉自己,要全力以赴进马戏团,这就是出路。动物园只不过是一个新的铁笼子,一旦进入,便失去一切。

先生们,我在拼命地学啊!人只有在被迫的情况下,在想寻找出路的时候才玩命地学习。学习要不惜代价,要用鞭子督促自己,即使有些小的不到之处也要撕心裂肺。猿猴的天性滚动着离我而去,消失得无影无踪,而我的第一个老师自己却险些变成了猿猴,他不得不放下教鞭被送进一家精神病院,好在不久他就出院了。

可我累垮了很多老师,有几个甚至是同时被撂倒的。我对自己能力的自信心越来越强,公众目睹着我的进步,我的前途一片光明。这时我就自己聘请老师,把他们安排在五间相通的房间里,我穿梭于各个房间同时听他们讲课。

我的进步一发不可收拾!知识的光芒从四面八方照进我开化的大脑。我不否认我感到了幸福,我也敢说,我并没有把自己看得太高,当时没有,现在更不会有,我付出了世人所没有过的努力才使我获得了欧洲人具有的一般文化水平。这件事本身似乎不足挂齿，但又有些不同寻常，因为正是它帮助我走出铁笼，为我开辟了人生之路。德语有句俗语叫做"溜之大吉"，这俗话说得太精彩了，我恰恰是这么做的。在无法选择自由的情况下我没有其他的路可走。

回眸我走过的道路和迄今达到的目标时，我既无抱怨又无得意。双手插进裤子口袋里，桌子上放着葡萄酒，我半躺半坐在摇椅中目视窗外。来访者光临，我照章接待。我的代理人守在外屋的接待室里，我一按铃，他便进来听候吩咐。几乎每天晚上都是演出，我的成就简直可以说是达到了顶点。当我深更半夜从宴会、学术团体、或是愉快的聚会回到家里时，总有一只半驯化的小母猩猩在等着我，我又如猿猴一般在她身边获得舒心的快乐。白天我可不愿见她，因为从她眼睛里流露出一种半驯化野兽特有的不知所措的凶光，这只有我才看得出来，对此我无法忍受。

总的说来，我达到了我想要达到的目标。我所付出的努力不能说是不值得。此外，我不想叫人去作某种评判，我只想传播知识，我仅仅是作了个报告，对您们，尊贵的科学院的先生们也只能如此回复。

思考题

1. 本文在艺术上的特征是什么？
2. 本文是怎样用象征和寓言的手法表现真实而荒谬的世界的？

拓展文本

变形记(节选)

[奥地利] 卡夫卡

题解

《变形记》中的主人公格里高尔是个小人物。父亲破产,母亲生病,妹妹上学。沉重的家庭负担和父亲的债务,压得格里高尔喘不过气来。他拼命干活,目的是还清父债,改善家庭生活。在公司,他受老板的气,指望还清父债后辞职。可以说,对父母他是个孝子,对妹妹他是个好哥哥,对公司他是个好职员。变成甲虫,身体越来越差,他还为还清父债担忧,还眷恋家人,甚至为讨父亲欢心,自己艰难地乖乖爬回卧室。这样善良、忠厚而又富有责任感的人,最终被亲人抛弃。格里高尔的悲剧是令人心酸的,具有丰富的社会内涵!

小说用许多笔墨写了变形后格里高尔悲哀凄苦的内心世界,格里高尔虽然变成了甲虫,但他的心理始终保持着人的状态,他突然发现自己变成大甲虫时的惊慌、忧郁,他考虑家庭经济状况时的焦虑、自责,他遭亲人厌弃后的绝望、痛苦,无不展示了一个善良、忠厚、富有责任感的小人物渴望人的理解和接受的心理。只是这种愿望终于被彻底的绝望所代替,弥漫在人物心头的是无边的孤独、冷漠与悲凉。应该说,《变形记》的内在主线就是格里高尔变成甲虫后的心理情感流动的过程。

一天早晨,格里高尔·萨姆沙从不安的睡梦中醒来,发现自己躺在床上变成了一只巨大的甲虫。他仰卧着,那坚硬的像铁甲一般的背贴着床,他稍稍抬了抬头,便看见自己那穹顶似的棕色肚子分成了好多块弧形的硬片,被子在肚子尖上几乎待不住了,眼看就要完全滑落下来。比起偌大的身躯来,他那许多只腿真是细得可怜,都在他眼前无可奈何地舞动着。

"我出了什么事啦?"他想。这可不是梦。他的房间,一间略嫌小了些、地地道道的人住的房间静卧在四堵熟悉的墙壁之间。在摊放着衣料样品的桌子上方——萨姆沙是旅行推销员——挂着那幅画，这是他最近从一本画报上剪下来并装在了一只漂亮的镀金镜框里的。画上画的是一位戴皮帽子围毛皮围巾的贵妇人，她挺直身子坐着，把一只套没了她的整个前臂的厚重的皮手筒递给看画的人。

格里高尔接着又朝窗口望去，那阴暗的天气——人们听得见雨点敲打在窗格上铁皮上的声音——使他的心情变得十分忧郁。"还是再睡一会儿，把这一切晦气事统统忘掉吧。"他想，但是这件事却完全办不到，因为他习惯侧向右边睡，可是在目前这种状况下竟无法使自己摆出这个姿势来。不管他怎么使劲扑向右边，他总是又摆荡回复到仰卧姿势。他试了大约一百次，闭上眼睛，好不必看见那些拼命挣扎的腿，后来他开始在腰部感觉到一种还从未感受过的隐痛，这时他才不得不罢休。

"啊，天哪，"他想，"我挑上了一个多么累人的差使！长年累月到处奔波。在外面跑买卖比坐办公室做生意辛苦多了。再加上还有经常出门的那种烦恼，担心各次火车的倒换，不定时的、劣质的饮食，而萍水相逢的人也总是些泛泛之交，不可能有深厚的交情，永远不会变成知己朋友。让这一切都见鬼去吧！"他觉得肚子上有点痒痒，便仰卧着慢慢向床头挪近过去，好让自己头抬起来更容易些；他看清了发痒的地方，那儿布满了白色小斑点，他不明白这是怎么回事，想用一条腿去搔一搔，可是立刻又把腿缩了回来，因为这一碰引起他浑身一阵寒颤。

他又滑下来回复到原来的姿势。"这么早起床，"他想，"简直把人弄得痴痴呆呆的了。人必须要有足够的睡眠。别的推销员生活得像后宫里的贵妇。譬如每逢我上午回旅店领取已到达的订货单时，这帮老爷们才在吃早餐。我若是对老板来这一手，我立刻就会被解雇。不过话说回来，谁知道被解雇对我来说就不是一件很好的事呢。我若不是为了我父母亲的缘故而克制自己的话，我早就辞职不干了，我就会走到老板面前，把我的意见一古脑儿全告诉他。他非从斜面桌子上掉下来不可！坐在那张斜面桌子上并居高临下同职员说话，而由于他重听人家就不得不走到他跟前来，这也真可以说是一种奇特的工作方式了。嗯，希望还没有完全破灭；只要等我攒够了钱，还清了父母欠他的债——也许还要五六年吧——我就一定把这件事办了。那时候我就会时来运转了。不过眼下我必须起床，因为火车五点钟开。"

他看了看那边柜子上滴滴答答响着的闹钟。"天哪！"他想。六点半，指针正在悠悠然向前移动，甚至过了六点半了，都快六点三刻了。闹钟难道没有响过吗？从床上可以看到闹钟明明是拨到四点钟的；它一定已经闹过了。是闹过了，可是这可能吗，睡得那么安稳竟没听见这使家具受到震动的响声？嗯，安稳，他睡得可并不安稳，但是也许睡得更沉。可是现在他该怎么办？下一班车七点钟开，要搭这一班车他就得拼命赶，可是货样还没有包好，他自己则觉得精神甚是不佳。而且即使他赶上这班车，他也是免不了要受到老板的一顿训斥，因为公司听差曾等候他上那班五点钟开的火车并早已就他的误车作过汇报了。他是老板的一条走狗，没有骨气和理智。那么请病假如何呢？这可是令人极其难堪、极其可疑的，因为他工作五年了还从来没有病过。老板一定会带着医疗保险组织的医生来，会责备父母养了这么一个懒儿子并凭借着那位医生断然驳回一切抗辩，在这位医生看来他压根儿就是个完全健康却好吃懒惰的人。再说，在今天这种情况下医生的话就那么完全没有道理吗？除了有一种在长时间的睡眠之后确实是不必要的困倦之外，格里高尔觉得自己身体很健康，甚至有一种特别强烈的饥饿感。

他飞快地考虑着这一切，还是未能下定决心离开这张床——闹钟恰好打响六点三刻——这时有人小心翼翼敲他床头的房门。"格里高尔，"有人喊——是母亲在喊——"现在六点三刻。你不想出门了？"好和蔼的声音！格里高尔听到自己的回答声时大吃一惊，这分明是他从前的声音，但这个声音中却搀和着一种从下面发出来的、无法压制下去的痛苦的叽喳声，这叽喳声简直是只在最初一瞬间让那句话保持清晰可听，随后便彻底毁坏了那句话的余音，以至人们竟不知道，人们是否听真切了。格里高尔本想回答得详细些并把一切解释清楚，可是在这样的情形下他只得简单地说："是，是，谢谢母亲，我这就起床。"隔着木头门外面大概觉察不出格里高尔声音中的变化，因为一听到这句话母亲便放下心来，踢踢踏踏地走了。但是这场简短的谈话却使其余的家里人都注意到格里高尔令人失望地还在家里，而这时父亲则已经敲响了侧边的一扇门，敲得很轻，不过用的却是拳头。"格里高尔！格里高尔！"他喊，"你怎么啦？"过了一小会儿他又用更低沉的声音催促道："格里高尔！格里高尔！"而在另一扇侧门旁边妹妹却轻声责怪道："格里高尔？你不舒服吗？你需要什么东西吗？"格里高尔向两边同时回答说："我马上就好了。"并努力以小心翼翼的发音以及在各个词儿之间加上长长的休止来使他的声音失去一切异乎寻常的色彩。父亲也走回去吃他的早饭去了，妹妹却悄声说："格里高尔，开开门，我求你了。"可是他却根本不想去开门，而是暗自庆幸自己由于经常旅行而养成的这种小心翼翼的习惯，即使在家里他晚上也是要锁上门睡觉的。

首先他要静悄悄地、不受打扰地起床，穿衣并且最要紧的是吃早饭，然后才考虑下一步的行动，因为他分明觉察到，躺在床上他是不会考虑出什么名堂来的。他记得在床上曾经常感受过某种也许是由于睡姿不好而造成的轻微的疼痛，及至起床时才知道这种疼痛纯属子虚乌有，现在他急于想知道，他今天的幻觉将会怎样渐渐消逝。声音的变化无非是一种重感冒、一种推销员职业病的前兆而已，对此他没有丝毫的怀疑。

要掀掉被子很容易；他只需把身上稍稍一抬，它自己就掉下来了。可是下一个步就难了，特别是因为他的身子宽得出奇。他本来用胳臂和手就可以坐起来；可是他现在没有胳臂和手，却只有这众多的小腿，它们一刻不停地向四面八方挥动，而且他竟无法控制住它们。他想屈起其中的一条腿，这条腿总是先伸得笔直；他终于如愿以偿把这条腿屈起来了，这时所有其余的小腿便像散了架，痛苦不堪地乱颤乱动。"可别无所事事地待在床上。"格里高尔暗自思忖。

他想先让下身离床，可是他尚未见过、也想像不出是什么模样的这个下身却实在太笨重，挪动起来十分迟缓。当他最后几乎发了狂，用尽全力、不顾一切向前冲去时，他却选择错了方向，重重地撞在床腿的下端，一阵彻骨的痛楚使他明白，眼下他身上最敏感的部位也许恰好正是他的下身。

所以他便试图先让上身离床，小心翼翼地把头转向床沿。这也轻易地做到了，尽管他身宽体重，他的躯体却终于慢慢地跟着头部转动起来。可是等到他终于将头部悬在床沿外边时，他又害怕起来，不敢再以这样的方式继续向前移动，因为如果他终于让自己这样掉下去，他的脑袋不摔破那才叫怪呢。正是现在他千万不可以失去知觉；他还是待在床上吧。

但是,当他付出同样的辛劳后又气喘吁吁像先前那样这般躺着,并且又看到自己的细腿也许更厉害地在相互挣扎,想不出有什么办法可以平息这种乱颤乱动时,他又心想,他不能老是在床上待着,即便希望微乎其微,也要不惜一切代价使自己脱离这张床,这才是最明智的做法。可是他同时也没有忘记提醒自己,三思而后行比一味蛮干强得多。这当儿,他竭力凝神把目光投向那扇窗户,但是遗憾的是,甚至连这条狭街的对面也都裹在浓雾中,这一片晨雾实在难以让人产生信心和乐观的情绪。"已经七点钟了,"方才闹钟敲时,他暗自思忖,"已经七点钟了,可是雾一直还这么重。"他带着轻微的呼吸静静地躺了片刻,仿佛他也许期盼着这充分的寂静会使那种真实的、理所当然的境况回归似的。

但是随后他便心想:"七点一刻以前我无论如何也要完全离开这张床。到那时候公司里也会有人来询问我的情况的,因为公司七点前开门。"于是他开始设法完全有节奏地将自己的整个身子从床摆荡出去。倘若他以这样的方式让自己从床上掉下去,着地时他将尽量昂起脑袋,估计脑袋还不至于会受伤。后背似乎坚硬;跌在地毯上后背大概不会出什么事。他最担心的还是那必然会引起的巨大响声,这响声一定会在一扇扇门后即使不引起恐惧也会引起焦虑。可是这件事做起来得有点胆量。

当格里高尔已经半个身子探到床外的时候——这种新方法与其说是一种艰苦的劳动,还不如说是一种游戏,他永远只需要一阵一阵地摆荡——他忽然想起,如果有人来帮他一把,这一切将是何等的简单方便。两个身强力壮的人——他想到了他的父亲和那个使女——就足够了;他们只需把胳臂伸到他那拱起的背下,这么一托把他从床上托起来,托着这个重物弯下腰去,然后只需小心翼翼地耐心等待着他在地板上翻过身来,但愿细腿们一触到地便能发挥其作用。那么,姑且不管所有的门都是锁着的,他是否真的应该叫人来帮忙呢?尽管处境非常困难,想到这一层,他禁不住透出一丝微笑。

他已经到了使出更大的力气摆荡便几乎要保持不了平衡的地步,很快他就要不得不最终采取决定性的步骤了,因为再过五分钟便是七点一刻——正在这时候,寓所大门的门铃响了起来。"是公司里派什么人来了。"他暗自思忖,几乎惊呆了,而他的细腿们却一个劲儿舞动得更猛烈了。四周保持着片刻的寂静。"他们不开门。"格里高尔心里在想,怀抱着某种无谓的希望。但是随后使女自然就一如既往踏着坚定的步子到门口开门去了。格里高尔只需听见来访者的第一声招呼便立刻知道这是谁——是秘书主任亲自出马了。为什么只有格里高尔生就这个命,要给这样一家公司当差,只要有一点小小的差池,马上就会招来最大的怀疑?难道所有员工统统都是无赖,难道他们当中没有一个忠诚、顺从的人,这个人即便只是在早晨占用公司两三个小时就于心不安得滑稽可笑,简直都下不了床了?若是派个学徒来问问真的不顶事——假若压根儿有必要这么刨根问底问个不休的话——秘书主任就非得亲自出马,就非得由此而向无辜全家人表示,这件可疑的事情只能委托秘书主任这样的行家来调查吗?与其说是由于做出了一个正确的决断,还不如说是由于格里高尔想到这些事内心十分激动,他用尽全力一跃下了床。响起了一声响亮的撞击声,但并不是什么了不起的闹声。地毯把跌落的声音减弱了几分,后背也比他想像的更富有弹性,这声并不十分惊动人的闷响便是这么产生出来的。只有那脑袋他没有足够小心地将其翘起,撞在地板上了;他扭动脑袋,痛苦而愤懑地将它在地板上蹭了蹭。

"那里面有什么东西掉下来了。"秘书主任在左边邻室说。格里高尔试着设想,类似今天他身上发生的事会不会有朝一日也让秘书主任碰上;其实人们必须承认这种可能性是存在的。可是像对这个问题做出了粗暴的回答似的,现在秘书主任在隔壁房间里坚定地走了几步,让他那漆皮靴发出嘎吱嘎吱的响声。妹妹从右边的邻室里用耳语向格里高尔通报消息:"格里高尔,秘书主任来了。""我知道了。"格里高尔嘟哝道,但是他没敢将嗓门提高到足以让妹妹听见的程度。

"格里高尔,"这时父亲从左边邻室里说道,"秘书主任先生来了,他要知道为什么你没乘早班火车走。我们不知道我们该对他说什么。再者,他也想亲自和你谈谈。所以请你开开门吧。他度量大,对房间里的凌乱不会见怪的。""早上好,萨姆沙先生!"秘书主任和蔼地招呼道。"他身体不舒服,"母亲对秘书主任说,而父亲则还在门旁说:"他身体不舒服,您相信我吧,秘书先生。要不然格里高尔怎么会误了一班火车!这孩子脑袋瓜子里一心只想着公事。他晚上从来不出门,连我瞧着都快要生气了,现在他已经在城里待了八天了,可是每天晚上他都守在家里。他和我们一起坐在桌旁,默默读报或研究火车时刻表。如果他用钢丝锯干点活儿,这对他来说就已经是一种消遣了。譬如他就用两三个晚上雕刻了一只小镜框;您会感到惊讶,它雕刻得多漂亮;它就挂在这房间里;等格里高尔一开门,您马上就会看到它。您的光临真叫我高兴,秘书主任先生。光靠我们简直没法让他开门,他固执极了;他一定是身体不舒服了,尽管他早晨矢口否认。""我马上就来。"格里高尔慢条斯理地说,可是却寸步也没有移动,生怕漏听了交谈中的一句话。"太太,我也想不出有什么别的原因,"秘书主任说,"但愿不是什么了不起的病。可是话也得说回来,我们买卖人——你可以说是晦气也可以说是福气——出于生意经往往只好不把这种小毛小病当做一回事。""秘书主任先生现在可以进去看你了吗?"不耐烦的父亲又敲门问道。"不行。"格里高尔说。左边邻室里顿时出现一片令人难堪的寂静,右边邻室里妹妹开始啜泣起来了。

 思考题

1. 格里高尔变成甲虫后心理有何变化?
2. 《变形记》与《致某科学院的报告》都是描写异化现象的,二者有何异同?

精读文本

第一次的亲密接触(节选)

蔡智恒

> **题 解**
>
> 蔡智恒(1969—),网名痞子蔡,台湾著名网络小说作家,台湾成功大学水利工程博士。1998年写下了《第一次的亲密接触》,造成全球华文地区的痞子蔡热潮。代表作品有《第一次的亲密接触》、《7-ELEVEN之恋》、《雨衣》、《爱尔兰咖啡》、《槲寄生》、《夜玫瑰》等。痞子蔡1998年至2003年的作品中所反映出的内容与精神,代表了早期网络文学的发展方向,预言了网络文学的后续发展情况。
>
> 1998年,网络在亚洲开始的普及,对于许多人来说算是新生产物,《第一次的亲密接触》被认为是中文网络文学的一座里程碑,它也使网络文学开始为人关注。书中痞子蔡悼亡似地诉说了一个凄迷的爱情故事,美丽的女孩最后死于绝症,她的名字很浪漫,叫"轻舞飞扬"。两人的爱情虽有"痞子"的调侃,但故事中的爱情却是异样的纯洁,纯洁就是网络文学的最开端。痞子蔡与轻舞飞扬已成为网络史上最发烧的网络情人。
>
> 痞子蔡笔下的爱情,永远都是纯美的,虽然随着网络的发展和时代的发展,其作品中的故事开始逐渐进行了贴近于现实的改变,但是故事中依旧是那些唯美干净的纯洁爱情。

PLAN

跟她是在网路上认识的。
怎么开始的?我也记不清楚了,好像是因为我的一个plan吧!
那个plan是这么写的:

"如果我有一千万,我就能买一栋房子。
我有一千万吗? 没有。
所以我仍然没有房子。

如果我有翅膀,我就能飞。
我有翅膀吗? 没有。
所以我也没办法飞。

如果把整个太平洋的水倒出,也浇不熄我对你爱情的火焰。
整个太平洋的水全部倒得出吗? 不行。
所以我并不爱你。"

其实这只是我的职业病而已。
我是研究生,为了要撰写数值程式,
脑子里总充满了各种逻辑。
当假设状况并不成立时,所得到的结论,便是狗屁。
就像去讨论太监比较容易生男或生女的问题一样,
都是没有意义的。
在 plan 里写这些不着边际阿里不达的东西,
足证我是个极度枯燥乏味的人,
事实上也是如此。
所以没有把到任何美眉,以致枕畔犹虚,倒也在情理之中。

而她,真是个例外。她竟 mail 告诉我,我是个很有趣的人。
有趣? 这种形容词怎么可能用在我身上?
就像用诚实来形容李登辉一样,都会让人笑掉大牙。
我想她如果不是智商很低,就是脑筋有问题。
看她的昵称,却又不像,她叫"轻舞飞扬",
倒是个满诗意的名字。不过网路上的昵称总是虚虚实实,
虚者实之,实者虚之,做不得准。
换言之,恐龙绝不会说她是恐龙,更不会说她住在侏罗纪公园里,
她总是会想尽办法去引诱你以及误导你。
而优美的昵称,就是恐龙猎食像我这种纯情少男的最佳武器。

说到恐龙,又勾起了我的惨痛记忆。
我见过几个网友,结果是一只比一只凶恶,每次都落荒而逃。
我想我大概可以加入斯蒂芬·斯皮尔博格的制作班底,
去帮他做电影特效了。室友阿泰的经验和我一样,

如果以我和他所见到的恐龙为 X 坐标轴，
以受惊吓的程度为 Y 坐标轴，可以经由回归分析而得出一条线性方程式，然后再对 X 取偏微分，对 Y 取不定积分，
就可得到"网路无美女"的定律。
因此，理论上而言，网路上充斥着各种恐龙，
所不同的只是到底她是肉食性还是草食性而已。

to be continued——

要介绍"轻舞飞扬"之前，得先提一提阿泰。
打从大学时代起，阿泰就是我的哥儿们，
不过我们的个性却是天南地北。
他长得又高又帅，最重要的是，他有一张又甜又油的嘴巴，
我很怀疑有任何的雌性动物能不淹没在他那
滔滔不绝的口水之中。
我喜欢叫他"Lady Killer"，而且他还是职业的。
惨死在他手下的女孩，可谓不计其数，受害者遍及台湾全岛。
他在情场上百战百胜，但绝不收容战俘，
他说他已经达到情场上的最高境界，
即"万花丛中过，片叶不沾身"。
据说这比徐志摩的"挥一挥衣袖，不带走一片云彩"，还要高级。
徐志摩还得挥一挥衣袖来甩掉黏上手的女孩子，
阿泰则连衣袖都没有了。

阿泰总是说我太老实了，是情场上的炮灰。
这也难怪，我既不高又不帅，鼻子上骑着一支高度近视眼镜，
使我的眼睛看起来眯成一条线。
记得有一次上流体力学课时，老师还突然把我叫起来，
因为他怀疑我在睡觉，而那时我正在专心听讲。
可能八字也有关系吧！从小到大，围绕在我身旁的，
不是像女人的男人，就是像男人的女人。
阿泰常说，男人有四种类型：
第一种叫"不劳而获"型，即不用去追女孩子，自然会被倒贴；
第二种叫"轻而易举"型，虽然得追女孩子，
但总能轻易虏获芳心；第三种叫"刻苦耐劳"型，
必须绞尽脑汁，用尽三十六计，才会有战利品；
而我是属于第四种叫"自求多福"型，
只能期待碰到眼睛被牛屎勾到的女孩子。

阿泰其实是很够朋友的，常常会将一些女孩子过户给我，
只可惜我太不争气，总是近"香"情怯。
不过这也不能怪我，只因为我多读了几本圣贤书，
懂得礼义廉耻，而讲究礼义廉耻通常是追求女孩子的兵家大忌。
举例来说，我跟一个不算瘦的女孩去喝咖啡，
我好心请她再叫些点心，她却说她怕会变胖，
那我就会说"你已经来不及了"。
去年跟一个女孩子出去吃饭，她自夸朋友们都说她是
"天使般的脸孔，魔鬼般的身材"，
我很正经地告诉她："你朋友说反了。"
幸好那时我们是吃快餐，
我只是被飞来的筷子击中胸前的膻中穴而已；
如果是吃牛排，我想大概会出人命了。
　　　　　　　　　　　　to be continued——

经过了那次死里逃生的经验，我开始领教到恐龙的凶残。
后来阿泰想出了一个逃生守则，
即日后跟任何女性网友单独见面时，要带个 call 机。
我们会互相支援，让 call 机适时响起，
若碰到肉食性恐龙，就说"宿舍失火了"；
若是草食性恐龙，则说"宿舍被偷了"。
于是阿泰的房间发生了四次火警，六次被盗；
我比较幸运，只被偷过五次。

所以在见到"轻舞飞扬"之前，
我的心脏其实已经被锻炼得很坚强，
即使再碰到恐龙，我的心跳仍能维持每分钟 72 下。
阿泰曾经提醒我，她如果不是长头发，就会是花痴，
因为女孩子在跳舞时只有两个地方会飞扬：头发和裙子。
头发飞扬当然很美；
但若裙子飞扬，则表示她有相当程度的性暗示。
不过我一直认为她与众不同，当然我的意思不是指她特别大。
书上说天蝎座的人都会有很敏锐的直觉，
因此我很相信自己的第六感。
至于阿泰，他虽然能够一眼看出女孩子的胸围，
并判断出到底是 A 罩杯还是 B 罩杯；
或在数天内让女孩子在床上躺平，
但他却未必能真正地了解一个女孩子。

阿泰常引述莎士比亚的名言:"女人是被爱的,不是被了解的",
来证明了解女人不是笑傲情场的条件。
事实上,这句话真的有道理。
记得我以前曾经一男四女住过,真是苦不堪言。
生活上的一切细节,都得帮她们打点,
因为女生只知道风花雪月,未必知道柴米油盐。
为了保护她们的贞操,我每天还得晚点名,
我若有不轨的举动,别人会笑我监守自盗;
我若守之以礼,别人就叫我柳下惠,
或者递给我一张泌尿科医师的名片。
夏天晚上她们洗完澡后,我都得天人交战一番,
可谓看得到吃不到。
跟她们住了两年,我只领悟到一个道理,
即是再怎么纯洁可爱温柔天真大方端庄小鸟依人的女孩子,
她们卷起裤管数腿毛的姿势都一样。
而且她们都同样会叫我从厕所的门缝下面塞卫生纸进去。
to be continued——

轻舞飞扬

该让"轻舞飞扬"出场了。
自从她头壳坏掉 mail 给我并说我很有趣后,
我就常希望能在线上碰到她。
不过很可惜,我们总是擦身而过,所以我也只能回 mail 告诉她,
为了证明她有先见之明,我会努力训练自己成为一个有趣的人。
因此我寄 mail 给她,她回 mail 给我,
我又回她回给我的 mail,她再回我回她回给我的 mail,
于是应了那句俗话:"冤冤相报何时了"。
虽然说冤家宜解不宜结,不过我和她的冤仇却是愈结愈深。
其实最让我对她感到兴趣的,也是她的 plan:

"我轻轻地舞着,在拥挤的人群之中。
你投射过来异样的眼神。
诧异也好,欣赏也罢。
并不曾使我的舞步凌乱。
因为令我飞扬的,不是你注视的目光。
而是我年轻的心。"

我实在无法将这样的女子与恐龙联想在一起。
但如果她真是恐龙,我倒宁愿让这只恐龙饱餐一顿,
正所谓恐龙嘴下死,做鬼也风流。

阿泰好像看出了我的异样,不断地劝我,网路的感情玩玩就好,
千万别当真,毕竟虚幻的东西是见不得阳光的。
就让上帝的归上帝,恺撒的归恺撒;
网上的归网上,现实的归现实。
因为躲在任何一个英文ID背后的人,
先别论个性好坏或外表美丑,
连是男是女都不知道,如此又能产生什么狗屁爱情?

这不能怪阿泰的薄情与偏激,
自从他在20岁那年被他的女友fire后,他便开始游戏花丛。
俗话说:"一朝被蛇咬,十年怕井绳。"
他被蛇咬了以后,却从此学会了剥蛇皮,并喜欢吃蛇肉羹。
而且他遇见的女性网友,倒也不乏一些只寻找短暂刺激之辈,
有时第一次见面就会问他:"君欲上床乎?"
因为子曰:"美女难找,有身材就好",所以除了恐龙外,
他通常会回答:"但凭卿之所好,小生岂敢推辞?"
然后她们会问:"Your place or my place?"
他则爽快地说:"要杀要剐,悉听尊便。
重点是跟谁做,而不是在哪做。"
阿泰真狠,连这样也要之乎者也一番,更狠的是,
他通常带她们回到家里,而把我赶出去流落街头。

在一个苦思方程式的深夜里,
研究室外的那只野猫又发出断断续续的叫春声,
三长一短,表示大约是三点一刻。
上网来晃一晃,通常这时候网上的人最少,
而且以无聊和性饥渴的人居多,若能碰上一两个变态的女孩,
望梅止渴一番,倒也是件趣事。
阿泰说女孩子的心防愈到深夜愈松懈,
愈容易让你轻松挥出安打。

安打?是这样的,我们常以棒球比赛来形容跟女孩间的进展。
一垒表示牵手搭肩;二垒表示亲吻拥抱;三垒则是爱抚触摸;

本垒就是已经※&@☆了
（基于网路青少年性侵害防治法规定，
此段文字必须以马赛克处理）。
阿泰当然是那种常常击出全垒打的人，
而我则是有名的被三击出局王，
到现在还不知道一垒垒包是方还是扁。
如果是被时速 140 公里以上的快速球三击出局那也就罢了，
我竟然连 120 公里的慢速直球也会挥棒落空，真是死不瞑目。

to be continued——

PC 刚好在此时传出了当当的声响，太好了！鱼儿上钩了。
不知道是哪个痴情怨女从一大堆饥渴的雄性野兽中，
没有天理地选择了我为送 Message 的对象，
我也不知不觉地流下了欣慰的口水。

按照惯例，先双手合十虔诚地向上帝祈祷，
求他赐给我一个寂寞难耐的绝色美女。
然后用没擦过屁股的左手按了下键盘，出现的是：
"痞子…这么晚了还没睡？…"
哇噢……不会吧!? 竟然是"轻舞飞扬"！
这个不知是头发飞扬还是裙子飞扬的女孩。

我赶紧将快滴下的口水吸住，做了几下深呼吸。
阿泰此时不知道又在哪个无知少女的床上，
这么重要的关头，只有我在孤军奋战。
早知如此，今晚就叫他吃素，别杀生了。
怎么办？凭我三脚猫的幽默感和略显痴呆的谈吐，
怎么能吸引她呢？

"痞子…我心情不好睡不着…你也是吗？…"
horse's！都怪阿泰不好，干吗没事叫我取什么"痞子蔡"的昵称，
还说什么这样叫做"置之死地而后生"，
反而会达到吸引纯情少女的反效果。
我以前的昵称，诸如："爱你一万年"、"深情的 Jack"、
"浪漫是我的绰号"、"敢笑杨过不痴情"、
"你若不想活我也陪你死"…不也性格得一塌糊涂？
如今竟让她叫我痞子，真是情何以堪啊！
"我心情也不好…让我们负负得正吧！…"

好不容易挤出了这么一句,却也已冒出了一身冷汗。
其实我心情也不见得不好,只是顺着她的话头讲,
不要刚开始聊天就做出忤逆的事。
而且如果她待会问我为何心情也不好时,
我就可以回答:"你心情不好,我的心情又怎么好得起来?"
虽然有点狗腿,不过阿泰常说:"狗腿为谈恋爱之本。"
而且女孩子是种非常奇怪的动物,
她相信她的耳朵远超过相信她的眼睛,
所以与其做十件体贴的事让她欣慰,
倒不如说一句好听的话让她感动。

"好啊!…可是你还没向我问好哪…"
该死!竟然紧张到连做人的基本礼貌都忘了,
亏我还号称为系上的品行教科书以及道德状元郎。
如果让学妹们知道这件事,岂不让她们少了一个暗恋的对象?
我真是无颜见江东姐妹了。

"长发飘扬的女孩…你也好…"
我心里一直希望她飞扬的是头发,而不是裙子。
所以自然而然的,就觉得她该有一头长发。
上帝保佑,千万别让我猜错。
"咦?…你怎么知道我留长发?…"
Bingo!竟然被我悟到,太好了,可以证明她不是花痴了。
这次第,怎一个爽字了得!

"我不仅知道你留长发…我还知道你不常穿裙子…"
要赌,当然就赌大一点,要是再让我悟到,天下就准备太平了。

"哇…不会吧…连本姑娘不喜欢穿裙子你也知道?…"
老天啊!何苦如此厚待我?我只不过比别人多一份老实,
比别人多一份诚恳,用不着如此奖励我吧!?

"我只是觉得你一定有双美腿…
所以不应让裙子遮住你的曲线…"
阿泰的特训果然有用,
他说男人一定要学会甜言蜜语,而当男人讲甜言蜜语时,
最大的敌人不是女人的耳朵,而是男人的胃。
如果当我讲出任何阿谀奉承谄媚巴结的恶心言语

而不让我的胃觉得抽筋时,我就可以出师了。
如今,我终于学成归国了。

"呵…:)…"
这是网上女孩的特权,当她不知道该如何回答你时,
就会用"呵"或笑脸符号":)"来打混过去。
这真的是高招,不仅不露痕迹地接受了你的赞美,
还一副事不关己的样子。

"心情好点了吗…美丽的轻舞飞扬小姐…"
虽然我很好奇她到底为何心情不好?但绝不能直接问她。
因为当女孩心情不好时,情绪是很不稳定的,
单刀直入的问法会让她觉得烦躁火大。
万一她刚被 fire,或是刚告别处女,或是刚踏到狗屎,
我一定会被她骂得满头包。所以,换个方式问,
比较合乎孙子兵法的"迂回进击"和"诱敌深入"。
而且看在我说她美丽的份上,
所谓"不看僧面看佛面",她也不至于当场翻脸吧!?

"嗯…好多了…可爱的痞子先生…:)"
可爱?这种形容词虽不满意,但还可以接受,
不过痞子再怎么可爱也还是痞子。
明天得再想个优雅一点的昵称了。

"知道你心情变好…我的心情也跟着好转…
你说奇怪不奇怪?…"
刚才埋设的伏笔,现在可以派上用场了。
而且明明是拍女孩的马屁,却装作一副无辜的样子,
正所谓"拍而示之以不拍",
也是独孤九剑中"无招胜有招"的真谛。

"呵…痞子…我该睡了…明早十点上站…陪我吗?"
由她的反应看来,刚才拍的那个马屁,
无论是力道与施力点,都是恰到好处。
跟阿泰在一起这么久,日子倒也没有白过?

"赴汤蹈火尚且不辞…何况陪你聊天乎?…"
天啊!我怎么会突然冒出一句这么有深度的话呢?

这句话大概可以列入网络年度十大佳句了。
我想唐伯虎复生,也不过如此吧!?
虽说我是受到阿泰的熏陶,但我已经青出于蓝而胜于蓝了。
更难得的是,我说这句话时,敲键盘的手竟然一点也不会发抖,
看来我的确有在情场中打滚的天分。
我深深地被自己的天赋异禀所感动。

":)…那么明早见了…晚安…痞子…"

"小小不然…应是今早见…晚安 you too…"

下了网,忍不住想学电视里的广告大叫:"我出运了,我出运了"。
看来这次打击,有希望能敲出一只安打。
而研究室的窗外,那只野猫的叫春声又更响了……
　　　　　　　　　　　　　　　to be continued——

 思考题

1. 结合《第一次的亲密接触》,谈谈如何看待网络中的爱情。
2. 谈谈你对网络文学的看法。

拓展文本

网络文体选编

题解

网络与写作结合，催生出一种新的写作形式：网络写作。它体现出写作与互联网技术的先天"血缘关系"，与传统写作形成理论上的对比和实践上的互补。计算机写作与网络写作的兴起，正改变着写作的生态环境和生存状态，由此，新的网络文体产生了。

"网络文体"作为一个严格意义上的文体概念并不是很成熟，但这种文体现象确实存在，如何客观地认识和把握它，对于科学地规范和界定其概念有着重要意义。对网络文体我们应该有以下两点认识。

第一，网络文体是指以网络为载体的、以网络技术支持实现其功能的、在网上传播与交流的一种文体。

第二，就总体而言，它还是一种新生的、发展不很成熟的文体现象，是一种还在不断扩展的文体，随着时间的推移，还会有新的网络文体出现。

在网络、手机等媒体的促成下产生了网络文体，同时弱化了文体意识，使其成为"泛文体"，进而甚至模糊了写作的界限，赋予了网络文体信息化、超文本化、超媒体化、去中心化等特征。然而网络文体本身仍处在发展中，其特征目前尚不能定型，更不能绝对化。

随着网络参与者群体日益扩大，更多的网络文体被创造出来，并越来越贴近人们的生活实际，成为人们一种新的交际和生存方式。

以下选编了一些较为流行的网络文体，以此期待对网络文学现象起到窥其一斑的作用。

蜜 糖 体

蜜糖体是 2009 年网上最新流行的文体。被网友称为甜到腻、腻到呕。蜜糖体起源于天涯社区网友"爱步小蜜糖",她 2009 年 2 月 15 日在天涯注册 ID,却因为嗲到不能再嗲、腻到不能再腻的说话方式和语言词汇,仅凭几个回帖就在三天内迅速走红,创下了天涯成名最快的纪录。

蜜糖体迅速带动了社会一大串粉丝跟着使用。网友们总结蜜糖体的特点,即无论称呼别人还是自己一定用叠字昵称,叫妈妈 mammy,叫爸爸 daddy,"5555```"(呜呜呜)挂嘴边,"O(∩_∩)O"表情不能少,把"是"说成"素","可是"说成"可素","这样子"说成"酱紫","非常"说成"灰常","的"和"地"都用"滴"代替……

例:

(1) 555```糖糖也好想要一个 LV 滴包包啊```糖糖滴 mammy 用滴就素 LV```而且有好多```好多个哦```糖糖滴 daddy 说```等糖糖考上大学了```一定会买个 LV 滴包包送给糖糖哦```好期待呀```嘻嘻```O(∩_∩)O~

(2) 糖糖也素粉稀饭```粉稀饭小叮当滴哦```偶滴猪猪也粉稀饭滴哦```伦家最稀饭小叮当滴肚子啦```里面有灰常``灰常多滴宝贝哦~伦家经常想```要是真滴有一个小叮当陪偶就粉好粉好了哦```   嘻嘻```O(∩_∩)O~

红 楼 体

北京电视台为重拍《红楼梦》而举办的《红楼梦中人》选秀节目的选手闵春晓的博文风格令读者捧腹,在网上迅速兴起一股模仿之风,红楼体自此而来,被网友们一致称作"对《红楼梦》文风的拙劣模仿"。它的特点就是文中大量出现"这会子"、"那些人儿"此类今时今日读来似乎有点不合时宜的语句。红楼体教程非常简单:把自己想象成一个清朝才女就对了。

例:

(1) 直到有一天,当我回到寝室,发现录音机里,我最爱的《红楼梦》磁带被人洗去了几段……伤心惶惑间,一个要好些的女孩儿悄悄告诉我:"人家这会子都听李玟、张惠妹,独你这样不入流,总听这些悲悲切切的音乐……扰了大家的兴致……往后还是改了吧,到底还是合群些的好……"

(2) 姐妹们好兴致,我不过去了一会子,这楼就盖这么高了,还开坛作起诗来了!我也不懂什么湿唎干的,勉强胡诌了一首。到底是不好,只是我原也没什么诗才,在诗社里,给姐妹们磨个墨点个香倒还使得。因此胡乱对付了几句,不过大家一起乐和乐和,笑一会子罢了。

知 音 体

知音体名称来源于知名杂志《知音》,体裁本身则来自天涯社区论坛,最擅长用煽情的标题来吸引读者。2007年8月,天涯社区某网友发帖称:请大家用无敌、优雅、冷艳的"知音体标题"来给熟悉的童话、寓言、故事等重新命名,随后网友们踊跃跟帖,无数名著名篇的标题被网友们恶搞。

知音体要点:标题华丽,情绪哀怨。知音体标题拥有四大武器:标题功能上,力显"点睛"式的入目效果;修辞艺术上,力求多变的激扬文字特色;练达文字上,力呈鲜明的诗化语言风格;标题新意上,力辟强烈的视觉冲击力。

例:

1. 童话篇

《小红帽》——聪慧儿童严守家门,凶残犯人伪装其母声欲进屋惨被识破

《皇帝的新衣》——国家元首,真空上阵挑战性感底线为哪般

《白雪公主》——苦命的妹子啊,七个义薄云天的哥哥为你撑起小小的一片天

《卖火柴的小女孩》——狠心母亲虐待火柴幻想症少女,祖母不忍勾其魂入天国

2. 动画篇

《蜡笔小新》——早熟正太一只大象闯天下,美女姐姐见之绝倒为哪般

《大头儿子小头爸爸》——畸形两父子诠释人间真爱

3. 文学篇

《封神演义》——为前妻登上神仙宝座,八旬教授不畏牛鬼蛇神

《呼啸山庄》——生生世世的纠缠爱恋——我和我表兄那不得不说的故事

《唐伯虎点秋香》——我那爱人打工妹哟,博士后为你隐姓埋名化身农民工

4. 电影篇

《泰坦尼克号》——冰冷的大西洋!带走我的爱人,一个富婆与穷画家的旷世畸恋

《功夫熊猫》——发愤图强的黑白少年哟,江湖上总会有你的一席之地!

5. 传说篇

《孟姜女哭长城》——贫贱女怒斥攀比盖楼风,为农民工丈夫讨回尊严

《三个和尚没水吃》——天灾还是人祸,断背寺众僧大旱之年竟起内乱

《嫦娥奔月》——铸成大错的逃亡爱妻啊,射击冠军的丈夫等你悔悟归来

咆 哮 体

咆哮体一般出现在回帖或者QQ、MSN等网络聊天对话中。使用者激动的时候会觉得一个感叹号不能表达自己的情感,而打出很多感叹号。有些人回复的时候也会用来凑字数。咆哮体没有固定的格式或内容,就是带许多感叹号的字、词或者句子。这种看上去带有很强烈感情色彩的咆哮体引来了粉丝的追捧。很多咆哮体的粉丝还很注意感叹号的排序,适当的排序可以使咆哮体显得美观,而又能表达自己的情感。

咆哮体一般是用来自嘲,诉说自己的遭遇和感受,让人看了之后忍不住哈哈大笑。网友分析说:其实使用咆哮体自嘲是一种乐观的表现。咆哮体可用于任何主题的讨论,而现实生活中,这些常用咆哮体的人,其实离咆哮这种状态非常遥远。

例:

(1) 77元廉租房有木有啊,有木有!!!!

(2) 巴菲特说,在华尔街证券交易所卖汉堡,一天挣的钱比你在新泽西州干一年要多啊,有木有呀有木有!!!

(3) 你们有没有见过一千块啊!!!!!!!!!

很厚的一打子!!!!!!!!!!! 红红的!!!!!!!!

数起来唰唰响!!!!!! 很过瘾的!!!!!!!!!!

一千块!!!!!!!

是我大学一个月的生活费!!!!!!!!

是穷人家一个月的口粮钱!!!!!!!!

能让一个班的山区小盆友上得起学!!!!!!!!

能让一个村的非洲小盆友吃得饱饭!!!!!!!!

淘 宝 体

淘宝体最初见于淘宝网卖家对商品的描述,是说话的一种方式,后因其亲切、可爱的方式逐渐在网上走红。

常见字眼:"亲……哦……"

例:

(1) 亲!!!

熬夜不好哦!!!

包邮哦!!!

不抹零哦!!

送小礼品哦!!

(2) 2011年7月南京理工大学向被录取学生发送淘宝体录取短信:

"亲,祝贺你哦!你被我们学校录取了哦!亲,9月2号报到哦!录取通知书明天'发货'哦!亲,全5分哦!给好评哦!"

(3) 警方用淘宝体发布通缉令:

①山东烟台警方:"各位在逃的兄弟姐妹,亲!立冬了,天冷了,回家吧,今年过年早,主动投案有政策,私信过来吧。"

②上海徐汇警方:"亲,被通缉的逃犯们,徐汇公安'清网行动'大优惠开始啦!亲,现在拨打24小时客服热线021-64860697或110,就可预订'包运输、包食宿、包就医'优惠套餐,在徐汇自首还可获赠夏季冰饮、编号制服……"

蓝 精 灵 体

20世纪80年代动画片《蓝精灵》被改编成3D电影,其主题曲歌词被改编,使许多人产生了怀旧、自嘲、调侃之意,以至于各行各业的网友们将其改编成了调侃专用体,出现了蓝精灵体。蓝精灵体诙谐而不乏机智,抱怨而不失幽默。

例：

1. 教师版

在那城的这边墙的里边有一群傻园丁,他们苦闷又勤奋,他们每天都早起,他们每天认真讲课在那敞亮的教室里,他们无私奉献工资一点点。哦,可爱的傻园丁,哦,无私的傻园丁,他们教育学生应付家长斗败了教育局,他们批改作业备课到天明。

2. 医生版

在那山的那边海的那边有一群白精灵,他们苦逼又聪明,他们手术到天明,他们没有休假生活在那白色的病房里,他们善良勇敢相互关心。哦,可爱的白精灵,哦,可爱的白精灵,他们治疗毛病应付家属斗败了医务处,他们上班值班吃力又伤心。

3. 女球迷版

在那山的那边海的那边有一群女球迷,她们不买化妆品,她们攒钱买球衣,她们自由自在又宅又腐还爱看搅基,她们熬夜看球生活多苦逼！哦,黑眼圈下不去,哦,头发也欠打理,她们勇敢美丽不怕被说成一个伪球迷,她们抱着硬盘就是个小天地！

梨 花 体

梨花体谐音"丽华体",因女诗人赵丽华名字谐音而来,因其有些作品形式相对另类,引发争议,又被有些网友戏称为"口水诗"。赵丽华,中国作家协会会员,国家一级作家,曾担任第二届鲁迅文学奖诗歌奖评委,兼任《诗选刊》社编辑部主任。现在,赵丽华的诗歌风格和仿制她诗歌风格的诗歌,被人们称为梨花体。写作要点：一定要大白话,而且是大白的废话,就是会讲话的人在自己的话里随意加上几个标点符号；其次,一定要善于使用回车键。

例：

1.《一个人来到田纳西》

毫无疑问

我做的馅饼

是全天下

最好吃的

2.《我坚决不能容忍》

我坚决不能容忍

那些

在公共场所

的卫生间

大便后

不冲刷

便池

的人

见与不见体

电影《非诚勿扰2》中一首诗《见与不见》不仅火了电影,而且火了这种诗体:"你见,或者不见我,我就在那里,不悲不喜;你念,或者不念我,情就在那里,不来不去;你爱,或者不爱我,爱就在那里,不增不减;你跟,或者不跟我,我的手就在你手里,不舍不弃;来我的怀里,或者,让我住进你的心里。默然,相爱;寂静,欢喜。"于是引发网友纷纷仿写,题材各异,版本繁多。

例:

1. 堵车版

你开,或者不开车,路就堵在那里,不走不动;你买,或者不买车,油价就在那里,只增不减;你上,或者不上高速,收费站就在那里,不给不开;出门挤高峰,或者,让高峰来挤你。淡定,憋尿;焦躁,淅沥。

2. 考试版

你学,或者不学习,考试就在那里,不早不晚;你愿,或者不愿意,分数就在那里,不多不少;你挂,或者不挂科,命运就在那里,不悲不喜。上我的自习,或者,让题住进我脑袋里。默然,复习;寂静,背题。

琼 瑶 体

琼瑶体,又名奶奶体,起源于言情小说家琼瑶的文章以及琼瑶剧的对白,通常都给观众肉麻至极不能忍受之感。网友将琼瑶体的特点总结为:琼瑶体的语言绝对删简就繁,宁滥毋缺,能绕三道弯的决不只绕两道半,能用复句结构的决不用单一结构,能用反问句的决不用陈述句,能用排比句的决不用单句,能哭着说喊着说的决不好好说。

例:

男:"你无情你残酷你无理取闹!"

女:"那你就不无情不残酷不无理取闹?"

男:"我哪里无情哪里残酷哪里无理取闹?"

女:"你哪里不无情哪里不残酷哪里不无理取闹?"

男:"我就算再怎么无情再怎么残酷再怎么无理取闹,也不会比你更无情更残酷更无理取闹!"……(无限循环)

 思考题

1. 除了文中选编的网络文体外,你还知道哪些?
2. 面对众多的网络文体,有人认为是一种创新,有人认为是对传统语言规范的亵渎,你怎么看待这一现象?

第十五单元

知识·能力(四)

外国文学简史

 知识库

外国文学的知识范畴通常包括除中国文学之外的全部外国文学现象及规律，主要分为西方文学（欧美文学）和东方文学（亚非文学）两大部分。

从公元前4000年世界上出现最早的"苏美尔—阿卡德"文学开始至今，漫长的外国文学发展史上作家灿若群星，作品浩如烟海，文学流派异彩纷呈。大致可分为上古文学、中古文学、近代文学和现当代文学四个阶段。上古外国文学是民族社会末期和奴隶社会时期的文学；中古文学是封建社会的文学；近代文学主要是资本主义时期的文学。亚非地区由于受西方资本主义国家的殖民侵略，文学也受到严重摧残，因此，近代文学的繁荣发展主要表现在欧洲各国。20世纪，欧美文坛上的思潮流派变得空前纷繁复杂，出现了多元化的局面。这一时期，传统的现实主义文学在新的历史条件下有了新的发展，无产阶级文学异军突起，形形色色的现代主义文学流派不断涌现，由一个流派主导文坛，不同流派渐次交替的情况终止。在20世纪，不同的思想倾向、不同的创作方法、不同的文学流派此起彼伏，竞相角逐，又互相渗透，互相影响，使这一时期的文学呈现了异常复杂的格局。

一、欧美文学

古希腊、古罗马文学是欧洲文学的起源。作为欧洲文学史上的第一块基石，古希腊古罗马文学对欧洲各国及世界文学艺术的发展产生了深远的影响。当时文学的主要样式是神话传说、英雄史诗和戏剧。古希腊神话是原始初民的自由意识、自我意识和原始欲望的象征性表述。在古希腊神话中，神和人有着同形同性的特点，他们同凡人不同的地方，就在于长生不老,比人的力量大,具有征服自然的战斗精神和乐观主义情感。英雄史诗《荷马史诗》(包括《伊利亚特》和《奥德赛》)反映了从氏族社会过渡到奴隶社会时的希腊生活和斗争,代表着古希腊英雄时代的最高成就并在西方古典文学中占有很高的地位,被视为欧洲叙事诗的典范。相传是公元前9世纪至公元前8世纪由一个名叫荷马的盲诗人根据在小亚细亚口头流传的史诗短歌综合编成的。《伊利亚特》是关于特洛亚战争的一首诗,反映了以战争为中心的"荷马时代"的社会生活。史诗歌颂英雄行为,格调悲壮,具有阳刚之美。《奥德赛》描写希腊英雄俄底修斯在特洛亚战争后还乡时的海上经历和家庭生活,突出海上冒险行为,反映了人与大自然的斗争以及奴隶制逐渐形成时期的权力斗争和社会生活,歌颂了勇于进取的精神品格,格调平静,具有阴柔之美。

在欧洲,中古文学又称中世纪文学,它的历史上下限是从5世纪到14世纪。这一时期,基督教文化成为主导精神力量,形成教会文学的一时之盛。各日耳曼民族和斯拉夫民族的古代英雄史诗成为这一时期最重要的文学成就。随着封建制度的确立和城市的兴起,这一时期出现了反映骑士阶层和市民阶层生活与情感的骑士文学和市民文学。在中世纪后期,文坛上产生了一位具有划时代意义的巨匠——意大利诗人但丁,恩格斯称其为"中世纪的最后一位诗人,同时又是新时代的最初一位诗人"。但丁(1265—1321年)生于佛罗伦萨的一个古老的贵族家庭。1290年他为了纪念心爱的女子贝雅特丽齐,把三十一首抒情诗用散文连缀起来,取名《新生》。作品没有触及重大的社会问题,并且带有中世纪文学的神秘色彩,但其中对纯洁爱情的歌颂,反映了摆脱禁欲主义束缚的愿望,具有自然清新风格。1321年但丁客死于拉文纳,留下了他最伟大的作品《神曲》。《神曲》分为"地狱"、"炼狱"和"天堂"三部分。采用中古梦幻的文学形式,用中古神学体系的框架,展示人们从迷惘和错误中解脱出来,达到真理和至善的历程,作者意在揭露、批判黑暗的现实,从政治上、道德上给意大利民族指出复兴之路。同时,《神曲》也是一部政治抒情诗。每部三十三首歌,加上序曲,共一百首歌,总计14000余行。《神曲》的伟大价值在于以极其广阔的历史画面,反映出意大利从中世纪向近代过渡的转折时期的现实生活和各个领域发生的社会、政治变革,显示了争取人格独立的人文主义光芒。《神曲》的构思宏伟,想象丰富,结构完整,象征、寓意、梦幻的表现手法给后人以启发。它运用意大利民族语言写作,打破了拉丁文垄断文坛的局面,对意大利民族语言的形成和民族文学的发展具有重要的影响。

欧洲的近代文学是西方资本主义发生、发展时期的文学。从14世纪开始,伴随着资本主义经济形态的萌芽,资产阶级开始登上历史舞台,思想文化领域中反映这一历史发展必然趋势的,则是文艺复兴运动。14至16世纪的文艺复兴是一次新兴资产阶级反教会、反封建的文化思想启蒙运动。这个时期,古希腊、古罗马文化重新受到重视,因而有"文艺复兴"之名。但"文艺复兴"不是古代文化的简单复兴,它标志了资产阶级文化萌芽,反映了新兴资产阶级的要求。文艺复兴运动的中心思想是人文主义,主张以"人"为本,反对以"神"为本,以"人性"反对"神性",以"人权"反对"神权",以"人智"反对"神智"。他们借用古代文化的"外衣","演出世界历史的新的一幕"(马克思语)。意大利是人文主义的发源地。意大利人文主义作家是欧洲人文主义作家的先驱。最早的代表作家有弗·彼得拉克(1304—1370年)和乔·薄伽丘(1313—1375年)。塞万提斯(1547—1616年)则以其长篇小说《堂吉诃德》而闻名于世。小说以中世纪西班牙为背景,模拟骑士文学的笔法,描写了一个迷恋于骑士冒险精神的穷乡绅的可笑经历。小说广泛地反映西班牙封建社会生活。小说的主要人物是堂吉诃德,他是一个矛盾复杂的艺术形象,是可笑、可悲、可爱、可敬的人物。他的人文主义理想和优秀品德(坚持正义、疾恶如仇、向往自由、勇往直前),他的脱离历史进程的主观唯心主义精神,都给读者留下深刻的印象。堂吉诃德的矛盾反映了塞万提斯世界观的矛盾,反映了人文主义理想与社会现实的矛盾。《堂吉诃德》是一部讽刺灭亡了的骑士制度的长篇小说,标志着欧洲长篇小说发展到新阶段。

代表文艺复兴人文主义文学最高成就的是威廉·莎士比亚(1564—1616年)的戏剧创作,马克思热情地称赞莎士比亚是"人类最伟大的戏剧天才"。莎士比亚出生于英国中部斯特拉特福镇的一个商人家庭,在二十余年创作生涯中,大体经历了三个阶段:第一时期(1590—1600年)的创作主要是历史剧、喜剧和诗歌,乐观主义情绪占主导地位。莎士比亚历史剧探索了英国三百年的历史进程,再现了英国封建史上富有戏剧性的场面,反对封建暴君、封建集团的血腥战争,拥护"开明君主"和国家统一。《理查三世》、《亨利四世》、《亨利五世》是历史剧的佼佼之作。《威尼斯商人》写友谊、爱情、仁慈和贪婪、嫉妒、仇恨之间的冲突,反映商业资本与高利贷资本的矛盾。悲剧《罗密欧与朱丽叶》反映了人文主义爱情理想和封建恶习、封建压迫之间的冲突。《罗密欧与朱丽叶》是一部具有反封建意识的爱情悲剧,叙述了一对青年恋人由于双方家族是世仇,无法结合,终于双双殉情。第二时期(1601—1608年)创作的主要成就是悲剧。著名的四大悲剧《哈姆莱特》、《奥塞罗》、《李尔王》和《麦克白》是这一时期的代表作。悲剧的主要内容是反映人文主义理想与丑恶现实之间的无法调和的矛盾,描写人文主义者的斗争生活及其失败的悲惨结局。《哈姆莱特》取材于12世纪丹麦史,描写丹麦王子复仇的故事。经莎士比亚的再创造,把一个中世纪的流血复仇的故事,写成了一部深刻反映英国社会现实矛盾的杰作。哈姆莱特和克劳狄斯的斗争反映了资产阶级人文主义者和反动的封建王权之间的斗争。哈姆莱特是悲剧的中心人物,典型的新兴资产阶级人文主义思想家。"欢乐的王子"、"忧郁的王子"、"延宕的王子"、"行动的王子"是统一的。哈姆莱特的性格特征是富有感情和思想,勇于探索,善于分析,但思虑多于行动,剖析偏于哲理。脱离群众的孤军作战是哈姆莱特悲剧的重要根由。

17世纪的欧洲,是历史发生巨大转变的时期。1648年英国资产阶级革命的胜利,标着欧洲封建社会的结束和近代历史的开端。这一时期,除英、法两国以外的大多数欧洲国家,封建势力和宗教势力仍然处于统治地位,致使文学长期处于停滞状态。这种形势,使欧洲的文化中心转向了英国和法国。英国诗人弥尔顿的《失乐园》结构宏大,以《旧约·创世纪》中的神话为题材,表现了诗人高昂的革命激情和对英国资产阶级革命的反思。在法国,王权到路易十四时期发展到了全盛时期。正是在这样的历史文化背景下,产生了尊崇王权、讲究宫廷趣味和封建理性与秩序的古典主义文学,主要有悲剧家高乃依的悲剧《熙德》、拉辛的悲剧《安德洛玛克》和喜剧作家莫里哀的喜剧《伪君子》、《吝啬鬼》等。特别是莫里哀的创作成为世界文学的典范。

18世纪的欧洲,各国资产阶级在革命高潮日益逼近的形势下,掀起了一场比文艺复兴运动更为激烈、更广泛的反封建、反教会的思想文化运动——启蒙运动。这一时期的文学主潮则是启蒙文学。启蒙文学大多以第三等级的平民为主人公,哲理性较强,具有鲜明的政治倾向性。启蒙文学在法、德、英三国的成就最大。在法国,从英国传播来的启蒙主义发展到最成熟、最典型的形态,造就了法国启蒙主义文学的繁荣。法国启蒙运动的领导人物——四大启蒙思想家(伏尔泰、孟德斯鸠、卢梭以及狄德罗),同时也是启蒙文学的最重要的代表作家,这一点鲜明地标明了这一时期文学和社会运动之间的紧密联系。其中卢梭的创作既有启蒙小说的特色(如讨论教育问题的哲理小说《爱弥儿》),又有一些与众不同的特点:推崇感情,注重心理描写和美丽大自然的表现(如书信体小说《新爱洛伊丝》)。卢梭的创作对19世纪浪漫主义文学的兴起产生了重大的影响。

19世纪的德国内部正处于封建割据的状态,经济文化滞后,但德国文学开始取得重大成就并产生重要的影响。歌德的创作是德国文学进入欧洲和世界文坛的标志。歌德作为德国狂飙突进运动的代表作家,在1774年发表的中篇书信体小说《少年维特之烦恼》是德国第一部产生世界影响的作品;他的诗剧《浮士德》歌颂了启蒙学者浮士德冲破封建意识束缚探索真理的自强不息精神,成为欧洲启蒙文学的经典作品。与法、德等国不同,英国经过1640年革命和1688年"光荣革命",在18世纪进入了迅速发展的工业革命时期。英国启蒙文学的主要成就是现实主义小说,笛福的《鲁滨孙漂流记》、斯威夫特的《格列佛游记》、菲尔丁的《汤姆·琼斯》等强烈地预示以后欧洲文学的趋势,为19世纪英国和欧洲的现实主义长篇小说的繁荣奠定了基础。

18世纪末19世纪初是封建制度衰亡、资本主义上升这样一个新旧体制反复争夺、逐步交替的时代,欧洲民族解放运动蓬勃发展,浪漫主义文学潮流几乎在所有国家应运而生。浪漫主义文学以明显的主观倾向和想象色彩,以及思想和表现的自由、对大自然的尊崇为特征。德国是浪漫主义文学运动的发源地。英国第一代浪漫主义代表作家是"湖畔诗人"华兹华斯(1770—1850年)、柯勒律治(1772—1834年)、骚塞(1774—1843年),其中最著名的诗人华兹华斯吟唱出人与自然相和谐的美好境界,并以宁静、和谐、淳朴来揭示纷扰尘世的险恶。第二代浪漫主义代表作家是乔治·拜伦(1788—1824年)、波西·雪莱(1792—1822年)、济慈(1795—1821年),他们在艺术上完成了由"湖畔诗人"开始的诗歌改革,丰富了诗歌的形式与格律。其中,著名诗人拜伦的长诗《恰尔德·哈洛尔德游记》,洋溢着反对专制制度、追求自由的浪漫主义革命激情,塑造了以"反抗、孤独、忧郁"为特征的"拜伦式英雄"形象。雪莱的诗作体现了无神论的自由主义思想,他的长诗《麦布女王》因强烈的政治观点而遭到统治阶级的嫉恨;诗剧《解放了的普罗米修斯》表达了诗人斗争的决心;政治抒情诗《西风颂》以"如果冬天来了,春天还会远吗?"结尾,而被恩格斯称为"天才的预言家"。法国浪漫主义文学以雨果(1802—1885年)为代表,他针对古典主义的清规戒律提出了描写自然和美丑对照的创作原则。雨果的浪漫主义长篇小说《巴黎圣母院》以中世纪为背景反映当时的现实生活,无情地揭露了禁欲主义思想对人的腐蚀和毒害,具有强烈的反封建、反教会色彩,同时也歌颂了下层人民的善良、友爱,反映了雨果的人道主义思想。《悲惨世界》、《海上劳工》和《笑面人》也都是雨果的代表作,具有世界性影响。美国浪漫主义文学从19世纪20至30年代到南北战争前夕进入了全盛时期,惠特曼的诗集《草叶集》洋溢着立国之初的美国人民勇敢进取的青春活力;霍桑的长篇小说《红字》暴露了政教合一体制统治的荒谬性和残酷性。

谢尔盖耶维奇·普希金(1799—1837年)是19世纪俄国积极浪漫主义文学的代表,

又是批判现实主义文学的奠基者,他还是俄国文学赢得世界声誉的第一位诗人。诗体小说《叶甫盖尼·奥涅金》塑造了俄国文学中第一个"多余人"的形象,别林斯基称它是俄罗斯生活的百科全书和最富于人民性的作品,奠定了俄国批判现实主义文学的基础,作品通过奥涅金所作所为集中表现了俄国贵族社会的本质。

19世纪30至40年代以后,现实主义文学取代浪漫主义文学成为欧洲文学的主要思潮。在这一时期产生了一大批成就高、影响大的优秀作家,他们在深度和广度上展示历史、社会和人性,从而把欧美文学推向了新的高峰。由于作家艺术构思的变化和社会生活的复杂化、宏观化,因此,长篇小说得到了长足的发展,成为这一时期主要的文学样式。此外,短篇小说和戏剧也取得了卓越的成就。

法国是19世纪现实主义文学的发源地,也是现实主义文学最为繁荣的国家之一。司汤达(1783—1842年)的《红与黑》是法国现实主义文学的奠基作,它围绕着主人公于连的个人奋斗经历,以复辟时期的法国社会生活为背景,广泛地展现了波旁王朝复辟时期的社会生活和错综复杂的阶级矛盾,对封建贵族的反动、教会的黑暗与罪恶和资产阶级的卑鄙庸俗、利欲熏心都作了辛辣的嘲讽和批判。小说以其鲜明的艺术特色,开了批判现实主义文学的先河,在文学史上占据重要地位。其最大的贡献则是细腻、深刻的心理活动的描写,作者广泛运用独白和自由联想等多种艺术手法挖掘主人公于连的深层意识活动,为欧美现当代文学的"心理小说"、"意识流小说"开了先河。巴尔扎克(1799—1850年)是19世纪前半期最有影响的小说家,他的系列小说集《人间喜剧》是批判现实主义的丰碑,包含了作者从1829年到1848年创作的长、中、短篇小说共90多部,从各个不同角度真实而具体地反映了"法国'社会',特别是巴黎'上流社会'的卓越的现实主义历史"(恩格斯语),内容极为丰富。其中《高老头》、《欧也妮·葛朗台》、《夏倍上校》、《纽沁根银行》、《邦斯舅舅》、《农民》等都是享誉世界的名著,展现了贵族阶级必然被资产阶级所取代的历史发展趋势,揭露了金融资产阶级罪恶肮脏的发家史和资本主义社会中金钱的罪恶以及人与人之间赤裸裸的金钱关系。巴尔扎克坚持"反映现实"的文学主张,注重在典型环境中塑造人物,细节描写真实、具体、生动,运用个性化的语言和夸张手法来突出性格特征。他的创作手法和艺术技巧对后世法国文学乃至世界文学都产生了极其深远的影响。福楼拜(1821—1880年)在创作中偏重于客观写实和精雕细刻,以其"客观而无动于衷"的美学原则和严谨精致的艺术风格为后来的自然主义和唯美主义奠定了基础。他的小说代表作《包法利夫人》以简洁而细腻的文笔,通过一个富有激情的妇女爱玛的经历,再现了19世纪中期法国的社会生活,揭示了市民阶层的自私、鄙俗和空虚。其他如都德的小说《最后一课》和《柏林之围》,左拉的小说《萌芽》,莫泊桑的小说《漂亮朋友》、《羊脂球》等文学名著都为法国现实主义文学增添了光彩。

英国现实主义文学产生于19世纪30年代,40至50年代达到高潮。现代英国的一批杰出的小说家狄更斯、萨克雷、盖斯凯尔夫人和夏洛蒂·勃朗特等以他们犀利而生动的文笔,创作了一批世界一流的作品。英国的现实主义文学,主要描写资产阶级的内部矛盾,直接反映劳资矛盾,如盖斯凯尔夫人的小说《玛丽·巴顿》、狄更斯的小说《艰难时世》等;有些作品描写了"小人物"的命运,表现了小资产阶级的痛苦挣扎和个人奋斗的生活经历,如狄更斯的小说《大卫·科波菲尔》、夏洛蒂·勃朗特的《简·爱》等;也有些作品真实描绘了英国上流社会形形色色的生活,揭露了贵族与资产阶级的贪婪、腐化和弱肉强食、尔虞我诈的人际关系,如萨克雷的《名利场》。19世纪后期英国最重要的作家是哈代,他的作品反映了资本主义侵入农村后社会经济、政治、道德、风俗等方面的变化,以及破产农民的悲惨命运,代表作是《德伯家的苔丝》。

19世纪中后期,俄国文学出现全面繁荣,小说、诗歌、戏剧都取得了重大的成就,形成了群星荟萃、杰作迭出的繁荣景象。40年代,尼古拉·果戈理(1809—1852年)追随普希金,确立了俄国文学新的流派"自然派",以巨著《死魂灵》成为俄国19世纪批判现实主义的奠基作家。五六十年代,俄国批判现实主义文学走向发展和繁荣,著名作家和作品有冈察洛夫的《奥勃洛莫夫》、奥斯特洛夫斯基的《大雷雨》、车尔尼雪夫斯基的《怎么办?》。屠格涅夫(1818—1883年)是一位异常敏感的作家,他的优秀作品往往以当代的重大主题吸引读者。《猎人笔记》、《前夜》和《父与子》的出版,标志着作家坚定地走上了现实主义的文学创作道路。他以独特的艺术风格和深刻的反农奴制思想,在俄国文学中第一个表现了俄国农民的聪明才智和精神世界的美。列夫·托尔斯泰(1828—1910年)的《战争与和平》、《安娜·卡列尼娜》和《复活》,陀思妥耶夫斯基的《罪与罚》、《白痴》,以及契诃夫的短篇小说创作等是俄国批判现实主义文学继英、法现实主义文学的高峰之后出现的杰作,成为欧洲现实主义文学的又一个高峰。这一时期的俄国文学在思想和艺术上都达到了相当高的水平。这些作品批判了沙皇专制制度和农奴制度的黑暗腐朽,塑造了一系列贵族知识分子的"多余人"形象和平民知识分子的"新人"形象,以及其他富于时代特征的鲜明人物形象。

此外,德国诗人海因里希·海涅(1797—1856年)的政治长诗《德国,一个冬天的童话》无情地抨击嘲笑了德国统治者和当时的社会制度。出现在北欧的现实主义作家和作品有丹麦的童话作家安徒生的童话作品、挪威作家易卜生的社会问题剧《玩偶之家》等。19世纪70年代,美国作家马克·吐温的小说《汤姆·索亚历险记》、《哈克贝利·费恩历险记》,杰克·伦敦的小说《马丁·伊登》以及欧·亨利的短篇小说等,在更为广阔的社会背景上描绘了美国各方面的社会生活。

19世纪中后期的欧美文坛,由于受各种社会思潮的影响,呈现出复杂纷繁的现象,除作为主流的现实主义文学外,自然主义、象征主义和唯美主义等文学思潮和流派也盛行一时。它们在审美观念、文学功能以及表现方式等各方面,都不同程度地偏离了传统,预示了20世纪现代主义文学的萌芽。法国作家左拉所倡导的自然主义文学理论直接影响了自然主义文学的发展,同时也为后来的现代主义文字的产生奠定了理论基础,他的大型长篇小说《卢贡-马卡尔家族》集中反映了他的自然主义创作理论,同时又具有批判现实主义的倾向。象征主义的奠基人是法国诗人波德莱尔。唯美主义作家主要是英国作家王尔德,长篇小说《道林·格雷的画像》是其代表作。

20世纪,欧美文坛上的思潮流派变得空前纷繁复杂,出现了多元化的局面,传统的现实主义文学在新的历史条件下有了新的发展,无产阶级文学异军突起,而形形色色的现代主义文学流派也不断涌现,使这一时期的文学呈现了异常复杂的格局。

现实主义文学可分为苏俄的社会主义现实主义文学和欧美其他国家的现实主义文学。

苏联社会主义现实主义文学是在俄国十月革命的烈火中诞生并随着社会的发展不断变化着的一种新型的无产阶级文学。高尔基在1906年出版的长篇小说《母亲》，是用社会主义现实主义文学的创作方法写成的一部优秀的作品，体现了一种不同于以往的新的无产阶级的美学原则，开辟了社会主义现实主义创作道路，使无产阶级文学进入到一个新的历史时期。之后，社会主义现实主义文学创作呈现出一派繁荣的景象。绥拉菲摩维奇的长篇小说《铁流》、富尔曼诺夫的长篇小说《恰巴耶夫》、马雅可夫斯基的长诗《列宁》、奥斯特洛夫斯基的小说《钢铁是怎样炼成的》、法捷耶夫的《青年禁卫军》等优秀作品相继问世，显示了无产阶级创作的实力。

这一时期欧美的现实主义文学仍然显示出自己顽强的生命力。取得重要成就的大多是长篇小说家，他们当中有很多人获得了诺贝尔文学奖，如罗曼·罗兰、高尔斯华绥、托马斯·曼、海明威等。

20世纪的欧美各国的现代主义文学中，最有影响的有意识流小说、存在主义文学、荒诞派戏剧、表现主义文学、黑色幽默派小说和拉美魔幻现实主义小说。它们中的大部分作品曲折地反映了西方资本主义社会政治、经济和思想的危机，具有鲜明的反传统特色，并创造性地运用了一系列特殊的艺术手法，一反传统的文学画面，开始大量表现人们的悲观、颓废、孤独和失落的体验，以此作为对战争、暴力、分裂的回应。后期象征主义有美裔英籍诗人艾略特的长诗《荒原》。意识流小说有英国作家乔伊斯的《尤利西斯》、法国作家普鲁斯特的《追忆似水年华》和美国作家福克纳的杰出小说《喧哗与骚动》。

两次世界大战期间，以法国的让-保罗·萨特（1905—1980年）为代表的存在主义和以比利时的梅特林克（1862—1949年）为代表的后期象征主义文学的兴起，使现代主义的发展达到了高潮。卡夫卡（1883—1924年）是奥地利著名的现代主义代表作家。卡夫卡文学创作的主要成就是三部未完成的长篇小说和一些中短篇小说。长篇小说《美国》所侧重的是人物在美国忧郁、孤独的内心感受；长篇小说《城堡》是一部典型的表现主义小说；《变形记》是卡夫卡中篇小说的代表作；《判决》是卡夫卡最喜爱的作品，表现了父子两代人的冲突。卡夫卡追随过自然主义，也受过巴尔扎克、狄更斯、易卜生、高尔基等的影响，并对其十分赞赏。但卡夫卡的卓越成就主要不是因袭前者，再去描绘丑恶的客观生活内容，而是逃避现实世界，追求纯粹的内心世界和精神慰藉，表现客观世界在个人内心所引起的反应。而那种陌生、孤独、忧郁、痛苦以及个性消失、人性异化的感受，正是当时社会心态的反映。荒诞派戏剧的代表是法国作家塞缪尔·贝克特的戏剧《等待戈多》。魔幻现实主义小说代表是哥伦比亚作家马尔克斯的小说《百年孤独》。

二、亚非文学

上古文学中亚非文学充满了民间文学色彩和宗教色彩。埃及最古老庞大的宗教性诗歌总集是《亡灵书》；印度最古老的诗歌总集是《吠陀》，另有著名的两大史诗《摩诃婆罗多》和《罗摩衍那》，以及剧作家迦梨陀娑的《沙恭达罗》；古巴比伦文学的最高成就是史诗《吉尔伽美什》，这是目前已发现的世界文学中最早的史诗。

东方的中古时期极为漫长，这时期的文学取得了较高的成就。著名的阿拉伯民间故事集《一千零一夜》（又译《天方夜谭》），规模庞大，内容丰富，流传甚广，作品以其浓郁的东方情调和丰富而奇异的想象力,展示了中古时期阿拉伯社会生活真实而生动的图景,广泛反映了阿拉伯及其周边国家的社会面貌状况、风土人情、宗教信仰等,是中古阿拉伯社会生活的"百科全书",对世界近代文学的发展有着积极的影响。日本女作家紫式部的《源氏物语》是日本中古时期物语文学("物语"是日本特有的文学体裁,介乎故事和小说之间)的典范之作,也是世界文学史上最早的一部长篇写实小说。它通过对源氏及周围女性的描写,反映了宫廷贵族生活的淫荡糜烂和空虚,揭示了统治阶级内部争权夺势的斗争,在客观上展示了"摄关政治"时代贵族统治集团没落和必然衰亡的历史命运。

东方近代文学是指 19 世纪中叶至 20 世纪初的文学,是亚非地区殖民地、半殖民地时期的文学。东方近代文学虽然只有几十年的历史,发展不够成熟,也没有欧洲近代文学那样卓著的成绩,但是不少国家和地区,特别是日本和印度这两个受西方影响较早的国家取得了相当的成就。夏目漱石(1867—1916 年)是日本近代文学史上享有世界声誉的批判现实主义作家,他的代表作《我是猫》以独特的艺术形式——动物形象"猫"的眼光来观察和评论近代日本社会的弊病,表达了对黑暗现实的强烈不满。印度的近代文学,虽然在 17 世纪后半叶已经初现萌芽,但真正的开端是在 19 世纪下半叶。印度文学最重要的代表作家是世界闻名的罗宾德拉纳特·泰戈尔(1861—1941 年)。泰戈尔 8 岁开始写诗,17 岁发表叙事诗《诗人的故事》。1886 年,他发表《新月集》,成为印度大中小学必选的文学教材。这期间,他还撰写了许多抨击美国殖民统治的政论文章。1901 年,泰戈尔在圣地尼克坦创办了一所从事儿童教育实验的学校。这所学校在 1912 年发展成为亚洲文化交流的国际大学。1912 年,泰戈尔以抒情诗集《吉檀迦利》获诺贝尔文学奖。其代表作还有为人们所熟知的《飞鸟集》和《园丁集》。

20 世纪的东方文学,是指十月革命以后的文学,其在近代文学的基础上实现了进一步的繁荣。这一时期的东方各国文学主要描写现实生活,展示下层人民的悲惨遭遇,号召民众行动起来,反对帝国主义殖民统治,为争取民众的独立和解放而斗争,具有鲜明的政治倾向。

在 20 世纪头 30 年的阿拉伯文学中,曾出现过具有代表性的两个文学流派,即"旅美派"文学和"埃及现代派"文学。黎巴嫩诗人、作家和画家纪伯伦·赫利勒·纪伯伦(1883—1931 年)是"旅美派"的领袖,其代表作散文诗集《先知》,以智者赠言的方式表达了对祖国、人民的热爱和对自由及美好生活的向往,以及对资本主义社会丑恶现实的憎恶,充满着深邃的哲理。埃及盲人作家塔哈·侯赛因(1889—1973 年)是"埃及现代派"的著名代表,他的自传体长篇小说《日子》被视为现代阿拉伯文学的典范。纳吉布·马哈福兹的长篇小说《宫间街》、《思宫街》和《甘露街》三部曲,通过一个家庭几代人的生活经历,反映了近现代埃及社会的变迁。

日本现代文学是以 20 年代反映现实为主旨的左翼文学和以追求艺术美为主旨的新感觉派双峰并峙的。新感觉派的产生标志着日本现代派的诞生,也标志着西方现代派文学开始在日本生根发芽。其代表作家有横光利一(1898—1947 年)和川端康成(1899—1972 年)。横光利一的《头与腹》被认为是新感觉派诞生的象征。川端康成 1925 年以中篇小说《伊豆的舞女》成名。不久与横光利一共同创办《文艺时代》杂志,成为新感觉派的代表作家。他的《雪国》、《古都》、《千只鹤》分别荣获诺贝尔文学奖。川端康成一生的主要创作以小说为主,前期作品有《伊豆的舞女》、《浅草红团》、《水晶幻想》等,中期以《雪国》最为著名,后期作品甚多,《舞姬》、《千只鹤》、《山之音》、《古都》都是其中有影响的小说。在二次大战中的20余年中,在日本形成强大的文学潮流并产生许多优秀作家、作品的是无产阶级文学。日本出现的"工人文学",为无产阶级文学的诞生奠定了基础。

印度文学最杰出的代表作家普列姆昌德(1880—1936年)是现代印度进步文学的奠基者,长篇小说《戈丹》,广泛地反映了印度民族解放运动三次高潮以后的社会变迁。

非洲文学也有很大发展,非洲文学主要形式有诗歌和小说,塞内加尔的桑戈尔(1906—2001年)是现代非洲诗歌的奠基人之一,他提出了与殖民主义同化论相对抗的"黑人性"理论。此外,尼日利亚的剧作家、小说家沃莱·索因卡,南非女作家纳丁·戈迪默,分别获得了1986年度、1991年度的诺贝尔文学奖。

 思考题

1. 简述欧洲文学的发展脉络。
2. 你是如何理解现代主义文学思潮的?

公关文书写作训练

知识库

我们把在实际交往中用于交流思想、书法情感、增进友情等反映一定礼节和仪式的一类文章称之为公关文书。

与其他应用文相比,公关文书有其自身独有的两个特点:一是礼节性。公关场合要十分注意礼节,一旦失礼或施礼不当,往往会导致不良的后果。在交际场合,要相互问候、致意、致谢、慰问等,用的就是公关文书。如客人来访,我们要致欢迎词,以示欢迎;当客人离去时我们致欢送词,以示主人对客人的留恋和对客人良好的祝愿。二是规范性。没有规矩不成方圆,没有规范就不成体统。公关文书的撰写虽然不像行政公文的撰写那样严格,但也有其约定俗成的格式和特定的语言文字表达要求。从语言表达方式来讲,有的趋于典雅,有的崇尚朴实,撰写时要按照特定的格式与要求行文,不可随意标新立异。

公关文书种类较多,常用的文种有邀请信、感谢信、慰问信、悼词、讣告、唁函、碑文、证明信、介绍信、请假条、留言条、推荐信、求职信、个人简历等,撰写这些文种时一定要根据实际情况,既要显示出各种文种的不同特点,又要体现公关文书的共同特色。

我们主要选取求职信和个人简历两个文种来介绍其写法。

一、求职信

求职信是求职人向用人单位介绍自己的情况以谋求某一职位或岗位的书信,是目前毕业生求职择业的一种比较常用的也是非常重要的手段。因为用人单位一般出于节约人力、物力和时间的考虑，多数不采用大面积直接面试的形式，而是要求求职者先寄送自我介绍材料，由他们进行比较、筛选，然后才通知符合要求求职者参加面试。

求职信与推荐信格式基本一致，下面重点介绍正文的写法、如何避免写出失败的求职信及求职信的文字技巧。

1. 正文的写法

首先，在正文中简明扼要介绍自己（包括姓名、就读学校、专业、学历、写信的缘由与目的），重点是介绍自己与应聘岗位的有关学历水平、经历、成绩等，让招聘单位从一开始就对你产生兴趣。

其次，说明应聘岗位和所具有的能胜任该应聘岗位工作的各种能力。这是求职自荐信的核心部分，主要是向对方表明自己有相关的专业知识和工作经验，有相关的专业技能和成就，有与本工作要求相符的特长、兴趣、性格和有关能力。总之，要让对方感到你能胜任这个工作。

再次，介绍自己的潜力，比如，向对方介绍自己曾经做过的各种社会工作，所取得的成绩，这样预示着你有潜在的管理和组织才能，有发展和培养的前途。

最后，表示希望得到答复和面试的机会。在信的结尾，最好表示出希望对方给予一次面试的机会，表明自己希望早日成为该团队其中一员的热切心情，并认真地写明自己的详细联系方式。

正文部分写作时应实事求是、恰如其分地介绍自己的能力和特长；重点突出，有条理、有针对性，篇幅控制在一页以内，不宜太长；文笔要流畅，表达要准确，如果你写得一手好字，就要认真地写，并在署名后注明"亲笔敬上"等字样；精心选择照片，以便招聘单位目测，无论是免冠半身照，还是全身照，都要是近期的，图像清晰，不失真；可用多语种书写求职自荐信，比如中、英文对照，既表明你的外语能力，又表示你对招聘单位的尊重。

2. 如何避免写出失败的求职信

（1）给对方规定义务的求职自荐信，必定要失败。如"本人谨以最诚挚的心情，应聘贵公司的会计一职，希望得到贵公司的尊重、考虑和录用"，这种写法，事实上是在强迫对方，因为这句话的实际含义是："你如果不录用我，就是对我不尊重，所以，你必须录用我，才能体现你对我的尊重。"实际上，这是对招聘方的不尊重，当然就不可能给招聘方留下好的印象。

（2）用以上压下的口气写的求职自荐信，必定要失败。比如"贵公司的××总经理先生要我直接写信给您"等，这种求职自荐信，让收信人看后很反感。

（3）"吊起来卖"式的求职自荐信，必定要失败。如"现已有多家公司欲聘我了，请贵公司从速答复"，这样往往会激怒对方，导致求职自荐失败。

避免以上现象发生的办法，一是要谦虚谨慎，实事求是；二是要态度诚恳，语气谦和；三是要把自己放在一个正确的位置上。

3. 求职信的文字技巧

（1）语气自然。语言和句子要简单明了，不要听上去像别人的话，特别是不要用一些你从未用过的令人费解的词语和句子时（你也许会在写作中误用），也许你本来是想加深印象，但是结果却是令人难懂。写信就像你说话一样，语气要正式但不能僵硬，语言要直截了当。

（2）通俗易懂。写作要考虑阅读者的知识背景。人事经理不是你这个专业的行家，所以，你不能用太过专业的字眼，一来人事经理会对自己看不懂的东西失去兴趣，二来未免有卖弄之嫌。切记：不要使用生僻词语、专业术语。

（3）言简意赅，切忌面面俱到。公司负责招聘的工作人员多半工作量大，时间宝贵，不可能花太多时间在冗长的简历上，太长的简历反而会引起招聘人的反感。所以，求职自荐信应在重点突出、内容完整的前提下，尽可能简明扼要，不要陷入无关紧要的说明。

求职信一般由标题、称呼、正文、结束语、落款五部分组成。

写作时，首先要在首页上方居中的位置标明文种"求职信"。然后，在标题下一行顶格书写用人单位的名称（一般写全称，如果是简称，一定要规范）。如果写给单位领导，则应根据收信人的身份、地位给予恰当的称呼，在其姓名后加上职务或尊称。

正文一般着重介绍求职者的基本情况，即求职理由，包括知识结构、业务能力、实践经历、工作成绩和基本素质等内容。这些情况的介绍，一定要具体、实在，避免泛泛而谈。

求职信在最后通常要表一下自己的决心，如"天下无难事，只怕有心人"，当然最后还会附上一句："衷心希望能得到您的赏识与任用！"

格式示例：

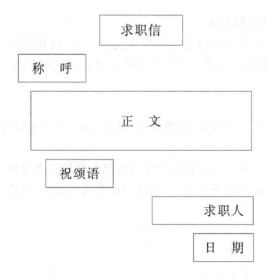

二、个人简历

个人简历也称作个人履历，是求职者在求职应聘时向用人单位提供个人情况的一种应用文。其主要内容是对求职者的学历背景、技能专长、以往工作经验和工作业绩及其他个人情况的简洁概括，其写作目的是把自己介绍给用人单位，供用人单位选聘时参考。

个人简历一般包含以下几方面内容。

1. 标题

标题可以直接写"简历"二字，也可以在简历之前冠以姓名和称谓。

2. 个人基本信息

这里指对个人的基本情况作简要介绍，包括姓名、年龄（出生年月日）、性别、籍贯、民族、学历、学位、政治面貌、职务、职称等。一般来说，一项内容要素用一两个关键词简明扼要地概括说明一下就可以了。

3. 学习经历

学习经历是介绍求职人的受教育程度，如毕业的学校、专业和时间。可按时间顺序来写自己的学习过程，主要以大学的学习经历为主，列出大学阶段的主修、辅修及选修课的科目和成绩，尤其是要体现与所谋求的职位有关的教育科目、专业知识。

4. 实践经历

工作经历是最重要的部分。初出校门的大学生，工作经历可改为社会实践和实习经历，包括在学校、班级所担任的社会工作、职务，参加过哪些勤工俭学及课外活动、义务工作，参加过哪些团体组织，具有哪些兼职工作经验和培训、实习经历及实习单位的评价，以及专业认证、兴趣特长等。已出校门的大学生，主要写参加工作之后各阶段的情况，要注意突出主要才能、贡献、成果，以及学习、工作、生活中有典型意义的事等。突出自己在原先岗位上的业绩也是非常重要的，要写明自己得过哪些奖项及具备的技能水平。

5. 求职意向和自我评价

求职意向要写得一目了然。求职者要表明本人对哪些行业、岗位感兴趣，要对自己的能力和作风做出评价。

6. 所获得的各种奖励和荣誉

这部分内容主要包括在出版物上发表的论文、参与社团及职位、计算机技能、语言技能、获得的许可证书和资格证书等。个人的兴趣爱好也可以列上两三项，让用人单位了解求职者更多的情况。

7. 联系方式

联系方式包括详细的通信地址、邮政编码、电话号码、电子邮箱等。

8. 证明材料

简历的最后一部分一般是列举有关的证明人及附加性参考材料。附加性材料包括学历证明、获奖证书、专业技术职务证书、专家教授推荐信、所发表的论文著作等的复印件。

格式示例：

```
          ┌─────────────┐
          │   简  历    │
          └─────────────┘

    ┌─────────────────────┐
    │  个人基本信息        │
    └─────────────────────┘

    ┌─────────────────────┐
    │  学习经历（实践经历）│
    └─────────────────────┘

    ┌─────────────────────┐
    │  求职意向和自我评价  │
    └─────────────────────┘

    ┌─────────────────────┐
    │  奖励和荣誉          │
    └─────────────────────┘

    ┌─────────────────────┐
    │  联系方式            │
    └─────────────────────┘

            附：证明材料
```

思考题

根据个人专长、兴趣和能力、成绩,尝试为自己写一封求职信。

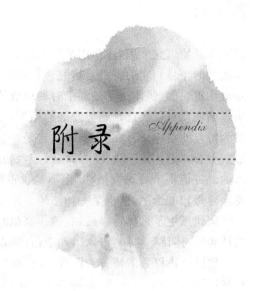

古代诗词格律常识

一、格律诗的基本知识

什么是格律？格律就是格式和规律的意思,也就是规格和程式。格律诗就是按照一定的格律所作的诗。

掌握诗的格律,首先应该了解我国古典诗歌的发展概况。这里我们不是从文学史的角度,而是从诗歌形式(也包括诗歌规律)的角度简单作些介绍。

我国最早的两部诗集是《诗经》和《楚辞》。《诗经》是以四言为主,《楚辞》是以六言为主(加上"兮"就是七言)。

汉代是辞赋创作的繁荣时期,文人创作的诗歌不太多。汉乐府中有思想性和艺术性都很高的的作品。从体裁上讲,乐府主要的特点是配乐诗歌。乐府本是汉代设置的官署的名称,它的职责是收集民歌并为它配上乐谱。后来就把这些配乐的歌词也称为"乐府"。南北朝也有乐府诗。魏晋南北朝时,有一些文人用乐府题目写诗,如曹操写过《短歌行》,鲍照写过《拟行路难》等。宋代郭茂倩选编的《乐府诗集》是民间和文人创作的乐府诗的总集。

汉朝还产生了两种新的诗体:五言诗和七言诗。五言诗起源于西汉民谣,《古诗十九首》就是很成熟的五言诗。最早的七言诗是《柏梁台诗》。三国曹丕的《燕歌行》是第一首完整的七言诗,但它还是句句押韵的;隔句押韵的七言诗最早的是鲍照的《拟行路难》之一和之三。

从齐梁时期开始,诗歌在形式上逐渐发生了变化,这变化主要是随着四声的发现而在诗歌中开始讲究平仄,注意用平仄来造成诗歌的音乐美。当时有所谓的"永明体"(永明是齐武帝的年号),它的特点是讲究声律,沈约和谢朓是永明体的代表作家。齐梁时期写文章也注重骈偶,骈体文正是那个时期形成的。这种风气也影响到律诗创作,在诗歌创作中也逐渐注意对仗。这种趋势发展的结果,是在唐代初年就正式形成了一种以讲究平仄、对仗为特点的格律诗。在唐人看来,这是一种新的诗体,称之"近体诗",又称"今体诗"。从形式上看,"近体诗"不同于古诗(汉魏六朝的古诗),区别就在于近体诗是有严密的格律要求的。古诗不十分讲究格律,但不是说古诗没有格律,比如五言诗限定每句五个字,七言诗限定每句七个字,这也是一种格律。

唐代产生了近体诗以后,有的作家也时常按照古诗的写法写诗,这种不讲平仄和对仗的诗叫"古体诗",也叫"古风",如李白的《古风》,张若虚的《春江花月夜》等。

唐以及唐以后的诗分为两种,一种叫"近体诗"(今体诗),是讲究平仄对仗的格律诗,包括律诗和绝句;一种叫"古体诗",是不讲平仄对仗的。近体诗和古体诗是从形式上,主要是从诗歌声律角度上来区分的,而不是以时代来区分的,如清朝人写的诗,只要不讲平仄对仗,也仍然叫古体诗。

(一)句数

近体诗按句数多少可分为律诗和绝句两类。律诗一般每首八句,绝句每首四句。超过八句的律诗称排律或长律,排律的句数是不限的,但它的句数必须是双数。

律诗分为五言律诗、七言律诗和五言排律。五言律诗每句五字,每首四十字;七言律诗每句七字,每首五十六字。绝句有五言绝句、七言绝句。律诗和绝句都是由两句组成一联,每联的上句叫"出句",下句叫"对句"。律诗的四联中,第一联叫"起联"或叫"首联",第二联叫"颔联",第三联叫"颈联",第四联叫"尾联"。古体诗的句数是不限的,一首古体诗可以很长,例如《孔雀东南飞》有357句,是我国古代最长的一首叙事诗;杜甫的《自京赴奉先县咏怀五百字》有100句。古体诗也可以很短,如傅玄的《杂言》只有两句。

(二)押韵

押韵是格律诗的特征之一,不论是绝句和律诗都要押韵。所谓押韵,就是在一定位置句子的韵脚都要用韵母相同的字。所谓韵,一般指韵母或韵母中主要元音及韵尾和声调相同的字。如东(dōng)、公(gōng)、龙(lóng)、红(hóng)等字的韵母都是"ong",又都是平声,所以这些字就可以押韵。但要注意,"韵"和"韵母"不是一个完全相同的概念,韵母包括韵头(介音)、韵腹(主要元音)和韵尾,而韵是不包括韵头的。上面的几个字韵母是相同的。但有的字如然(rán)、连(lián)、船(chuán),它们的韵母是不同的,因为它们的韵头不同,但属于同一韵部。它们的主要元音和韵尾相同,能在诗歌中相互押韵。

格律诗必须一韵到底,中间不能换韵,排律即使句子再长,也不能换韵,也不许换邻韵的字,如果用了邻韵的字,就叫出韵。

格律诗必须用平声韵,不能用仄声韵;个别的诗押仄声韵,那是变格。

格律诗押韵的位置是偶句用韵(即二、四、六、八句),奇句不用韵。首句原则上可用可不用。五绝、五律的首句以不押韵者为多,而七绝、七律的首句则以押韵者为多。

（三）平仄

平仄是形成近体诗最重要的因素，字句论平仄是格律诗的基本要求。平，是指古汉语四声中的上平声和下平声；仄，指古汉语四声中的上声、去声和入声。近体诗按一定规则交替使用平声字或仄声字，因而音律抑扬顿挫，富有节奏感和音乐美，读起来朗朗上口。

近体诗平仄的规律看起来复杂，但我们可以从掌握它的基本格式入手，然后在此基础上加以变化，这样就能以简驭繁，便于理解和记忆。近体诗平仄的规则主要有两点：一是要平仄相间以求声调的抑扬顿挫。如果以"平平"和"仄仄"为单位，那么平仄相间无非两种形式："平平仄仄"和"仄仄平平"。但是这样只构成四个字，而近体诗是五言或七言，要构成五言的诗句，就要在"平平仄仄"和"仄仄平平"的后面或中间再加上一个字，这就形成了四种形式：

　　　　　（甲）仄仄平平仄
　　　　　（乙）平平仄仄平
　　　　　（丙）平平平仄仄
　　　　　（丁）仄仄仄平平

这是近体诗的基本句式。七言的近体诗只是在这四种基本句式前面加上相反的平仄：

　　　　　（甲）平平仄仄平平仄
　　　　　（乙）仄仄平平仄仄平
　　　　　（丙）仄仄平平平仄仄
　　　　　（丁）平平仄仄仄平平

这种基本句式的交错，就构成不同格式的律诗。

第一种是五言的仄起仄收式。句式是甲乙丙丁、甲乙丙丁。如果在每句的前面加上相反的平仄，就造成了七言的平起仄收式。

例如杜甫的《旅夜书怀》：

　　（甲）细草微风岸　｜｜——｜　（乙）危樯独夜舟　——①｜—
　　（丙）星垂平野阔　———｜｜　（丁）月涌大江流　｜｜｜——
　　（甲）名岂文章著　①｜——｜　（乙）官应老病休　——｜｜—
　　（丙）飘飘何所似　———｜｜　（丁）天地一沙鸥　①｜｜——

（"—"代表平，"｜"代表仄。加圈数字表示这个字的平仄和四种基本句式中的平仄不合。七言不举例。）

第二种是五言的平起仄收式。句式是丙丁甲乙、丙丁甲乙。如果在每句的头上加上相反的平仄，就成了七言的仄起仄收式。

例如王维的《山居秋暝》：

　　（丙）空山新雨后　———｜｜　（丁）天气晚秋来　①｜｜——
　　（甲）明月松间照　①｜——｜　（乙）清泉石上流　——｜｜—
　　（丙）竹喧归浣女　———｜｜　（丁）莲动下渔舟　①｜｜——
　　（甲）随意春芳歇　①｜——｜　（乙）王孙自可留　——｜｜—

第三种是五言的仄起平收式。句式是丁乙丙丁、甲乙丙丁。如果在前面加上相反的平仄,也就成了七言的平起平收式。

例如王勃的《送杜少府之任蜀州》:

（丁）城阙辅三秦　①∣∣——　　（乙）风烟望五津　——∣∣—
（丙）与君离别意　———①∣　　（丁）同是宦游人　①∣∣——
（甲）海内存知己　∣∣——∣　　（乙）天涯若比邻　——∣∣—
（丙）无为在歧路　——①①∣　　（丁）儿女共沾巾　①∣∣——

第四种是五言的平起平收式。句式是乙丁甲乙、丙丁甲乙。如果前面加入相反的平仄,就成了七言的仄起平收式。例如李商隐的《晚晴》:

（乙）深居俯夹城　——∣①—　　（丁）春去夏犹清　①∣∣——
（甲）天意怜幽草　①∣——∣　　（乙）人间重晚晴　——∣∣—
（丙）并添高阁迥　①——①∣　　（丁）微注小窗明　①∣∣——
（甲）越鸟巢干后　∣∣——∣　　（乙）归飞体更轻　——∣∣—

上面这四种格式可归纳为两大类。第一、第二两种是首句不入韵的,它们或者是甲乙丙丁、甲乙丙丁,或者是丙丁甲乙、丙丁甲乙。另一大类是第三种和第四种,它们都是首句入韵的,因为只有首句入韵才能够平收。它们和第一、第二种相比只有首句不同,第三种形式是把第一种形式的首句"甲"改为"丁",第四种形式是把第二种形式的首句"丙"改为"乙"。因为上面所列的甲、乙、丙、丁四种基本句式中甲和丙是仄收的,所以不能入韵。首句要入韵,就必须改为乙和丁,因为乙和丁是平收的。

二是以"粘"、"对"循环的原理组接一首诗中的各个句子。所谓"粘",就是后一联的出句第二字必须和前一联对句第二字平仄一致。也就是说,前一联对句是乙（平平仄仄平）,后一联出句必须是丙（平平平仄仄）;前一联对句是丁（仄仄仄平平）,后一联出句必须是甲（仄仄平平仄）。所谓"对",就是每一联出句和对句的平仄应是对立的。即甲对乙、丙对丁。但是如果首句入韵,出句和对句的平仄不可能完全相反（丁对乙、或乙对丁）,但出句的第二字和对句的第二字平仄必须是相对的。上面所举的四种基本形式,都是符合粘对规则的。

不符合"粘"的规则叫"失粘",不符合"对"的规则叫"失对"。在唐诗中有少数的失粘、失对的很少见。宋代以后,失粘和失对就更少了。

以上是近体诗平仄的一般规律。但少数诗如上面分析的《旅夜怀书》、《山居秋暝》等,它们并不是每一个字的平仄都和甲、乙、丙、丁四种基本句式所规定的平仄相符的。关于这个问题,限于篇幅,这里不论,有兴趣请看王力先生的《诗词格律》等专门书籍。

（四）对仗

所谓"对仗",也称"对偶",也就是大家熟悉的"对对子"。例如"桃红"对"柳绿"、"山清"对"水秀"等。对仗首先要求词类相同的互相为对,如名词对名词,动词对动词,代词对代词,副词对副词,形容词对形容词,虚词对虚词,等等。在名词中,还可分为若干小类,如天文（日月风云雨雾露）、地理（山水江湖城邑）、草木（花草桃柳枝叶）、宫室（亭台楼阁门窗户牖）,等等。如果是同一小类的名词对仗,叫"工对";颜色对、数目对也是"工对"。同属名词,但不属同一小类的对仗,叫"宽对"。对仗还可以分为正对和反对。正对是同义词相对,如"非"对"不","行"对"走"。反对是反义词相对,如"幽"对"显","智"对"愚"。对仗还要求字面相对,即构成对仗的两个句子,字数相等,结构对称,字词的意义相对。当然,也有字面相对而结构不同的。除了讲究字面相对,还必须注意出句必须落在仄声,对句必须落在平声,每个字词也必须平仄相对。对仗大都在同一联的出句和对句中相同的位置上。也可以先在句中自对,然后再两句相对。

近体诗不是每一联都用对仗的,首联一般不用。五言律诗以首句不入韵为常,所以首联用对仗的较多,因为既入韵又对仗比较困难。颔联和颈联一般要用对仗,特别是颈联,必须用对仗。尾联则可用可不用,而以不用为常。四联全用对仗的律诗很少见。

二、词的基本知识

词也是中国诗歌的重要形式。词这种文学形式,是在唐代产生的,它最早产生于民间。

词最初是配乐的诗。在隋唐时,由西域传来的音乐和中原地区原有的音乐融合,产生一种新的音乐,叫"燕乐",词就是配合这种音乐的歌词。所以,最早的时候,词叫"曲子词"。可见,词和音乐有密切的关系。一首诗全是五言或七言,唱起来就会显得单调、呆板,因此,必须"杂以虚声"(即在五言和七言之中另加上一些音节),再进一步发展,句子就变得长短不一,平仄和韵脚也发生了变化。到后来,词和音乐逐渐脱离,于是词就变成一种特殊形式的诗歌。这种特殊形式,说明词和诗毕竟有区别,不仅表现在句子的长短不齐,而且也表现在平仄、用韵等方面。因此说,词是从音乐和诗两个母体结合发展而来的,它具有音乐和诗两个方面的属性。在民间文学的影响下,中唐时期的一些文人也写词,如白居易、刘禹锡都写过一些词,晚唐的温庭筠是第一个大量写词的作家。经过五代到宋,词发展到了极盛时期。宋词和唐诗一样,是我国古典文学中极为光辉灿烂的一部分。

(一) 词的分类

每首词都有一个调名,称词调或词牌,如《南江子》、《念奴娇》、《水调歌头》等。按词牌分类,根据两部较全面的词谱文献统计,《词律》收唐至元末词牌共660调,1186体;《钦定词谱》收唐至元末词牌共826调,2306体。

1. 按字数多少分类

一般分为小令、中调、长调三类。58字以下为小令,59~90字为中调,91字及以上为长调。词的字数多少不一,差异颇大。最短的《十六字令》,只有16个字,最长的《莺啼序》有240个字。

2. 按节奏兼顾长短的分类

唐宋词中常见到的有"令、引、近、慢、序"等词牌。"令"即一般字数较少的小令,如《十六字令》、《调笑令》等。《毛泽东诗词选》中也有三首《十六字令》。"引"来源于大型乐曲的前奏,就是引子的意思,一般每片六拍。"近"一般属中调,如《好事近》、《祝英台近》等。"慢"即慢曲、慢调,一般多为长调。每片八拍,节奏舒缓。"序"是从唐宋大曲散序或中序中摘取制成的,一般均为长调。

3. 变调分类

有些词调有变格，而变格也有各种不同方式，主要有犯调、转调、摊破、减字、偷声等。

4. 按词的分片分类

有单调、上下片、三片、四片等不同的结构。分片也叫分段。一首词也可称为一阕，一阕词一般分上下段或上阕、下阕，不分上下阕的即为单调，重叠的称双调，三片、四片的也称三叠、四叠。

（二）词调、词牌和词谱

词调，是指写词时所依据的乐谱。词牌，如《念奴娇》、《西江月》等，是各种词调的名称。从隋唐开始到明清时代，词牌数多达近千个。由于历史的演化，一个词牌有的有几个名称。如《南柯子》也叫《南歌子》、《凤蝶令》、《江城子》也叫《江神子》等。词牌名称的来源是多种多样的，有的原来就是乐府的名称，如《菩萨蛮》、《西江月》等，有的取词的首句或尾句命名，如《忆江南》、《如梦令》、《秦楼月》、《大江东去》等；有的按词意取名，一般就是词的原题，如张志和的《渔歌子》，内容就是写渔夫的生活；有的用人名作词牌，如《西施》、《虞美人》、《师师令》；有的用地名作词牌，如《南浦》、《甘州》等；有的自度曲、自制曲，由词人自行命名，如周邦彦的《六丑》、《侧犯》等；有的取数字为名，如《十六字令》、《三字令》、《一七令》等。

词牌既与词的声情无关，又与词的内容无关，所表示的就是仅仅是词的句式、平仄和用韵。比如《忆江南》这个词牌，就规定这首词应该是多少句，每句各有多少字，何处用平，何处用仄，何处押韵，押平声韵还是押仄声韵等。

词牌的名称和对某一词牌的词的字句、平仄、押韵的规定，并不是一开始就有的，而是逐渐形成的。当各种词牌的字句、平仄、韵律等大致定型以后，就有人把它们汇集在一起，编成词谱，让人照谱填写，所以创作词叫作"填词"。这表明词、曲分离以后，词谱随着词牌而存在，但它已不是曲谱，而主要是词的格律的载体。比较通行的词谱有清朝万树编的《词律》和清朝王奕清等奉康熙皇帝之命编写的《钦定词谱》。

（三）词的用韵

词的用韵是后人根据宋词的用韵归纳出来的。现在比较通行的词韵是清代戈载所编的《词林正韵》。他把词韵分为十九部，其中舒声十四部（包括平上去），入声五部。词的用韵大致有以下三种情况。

一种是一韵到底。或者都是用平声韵，如《浪淘沙》、《水调歌头》等；或者都用上、去声韵，如《渔家傲》、《摸鱼儿》等；或者都用入声韵，如《兰陵王》、《念奴娇》等。

一种是同部平仄互押。这里指舒声十四部中，同一部的平声和上声互相押韵。

一种是平仄换韵。"通押"和"互押"都是在同一韵部之内，换韵则改变韵部。何处换韵是固定的，如《菩萨蛮》前后阕都是两仄韵，然后换两平韵。

（四）词的平仄

词和诗不同，不仅仅是五言句和七言句，而且从一字句到十一字句都有，所以词的平仄要比近体诗复杂一些。词常见的平仄如下。

一字句,用平声,入韵。

二字句,以用"平仄"和"平平"最为常见。

三字句,相当于律句的前三字。常用的是"仄平平"、"平仄仄"和"平平仄"。

四字句,一般相当于七言律句的前四字。常用的是"平平仄仄"(第一、三字可平可仄)、"仄仄平平"(第一字可平可仄),还有一种"仄平平仄"也常见。

五字句,词的五字句平仄,大体和近体诗的五字句相同。

六字句,相当于七言律诗的前六字。"平平仄仄平平"(第一、三字可平可仄)、"仄仄平平仄仄"(第一字可平可仄,第三字必仄)。还有一种常见的六字句,即"仄仄仄平平仄"(第五字必仄)。

七字句,七字句平仄比近体诗更严格。如"平平仄仄平平仄"和"仄仄平平仄仄"这两种,在近体诗中,都是"一三五不论"的,而在词中,它们的第五字必平。在有的词中,"平平仄仄平平仄"七个字的平仄都必须固定。

八字句以上的句式,都可以看作是由上述句式复合而成的。例如八字句一般是前三后五,九字句可分拆为前三后六,或前五后四等。其三字、四字、五字、六字的平仄大致超不出上面的范围。

(五)词的对仗

词也讲对仗,但词的对仗和近体诗对仗有所不同。

近体诗的对仗是诗律的要求,如颔联和颈联必须是对仗的,对仗是平仄相间对;而词的对仗是自由的,词的平仄由词谱确定,其对仗可以平仄相对,也可以不相对。

近体诗的对仗有一定的位置,词的对仗位置多不固定。

诗的对仗不能同字相对,词的对仗却可以不拘。

词的某些词牌在一定位置上虽常用对仗,但也可不用,不算格律要求。

词的对仗不限于五言、七言句,凡相对两句字数相等皆可对仗。

中华人民共和国国家标准(GB 7713—87)
科学技术报告、学位论文和学术论文的编写格式

1 引言

1.1 制订本标准的目的是为了统一科学技术报告、学位论文和学术论文(以下简称报告、论文)的撰写和编辑的格式,便利信息系统的收集、存储、处理、加工、检索、利用、交流、传播。

1.2 本标准适用于报告、论文的编写格式,包括形式构成和题录著录,及其撰写、编辑、印刷、出版等。

本标准所指报告、论文可以是手稿,包括手抄本和打字本及其复制品;也可以是印刷本,包括发表在期刊或会议录上的论文及其预印本、抽印本和变异本;作为书中一部分或独立成书的专著;缩微复制品和其他形式。

1.3 本标准全部或部分适用于其他科技文件,如年报、便览、备忘录等,也适用于技术档案。

2 定义

2.1 科学技术报告

科学技术报告是描述一项科学技术研究的结果或进展或一项技术研制试验和评价的结果;或是论述某项科学技术问题的现状和发展的文件。

科学技术报告是为了呈送科学技术工作主管机构或科学基金会等组织或主持研究的人等。科学技术报告中一般应该提供系统的或按工作进程的充分信息,可以包括正反两方面的结果和经验,以便有关人员和读者判断和评价,以及对报告中的结论和建议提出修正意见。

2.2 学位论文

学位论文是表明作者从事科学研究取得创造性的结果或有了新的见解,并以此为内容撰写而成,作为提出申请授予相应的学位时评审用的学术论文。

学士论文应能表明作者确已较好地掌握了本门学科的基础理论、专门知识和基本技能,并具有从事科学研究工作或担负专门技术工作的初步能力。

硕士论文应能表明作者确已在本门学科上掌握了坚实的基础理论和系统的专门知识,并对所研究课题有新的见解,有从事科学研究工作或独立担负专门技术工作的能力。

博士论文应能表明作者确已在本门学科上掌握了坚实宽广的基础理论和系统深入的专门知识,并具有独立从事科学研究工作的能力,在科学或专门技术上做出了创造性的成果。

2.3 学术论文

学术论文是某一学术课题在实验性、理论性或观测性上具有新的科学研究成果或创新见解和知识的科学记录;或是某种已知原理应用于实际中取得新进展的科学总结,用以提供学术会议上宣读、交流或讨论;或在学术刊物上发表;或作其他用途的书面文件。

学术论文应提供新的科技信息,其内容应有所发现、有所发明、有所创造、有所前进,而不是重复、模仿、抄袭前人的工作。

3 编写要求

报告、论文的中文稿必须用白色稿纸单面缮写或打字;外文稿必须用打字。可以用不褪色的复制本。

报告、论文宜用 A4(210 mm×297 mm)标准大小的白纸,应便于阅读、复制和拍摄缩微制品。

报告、论文在书写、打字或印刷时,要求纸的四周留足空白边缘,以便装订、复制和读者批注。每一面的上方(天头)和左侧(订口)应分别留边 25 mm 以上,下方(地脚)和右侧(切口)应分别留边 20 mm 以上。

4 编写格式

4.1 报告、论文章、条的编号参照国家标准 GB1.1《标准化工作导则 标准编写的基本规定》第 8 章"标准条文的编排"的有关规定,采用阿拉伯数字分级编号。

4.2 报告、论文的构成(示意图略)

5 前置部分

5.1 封面

5.1.1 封面是报告、论文的外表面,提供应有的信息,并起保护作用。

封面不是必不可少的。学术论文如作为期刊、书或其他出版物的一部分,无需封面;如作为预印本、抽印本等单行本时,可以有封面。

5.1.2 封面上可包括下列内容:

a.分类号 在左上角注明分类号,便于信息交换和处理。一般应注明《中国图书资料分类法》的类号,同时应尽可能注明《国际十进分类法 UDC》的类号。

b.本单位编号 一般标注在右上角。学术论文无必要。

c.密级 视报告、论文的内容,按国家规定的保密条例,在右上角注明密级。如系公开发行,不注密级。

d.题名和副题名或分册题名 用大号字标注于明显地位。

e.卷、分册、篇的序号和名称 如系全一册,无需此项。

f.版本 如草案、初稿、修订版等。如系初版,无需此项。

g.责任者姓名 责任者包括报告、论文的作者、学位论文的导师、评阅人、答辩委员会主席以及学位授予单位等。必要时可注明个人责任者的职务、职称、学位、所在单位名称及地址;如责任者系单位、团体或小组,应写明全称和地址。

在封面和题名页上,或学术论文的正文前署名的个人作者,只限于那些对于选定研究课题和制订研究方案、直接参加全部或主要部分研究工作并作出主要贡献以及参加撰写论文并能对内容负责的人,按其贡献大小排列名次。至于参加部分工作的合作者、按研究计划分工负责具体小项的工作者、某一项测试的承担者以及接受委托进行分析检验和观察的辅助人员等,均不列入。这些人可以作为参加工作的人员一一列入致谢部分,或排于脚注。

如责任者姓名有必要附注汉语拼音时,必须遵照国家规定,即姓在名前,名连成一词,不加连字符,不缩写。

h. **申请学位级别** 应按《中华人民共和国学位条例暂行实施办法》所规定的名称进行标注。

i. **专业名称** 系指学位论文作者主修专业的名称。

j. **工作完成日期** 包括报告、论文提交日期,学位论文的答辩日期,学位的授予日期,出版部门收到日期(必要时)。

k. **出版项** 出版地及出版者名称,出版年、月、日(必要时)。

5.1.3 报告和论文的封面格式参见附录 A。(略)

5.2 封二

报告的封二可标注送发方式,包括免费赠送或价购,以及送发单位和个人;版权规定;其他应注明事项。

5.3 题名页

题名页是对报告、论文进行著录的依据。

学术论文无需题名页。

题名页置于封二和衬页之后,成为另页的右页。

报告、论文如分装两册以上,每一分册均应各有其题名页。在题名页上注明分册名称和序号。

题名页除 5.1 规定封面应有的内容并取得一致外,还应包括下列各项:

单位名称和地址,在封面上未列出的责任者职务、职称、学位、单位名称和地址,参加部分工作的合作者姓名。

5.4 变异本

报告、论文有时适应某种需要,除正式的全文正本以外,要求有某种变异本,如:节本、摘录本、为送请评审用的详细摘要本、为摘取所需内容的改写本等。

变异本的封面上必须标明"节本、摘录本或改写本"字样,其余应注明项目,参见 5.1 的规定执行。

5.5 题名

5.5.1 题名是以最恰当、最简明的词语反映报告、论文中最重要的特定内容的逻辑组合。

题名所用每一词语必须考虑到有助于选定关键词和编制题录、索引等二次文献可以提供检索的特定实用信息。

题名应该避免使用不常见的缩略词、首字母缩写字、字符、代号和公式等。

题名一般不宜超过 20 字。

报告、论文用作国际交流,应有外文(多用英文)题名。外文题名一般不宜超过 10 个实词。

5.5.2 下列情况可以有副题名:

题名语意未尽,用副题名补充说明报告论文中的特定内容;

报告、论文分册出版,或是一系列工作分几篇报道,或是分阶段的研究结果,各用不同副题名区别其特定内容;

其他有必要用副题名作为引申或说明者。

5.5.3 题名在整本报告、论文中不同地方出现时,应完全相同,但眉题可以节略。

5.6 序或前言

序并非必要。报告、论文的序,一般是作者或他人对本篇基本特征的简介,如说明研究工作缘起、背景、主旨、目的、意义、编写体例,以及资助、支持、协作经过等;也可以评述和对相关问题研究阐发。这些内容也可以在正文引言中说明。

5.7 摘要

5.7.1 摘要是报告、论文的内容不加注释和评论的简短陈述。

5.7.2 报告、论文一般均应有摘要,为了国际交流,还应有外文(多用英文)摘要。

5.7.3 摘要应具有独立性和自含性,即不阅读报告、论文的全文,就能获得必要的信息。摘要中有数据、有结论,是一篇完整的短文,可以独立使用,可以引用,可以用于工艺推广。摘要的内容应包含与报告、论文同等量的主要信息,供读者确定有无必要阅读全文,也供文摘等二次文献采用。摘要一般应说明研究工作目的、实验方法、结果和最终结论等,而重点是结果和结论。

5.7.4 中文摘要一般不宜超过 200~300 字;外文摘要不宜超过 250 个实词。如遇特殊需要字数可以略多。

5.7.5 除了实在无变通办法可用以外,摘要中不用图、表、化学结构式、非公知公用的符号和术语。

5.7.6 报告、论文的摘要可以用另页置于题名页之后,学术论文的摘要一般置于题名和作者之后、正文之前。

5.7.7 学位论文为了评审,学术论文为了参加学术会议,可按要求写成变异本式的摘要,不受字数规定的限制。

5.8 关键词

关键词是为了文献标引工作从报告、论文中选取出来用以表示全文主题内容信息款目的单词或术语。

每篇报告、论文选取 3~8 个词作为关键词,以显著的字符另起一行,排在摘要的左下方。如有可能,尽量用《汉语主题词表》等词表提供的规范词。

为了国际交流,应标注与中文对应的英文关键词。

5.9 目次页

长篇报告、论文可以有目次页,短文无需目次页。

目次页由报告、论文的篇、章、条、附录、题录等的序号、名称和页码组成,另页排在序之后。

整套报告、论文分卷编制时,每一分卷均应有全部报告、论文内容的目次页。

5.10 插图和附表清单

报告、论文中如图表较多,可以分别列出清单置于目次页之后。图的清单应有序号、图题和页码。表的清单应有序号、表题和页码。

5.11 符号、标志、缩略词、首字母缩写、计量单位、名词、术语等的注释表

符号、标志、缩略词、首字母缩写、计量单位、名词、术语等的注释说明汇集表,应置于

图表清单之后。

6 主体部分

6.1 格式

主体部分的编写格式可由作者自定,但一般由引言(或绪论)开始,以结论或讨论结束。

主体部分必须由另页右页开始。每一篇(或部分)必须另页起。如报告、论文印成书刊等出版物,则按书刊编排格式的规定。

全部报告、论文的每一章、条的格式和版面安排,要求划一,层次清楚。

6.2 序号

6.2.1 如报告、论文在一个总题下装为两卷(或分册)以上,或分为两篇(或部分)以上,各卷或篇应有序号。可以写成:第一卷、第二分册;第一篇、第二部分等。用外文撰写的报告、论文,其卷(分册)和篇(部分)的序号,用罗马数字编码。

6.2.2 报告、论文中的图、表、附注、参考文献、公式、算式等,一律用阿拉伯数字分别依序连续编排序号。序号可以就全篇报告、论文统一按出现先后顺序编码,对长篇报告、论文也可以分章依序编码。其标注形式应便于互相区别,可以分别为:图 1、图 2.1;表 2、表 3.2;附注 1);文献[4];式(5)、式(3.5)等。

6.2.3 报告、论文一律用阿拉伯数字连续编页码。页码由书写、打字或印刷的首页开始,作为第 1 页,并为右页另页。封面、封二、封三和封底不编入页码。可以将题名页、序、目次页等前置部分单独编排页码。页码必须标注在每页的相同位置,便于识别。

力求不出空白页,如有,仍应以右页作为单页页码。

如在一个总题下装成两册以上,应连续编页码。如各册有其副题名,则可分别独立编页码。

6.2.4 报告、论文的附录依序用大写正体 A,B,C,…编序号,如:附录 A。

附录中的图、表、式、参考文献等另行编序号,与正文分开,也一律用阿拉伯数字编码,但在数码前冠以附录序码,如:图 A1;表 B2;式(B3);文献[A5]等。

6.3 引言(或绪论)

引言(或绪论)简要说明研究工作的目的、范围、相关领域的前人工作和知识空白、理论基础和分析、研究设想、研究方法和实验设计、预期结果和意义等。应言简意赅,不要与摘要雷同,不要成为摘要的注释。一般教科书中有的知识,在引言中不必赘述。

比较短的论文可以只用小段文字起着引言的效用。

学位论文为了需要反映出作者确已掌握了坚实的基础理论和系统的专门知识,具有开阔的科学视野,对研究方案作了充分论证,因此,有关历史回顾和前人工作的综合评述,以及理论分析等,可以单独成章,用足够的文字叙述。

6.4 正文

报告、论文的正文是核心部分,占主要篇幅,可以包括:调查对象、实验和观测方法、仪器设备、材料原料、实验和观测结果、计算方法和编程原理、数据资料、经过加工整理的图表、形成的论点和导出的结论等。

由于研究工作涉及的学科、选题、研究方法、工作进程、结果表达方式等有很大的差异,对正文内容不能作统一的规定。但是,必须实事求是,客观真切,准确完备,合乎逻辑,层次分明,简练可读。

6.4.1 图

图包括曲线图、构造图、示意图、图解、框图、流程图、记录图、布置图、地图、照片、图版等。

图应具有"自明性",即只看图、图题和图例,不阅读正文,就可理解图意。

图应编排序号(见 6.2.2)。

每一图应有简短确切的题名,连同图号置于图下。必要时,应将图上的符号、标记、代码,以及实验条件等,用最简练的文字,横排于图题下方,作为图例说明。

曲线图的纵横坐标必须标注"量、标准规定符号、单位"。此三者只有在不必要标明(如无量纲等)的情况下方可省略。坐标上标注的量的符号和缩略词必须与正文中一致。

照片图要求主题和主要显示部分的轮廓鲜明,便于制版。如用放大缩小的复制品,必须清晰,反差适中。照片上应该有表示目的物尺寸的标度。

6.4.2 表

表的编排,一般是内容和测试项目由左至右横读,数据依序竖排。表应有自明性。

表应编排序号(见 6.2.2)。

每一表应有简短确切的题名,连同表号置于表上。必要时,应将表中的符号、标记、代码,以及需要说明事项,以最简练的文字,横排于表题下,作为表注,也可以附注于表下。附注序号的编排,见 6.2.2。表内附注的序号宜用小号阿拉伯数字并加圆括号置于被标注对象的右上角,如:×××$^{1)}$,不宜用星号" * ",以免与数学上共轭和物质转移的符号相混。

表的各栏均应标明"量或测试项目、标准规定符号、单位"。只有在无必要标注的情况下方可省略。表中的缩略词和符号,必须与正文中一致。

表内同一栏的数字必须上下对齐。表内不宜用"同上"、"同左"、"〃"和类似词,一律填入具体数字或文字。表内"空白"代表未测或无此项,"—"或"…"(因"—"可能与代表阴性反应相混)代表未发现,"0"代表实测结果确为零。

如数据已绘成曲线图,可不再列表。

6.4.3 数学、物理和化学式

正文中的公式、算式或方程式等应编排序号(见 6.2.2),序号标注于该式所在行(当有续行时,应标注于最后一行)的最右边。

较长的式,另行居中横排。如式必须转行时,只能在 $+$,$-$,$\times$,$\div$,$<$,$>$ 处转行。上下式尽可能在等号"="处对齐。(示例略)

小数点用"."表示。大于 999 的整数和多于三位数的小数,一律用半个阿拉伯数字符的小间隔分开,不用千位撇。对于纯小数应将 0 列于小数点之前。

示例:应该写成 94 652.023 567;0.314 325

不应写成 94,652.023,567;0.314,325

应注意区别各种字符,如:拉丁文、希腊文、俄文、德文花体、草本;罗马数字和阿拉伯数字;字符的正斜体、黑白体、大小写、上下角标(特别是多层次,如"三踏步")、上下偏差等。

示例：Ⅰ,1,1,i;C,c;K,k,κ;O,o,o,(°);S,s,5;Z,z,2;B,β;W,w,ω。

6.4.4 计量单位

报告、论文必须采用1984年2月27日国务院发布的《中华人民共和国法定计量单位》，并遵照《中华人民共和国法定计量单位使用方法》执行。使用各种量、单位和符号，必须遵循附录B所列国家标准的规定执行。单位名称和符号的书写方式一律采用国际通用符号。

6.4.5 符号和缩略词

符号和缩略词应遵照国家标准（见附录B）的有关规定执行。如无标准可循，可采纳本学科或本专业的权威性机构或学术团体所公布的规定；也可以采用全国自然科学名词审定委员会编印的各学科词汇的用词。如不得不引用某些不是公知公用的、且又不易为同行读者所理解的、或系作者自定的符号、记号、缩略词、首字母缩写字等时，均应在第一次出现时一一加以说明，给以明确的定义。

6.5 结论

报告、论文的结论是最终的、总体的结论，不是正文中各段的小结的简单重复。结论应该准确、完整、明确、精练。

如果不可能导出应有的结论，也可以没有结论而进行必要的讨论。

可以在结论或讨论中提出建议、研究设想、仪器设备改进意见、尚待解决的问题等。

6.6 致谢

可以在正文后对下列方面致谢：

国家科学基金、资助研究工作的奖学金基金、合同单位、资助或支持的企业、组织或个人；

协助完成研究工作和提供便利条件的组织或个人；

在研究工作中提出建议和提供帮助的人；

给予转载和引用权的资料、图片、文献、研究思想和设想的所有者；

其他应感谢的组织或个人。

6.7 参考文献表

按照GB 7714—2005《文后参考文献著录规则》的规定执行。

7 附录

附录是作为报告、论文主体的补充项目，并不是必需的。

7.1 下列内容可以作为附录编于报告、论文后，也可以另编成册：

a.为了整篇报告、论文材料的完整，但编入正文又有损于编排的条理和逻辑性，这类材料包括比正文更为详尽的信息、研究方法和技术更深入的叙述，建议可以阅读的参考文献题录，对了解正文内容有用的补充信息等；

b.由于篇幅过大或取材于复制品而不便于编入正文的材料；

c.不便于编入正文的罕见珍贵资料；

d.对一般读者并非必要阅读，但对本专业同行有参考价值的资料；

e.某些重要的原始数据、数学推导、计算程序、框图、结构图、注释、统计表、计算机打印输出件等。

7.2　附录与正文连续编页码。每一附录的各种序号的编排见 4.2 和 6.2.4。

7.3　每一附录均另页起。如报告、论文分装几册，凡属于某一册的附录应置于各该册正文之后。

8　结尾部分(必要时)

为了将报告、论文迅速存储入电子计算机，可以提供有关的输入数据。

可以编排分类索引、著者索引、关键词索引等。

参考文献

[1] 萧涤非,等.唐诗鉴赏辞典[M].2版.上海:上海辞书出版社,2004.
[2] 韦立军.宋词鉴赏辞典[M].北京:北京出版社,2009.
[3] 蒋星煜,等.元曲鉴赏辞典[M].上海:上海辞书出版社,1990.
[4] 朱东润.中国历代文学作品选[M].北京:中华书局,1962.
[5] 袁行霈,等.中国古代文学史[M].北京:高等教育出版社,1999.
[6] 朱栋霖,等.中国现代文学作品选(1917—2000)[M].北京:高等教育出版社,2002.
[7] 朱栋霖,丁帆,朱晓进.中国现代文学史(1917—1997)[M].北京:高等教育出版社,1999.
[8] 钱理群,温儒敏,吴福辉.中国现代文学三十年(修订本)[M].北京:北京大学出版社,1998.
[9] 莫言.红高粱家族[M].上海:上海文艺出版社,2005.
[10] 朱维之,等.外国文学简编[M].6版.北京:中国人民大学出版社,2011.
[11] 郑克鲁.外国文学作品选[M].北京:高等教育出版社,2005.
[12] 宋家玲,胡克.影视剧本选评[M].北京:中国传媒大学出版社,2005.
[13] 夏中义,等.大学新语文[M].北京:北京大学出版社,2005.
[14] 丁帆,朱晓进,徐兴无.新编大学语文[M].2版.北京:外语教学与研究出版社,2007.
[15] 王尧,等.大学语文[M].苏州:苏州大学出版社,2008.
[16] 谭五昌,等.大学语文[M].北京:北京师范大学出版社,2008.
[17] 赵恩龙,王青,等.大学语文[M].北京:清华大学出版社,2010.
[18] 郑忠孝,杨欣,等.大学语文[M].天津:南开大学出版社,2010.
[19] 王少安,等.大学语文[M].北京:中国轻工业出版社,2009.
[20] 徐中玉,等.大学语文[M].4版.北京:高等教育出版社,2012.